Horacio Riquelme U. (Hrsg.)

Die Belagerung des Gedächtnisses

Leben und Arbeit von Psychologen
unter den Militärdiktaturen Südamerikas

In Kooperation mit amnesty international

Aus dem Spanischen von Petra Wünsche

Lieber Torge,
mit dem Thema Menschenrechts-
verletzungen in Südamerika habe ich mich
lange befaßt. Ich hoffe, dieses Buch
trägt dazu bei, die davon betroffenen
Menschen nahe zu bringen

Mit Gruß

Horacio
Hamburg 18.01.2003

Deutscher Psychologen Verlag GmbH Bonn
2001

Die Deutsche Bibliothek – CIP-Einheitsaufnahme

Die Belagerung des Gedächtnisses : Leben und Arbeit von Psychologen unter den Militärdiktaturen Südamerikas / in Kooperation mit Amnesty International. Horacio Riquelme U. (Hrsg.). Aus dem Span. von Petra Wünsche. - Bonn : Dt. Psychologen-Verl., 2001
ISBN 3-931589-45-5

Titelbild: © VG Bild-Kunst, Bonn 2001
Wilfredo Lam: Frau mit erhobenen Armen

Verlag: Deutscher Psychologen Verlag GmbH, Bonn

Druck: G & M Druck, Bonn

ISBN 3-931589-45-5

Inhalt

Geleitwort

Während die Beteiligung von Ärztinnen und Ärzten an Menschenrechtsverletzungen in totalitären Regimen hinreichend bekannt und wissenschaftlich dokumentiert ist, gibt es über die Rolle von Psychologinnen und Psychologen bislang keine systematischen Untersuchungen. Unbestreitbar ist jedoch, dass psychologisches Wissen missbraucht werden kann und auch missbraucht wird – sei es bei der Unterdrückung und Einschüchterung von Oppositionellen, bei der Ausbildung von Polizei oder Militärs, bei der Verwaltung von Gefängnissen, der „Gehirnwäsche" und der politischen Propaganda oder gar bei der Entwicklung besonders subtiler Praktiken in den Folterkellern dieser Welt.
Deutlich ist auch, dass psychologische Techniken längst systematisch eingesetzt werden, weshalb Watsons Begriff der „guerra psicológica", der psychologischen Kriegsführung, Eingang in den allgemeinen Sprachgebrauch gefunden hat. Dabei stößt die „Psychokratie" sogar in Bereiche vor, die der unmittelbaren körperlichen Gewalt versperrt sind: „Die Gewalt in ihrer Reinform liegt in der Entfremdung des Denkens unter das Wollen und die Macht des Ausübenden. Jede psychische Gewalt zielt auf dasselbe Ziel: das Denken des anderen zu unterwerfen, gleichzeitig aber die Bewußtmachung dieser Situation zu verunmöglichen" (Aulagnier, 1997). Erst unter Beteiligung von Psychotechniken vervollständigt sich Gewaltherrschaft zur totalen Herrschaft.
Weil psychologisches Wissen in Konfliktsituationen an Bedeutung gewinnt, müssen auch ihre Träger, die Psychologinnen und Psychologen, ihre gesellschaftliche Funktion ihrer Berufsgruppe beleuchten. Der Berufsverband Deutscher Psychologinnen und Psychologen (BDP) und das ai-Aktionsnetz der Heilberufe haben deshalb eine Untersuchung über die Rolle von Psychologen in totalitären Staaten veranlasst. Unsere eigenen ersten Recherchen haben gezeigt, dass bislang keine systematischen Erkenntnisse zu diesem Themenkreis vorliegen. Weder die Mitarbeiter des Medical Board des Internationalen Sekretariats von ai in London, noch die rund 200 Organisationen oder Einzelpersonen aus dem Bereich der Menschenrechtsarbeit, die wir angeschrieben haben, konnten uns mehr als nur vereinzelte Hinweise aus lateinamerikanischen Ländern, der Türkei oder aus Südafrika liefern. Unser Versuch, eine erste Bestandsaufnahme zu erstellen, zeigte mit aller Deutlichkeit, wie wenig über die Funktionalisierung der Psychologie in repressiven Strukturen bekannt ist.
Deshalb sind wir sehr froh, den chilenischen Medizinanthropologen Horacio Riquelme gewonnen zu haben, der 1998 eigene aufwändige Recherchen im Umfeld von Psychologen und Psychoanalytikern in Argentinien, Chile und Uruguay unternommen hat.
Die Texte in diesem Buch zeigen, dass sich Polizei, Militär und Wirtschaft nicht nur psychologischer Methoden bedienen, sondern dass die Psychologie selbst in ihrer Kooperationsbereitschaft zu einem aktiven Element der Kriegsführung und Repression wird. Hier ergeben sich auch Schnittstellen zur deutschen Vergangenheit des Nationalsozialismus. Die Auseinandersetzung mit den Erfahrungen aus Lateinamerika können uns helfen, die dunklen Flecken der eigenen Geschichte von Gewalt und Völkermord zu erhellen und einen kritischen Blick auf das berufliche Handeln, das niemals aus dem gesellschaftlichen Zusammenhang gelöst werden kann, zu werfen.
In seinem Buch über die Vernichtung der europäischen Juden schrieb Raul Hilberg: „Die Vergangenheit nicht zu kennen, heißt sich selbst nicht zu begreifen."

Ulrike Heckl
Präsidiumsbeauftragte des BDP für Menschenrechtsfragen
Mitarbeiterin des ai-Aktionsnetzes der Heilberufe

Einleitung

Etwas mehr als eine Dekade ist seit dem Untergang der Militärdiktaturen Südamerikas vergangen, und noch immer wirft das, was unter deren Ägide von Angst und Verfolgung geschehen ist, seine Schatten auf die damals Beteiligten und die Nachwelt, darunter auch auf Bereiche des Alltags, die als unverfänglich gelten könnten.
Dieses Buch versammelt Aufsätze von Psychologen und Psychoanalytikern, die in Chile, Argentinien und Uruguay unter den Schreckensherrschaften gelebt haben und die sich ihren Erfahrungen aus zwei Blickwinkeln stellen: Zum einen dokumentieren sie ihre persönliche Situation, der ständigen Bedrohung ausgesetzt gewesen zu sein, zum anderen schildern sie ihre Erfahrungen, die sie als Therapeuten mit vom Terror betroffenen Menschen machten.
Sätze wie „Unter den Militärs war es gefährlich, Psychologe oder Psychoanalytiker zu sein“[1] rufen heute, mehr als ein Jahrzehnt später, eine gewisse Irritation hervor, da sie einen Berufsstand für den Opferstatus prädestiniert erscheinen lassen. Wenn wir uns allerdings vor Augen führen, dass Therapeuten auf besondere Weise mit den Folgen gesellschaftlicher Verhältnisse für die Individuen konfrontiert sind und, in dem Rahmen, den sie zur Verfügung stellen, Zugang zu allen Aspekten des Lebens ihrer Klienten erhalten, so ist es nicht verwunderlich, dass sie selbst in das Blickfeld des systematischen Terrors geraten sind – umso mehr als auch ihre Tätigkeit den Bedingungen des Ausnahmezustandes unterlag.
Mehr als zehn Jahre nach der Rückkehr der parlamentarischen Demokratie in Argentinien, Chile und Uruguay stellen sich die Autoren dieses Buches der Herausforderung, sich mit der Vergangenheit und mit ihrem Gedächtnis auseinanderzusetzen.
Diese Studie gibt Auskunft über Lebensbedingungen und professionelle Tätigkeit von Psychologen unter den Militärdiktaturen in Südamerika. Sie dokumentiert zunächst die potenzielle Verletzbarkeit von Psychologen, die an der Seite von Verfolgten tätig waren. Weitere Schritte dieser Forschung sollen ebenfalls die Täterschaft unter den Psychologen beleuchten, auf die in diesem Buch zahlreiche Hinweise gegeben werden. Aus allen drei Ländern liegen viele Erkenntnisse über die Tätigkeit unterdrückungswilliger Psychologen vor, die, wie z.B. im Interview von Hernán („Eine Sonderbehandlung“) mit umfangreichen Details geschildert wird, mit Maßnahmen befasst waren, die den Gefangenen das Leben zu einer psychologisch gesteuerten Hölle machen sollten.
Diese Studie basiert auf einer bereits vollzogenen Untersuchung über Ärzte in Südamerika.[2] Sie wurde mit Unterstützung der deutschen Sektion von amnesty international von Hamburg aus Ende 1997 begonnen. Mitte 1998 konnte der Herausgeber die Hauptstädte der drei Länder besuchen und die Mitarbeit der an diesem Unternehmen beteiligten Personen gewinnen.
Das Buch beginnt mit einer theoretisch-existenziellen Annäherung an die Repressionsmethoden der organisierten Gewalt. Unter psychosozialen Gesichtspunkten wird die Bedeutung des Staatsterrorismus für die Zivilbevölkerung der drei Länder betrachtet.
Die Suche nach den Spuren dieser Zeit im Gedächtnis von Psychologen geschieht auf drei Ebenen:
1. Im ersten Teil schreiben Psychologen aus den drei Ländern über das psychosoziale Klima dieser Periode und der darauf folgenden Zeit. Dies ermöglicht, ihre Emotionen und Gedanken und die ihrer Patienten zum täglichen Terror und seine psychischen Auswirkungen zu verstehen.

---

[1] Persönliche Mitteilung des Dramaturgen und Psychoanalytikers E. Pavlovsky 1993
[2] Siehe Riquelme (1995a, 1995b, 1998, und 2000) in der allgemeinen Bibliographie

2. Die Interviews im zweiten Teil erlauben einen Einblick in sehr persönliche Erlebnisse dieser Gesprächspartner, in denen auch das schier Unaussprechliche des Traumas in bestimmten Grenzerfahrungen zum Ausdruck kommt.

3. Mit den Arbeiten zu Kultur und Staatsterrorismus nähern wir uns einem Bereich, der bislang wenig Eingang in die Diskussion gefunden hat. Das literarische Schaffen, das sich auf das Erlebnis der Angst als Unterdrückungssystem gründet, konstituiert ebenfalls einen Teil des Gedächtnisses und verdient eine systematische Untersuchung. Die wissenschaftliche Erforschung des kollektiven Gedächtnisses gewinnt zunehmend an Bedeutung und wird hier am Beispiel Chiles durchgeführt.

Dass das Gedächtnis hartnäckig ist und es keine Zwischenfälle gibt, die es übergeht oder vergisst, wird heute kaum mehr geleugnet: „Die Identität eines Volkes wird aus den Materialien geschmiedet, die man vergessen wollte“, erklärte Jorge Semprún auf einem Kongress über das kollektive Gedächtnis im Mai 2000 in Hamburg.

Wir wissen, wie notwendig die Förderung individuellen und kollektiven Erinnerns ist, damit ein gesellschaftliches Klima entstehen kann, in dem die Menschenrechte an Allgemeingültigkeit gewinnen. Daher halten wir es für angebracht, Grundlagen für ein systematisches und kontextspezifisches Studium des Gedächtnisses zu schaffen, wofür dieses Buch ein Zeugnis sein soll.

Horacio Riquelme

Horacio Riquelme

Organisierte Gewaltanwendung und psychosoziale Gesundheit in Südamerika

„Man will von der Vergangenheit loskommen: mit Recht, weil unter ihrem Schatten gar nicht sich leben lässt, und weil des Schreckens kein Ende ist, wenn immer nur wieder Schuld und Gewalt mit Schuld und Gewalt bezahlt werden soll; mit Unrecht, weil die Vergangenheit, der man entrinnen möchte, noch höchst lebendig ist..." (Th. W. Adorno Eingriffe)

Der Begriff organisierte Gewaltanwendung (organized violence) hat in den letzten zwei Dekaden einen festen Platz im Sprachgebrauch internationaler Organisationen wie WHO und UNO erhalten[3] und bezeichnet die Art und Weise, wie Regimes, die durch Militärintervention an die Macht gelangt sind, mit der eigenen Bevölkerung umgehen, wie sie sich für die Aufrechterhaltung gesellschaftlich ungleicher Strukturen einsetzen und dafür sowohl die bürgerlichen Rechte außer Kraft setzen als auch systematisierte Formen der Einschüchterung – bis hin zur Vernichtung ganzer sozialer Gruppen – anwenden.
Die organisierte Gewaltanwendung entwickelte sich zu einem grundlegenden Merkmal der Militärregimes in den drei Ländern, die hier untersucht werden. Sie bildete eine Form der psychologischen Kriegsführung, da ihre ausdrücklichen Ziele in der Einschüchterung und Unterwerfung großer Teile der Bevölkerung durch psychologische Mittel lagen, die darauf abzielten, die passive Akzeptanz von autoritären Herrschaftsstrukturen herzustellen und insbesondere bei der Opposition ein Gefühl ständiger existenzieller Bedrohung und Ohnmacht dem militärischen Apparat gegenüber zu schaffen.
Als die drei wichtigsten Formen, Repression und organisierte Gewalt durchzusetzen, seien folgende genannt:

1. das Verschwindenlassen von Regimegegnern,
2. der systematische Einsatz der Folter,
3. die Indienstnahme der Massenmedien.

Da die organisierte Gewaltanwendung als vorsätzlich geplanter und permanenter Angriff auf die psychosoziale Gesundheit der Mehrheit der Bevölkerung verstanden werden kann, sollen im Folgenden sowohl ihre wichtigsten Erscheinungsformen dargestellt als auch die Auswirkungen aufgezeigt werden, die sie auf die im wesentlichen schutzlose Bevölkerung gehabt haben.
Eine sinnvolle Haltung gegenüber der Praxis dieses psychologischen Krieges kann m.E. nicht allein durch moralische Entrüstung bestimmt sein; diese hat bislang noch kein einziges Verbrechen zu verhindern vermocht. Vielmehr soll hier der Versuch gemacht werden, die Methoden der psychologischen Kriegsführung und ihre Auswirkungen sowie deren psychokulturelle Abwehrformen zu analysieren. Auf diese Weise kann ein besseres Verständnis der damaligen Situation in Argentinien, Uruguay und Chile sowie der Folgewirkungen, die bis in die Redemokratisierungsphase andauern, erreicht werden.

[3] Vgl. van Geuns, H.A. (1987): The Concept of Organized Violence. In: Ministry of Welfare, Health and Culture Affairs (Hg.): Health Hazard of Organized Violence. The Hague

1. Das „Verschwindenlassen“ von Regimegegnern

Diese Methode bestand in der Entführung von vermeintlichen politischen Regimegegnern durch Angehörige des Heeres oder häufiger durch paramilitärische Gruppen, die unter der Führung des Heeres operierten. Die Betroffenen wurden nach ihrer Gefangennahme an unbekannten Orten festgehalten oder an wechselnden Orten, die als geheime Gefängnisse fungierten, untergebracht. Damit sollte verhindert werden, dass ihr Aufenthaltsort bekannt wurde.

Dahinter stand die Absicht, die Angehörigen und Freunde der Verhafteten über ihre rechtliche Lage zu verunsichern und sie ihre persönliche Hilflosigkeit spüren zu lassen. Da sie den Aufenthaltsort des Verschwundenen nicht kannten, konnten die Angehörigen weder Rechtsmittel einlegen (habeas corpus) noch die Verteidigung des Verhafteten vor der zuständigen richterlichen Instanz in die Wege leiten. Die Mauer des Schweigens, auf die Angehörige und Freunde bei der Suche in den Polizeiwachen oder den Gefängnissen stießen, verstärkte das Gefühl der Unsicherheit und Verlassenheit, zumal die Verhaftung und das Verschwinden des Angehörigen sie ohnehin an den Rand der „etablierten Ordnung“ drängte.

Während der letzten zwanzig Jahre sind über 30.000 Fälle von „Verschwundenen“ in diesen drei Ländern dokumentiert worden. Die Methode des „Verschwindenlassens“ war nicht die „geniale Erfindung“ irgendeines Angehörigen des Repressionsapparates in den Ländern Lateinamerikas gewesen, sondern es handelte sich vielmehr um die Anwendung einer in der psychologischen Kriegsführung bereits üblichen Methode, die wahrscheinlich von den Erfahrungen ausging, die nordamerikanische Militärstrategen im Vietnamkrieg gesammelt hatten.[4]

Ihr historischer Vorläufer waren die „Nacht-und-Nebel“-Aktionen in den von Nazi-Deutschland besetzten Gebieten, die auf das Keitel-Dekret von 1942 zurückgingen und den nationalistischen Widerstand in diesen Ländern brechen sollten: „Eine wirksame und nachhaltige Abschreckung (der Widerstandskräfte) ist nur durch Todesstrafe oder durch Maßnahmen zu erreichen, die die Angehörigen und die Bevölkerung über das Schicksal des Täters im Ungewissen halten.“[5]

US-amerikanische Sozialpsychologen und Kulturanthropologen haben als wissenschaftliche Berater des Heeres der Vereinigten Staaten während des Indochinakrieges ebenfalls wichtige Beobachtungen gemacht und grundlegende Schlussfolgerungen über die Verteidigungsmoral der Vietnamesen formuliert: Die seelische Belastung der vom Krieg betroffenen Vietnamesen war nicht nur auf den Tod ihrer Nachbarn und Angehörigen an sich zurückzuführen, sondern auf die Tatsache, dass die traditionellen Trauer- und Verabschiedungszeremonien für die Toten nicht durchgeführt werden konnten. Das Fehlen dieser Rituale zerstörte das sensible kulturelle Gleichgewicht; die Familie und die Gemeinde wurden dadurch so tief verunsichert, weil auf diese Weise kollektiv ein Tabu (die Verbindung zwischen den Lebenden und den Toten) verletzt wurde. Aufgrund dieser Erkenntnisse wurde das Abhalten von Trauerzeremonien systematisch verhindert, was als „Taktik der umherirrenden Seelen“ in die Geschichte der Repressionsmaßnahmen einging. Diese Taktik spielte im psycho-logischen Krieg gegen die vietnamesische Bevölkerung eine große Rolle.[6]

In Südamerika setzte das systematische Verschwindenlassen von Regimegegnern erst Mitte der 70er Jahre ein – zu einem Zeitpunkt, als deutlich wurde, dass die Bevölkerung die

---

[4] Vgl. P. Watson, a.a.O., S. 357-367
[5] Vgl. W.L. Shirer (1990): Aufstieg und Fall des dritten Reiches. Köln, S. 875
[6] Vgl. P. Watson, a.a.O., S. 367

Einsetzung eines autoritären und neoliberalen Gesellschaftsmodells nicht unterwürfig akzeptierte, sondern dass langfristig passiver und aktiver Widerstand zu erwarten sein würde.
Die Auswirkungen, die das Verschwinden auf Angehörige und Freunde hatte, waren durch emotional widersprüchliche Situationen und Verhaltensweisen gekennzeichnet. Auf die Tatsache, dass die Verhafteten systematisch gefoltert wurden, reagierten die Angehörigen mit Gefühlen des ohnmächtigen Mitleids („hoffentlich stirbt er/sie bald und muss nicht so viel leiden"), während die Hoffnung, sie nicht endgültig verloren zu haben, weiterhin existent blieb („hoffentlich lebt er/sie und kommt bald zu uns zurück").[7]
Die Angehörigen lebten im Schock; sie befanden sich in einer latenten und andauernden Krise, in der Verzweiflung und Schmerz sich zu verewigen schienen. Sie litten unter der Abwesenheit, ohne zu wissen, ob diese endgültig würde oder nicht. Diese Form, an einen abwesenden Angehörigen oder Freund gebunden zu sein, ist etwas gänzlich anderes als der endgültige Verlust eines Menschen, dem die Trauer folgen kann. „Der Prozess der Trauer oder das Leiden sind unverzichtbar, um einen Verlust zu verinnerlichen... Durch die Trauer lernt man, die Veränderung zu akzeptieren, die auf den Tod eines geliebten Menschen folgt. Wenn dieser Trauerprozess nicht vollständig durchgemacht wird (also unvollendet bleibt), besteht nur eine geringe Wahrscheinlichkeit dafür, dass eine gesunde Anpassung an den erlittenen Verlust erfolgt."[8]
Es kam zu einer Dynamik, die als „emotionale Sperrung" gegen die Tatsache, dass der geliebte Mensch nicht mehr wiederkommen wird, bezeichnet werden kann. Sie wurde chronisch und wirkte sich stark auf das soziale Verhalten aus. Diese Phantasien und Gefühle, welche die Hinterbliebenen den Menschen gegenüber entwickelt haben, die während der Ausnahmezustände verschwunden sind, bestehen fort und drücken sich in den kulturellen und politischen Aktivitäten der entsprechenden Organisationen aus.[9]
Im Zusammenhang der rekonstruierten Erfahrung[10] können drei Phasen bestimmt werden, welche die Hinterbliebenen der Verschwundenen, die diese „abscheuliche Absurdität"[11] erfuhren, durchgemacht haben:
a) Die unmittelbare Reaktion war in der Regel Fassungslosigkeit und existenzielle Angst: War es möglich, die notwendigen Fragen zu stellen, ohne dadurch andere Menschen in Gefahr zu bringen? Wurde nicht unbedacht gehandelt und dadurch der „Verschwundene" und andere Angehörige einer noch größeren Gefahr ausgesetzt? Dies führte bei den Betroffenen häufig zu einer Art perplexer Passivität, als ob sie „vom Blitz getroffen" worden seien.
b) Nach einiger Zeit folgte eine Phase der verzweifelten Suche, in der die Angehörigen alles Mögliche und Vorstellbare unternahmen, um den Aufenthaltsort des Verschwundenen ausfindig zu machen. „Die absolute Ungewissheit über das Schicksal des Gefangenen ruft eine extreme Ruhelosigkeit hervor; die Hoffnung auf ein Wiedersehen führt bei den Verwandten dazu, dass ihre darauf gerichteten Aktivitäten als absolut vordringlich empfunden werden."[12]

---

[7] S. Ulloa (1986): Efectos psicológicos de la repression. In: Territorios, Nr. 2, S. 8-10, Buenos Aires. Siehe E. Guinsberg: Salud mental, paz y terrorismo de estado. (Paper)
[8] Vgl. R. Kavanaugh: Psychology of Death and Dying, zitiert in: AI (1985): Wer der Folter erlag... Ein Bericht über die Anwendung der Folter in den 80er Jahren. Frankfurt; E. Larsen (1983): Im Namen der Menschenrechte. München, S. 177
[9] S. Materialien aus dem Seminario Internacional „Abuelas de Plaza de Mayo: Filiación – Identidad – Restitución. 15 años de lucha" (Internationales Seminar "Großmütter der Plaza de Mayo: Zugehörigkeit – Identität – Rückgabe. 15 Jahre des Kampfes". Buenos Aires 11.-13. April 1992)
[10] AI, a.a.O., Kapitel über die psychischen Auswirkungen des Verschwindenlassens von Personen
[11] Vgl. L. Bonaparte (1984): Los militares en la Argentina y su método de tortura interminable. In: Testimonios sobre la represión y la tortura, Nr. 6, Buenos Aires
[12] Vgl. AI, a.a.O., S. 118

c) In der dritten Phase kam es üblicherweise zu kollektiven Aktivitäten der Angehörigen. Sie waren zu der Überzeugung gelangt, dass die individuelle Aktion zu keinem Erfolg führte und nahmen sich die gemeinsame Aktion vor, um aus diesem „tragischen Labyrinth" herauszukommen.

Das kollektive Vorgehen anlässlich des Verschwindens von Regimegegnern, wie z.B. das der Mütter der Plaza de Mayo in Argentinien, hat dazu geführt, dass die Weltöffentlichkeit das tatsächliche Ausmaß dieser Verbrechen gegen die Menschlichkeit kennengelernt hat – sowohl auf der quantitativen als auch auf der subjektiven Ebene. Außerdem war es nur auf diese Weise möglich, psychotherapeutische Behandlungsmodelle zu entwickeln und reifen zu lassen, mit denen diese traumatischen Erfahrungen überwunden werden konnten: „Chilenische und argentinische Therapeuten meinen, dass für die Angehörigen von ‚Verschwundenen' eine wichtige Form (der Überwindung ihres Traumas) darin besteht, an der Arbeit der Solidaritätsgruppen teilzunehmen."[13]

Um die Auswirkungen dieses „Verschwindens" auf die psychosoziale Gesundheit der Bevölkerung zu verdeutlichen, darf nicht vergessen werden, dass viele der Angehörigen Kinder waren, also dieser „Taktik" der psychologischen Kriegsführung noch schutzloser ausgeliefert waren und das psychologische Erbe dieser Epoche in sich tragen.[14]

2. Die psychosoziale Dimension der systematischen Folter

Die Folterung von Regimegegnern wurde zu einem regulären Bestandteil der sozialen Praxis der Gewaltherrschaften in Südamerika.[15] Die Langzeitbeobachtung der Foltermethoden, wie sie von den Opfern geschildert werden, hat eine Tendenz zur technischen Perfektionierung erkennen lassen, die es ermöglicht, von systematischer Folter zu sprechen, das heißt von Folter auf wissenschaftlicher Grundlage,[16] deren Auswirkungen auf das Individuum und die ihm nahestehenden Personen aufgrund gemeinsamer Interpretationsmuster der psychologischen Kriegsführung entnommen wurden. Die in dieser Praxis gewonnenen Erkenntnisse wurden über die Grenzen der Länder hinweg ausgetauscht und dienten der Stärkung der Repressionsapparate der „befreundeten Staaten".

Einige Untersuchungen über die immer raffinierteren Foltertechniken sind bereits bekannt.[17] Die Ansicht, dass es sich bei Folterern um Personen mit zwar latenten, aber sehr großen

---

[13] Ebenda, S. 121. Aus einer psychoanalytischen Perspektive bezeichnet Ulloa die Situation der Angehörigen von Verschwundenen als tragisch, solange sie vereinzelt ausgetragen wird, denn diese befinden sich in einer verzweifelten Sackgasse, in der eine Verquickung von Gefühlen der Trauer und des Hasses gegenüber dem Verschwundenen einerseits und den Gefühlen der Ohnmacht und negativer Identifikation gegenüber den Machthabern (die den Qualen des Verschwundenen ein Ende setzen mögen) andererseits zustande kommt: „Die Tragödie lähmt... von daher ist aus diesem tragischen Kreis allein mit Hilfe Dritter herauszukommen... Das Dramatische aus der Handlung mit Dritten stellt die dynamische Komponente des Schmerzes wieder her... Das ist die Bedeutung der Menschenrechtsorganisationen, wo neben der Solidaritätsentfaltung Gefühle und Handlungen (für die Teilnehmenden) reflektiert und geklärt werden."

[14] Dazu wird in dem Buch „Terrorismo de estado: efectos psicológicos en los niños" (Staatsterrorismus: psychologische Auswirkungen auf die Kinder) die These aufgestellt: „Es ist legitim zu denken, dass diese Kinder, in deren symptomatischem Verhalten sich als Opfer die unbequeme Erinnerung an die grauenvolle Vergangenheit eingenistet hat, kaum Möglichkeiten einer Bewältigung und realen Aufarbeitung ihrer symptomhaften Erinnerung haben werden, wenn sie keinen sozialen Bezug beim Heranwachsen vorfinden, der darauf hinweist, dass den verbrecherischen Agenten und Systemen Wahrheit und Gerechtigkeit widerfahren ist. Als ob die Bedrohung eines erneuten Gewaltausbruchs sie zu einer kontinuierlichen Pflege der Tragödie ihrer Vorfahren zwingen würde. Dies wird nicht nur in ihrer Generation geschehen, sondern, wie die europäische Erfahrung zeigt, ebenfalls in den nachfolgenden Generationen." Dieses Buch entstand in Zusammenarbeit zwischen Familienangehörigen von „Verschwundenen" und der Movimiento Solidario de Salud Mental und wurde 1987 in Buenos Aires veröffentlicht.

[15] Vgl. UNO (9.XII.1975): Erklärung über den Schutz aller Personen gegen Folter und andere grausame, unmenschliche und erniedrigende Behandlungen und Strafen. Genf

[16] S. Watson, ebenda

[17] S. AI, a.a.O., (1985) und E. Larsen (1983)

psychologischen Anomalien handelt, und dass sie aufgrund ihrer krankhaften Anlagen die Qualen ihrer Opfer genießen, kann nicht mehr aufrechterhalten werden. Die Praxis der Folter ist eine technische Prozedur im Rahmen der psychologischen Kriegsführung und kann im Allgemeinen, wie in den Nürnberger Prozessen und während des Algerienkrieges[18] bereits festgestellt wurde, von jedem Mitglied der Gesellschaft ausgeübt werden. Möglich wird diese Handlungsweise innerhalb eines nicht weiter hinterfragten moralischen Rahmens,[19] solange die vorbehaltlose Unterwerfung unter eine Autorität gefördert wird, die das Individuum von der Verantwortung für seine Taten befreit und seine Aktivität als Folterer als gesellschaftlich notwendig darstellt.[20]
A. Graham-Yooll verschafft uns Zugang zu der autorisierten Meinung eines argentinischen Offiziers zu diesem Thema: „Die argentinische Erfahrung gründet auf der französischen in Algerien... Es ist nicht möglich, die Kommunisten auf eine andere Art und Weise zu besiegen... Ich habe niemals gefoltert. Foltern heißt, aus persönlichem Genuss Schmerzen zuzufügen. Indem ich den Feind züchtigte, führte ich lediglich die Anordnungen meiner Vorgesetzten aus. Und wenn du es wissen willst, alles nimmt einen geregelten Verlauf an; der Subversive weiß es. Du musst aus ihm Informationen entreißen. Der Zeitfaktor ist auf deiner Seite, aber du darfst ihm keine Zeit geben, denn du wirst verlieren, sobald er dir auf die Schliche kommt. Man muss arbeiten, um ihn so schnell wie möglich zu besiegen. Du bedauerst, ihm weh tun zu müssen, arbeitest aber geschwind. Du siehst ihm nicht ins Gesicht, selbst wenn du ihm die Elektroden in den Mund steckst; und du behältst ihn mit verbundenen Augen. Das Geheimnis liegt darin, ihm nicht in die Augen zu schauen. Das andere Geheimnis ist, dass es kein Blut geben darf, das kann man den kranken Hurensöhnen oder den jungen Bestien überlassen..."[21]

Im Rahmen des psychologischen Krieges in Südamerika verfolgte die systematische Folter von politischen Oppositionellen folgende Ziele:

a) die Gewinnung von Informationen durch Personen, die angeklagt wurden, einer Partei oder Widerstandsgruppe anzugehören. Dafür wurde ein breites Spektrum von psychischen und körperlichen Bestrafungstechniken angewendet, die den Widerstand des Betroffenen aufweichen und brechen sollten. Es ging hauptsächlich darum, ein Geständnis des Betroffenen und seiner möglichen Partner zu erhalten.
b) die Konfrontation von Individuen oder sozialen Gruppen mit einer Instanz des Staates, die allmächtig wirken sollte. Der repressive Machtapparat musste bei den betroffenen Personen das Gefühl erwecken, selbst schutzlos zu sein und sich an das System passiv anpassen zu müssen. Zu diesem Zweck wurden die Personen dazu gezwungen, der Folter und Misshandlung von Personen mit hohem Prestige im Sinne einer „Lektion" beizuwohnen, so z.B. in Chile während der massiven Razzien in den letzten Jahren der Diktatur.
c) innerhalb der Oppositionsgruppen Misstrauen zu säen. Auch hier handelte es sich darum, durch willkürliche Verhaftungen und Misshandlungen gegenseitiges Misstrauen zu schaffen. So sollte der Verdacht geweckt werden, dass jedes Gruppenmitglied ein potentieller Verräter sein könnte. Diese Methode hatte hohe Kosten und war nur sehr bedingt erfolgreich.

---

[18] S. insbesondere das V. Kapitel bei F. Fanon (1966): Die Verdammten dieser Erde. Frankfurt
[19] Vgl. B. Bettelheim (1943): Individual and Mass Behaviour in Extreme Situation. In: Journal of Abnormal and social Psychology. Nr. 38, S. 417-452
[20] S. J.Ph. Reemtsma (1991): „Wir sind alles für dich!" An Stelle einer Einleitung: Skizze eines Forschungsprogramms. In: J.Ph. Reemtsma (Hg.): Folter. Zur Analyse eines Herrschaftsmittels. Hamburg, S. 7-24
[21] S.: A. Graham-Yooll (1985): Retrato de un exilio, das Kapitel "Tomando té con el torturador". S. 203-208

d) die psychosoziale Invalidität der mutmaßlichen oder bekannten Regimegegner. Hier ging es auch darum, die psychosoziale Integrität des Individuums dauerhaft zu schädigen. Der Betroffene sollte durch den „unsichtbaren Schmerz der Folter“[22] geprägt werden, so dass seine Persönlichkeit gebrochen erscheint und er auf die soziale Umgebung erschreckend wirkt.

Dank der Öffentlichkeitsarbeit der Psychotherapeuten, die mit den Betroffenen arbeiten, und durch die unmittelbaren Zeugnisse der Folteropfer sind die Auswirkungen der Folter auf die psychische Gesundheit bekannt geworden.[23] Aus einer Studie, die 1977 in Dänemark mit Folteropfern durchgeführt worden ist, geht hervor, dass für die Betroffenen „die schlimmsten Auswirkungen der Folter psychischer und neurologischer Art sind. Oft werden Angstzustände, Irritierbarkeit und Depressionen festgestellt“.[24] Die Therapeuten unterstreichen die unmittelbaren Auswirkungen der Folter auch auf die Angehörigen der Opfer und auf die Personen in ihrem sozialen Umfeld.

Die extremen Erfahrungen, die einige Personen mit dem Repressionsapparat machen mussten, wurden in Basisgruppen diskutiert.[25] Dadurch wurden das Schweigen und die Ausdrucksunfähigkeit gebrochen. Durch die „Sozialisierung“ der angstbesetzten Erfahrungen wurde versucht, die Scham und die Isolation, in welche die Folteropfer verfallen, zu überwinden, um dem entgegenzuwirken, was Jean Améry wie folgt beschrieben hat: „Wer der Folter erlag, kann nicht mehr heimisch werden in der Welt.“[26] Andererseits sollte dadurch, dass der Terror zur Sprache gebracht wurde, die Angst vor kommenden Qualen im Falle einer Verhaftung verringert werden.[27] In Chile trafen sich Menschen in Gruppen, um sich für den Fall, in die Maschinerie der systematischen Folter zu gelangen, vorzubereiten.[28]

3. Die Indienstnahme der Massenmedien

Eine der ersten Maßnahmen im Verlauf eines Staatsstreiches war die freiwillige oder erzwungene Gleichschaltung der Massenmedien, mit dem Ziel, die öffentliche Meinung zu disziplinieren.[29]

Die Monopolstellung über die öffentliche Meinungsbildung wurde manchmal plump ausgenutzt, so z.B. im Fall Chiles, indem man ein Exempel an scheinbar rebellischen Jugendlichen statuieren wollte: Unmittelbar nach dem Putsch wurden auf der Straße von Soldaten Frauen die „männlichen“ Hosen über dem Knie und jungen Männern die „weiblichen“ langen Haare auf Nackenlänge abgeschnitten. Die Diktion über diese Vorkommnisse in den der Diktatur

[22] Vgl. J. Barudy, C. Vieytes (1985): El dolor invisible de la tortura. Brüssel

[23] Vgl. M. L. Castillo; R. Domínguez, S. Salamovich (1986): Efectos psicosociales de la represión política, FASIC, Paper zum III Symposium über Alternativen der Psychiatrie in Lateinamerika, Buenos Aires Dezember 1986

[24] Larsen, a.a.O., S. 101

[25] So z.B. die Studienthemen: „Kollektive Einschüchterung“; „Arbeit über eine Gruppe (weiblicher) politischer Gefangene, die gefoltert wurden“ und „Eine psychotherapeutische Erfahrung mit politischen Gefangenen innerhalb des Gefängnisses“. In: CODEPU: Tortura. Documento de denuncia, Hefte. V.,VI. und VII. Jeweils aus den Halbjahresberichten 1. & 2. 1986 und 1. 1987. Santiago

[26] Und fügt erklärend hinzu: „Die Schmach der Vernichtung läßt sich nicht austilgen. Das zum Teil schon mit dem ersten Schlag, aber schließlich in der Tortur eingestürzte Weltvertrauen wird nicht wiedergewonnen. Dass der Mitmensch als Gegenmensch erfahren wurde, bleibt als gestauter Schrecken im Gefolterten liegen: Darüber blickt keiner hinaus in eine Welt, in der das Prinzip Hoffnung herrscht.“ In: Jean Améry: Jenseits von Schuld und Sühne. Stuttgart, 1977. S. 58

[27] Vgl. Castillo et al., a.a.O.

[28] Larsen berichtet: „Die Kirchenbehörde veröffentlichte ‚Zehn Gebote für Verfolgte‘. Da wurde ihnen geraten, im Fall der Entführung laut den eigenen Namen und Angaben über die Arbeitsstelle zu rufen; man beriet sie, wie mit verbundenen Augen die Lage und Entfernung des Orts, an den sie verschleppt wurden, abschätzen konnten und ermahnte sie, sich nicht zu scheuen, vor Gericht von erduldeten Folterungen zu berichten und eine ärztliche Untersuchung zu verlangen...“ Ebenda, S. 66

[29] Vgl. R. Arnt (1993): Die Rolle der Presse im uruguayischen Regimewechselprozess. In: K. Bodemer, M. Licio u. D. Nolte (Hg.): Uruguay zwischen Tradition und Wandel. Institut für Iberoamerika-Kunde. Schriftenreihe Band 36: 189-214

nahestehenden Zeitungen war teils scherzhaft, teils anmahnend; vor allem wurden sie aber als ein deutliches Zeichen der neuen „Disziplin und Ordnung" gekennzeichnet.
Die Manipulation kann jedoch auch auf intelligente Weise durchgeführt werden, wie z.B. in Argentinien zwischen 1976 und 1983, wo die Medien gleichgeschaltet wurden, um die repressive Wirkung auf Angehörige von Verschwundenen durch die kontinuierliche und systematische Verbreitung bestimmter Anzeigen und Slogans zu verstärken.[30] Die Texte, die durch die Massenmedien mehr oder weniger aggressiv verbreitet wurden, legten folgendes Verhalten nahe:
a) Über den „Verschwundenen" sollte geschwiegen werden, als ob es sich dabei um etwas für die Familie und den Freundeskreis Unehrenhaftes handelte.
b) Die Eltern sollten ständig über ihre Verantwortung in Bezug auf das Verhalten ihrer Kinder nachdenken; damit sollte die Überzeugung genährt werden, dass das Verschwinden der Kinder auf schlechte Erziehung zurückzuführen sei. Von den Eltern wurde ständig Rechenschaft verlangt: Wie haben Sie Ihre Kinder erzogen? Wissen Sie, was Ihr Kind in diesem Moment gerade tut?
c) Es sollte so früh wie möglich die kollektive Entscheidung getroffen werden, den Verschwundenen zu vergessen oder ihn für tot zu erklären; man suggeriert, er habe seine Familie und Freunde freiwillig verlassen und sei z.B. ins Ausland gegangen, und dass er für diese „verantwortungslose" Haltung mit Gleichgültigkeit und Vergessen bestraft werden müsste.
d) Das „Verschwinden" sollte als ein Beweis für die Schuld des Betroffenen gelten; damit fiel die Verantwortung für das Unglück auf ihn zurück. Um das zu suggerieren, wurden folgende sprachliche Wendungen verwendet: „Irgendetwas wird er schon getan haben", „Wer weiß, wo er reingeraten war."
e) Abweichende politische Meinungen sollten als psychische Störung verstanden werden, gemäß der Annahme, dass das Normale – die seelische Gesundheit – darin besteht, die soziale Wirklichkeit so hinzunehmen, wie sie ist, d.h. die Mechanismen der autoritären Herrschaft, der sozialen Ungerechtigkeit zu akzeptieren und sich dieser Situation passiv anzupassen. Die fehlende Akzeptanz des Status quo wurde als Beweis für die Unreife (bis zur psychischen Krankheit) der betroffenen Personen gewertet.

Diese Punkte wurden im Rahmen eines eifrigen Propagandafeldzuges entfaltet, in dem alle modernen Methoden der Werbung eingesetzt wurden, u.a. Kurzbotschaften im Rundfunk und Fernsehen, indirekte sprachliche Wendungen, Plakatwände. Diese systematische Indienstnahme der sozialen Kommunikationsmedien ist in Argentinien exemplarisch vollzogen worden. Durch diesen Feldzug u.a. ist es gelungen, ein Klima der Unsicherheit zu schaffen. Damit wurde auf das Ziel gesetzt, dass die Familie und Freunde der Verschwundenen und im Allgemeinen die Bevölkerungsmehrheit ein latentes Schuldgefühl bildeten, sich der individuellen Ohnmacht bewusst wurden und sich der Gewaltherrschaft unterordneten und anpassten; das heißt, es wurde auf einen dem Staatsterrorismus „bedingungslos ergebenen Menschen" hingearbeitet.[31]
Über die konkreten Auswirkungen dieser Manipulation von Parametern der Alltagsinformation berichtet A. Graham-Yooll: „Ein älteres Ehepaar ließ die Kinder schwören, dass sie das Geheimnis des ‚Verschwindens' des älteren Bruders für sich behalten würden. Einmal pro Monat schrieben die Eltern einen Brief an sich selbst – auf blauem Papier –, in dem sie die Neuigkeiten eines nach Spanien emigrierten Sohnes schilderten. Sie brachten diesen Brief

[30] Vgl. D. Kordon, L.I. Edelman u.a. (1986): Efectos psicológicos de la represión política, Buenos Aires
[31] S. D. Kordon, L.I. Edelman a.a.O.

unter den Tanten in Umlauf, denn diese hätten die Scham nicht überwinden können, die sich in der Familie ausgebreitet hätte, wenn bekannt geworden wäre, dass einer der Neffen von den Sicherheitskräften gekidnappt worden sei, weil er unter Verdacht stand, ein Mitglied der Guerilla zu sein."[32]

J. Puget[33] führt uns mit großer Klarheit in die damalige kulturelle und psychosoziale Atmosphäre in Argentinien ein: „Bei dem Versuch, den sozialen argentinischen Kontext kurz zu beschreiben, muss hervorgehoben werden, dass die Diktatur sich aktiv darum bemüht hat, Unwissenheit zu produzieren, falsche Erwartungen zu wecken, jedes gegen das Regime opponierende Denken zum Schweigen zu bringen, die Angst und die Panik als Instrumente einzusetzen, die Information in Desinformation oder perverse Information zu verwandeln, (und zwar) hauptsächlich, indem paradoxe Botschaften gesendet wurden. Nach und nach verschwanden bestimmte Redewendungen aus der Umgangssprache. (Dagegen) sprach die Sprache der Macht vom Schutz der Familie, von der Schaffung einer neuen Ordnung (die an Hitler erinnert), nachdem sie ein System der Straflosigkeit geschaffen hatte, in dem das Verbrechen, die Folter, die Lüge, die Annullierung der Menschenrechte ‚erlaubt' waren, um die ‚nationale Sicherheit' wiederherzustellen."

Die dauerhaften psychosozialen Auswirkungen dieser Zwang ausübenden Propaganda sind nach dem Ende der Diktatur in Argentinien untersucht worden.[34] Die ad hoc gebildete Studienkommission der Argentinischen Psychoanalytischen Vereinigung formuliert folgende Schlussfolgerungen in ihrem vorläufigen Bericht über die Auswirkungen des Staatsterrorismus in Argentinien: „Die gegenwärtige Situation (in Argentinien) zeigt, dass in einer Gesellschaft, die eine Phase der politischen Repression hinter sich hat, die Folgen davon nach wie vor spürbar sind. Die Tatsache, dass Menschen verschwunden sind, ermordet oder gefoltert wurden oder ins Exil gehen und sich definitiv von ihren Familien trennen mussten, zeigt Wirkung. Auch die Präsenz derjenigen, die den repressiven Apparat aufgebaut und die Repression ausgeübt haben und weiterhin im Lande leben, bleibt nicht folgenlos."[35]

Wie noch zu erörtern sein wird, können die psychosozialen Auswirkungen der organisierten Gewaltanwendung auf Individuen und kleine Gruppen mit Hilfe der dokumentierten Erfahrungen der unmittelbaren und mittelbaren Opfer festgestellt werden. Die globale soziale Bedeutung der militärischen Interventionen in das soziale Leben kann in ihren vielfältigen Implikationen noch nicht vollständig abgeschätzt werden.[36]

Was sich allerdings bereits beobachten lässt, ist die Tatsache, dass viele Menschen immer noch darunter leiden, gespaltene Formen der Wahrnehmung entwickelt zu haben. Ständig waren sie gezwungen, in Sekundenschnelle zu entscheiden, ob sie etwas Verbotenes taten oder nicht, ob sie eine Grenze überschritten oder nicht etc. Darüber hinaus mussten sie sich ständig verstellen, d.h. sie waren genötigt, nach außen etwas anderes zu zeigen als sie wirklich dachten oder fühlten. Die autoritären Botschaften mussten notgedrungen verinnerlicht werden. Nach dem Ende des Terrors wurde es für die Betroffenen dann notwendig, die Wahrnehmung des sozialen Feldes und der eigenen Aktivitäten neu zu strukturieren.[37]

---

[32] S. A. Graham-Yooll, a.a.O., S. 186

[33] J. Puget (1988/1991): Violencia social y psicoanálisis. De lo ajeno estructurante a lo ajeno-ajenizante. In: J. Puget, R. Kaes (Hg.): Violencia de estado y psicoanálisis. Paris/Buenos Aires

[34] L. Candia (1986): La tortura, el torturador y la desaparición de personas. In: Territorios, Nr. 4, S. 29-32, Buenos Aires

[35] S. Asociación Psicoanalítica Argentina (1986): Comisión de Investigación sobre las Consecuencias de la Represión Política (comunicación preliminar). In: Rev. Chil. Psic. Vol. VIII, Nr. 2, S. 65-70

[36] Vgl. die Arbeiten von L. Ricón, J. Braun, M.L. Pelento, M. Vinar in : J. Puget, R. Kaes, a.a.O.

[37] Vgl. J.J. Fariña (1990): Der Staatsterrorismus als Phantom. In: H. Riquelme (Hg.), a.a.O., S. 174-180

Die Relevanz der Angst als repressiver Faktor

Fast zwanzig Jahre lang haben die Menschenrechtsorganisationen die Missachtung und den Missbrauch der Menschenrechte in Südamerika angeklagt. Die Verletzung der Menschenrechte bildet einen integralen Bestandteil des psychologischen Krieges, den die Streitkräfte gegen die eigene Bevölkerung entfesselt haben, um soziale Reformen zu verhindern und um bei der abweichenden Mehrheit gewaltsam eine Kasernenhofmentalität einzuführen.
In einer Studie über die Angst und ihre Auswirkungen auf die chilenische Gesellschaft, die 1988/89 noch unter der Militärregierung durchgeführt wurde, machen E. Lira und M.I. Castillo (1991)[38] folgende Beobachtungen: „In den Gruppen, die wir untersucht haben, erscheinen diese Bedrohungen als spezifische Ängste... Die politische Bedrohung wird von den Untersuchungssubjekten als reale Todesdrohung wahrgenommen, als Auslöschung und als Bedrohung für den Konsolidierungs- oder Erhaltungsprozess der eigenen Identität. Es entwickelt sich eine soziale Wahrnehmung des grundlegenden Misstrauens, der Schutzlosigkeit, des Autonomieverlustes und der Verzweiflung, die sich in den Inhalten der Ängste ausdrückt, die von der politischen Bedrohung geschaffen werden... Als sie den Tod als Sanktionsmöglichkeit einführte, hat die politische Repression die vorherigen sozialen Regeln verändert, die kollektive Repräsentation der Politik und das Fortbestehen der Regeln und Gesetze als Bezugsrahmen. In diesem Sinn mussten die Deutungsmuster der Wirklichkeit und der Repräsentationen reformuliert werden; dadurch wurde das Grundvertrauen der Subjekte in die Realität und in ihre eigene Wahrnehmung der Realität erschüttert... Das Klima des Terrors, das die sozialen Beziehungen durchzieht, stimmt mit der Wahrnehmung der Schutzlosigkeit der Untersuchungssubjekte überein, angesichts einer Autorität, die als allmächtig, grausam und sadistisch wahrgenommen wird... Das Schweigen hat eine lange Phase des sozialen Lebens geprägt, niemand erwähnte, was geschah, weil das verboten war..."
Rozitchner[39] bezieht sich auf die implizite Psychopathologie der organisierten Gewaltanwendung: „Der Terror und die Repression haben die Grenze des Individuellen überschritten und die Trennung zwischen Phantasie und Realität, zwischen Krankheit und Gesundheit zerstört. Die zerstörerischen Schrecken und Bedrohungen, welche die Psychotiker halluzinierten und die sie in einem ständigen Zustand der Angst und des Entsetzens leben ließ, wurden als wahr und durch Folter, Vergewaltigungen und Morde als wirklich existierend bestätigt. Die komplexen und surrealistischen Konstruktionen der Psychotiker, alles, was die vom Schrecken gepeinigte individuelle Vorstellungskraft als Verfolgung, Aggression und Zerrissenwerden, gewaltsames Eindringen, Schändung, Vergewaltigung, Spionage, massive Bedrohungen, als obsessive Wiederholung einer in ihrer unvollendeten Kontinuität als unendlich gelebten Zeit erfand, all dies erschien in der historischen und institutionalisierten Realität des Terrors und seiner Schreckenskammern bestätigt. Es gab keinen Unterschied

[38] Vgl. E. Lira, M.I. Castillo (1991): Psicología de la amenaza política y del miedo. (Psychologie der politischen Bedrohung und der Furcht) Santiago de Chile: ILAS, S. 236-237. Außerdem heben die Forscher aufgrund eigener Beobachtungen den positiven psychokulturellen Einfluß der öffentlichen Auseinandersetzung mit der Angst in der Gesellschaft hervor: „Diese Wahrnehmung, die ausschließlich für die subjektive Ebene zu gelten scheint, wurde als reale Tatsache durch Meinungsumfragen bestätigt (die Stichproben deckten 98 % der Bevölkerung ab), die während des Untersuchungszeitraums erhoben wurden. Die Umfragen registrieren die Auswirkungen und die Verinnerlichung der Gefühle der Bedrohung und der Angst in der Gesellschaft und geben Auskunft über die Wahrnehmung eines sozialen Klimas der Bedrohung... Diese Feststellung spiegelte eine gemeinsame soziale Wahrnehmung wider, die es ihrerseits ermöglichte, sich der existierenden Bedrohung und Angst bewußt zu werden. Ihre Objektivierung und die Enthüllung ihrer Mechanismen verringerte ihre Wirkung. Die Verringerung der Zwiespältigkeit in der Wahrnehmung der Realität bestätigte ihre Existenz und ermöglichte damit, diese Realität in objektiven und subjektiven Begriffen zu strukturieren und zu benennen und in ihr zu handeln", S. 238-239

[39] Vgl. L. Rozitchner: Efectos psicosociales de la represión. Zitiert bei E. Lira, M.I. Castillo (1991): a.a.O., S. 29

mehr zwischen dem Erfundenen und dem Wirklichen: die historische Wirklichkeit selbst bestätigte das Erfundene als wahr." Und J. Vergara fasst vergleichend zusammen: „Im Unterschied zur Nazi-Strategie, die die traditionellen Gruppen aufzulösen trachtete, um die Gesellschaft auf der Grundlage neuer Gruppen aufzubauen, hat der chilenische Autoritarismus in etwa zehn Jahren erreicht, dass die Gesellschaft zersplittert und atomisiert wurde, indem die Gruppen entweder vernichtet oder entscheidend geschwächt wurden... Die Verhaftungen und die Behandlungen in den Gefängniszentren, inklusive Folter, fußen auf aktualisierten psychologischen Erkenntnissen."[40]

Exkurs: Auswirkungen der Angst auf das Alltagsleben

In den letzten Jahrzehnten hat die Bevölkerung Argentiniens, Chiles und Uruguays die Auswirkungen der organisierten Gewaltanwendung erfahren, deren Ziel es war, die soziale und kulturelle Organisation der oppositionellen Individuen und Gruppen zu lähmen und auf Dauer zu inaktivieren.
Um Schreckenserfahrungen in allen Bereichen des Alltags zu schaffen, wurden absichtlich körperliche und seelische Grenzsituationen herbeigeführt. Jeder Ausdruck der Unzufriedenheit oder der aktiven Opposition und des Widerstandes angesichts dessen, was als ungerecht empfunden wurde, musste im Keim erstickt werden, d.h. die Verhaltensgrundlagen einer demokratischen Kultur sollten aus dem Alltag verbannt werden. Um das zu erreichen, war es notwendig, das Gefühl einer totalen Bedrohung zu schaffen. Das „Sich-tot-Stellen" musste zum bedingten Reflex all derer werden, die mit dem damaligen Militärregime nicht übereinstimmten.
Unter diesen Bedingungen sahen sich viele Menschen dazu gezwungen, die Möglichkeit, ausgelöscht zu werden, als konkret hinzunehmen und sich im Rahmen von Überlebensstrategien möglichst unauffällig zu machen, da sie jederzeit „verschwinden", gefoltert oder ermordet werden konnten. Die ideologische Strategie des Staatsterrorismus drückte sich nicht nur im Gebrauch und Missbrauch der Macht des Staatsapparats aus, sondern beinhaltete auch die Absicht der psychischen Introjektion: Es wurde versucht, die Grenzen des formal verlangten Gehorsams zu überschreiten und durch hochentwickelte Techniken der Beeinflussung in das Bewusstsein jedes Mitglieds der Gesellschaft als psychische Machtinstanz einzudringen, um eine subtile Komplizenschaft zu bewirken („nichts sehen, nichts hören, nichts sagen über ein Geheimnis, das alle angeht").
Die Tatsache, in ein repressives Ereignis ganz im Allgemeinen verwickelt gewesen zu sein, sei es als Verwandter oder Freund eines Gefolterten oder „Verschwundenen", erzeugte oft ein sehr charakteristisches, psychologisches Bild bei den Betroffenen. Chilenische Psychologen haben hierzu folgende Attribute herausgearbeitet:

„– Verletzbarkeitsgefühl: im Angesicht einer vitalen Bedrohungssituation verschärft sich ein Eindruck persönlicher Schwäche. Die Person sieht sich ‚identifiziert', ‚verfolgt', ihr Lebensraum verliert jedwede Intimität. Sie wird zu einem Subjekt, das Ungerechtigkeiten ausgeliefert ist, die seiner Kontrolle entgleiten.

– Hypervigilanz: wegen der als unmittelbar empfundenen vitalen Bedrohung entsteht eine Überwachsamkeit der Sinne, die sich ohne Unterlass auf den Betreffenden auswirkt. Dies kann zu vielfältigen Symptome führen.

---

[40] J. Vergara E. (1990): La cultura de la violencia en Chile. In: Nueva Sociedad, Nr. 105: S. 178

– Individuelle Ohnmacht: die Gewissheit wächst, dass die eigenen Ressourcen gegenüber den Schicksalsschlägen völlig unwirksam sind. Das Individuum spürt, dass es keine Kontrolle über das eigene Leben hat und dass es nicht an ihm liegt, Entscheidungen über seine Zukunft zu treffen. Die Schutzlosigkeit angesichts der Gewalt und die Verletzbarkeit sind Ausdrucksformen dieser Ohnmacht.

– Veränderung des Realitätssinnes: da eines der Ziele der systematischen Einschüchterung darin liegt, jedwede Form der Eigenaktivität zu unterbinden – indem die Betroffenen durch Machtmissbrauch ihres Willens beraubt werden –, wird die Realitätsüberprüfung kontinuierlich beeinträchtigt. Die Unmöglichkeit, das Subjektive in Handlungen umzusetzen, lässt die Grenzen zwischen dem Wirklichen und dem Möglichen, zwischen dem Phantasierten und dem Eingebildeten zerrinnen. Die Wirklichkeit wird zu einem verwirrenden und bedrohlichen Gesamtbild, das seine Orientierungseigenschaft für die subjektiven Prozesse verliert."[41]

E. Giberti[42] (aus Argentinien) beschreibt aus der psychoanalytischen Perspektive in wenigen Worten die Schwierigkeiten des Lebens im ständigen Ausnahmezustand: „Während der Jahre der Diktatur war es zwecklos, vorsichtig zu sein, um eine Verhaftung zu verhindern; man konnte naive Strategien ausprobieren wie einen Wohnungswechsel vornehmen oder bestimmte Gesprächsthemen vermeiden, aber alles hing letztlich davon ab, wer die Macht in den Händen hielt. Man musste aus dem Land fliehen oder sich dem, was da kommen würde, stellen. Die psychopathologisierende oder (psychoanalytisch) deutende Lektüre, die nur einen Teil der Wirklichkeit, nämlich die psychische, abdeckte, reichte nicht aus. Man musste sich mit politischen Fragen auseinandersetzen, wenn es darum ging, Entscheidungen über uns oder über Ratsuchende und Patienten zu treffen... Wenn die (eigene) Wahrnehmung ankün-digte, dass ‚Gefahr im Verzug' war, dann, weil tatsächlich etwas geschah; einige nutzten diese Wahrnehmung, um ‚sich nicht einzumischen' oder ‚nicht wissen zu wollen', aber es ist äußerst schwierig, sich über dieses Etwas unwissend zu halten..."

Über die Auswirkungen des Staatsterrorismus auf das Alltagsleben in Uruguay geben Cateano und Rilla Auskunft: „Die Logik der Repression setzt außerdem voraus, dass der Unterdrücker das Objekt seines Zornes nie endgültig enthüllt. Der Bürger, der Untertan, lebt also in der Furcht vor dem Unerlaubten und am Rand der Übertretung (des Erlaubten): Sein einziger Ausweg ist, sich selbst die Politik zu verbieten, sogar innerhalb des engen Rahmens der Familie. Es war nicht schwer zu bemerken, dass die uruguayische Gesellschaft die Politik sogar von den Familienfesten verbannt hatte. Eher als ein verbotenes Thema schien es ein Tabu zu sein, d.h. ein Thema, das nicht einmal gedacht werden durfte... Die Medien begleiteten den repressiven Prozess aus dem Schweigen heraus, das ihnen aufgezwungen worden war und das einige ohne größere Gewaltandrohung akzeptierten... Und zwischen der Repression und dem Verdecken sah sich die Diktatur in ihrem natürlichen Umfeld, dem Spiel des Gerüchts und des Untergründigen: Man las zwischen den Zeilen, die Texte wurden ausgepresst, man suchte nach Tatsachen und deren möglichen Rückschlüssen, ausgehend von verstreuten Ankündigungen... Die Diktatur bildete auf diese Weise eine parallele Geschichte, gewebt aus Gerüchten, die der Terror und die blockierten Informationen gebaren... Das Erziehungswesen integrierte inmitten des allgemeinen Zerfalls des Schulsystems (abnehmender Schulbesuch, knappe Haushaltsmittel, ‚Säuberung' des Lehrkörpers und der Verwaltung) die Verhaltensmuster der autoritären Gesellschaft, der es dienen sollte, in seinen

---

[41] Vgl. J. Timmerman (1987): El galope muerto. Santiago de Chile, S. 44

[42] Vgl. auch E. Giberti (1987): Etica y Derechos Humanos: una preocupación profesional. In: Rev. Arg. Psic., Vol. XVIII, Nr. 38, S. 17-34

Alltag. Allenfalls ist es wahrscheinlich, dass die Schulen und Gymnasien, trotz der obsessiv genauen Anweisungen und Regelungen (zu Detailthemen), den Kindern und Jugendlichen weder militaristische Mystik noch pro-diktatorische Begeisterung vermitteln konnten."[43]

Aus einer phänomenologischen Perspektive definiert H. Faúndez (1990) einige Situationen der intrafamiliären Kommunikation in einer Atmosphäre der allgegenwärtigen Angst: „Der Kreislauf der Angst in der familiären Gruppe ist auch von der Verleugnung, der Verstellung und dem Verbergen geprägt. Deutlicher als in anderen kommunikativen Kontexten sind die Angstphänomene hier mit den Prozessen der Schuld, der Feindseligkeit und dem Wunsch nach gegenseitigem Schutz verbunden... Die Intensität und das Wesen der intrafamiliären Kommunikation machen es unmöglich, dass die Verstellung und das Verbergen nicht wahrgenommen werden. Das Leben – ‚als ob' es keine Ängste und keine Schmerzen gäbe – führt zu der kommunikativen Grundregel des ‚geteilten Geheimnisses' einem Phänomen, in dem eines der Gruppenmitglieder die Rolle des Trägers der Gruppenangst, des Sündenbocks, des ‚schwachen Opfers' oder des ‚unbesiegbaren Retters' sowie andere Funktionen übernimmt, die die Kohäsion und das Überleben der Familie sichern. In jedem dieser Fälle (und ihrer Variante) werden Phänomene der Starrheit und der unvermeidbaren Tendenz zum labilen Gleichgewicht auftreten... Wir haben Familien behandelt, in denen eines ihrer Mitglieder (in der Regel ein Elternteil) das ‚geteilte Geheimnis' gebrochen hatte, weil das schlechte Gewissen wegen der eigenen Verstellung unerträglich geworden war. In diesem Schuldgefühl gefangen, beging er die mutige Tat, seine Ängste einzugestehen. Im Versuch, sich von Selbstvorwürfen und Schwächen zu erleichtern, hatte er vor der Familie gebüßt, indem er sich zum ‚Feigling' erklärte. Während er seine Schuldgefühle und die der anderen auf sich nahm, versuchte er, der Sache ein Ende zu setzten und so die Familie zu beschützen... Es kommt aber vor, dass durch derartige Handlungen keine Erleichterung von Schuldgefühlen erreicht wird, und noch weniger die Beendigung der Furcht. Das Subjekt befindet sich in der Falle und kann sich schließlich vorwerfen, ein zweifacher ‚Feigling' zu sein, weil er nicht in Übereinstimmung mit seinen eigenen Prinzipien gehandelt hat, zweitens, weil er nicht die wahre Geschichte und die wahren Determinanten seiner Ängste und Gefühle zugegeben hat, nämlich in der Würde- und Machtlosigkeit versunken zu sein, zu der ihn die Macht gezwungen hatte. Er wird dann wütend. Zu den Ängsten und Schuldgefühlen kommt nun der Hass hinzu. Er wird vielleicht gegen die Macht, ihre Symbole und ihre Repräsentanten aufbegehren; in der Regel werden aber auch die Mitglieder der eigenen Familie unter der Irritation eines erniedrigten, verängstigten und sich schuldig fühlenden Subjektes leiden."[44]

---

[43] Vgl. Caetano und Rilla, a.a.O., S. 147-148. E. Lira, L. Weinstein, S. Salamovich (1986): El miedo: un enfoque psicosocial, in: Rev. Chil. Psic., Vol. VIII, Nr. 1, S. 51-57, Santiago de Chile

[44] Und Faúndez wird konkret: „Zwei dieser Verhaltensmuster, die wir bei Vätern beobachtet haben, die Folter und längere Haftzeiten erlitten hatten, stechen u.E. besonders hervor: a) ‚Ich bin nichts wert... Ich habe nur Dummheiten gemacht!' und b) ‚Liebt mich nicht!' Die Erfahrung a) wird gelegentlich sehr explizit vom Subjekt selbst vorgetragen. Die Person versucht, ihren Lebensprozess und ihre gegenwärtigen Ängste gleichzeitig zu erklären (oder zu rechtfertigen) und eventuell ihre Schuldgefühle wegen eines ‚Zusammenbruchs' unter der Folter zu sühnen. Im familiären Zusammenhang, genauer, vor ihren Kindern, kann dies der Versuch sein, sie daran zu hindern, ‚denselben Weg' wie er (der Vater) zu gehen und sie davor zu schützen. Dieser Weg ist ein Geheimnis, denn nur selten sind die Subjekte imstande, traumatische Ereignisse und Gefühle ihrer Biographie mitzuteilen... Diese Väter lassen ihr eigenes Bild unbestimmt und entwerten es; gleichzeitig drängen sie ihre Familie über die Identifikation mit dem Opfer in eine Haltung der mitleidsvollen Liebe... Die während der Phase der Pubertät natürliche Konfrontation und Differenzierung mit den Kindern führen die Väter unvermeidlich zu ‚Auswegen' die sehr extrem sein können: entweder kapseln sie sich in eine Haltung der bitteren und einsamen Resignation oder in eine autoritäre und feindselige Reaktion ein. Beide Auswege leugnen jedoch in ihrer Lebenspraxis die Ideale, die ihrer Existenz Sinn verleihen... In diesem Prozess ist immer die Angst davor aktiv, den Kern der traumatischen Schreckenserfahrung zu ‚berühren' Die Familienmitglieder nehmen die Eigenschaft der ‚Unberührbarkeit' dieses Schmerzes wahr und teilen sie. Sie beschützen ihrerseits den Betroffenen, indem sie sich selbst hemmen und den Dialog nicht eröffnen. Die Falle der Ängste, der Schmerzen und der Furcht schließt sich immer wieder

In diesem pathogenisierenden Kontext gewinnt die in Chile noch zu Diktaturzeiten geleistete psychotherapeutische Arbeit vieler Solidargemeinschaften, mehrheitlich Nichtregierungsorganisationen, große Bedeutung. Angesichts der Angst und Furcht, die durch die organisierte Gewaltanwendung entstanden war, bekundete folgende Definition (1986) eine neue Haltung: „Die Angst als subjektives, anfänglich privates Phänomen, hat sich in eine breite und wahrnehmbare psychosoziale Erfahrung verwandelt, die Tausende von Personen in unserer Gesellschaft gleichzeitig betrifft und ein zentrales Element bildet, das das Alltagsleben und die soziale Interaktion im heutigen Chile durchzieht... Wir möchten mit aller Deutlichkeit sagen, dass das therapeutische Ziel der Behandlung von Familien mit Angst nicht die Überwindung der Angst ist. Sie zu überwinden hieße, sie zu leugnen und damit ihre zerstörerischen Auswirkungen auf die Familie und die Gesellschaft fortzusetzen... Das Hauptziel der Psychotherapie ist vielmehr die Auseinandersetzung mit der Angst, um sie auf gesunde und dialektische Weise mit all ihren Implikationen und Widersprüchen zu integrieren... In der Annahme, dass die Angst ein mächtiges Motiv des sozialen Verhaltens in Bezug auf die soziale und politische Partizipation und Verantwortung bilden kann, ist es notwendig, ihre Auswirkungen zu enthüllen und ihnen gegenzusteuern, um eine demokratische und partizipatorische Gesellschaft aufzubauen."[45]

Das Ausmaß und die Bedeutung der Auswirkungen des Staatsterrorismus an sich oder der Behandlung seiner Opfer, auf der persönlichen wie auf der beruflichen Ebene, wurden früh thematisiert und haben eine kritische Diskussion auch jenseits der nationalen Grenzen ermöglicht. Dasselbe geschah im Bereich der psychosozialen Gesundheit, so dass wir heute über eine breite Informationsgrundlage über die Auswirkungen des Terrors nicht nur auf die unmittelbar Betroffenen verfügen, sondern auch auf die behandelnden Ärzte und Therapeuten, die die Opfer betreut haben.[46]

Es ist ebenfalls beachtenswert, dass die hartnäckige militärische Repression keine durchschlagende Hegemonialherrschaft in den hier behandelten Ländern Südamerikas errichten konnte; zwar sind die massive Unterdrückung der Bevölkerung und der Zwang zur passiven Anpassung sattsam ausgeübt worden, die „Gewaltherrschaften" haben jedoch weder ein Klima der vorbehaltlosen Akzeptanz schaffen noch ihre möglichen Epigonen ideologisch konsolidieren können.[47]

Es kann sogar behauptet werden, dass die Praxis der organisierten Gewaltanwendung in Südamerika auf eine psychosoziale Widerstandsform gestoßen ist, die sich sehr unter-

---

über den Betroffenen... Der imperative Ausspruch ‚Liebt mich nicht' (b) drückt aus, dass das Subjekt im Bann des Schuldgefühls lebt, seiner Familie ‚vermeidbare' Schmerzen zugefügt zu haben, in der Regel nachdem er im Untergrund gelebt und Folter, Entführung und Haft erfahren hat. Auch wenn es ihnen nach seiner Befreiung gelingt, ein Leben voller Vorsicht und Nichteinmischung zu führen, leben sie doch in der Furcht vor einer eventuellen neuen Verfolgung durch die Macht (ohne paranoid zu sein; es kommt in der Tat vor)... Um die Familie vor größeren Schmerzen zu beschützen, versucht der Vater, sie dazu zu zwingen, ihn nicht zu lieben. Er panzert sich in eine Haltung der scheinbar affektiven Kälte ein, wird stur, mürrisch, ungesellig, distanziert und geistesabwesend. Er spricht nicht über das politische Leben und seine eigene Vergangenheit und verbietet anderen, darüber zu sprechen. Er flüchtet sich darein, der Familie das Beste zu geben... Alltagssprachlich sind die Begriffe dieses paradoxen Paradigmas: Subjekt: Aus Liebe zu euch verlange ich, dass ihr mich nicht liebt. Aus Liebe zu mir müßt ihr lernen, mich nicht zu lieben... Familie. Aus Liebe zu dir und um dich zu schützen, tun wir so, als ob wir uns gegenseitig wirklich nicht liebten. Aus Liebe zu dir lebt jeder von uns alleine im stillen mit dem Schmerz. Die Beziehungen innerhalb der Familie erfrieren; sie begleiten einander, indem sie den Schmerz in Stille und Einsamkeit teilen." H. Faúndez (1990): Die Sprache der Furcht. Individuelle und kollektive Dynamiken der Kommunikation unter dem Terror. In: H. Riquelme (Hrsg.), a.a.O. S. 134-144

[45] S. D. Becker, E. Weinstein (1986): La familia frente al miedo: aspectos psicodinámicos y psicoterapéuticos. In. Rev. Chil. Psic. Vol VIII. Nr. 1, S. 57-64, Santiago

[46] S. M. Ruderman (1992): Die Internalisierung des Grauens der Diktatur bei argentinischen Psychotherapeuten. Paper zum VI. Symposium „Kultur und psychosoziale Situation in Lateinamerika". Hamburg im September 1992, nunmehr ausgearbeitet in diesem Band

[47] Vgl. R. Huhle, a.a.O.

schiedlicher öffentlicher Ausdrucksformen bediente, um die systematische Repression in all ihren Details bekannt zu machen.[48] Die jüngste Vergangenheit Südamerikas zeigt regelmäßig eine bestimmte Gleichzeitigkeit der Zerstörungsprozesse seitens der Staatsmacht und der kulturellen und psychosozialen Reparation seitens der Bevölkerung.[49]
Diese Form der psychosozialen Praxis hat m.E. nicht nur eine große Bedeutung für die unmittelbar betroffenen Psychotherapeuten gehabt. Die Auseinandersetzung mit der organisierten Gewaltanwendung und die Aufarbeitung der sozialen Erfahrungen der letzten zwanzig Jahre bilden eine soziale und politische Aufgabe, die von allen gesellschaftlichen Kräften gemeinsam getragen werden sollte. Dabei muss dieses Spezialwissen über die Angst und ihre Auswirkungen auf die Gesellschaft hervorgehoben werden, damit das „Nie wieder" gesellschaftlich bewusst wird und sich in der historischen Wahrnehmung verankert.[50]

---

[48] S. H. Riquelme (1990): Das grausam Wirkliche. Psychokulturelle Auswirkungen des Staatsterrorismus in Südamerika, in diesem Buch
[49] Vgl. H. Riquelme (1990): Einleitung zu „Zeitlandschaft im Nebel", a.a.O., S. 10
[50] Vgl. P. Rojas: Terapia al torturado. Reflexión de una práctica humana. In: CODEPU (Comité de Defensa de los Derechos del Pueblo) (1990): Tortura: Aspectos médicos, psicológicos y sociales. Prevención y tratamiento (betreut von Sergio Pesutic), Santiago de Chile, S. 235-239. Siehe ebenfalls Pr. José Aldunate: Consideraciones éticas. In: CODEPU, a.a.O., S. 372-376

TEIL I: Annäherungen an das psychosoziale Klima der Militärdiktaturen

Im Tenor der thematischen Einführung und als Synthese ihrer Schlussfolgerungen lassen sich aus der Analyse der psychosozialen Bedingungen während der Diktaturen drei Ziele der Manipulation des Bewusstseins erkennen:

1. Die Reaktivierung von autoritären und hierarchischen Verhaltensweisen und Meinungstendenzen, die bereits in den Kulturen der drei Länder vorhanden waren.
2. Der Unterschied in der Wahrung des Rechts auf Meinungsfreiheit zwischen den Anhängern des Totalitarismus, die Präsenz zeigen konnten, und dem Rest, der im Dunkeln blieb, da ihm seine Ausdrucksmöglichkeiten verwehrt wurden.
3. Die gesellschaftliche Fragmentierung mit einer Verherrlichung eines bis zum Äußersten gehenden Individualismus.

Diese drei Aspekte der ideologischen Strategie des Staatsterrorismus wurden durch die Angst vorangetrieben, die als zentrales Ziel der Aktivitäten und Reaktionen des repressiven Systems gelten kann. Der Staatsterrorismus nahm Einfluss auf die Fragmentierung der Gesellschaft: Er erzeugte ein soziales Klima der Isolation und Schutzlosigkeit, um das Gemeinschaftsgefühl zu zerstören und solidarisches Handeln – beides in Lateinamerika stark verwurzelte Haltungen mit einer langen Tradition – wertlos erscheinen zu lassen. Der Staatsterrorismus hat systematische Methoden zur physischen und psychischen Einschüchterung der Menschen sowie zur psychosozialen Manipulation der Kultur entwickelt, die es vorher in diesem Maße noch nie gegeben hat. Immerzu bestand die Möglichkeit, dem repressiven System in die Hände zu fallen; individueller und kollektiver Widerstand konnten nur unter großer Gefahr geleistet werden.
Unter diesem „Ausnahmezustand" entstanden psychotherapeutische Aktivitäten neuer Prägung, die sich teilweise auf die Erfahrungen mit dem Naziregime und den Kriegen in Algerien und Vietnam stützen konnten und die außerdem den therapeutischen Raum und die Rolle der Therapeuten und der Klienten neu definierten.
Beispielsweise wurden Gefangene und Gefolterte bald nach ihrer Verhaftung und Misshandlung, während sie noch im Gefängnis waren, in ärztliche, psychologische und soziale Betreuung genommen. Zum ersten Mal in der Geschichte haben sich Psychologen, Sozialarbeiter und Ärzte, die in Menschenrechtsorganisationen tätig waren, als Besucher in den Gefängnissen angemeldet und die Betroffenen selbst unter Bedingungen unmittelbarer Bedrohung unterstützt.
Unter diesen, für eine therapeutische Arbeit ungeheuer erschwerten Bedingungen entstand das Prinzip der „engagierten Bindung" (vínculo comprometido) als Verständigungsbasis zwischen Repressionsopfern und Psychotherapeuten; es herrschte Konsens über Ursprung und Bedeutung des psychischen Schadens, und es konnten gemeinsame Behandlungsstrategien, die auf wesensverwandten Wahrnehmungen und Gefühlen gründeten – entwickelt werden.
Aus dieser ungewöhnlichen Praxis hat sich die Erkenntnis herauskristallisiert, dass auch eine therapeutische Handlung schädlich sein kann, wenn die Abstinenzhaltung des Therapeuten nicht in Frage gestellt wird, da sie Machtpositionen zementiert und Gesten der Solidarität geradezu ausschließt. Unter diesen Bedingungen entpuppt sich eine angenommene Privatheit im Leiden derartig massiver Erfahrungen als Mythos, der dem Betroffenen nicht erlaubt, seine Scham zu überwinden und eine stillschweigende Komplizenschaft mit seinen Henkern begünstigt. Es ist also nicht verwunderlich, dass die Diktaturen Künstler und psychosoziale Fachleute als ihre Gegner ausgemacht haben.

In den Artikeln des ersten Teils schreiben die Autoren als teilnehmende Beobachter gesellschaftlicher und persönlicher Umbrüche in den drei Ländern. Sie vermitteln dem Leser einen Zugang, der in seiner Unmittelbarkeit ihren Erfahrungen unter dem Ausnahmezustand entspricht. Es entsteht das Bild einer kulturell und sozial verwurzelten psychologischen Tätigkeit, die den Zerstörungsprozessen seitens der Staatsmacht ausgesetzt war, und bei der kulturellen und psychosozialen Reparation auf der Seite der Bevölkerung in der jüngsten Vergangenheit Südamerikas gestanden hat.

Horacio Riquelme

Eva Giberti

Aufseherinnen im Gefängnis

Eine Gruppe im Grenzbereich der Macht

Prolog

Diese Arbeit beschreibt meine Erfahrungen mit dem Gefängnis Villa Devoto von Dezember 1983 bis Mai 1986. Mein Sohn wurde im September 1973 aus politischen Gründen verhaftet. Seit dieser Zeit hatte ich Kontakt mit den Aufseherinnen, die im Gefängnis die Durchsuchungen der Besucher vornahmen, den „Filzerinnen". Für die Untersuchung ihrer Verhaltensweisen habe ich den genannten Zeitraum und dieses Gefängnis ausgewählt, da es auf diese Weise möglich ist, sowohl verschiedene Aspekte der Macht in einer Institution als auch zwei Gruppen von Frauen zu vergleichen: Die Aufseherinnen und die Angehörigen/Freundinnen der politischen Gefangenen.

Der Beitrag wird eingeleitet mit einigen Überlegungen zur Macht und einem Überblick über die Women's Studies, auf die ich mich stütze, um daraus einige Thesen zu formulieren.

Als zweites werde ich den Ablauf einer Durchsuchung darstellen, wobei ich Beschreibung und Deutung von der psychoanalytischen Hermeneutik ausgehend benutze.

Im dritten Teil setze ich mich mit einer kritischen Theorie auseinander, die sich auf die Macht der Polizei und die Macht der Frau bezieht, um mich viertens mit Legalität und Legitimität in einer Gefängnisinstitution innerhalb eines terroristischen Staates zu beschäftigen.

Ich schließe ab mit einem Verweis auf eine angebliche Geschichte des „Befehls" und seiner Beziehung zum weiblichen Geschlecht als Nahrungsproduzentin und -spenderin. Ich stelle Überlegungen an über das soziale Lernen dieser Frauen, beschreibe, wie sich ihre Praktiken in einem Rechtsstaat fortführen und formuliere weitere Fragestellungen.

Foucault zufolge ist „Macht nicht eine Institution, nicht eine Struktur, nicht eine Mächtigkeit einiger Mächtiger. Macht ist der Name, den man einer komplexen strategischen Situation in einer Gesellschaft gibt." Des Weiteren erklärt er: „Unter Macht verstehe ich nicht die Regierungsmacht als Gesamtheit der Institutionen und Apparate, welche die bürgerliche Ordnung in einem gegebenen Staat garantieren."[51]
Dagegen bezieht sich die vorliegende Arbeit auf die Macht, aus der sich der terroristische Staat speist, welcher den Rahmen für jene Phänomene bildet, die ich hier beschreiben werde. Auch wenn dieser Staat eine „Form der Macht im Endstadium" darstellt, muss man ihn einbeziehen, will man den Anteil der „Gefängnisaufseherinnen" umfassender begreifen, denn dieser fungiert als Verlängerung besagter Macht.
„Die Macht ist etwas, was sich von unzähligen Punkten aus im Spiel ungleicher und beweglicher Beziehungen vollzieht."[52] Dieses Foucaultsche Konzept kann an der Beziehung zwischen den „Filzerinnen" und uns, den Angehörigen der politischen Gefangenen und der Dynamik unserer Konfrontationen illustriert werden: Die „Filzerinnen" repräsentierten Willkür und Machtmissbrauch, während wir unsere eigene Machtfront aufbauten, die auf unserem Widerstand beruhte.[53]
Es ist seitdem einige Zeit vergangen. Daher ist es nun möglich, andere Perspektiven einzunehmen und die vielseitigen Verbindungen zwischen denen „drinnen" und denen „draußen" zu analysieren, eine perfide Mischung, in der die Aufsehrinnen und wir als ihre Opfer Jahre zusammen verbrachten.
Wir kommen nun zu einer Reihe grundsätzlicher Fragen: Kann man von Machtproduktion und -zirkulation sprechen, ohne dabei zu berücksichtigen, dass es sich um eine von Frauen ausgeübte Macht handelt? Gibt es irgendeinen Unterschied, wenn diese Macht in Händen von Männern ist? Existiert ein Zusammenhang zwischen Geschlecht und Herstellen, Ausüben, Genießen und Erleiden von Macht?
Die Analyse dieser Fragen erfordert eine geschlechtsspezifische Sichtweise, die ihre theoretischen Grundlagen in den Women's Studies (Etudes Feminines, Estudios de la Mujer, in Universitäten vieler Länder Bestandteil der Curricula) findet. Schwerpunkte dieser Forschungen sind Bevölkerungspolitik, die psychische Gesundheit und die Sexualität der Frauen, die Konstitution von Arbeit, (unsichtbare/unbezahlte Arbeit und die Teilung in Erwerbs- und Hausfrauenarbeit), das Verhältnis Frau und Staat, Menschenrechte u.a.
Ein weiteres Thema in den Women's Studies ist, warum und wie sich das männliche Modell als Paradigma für den Menschen (el „hombre"[54]) hat durchsetzen können. Darüber hinaus analysieren die Women's Studies, warum geschlechtsspezifische Problemstellungen ausgeblendet werden sowie die Auswirkungen, die verschiedene philosophische Strömungen für das Denken über die Frau haben: z.B. Essenzialismus, Biologismus und Naturalismus. Hierbei zeigen sich die Risiken, von „den Frauen" zu sprechen, ohne Ethnie, Klasse, Alter und Herkunft zu berücksichtigen.
Auf der Basis der Dekonstruktion von Theorien wird die Kolonisierung des Denkens von Frauen analysiert, die bereit sind, Gelerntes zu reproduzieren ohne es zu hinterfragen, und soziale Rollen so ausfüllen (und entsprechende Eigenschaften entwickeln), wie sie ihnen

[51] M. Foucault, 1977. Der Wille zum Wissen. Ffm, S. 116 und 115
[52] Im Deutschen zitiert nach ders., S. 115
[53] Bezüglich Macht habe ich Foucault ausgewählt wegen seiner Untersuchungen und Texte über Gefängnisinstitutionen. Natürlich würde eine Analyse über Macht die Heranziehung weiterer Autoren erfordern, was aber die Möglichkeiten dieser Arbeit überschreitet.
[54] Im Spanischen steht hombre für Mensch und für Mann (Anm. d. Übers.).

historisch zugewiesen wurden. Es werden Thesen formuliert, die ein Bewusstsein von geschlechtsspezifischen Problemstellungen schaffen. Diese neuen epistemologischen Domänen erfordern eine Pädagogik und Methodik, die durch Diskussion und Reflexion die Wachsamkeit gegenüber jeder Art von Dogmatismus zu fördern in der Lage sind. Vielleicht hilft uns die vorliegende Darstellung, um uns über Voreingenommenheiten und Realitäten klar zu werden.

Beschreibung einer Durchsuchung

Die Geschichte beginnt damit, dass man uns auf der Strasse stehen ließ, bis man uns überhaupt anhörte, um uns dann in das Gefängnis einzulassen. Gewöhnlich wechselten die Direktiven bezüglich der „Schlangen“: Wenn sie uns einige Tage lang vor dem rechten Schalter hatten Schlange stehen lassen, gab es mit Sicherheit einen Wechsel - die zuständige Angestellte saß dann am linken Schalter. Sich aus Gewohnheit in eine der Reihen zu stellen beinhaltete das Risiko, von neuem warten zu müssen (Sicherheitsgründe?).
Der Schlüssel lag in der Langsamkeit des Vorgehens und in den immer wieder auftretenden Unregelmäßigkeiten. Hier ein Beispiel: Wegen des Geburtstags meines Sohnes stand mir ein Sonderbesuch zu, und ich ließ mich von einem Freund, einem Journalisten, begleiten. An dem Schalter an der Straße gab es eine Namensliste für solche Besuche, so dass es ausgereicht hätte, auf dieser Liste nachzuschauen, um den Einlass zu autorisieren. Dennoch entschied sich die Beamtin, „nachfragen zu gehen“. Wir warteten 20 Minuten vorschriftsmäßig auf dem Gehsteig vor dem Gefängnis. Schließlich gelang es meinem Freund, mit seinem Presseausweis die Wachen am Haupteingang zu überzeugen und unter Umgehung des Schalters in das Gefängnis eingelassen zu werden. Ich wartete weitere 15 Minuten. Wenn ich nachfragte, hieß es: „Das wird noch untersucht.“ Plötzlich öffnete sich ein Tor, und eine Wache rief mich. Ein Abgeordneter, der auch an dem Besuch meines Sohnes teilnahm und verwundert über die Verzögerung herauskam, fragte: *„Was ist los? Warum wird die Señora nicht eingelassen, ihr Besuch ist doch bereits seit einer Woche genehmigt?“* So konnte ich nach 35 Minuten Warten hinein. Als wir die ersten Höfe durchquerten, konnten wir die Beamtin, die „nachfragen gegangen war“, sehen, wie sie bei Mate und Brötchen mit einer Kollegin in einem Büro plauderte, das nichts mit den Einlassformalitäten zu tun hatte.

a) Die Überprüfung der Lebensmittel

Die Überprüfung der Lebensmittel wurde auf einem langen, ungewöhnlich hohen und auffallend schmutzigen Tisch durchgeführt. Um in dem Essen herumzustochern, benutzten die Angestellten Messer, die von Hand zu Hand gingen und manchmal an irgendeinem Papier, in das Lebensmittel eingewickelt waren, abgewischt wurden. Ohne auf Sauberkeit zu achten, wurden nacheinander Kuchen und Tortillas geschnitten und in einer Süßspeise herumgerührt. Die Aufseherinnen waren Angehörige des weiblichen Geschlechts, und die Effekte einer solchen Promiskuität waren ihnen nicht unbekannt. Sie wussten ganz genau, was es bedeutete, das getan zu haben, was eine Frau für ihre Familienmitglieder tut: mit einem Kuchen anzukommen, der eine lange Reise überlebt hatte, den man für „seinen“ Gefangenen gebacken und vor Schaden bewahrt hatte. Bei der Überprüfung wissen sie, dass sie nicht ein beliebiges Nahrungsmittel durchschneiden, sondern eine Liebeshandlung, die am Tag zuvor mit dem Ziel begonnen hatte, sie in die Hände des Internierten zu geben, um ihm die Gefängniskost zu erleichtern. In diesem Wissen schneiden sie den Kuchen umständlich in Stücke, bis sie ihn unnötigerweise völlig zerstückelt haben: Da die politischen Gefangenen, wie die Tradition des Gefängnisses zeigte, keine Drogen nahmen, war es

unnütz, in den Lebensmitteln danach zu suchen. Es war auch nicht anzunehmen, dass Nachrichten auf diese Weise übermittelt werden sollten, denn ab 1983 fanden die Besuche nicht mehr in einem Sprechzimmer mit Trennscheibe statt, sondern in direktem Kontakt. Die Lebensmittel systematisch zu zerstören war also nicht im Geringsten harmlos oder aus Sicherheitsgründen notwendig. Ich war zugegen, wie einige der Wärterinnen Tafeln Trinkschokolade mit einem Messer zerschabten und pulversierten, wie sie luftdicht verpackte Nudeln auspackten und zerbrachen. Es war ihnen offensichtlich ein Bedürfnis, das Essen vor den Augen derjenigen zu zerstören, die es zubereitet hatte und die wehrlos auf einer Bank vor dem Tisch sitzen bleiben musste, nichts dazu sagen konnte und den Raffinessen der Zerstörung beiwohnte. Um diese Politik zu illustrieren, gebe ich noch ein anderes Beispiel: Eines Tages brachte ich Erdbeeren mit. Als sie sie auspackten, sagten sie: „Diese Früchte sind zu fein, sollen sie doch die Festtage zum Jahresende abwarten, um sie zu essen."
Diese Art von Gewalt verbarg sich hinter einem sogenannten „Reglement", *das die Angehörigen niemals zu Gesicht bekamen.* Man konnte sich lediglich anhand einer Liste mit Lebensmitteln orientieren, die an einer Wand hing, und auf der ab und zu der Name irgendeines Nahrungsmittels ausgestrichen und an Festtagen andere hinzugefügt wurden.
Wenn wir Zeitschriften mitbrachten, mussten diese überprüft werden, um am selben Tag noch passieren zu können. Sie wurden durchgeblättert, um nach Drogen oder geheimen Botschaften zu fahnden und um festzustellen, ob wir versuchten, verbotene Lektüren einzuführen. Alle Zeitschriften, die am Kiosk verkauft wurden, konnten passieren (außer denen, die als erotisch angesehen wurden). Wenn eine Angehörige eine Publikation über Filme mitbrachte, verwandelte sich die Durchsuchung in die Lektüre dieser Zeitschrift, die in aller Ruhe und ungestraft vor unseren Augen stattfand. Manchmal wurde sogar eine Kollegin herbeigerufen, um mit ihr die Schicksalsschläge irgendeiner Schauspielerin zu kommentieren. Das gleiche passierte mit Tageszeitungen. Offensichtlich sollten wir provoziert werden und soviel wie möglich von der Zeit verlieren, die für den Besuch zugestanden wurde. Wenn irgendeine Zeitung auftauchte, die sie für verdächtig hielten (wir befanden uns in der Zeit der konstitutionellen Regierung, was bedeutete, das in den Zeitungen über Vorkommnisse während der Diktatur aufgeklärt wurde), begann eine mühsame Beratung darüber, ob dieses Material subversiv sei oder nicht. Das konnte nur gelöst werden, indem die Angehörige mit genügend Nachdruck die Anwesenheit des Chefs der Wache verlangte. Die Alternative, sich mit einem Vorgesetzten auseinandersetzen zu müssen, ließ sie nachgeben. Außerdem er-kannten sie in den Zeitungen nicht nur die Fakten aus den Konzentrationslagern – soweit sie veröffentlicht wurden –, manchmal schienen sie auch Wachpersonal des Servicio Penitenciario Federal[55] zu erkennen, das in der Zeitung zitiert wurde.

b) Die Leibesvisitation

Bei den Leibesvisitationen tauchten neue Formen von Sadismus auf. Nun wurde der Körper einer Frau beschnüffelt und befingert. Bei beiden Durchsuchungen hatten die Blicke dieser Frauen etwas Voyeuristisches und Einschüchterndes. Das galt auch für ihre Stimmen, wenn sie befahlen: *„Aufknöpfen."* Man musste die Bluse ausziehen und den Büstenhalter herzeigen, der sorgfältig abgetastet wurde. Gesondert festhalten möchte ich, was geschah, wenn eine Frau eine Brustamputation gehabt hatte und eine Prothese tragen musste: Sie musste ohne die Prothese zu dem Besuch gehen.

[55] Für den Strafvollzug zuständige Bundesbehörde (Anm. d. Übers.)

Danach musste man die Beine öffnen, die „Filzerin" befühlte mit der Hand den Genitalbereich, wobei man im Gegensatz zur Zeit der Diktatur, in der per Hand penetriert wurde, die Unterhose anbehalten durfte. Wenn die „Filzerinnen" Watte oder Menstruationsbinden bemerkten, musste die Besucherin diese herausziehen, das Blut und die Stärke der Binde zeigen und sie danach wieder einsetzen so gut es ging. Der Versuch, sich die Hände zu waschen, bevor man den Besucherhof betrat, bedeutete einen infernalischen Rundgang: Zurückkehren zum Ausgangspunkt der Durchsuchung, weitergehen zu den überschwemmten Toiletten, aus deren einzigem Wasserhahn kein Wasser kam. Man konnte sich dann in die Männertoilette wagen, deren Wasserhahn wenigstens tropfte. Wenn es uns gelang, die Hände zu waschen, mussten wir zum Ort der Durchsuchungen zurückkehren, womit man das Risiko einging, wieder einer Leibesvisitation unterzogen zu werden, wieder die Binden herausnehmen zu müssen etc.

Wenn wir Hosen trugen, lautete der Befehl: *„Die Hose bis zu den Hüften herunterziehen!"* Was unter Hüften verstanden wurde, hing von ihnen ab, aber normalerweise bedeutete es, das Gesäß freizumachen. Wenn man einen Hüfthalter trug, musste man diesen herunterziehen und das Schambein zeigen.

Schuhe und Fußsohlen mussten auch gezeigt werden. Manchmal blieben wir barfuß auf den Fliesen stehen, deren hygienischer Zustand dem Rest entsprach.

All diese Verrenkungen, die wir machen mussten, um das Gesäß zu zeigen, die Hosen auf halber Höhe der etwas gebeugten Beine festhaltend, um auf einem Bein stehen zu bleiben, wenn wir uns nicht an den Kacheln abstützen wollten, oder den Pullover hochzukrempeln und ihn unter dem Kinn festzuhalten, während wir die Bluse aufknöpften, waren Formen, uns mehr zu drangsalieren, als es für Kontrollen notwendig ist, die es in einem Gefängnis geben muss.

Diese Vorgehensweise gleicht dem Verhalten eines Sklaventreibers, oder *besser dem eines Tagelöhners, der in den Stand des Aufsehers erhoben wurde. Durch seine Erfahrungen als Tagelöhner weiß er genau, was speziell diejenigen, die zuvor Seinesgleichen waren, stören oder schmerzen könnte. Dadurch erlangt er die Fähigkeit, mit größerer Präzision zu strafen, weil er weiß, wo es am meisten weh tut.*

c) Interpretation der Hände und der Stimme

Dieser Durchsuchungsmodus verweist auf die symbolische Simulationsebene, die die bisher beschriebenen Schikanen noch verschärft. Die Perversion liegt darin, dass die *„Filzerin" im Namen des Mannes, ihres Vorgesetzten, handelt, der ihr Befehle erteilt. Ihre Hände in den Körper einer Frau einzuführen, beschwört die männliche Macht herauf, deren Übermittlerin und Dienerin sie ist.* Der Befehl: „Aufknöpfen!", verändert die Passivität des Opfers/der Besucherin, die sich jetzt nicht mehr durchsuchen „lässt", sondern ihre Hände benutzen muss, um ihre Kleidung zu öffnen und sich zu zeigen. So wie die Nazis mit den Juden verfuhren, die sie ihre eigenen Gräber schaufeln ließen, bevor sie sie erschossen. Dieser Kommandoton setzt den Gehorsam des Opfers voraus und zwingt es, sich anzubieten. Es wird so getan, als genieße man das Angebot und die Zurschaustellung, als seien sie eine freiwillige Entscheidung des Opfers, das perverserweise verwandelt wird in „die, die sich zur Schau stellt". Die Befehlsstimme beinhaltet die Stimme ihres Gebieters als unumgänglichen Phallus, sie befiehlt und bestimmt eine Situation, die sich auf trügerische Weise zwischen zwei Frauen abspielt.

Fasziniert von der Wanderung ihrer invasorischen Hände und ihres raupenhaften Blickes, der auf- und abgleitet in der Erwartung, ein Zeichen für den Betrug zu finden, zu dessen Opfer die Besucherin sie machen will, bemerkt sie nicht, dass man sie zur Statistin in einem Drama gemacht hat, das sich eigentlich zwischen anderen abspielte: den Gefangenen und der despotischen Macht.

Die Besucherin zieht sich wieder an und geht zu ihren Angehörigen. Sie nimmt ihren Körper mit. *Aber für die „Filzerin" ist dieser Körper zu einem Fetisch geworden. Ohne ihn kann sie ihr Begehren weder genießen noch besänftigen, das sich aus ihrem Bedürfnis nährt, dem Mann zu gehorchen, der ihr die Durchsuchung befiehlt.* Das Durchsuchen, die Verdoppelung des Suchens, ist nichts anderes als eine untaugliche und verfälschte Entsprechung des Nicht-Könnens und Nicht-Habens, des Gehorchens aus einer selbstgewählten Position der Knechtschaft. Diese Position, derer sie sich vielleicht nicht bewusst waren, stieß angesichts der Gefangenen und ihrer Angehörigen auf ihre Antithese: Die Kraft dieser beiden Gruppen, die Überlebensfähigkeit der einen und die trotz der schlechten Behandlung aufrechterhaltene Unterstützung der anderen, riefen bei diesem Personal nach und nach Bewunderung und Erstaunen sowie Ambivalenz hervor, wie wir manchmal an ihren Kommentaren feststellen konnten. Einige empfanden unser solidarisches Verhalten als Provokation und sprachen dies laut aus. Man konnte eine neidvolle Bewunderung bemerken über „etwas", was sich vor ihren Augen abspielte trotz der Peinigungen, die wir zu ertragen hatten. Sie widmeten jenen Besucherinnen besondere Aufmerksamkeit, deren intellektuelle und politische Bildung sie erstaunte und die sie an ihrer Art zu sprechen und ihrem Verhalten identifizierten. Die Art und Weise, wie wir bei ihren Vorgesetzten vorsprachen, und die Entschiedenheit, mit der wir trotz der Einschüchterungen und Drohungen innerhalb und außerhalb des Gefängnisses Beschwerde führten, verwirrte sie.

Die weiblichen politischen Gefangenen, die im selben Gefängnis von diesen Angestellten bewacht wurden, lieferten ein weiteres illustratives Beispiel. Während der Diktatur war den weiblichen Gefangenen verboten, persönliche Gegenstände in ihren Zellen zu haben. Daher begannen sie, kleine Püppchen aus Brotkrümeln herzustellen. Sie versuchten, ihnen mit Papierstückchen aus den Umschlägen ihrer Post Kleider zu machen, und benutzten sie, um sich kleine Geschenke zu machen oder eine compañera zu verabschieden, die verlegt werden sollte. Es reichte, dass eine der Wärterinnen ein Püppchen entdeckte, um es zu zertreten bis es völlig zerstört war. Ausführender Gehorsam?

Es scheint mir nicht angebracht, diese Ereignisse vornehmlich unter einem klinischen Gesichtspunkt zu analysieren. Man müsste vielmehr *einen Klassenstandpunkt einnehmen, wodurch man diesen Neid als eine konstituierende Variable von Klassen- oder Gruppengegensätzen interpretieren könnte, als ein Empfinden von Ungerechtigkeit darüber, dass man selbst etwas nicht besitzt, was die Mitglieder der anderen Klasse oder sozialen Gruppe besitzen. Dieser Neid und das Ungerechtigkeitsempfinden basieren auf realen Tatsachen und können zu einem Motor für politische Auseinandersetzungen werden, wenn man sich ihrer bewusst ist.* Ein so entstandenes politisches Bewusstsein würde ermöglichen, den Konflikt zu bearbeiten und zu überwinden. Aber in diesem Fall geschah das nicht.

Die Zerstörung der Nahrungsmittel schien Neid (im Sinne Melanie Kleins: der Wunsch das zu zerstören, was man nicht bekommen kann) auf die Produktivität der Angehörigen (Neid auf deren kreative Kapazität) zu beinhalten. Diese Angestellten gehorchten dem, was man ihnen beigebracht hatte. Ihr Bewusstsein war Ergebnis dieser Ausbildung, und sie verfügten kaum über genügend Reflexionsfähigkeit, die sie ihr Verhalten hätte überdenken lassen. Aber sie selbst hatten diese Situation gewählt. Sie entluden ihren Neid auf Personen, die sie aufgrund unserer unbeugsamen Solidarität mit den Gefangenen vielleicht als „überlegen" betrachteten. Sie waren davon überzeugt, dass wir Feinde des Vaterlands waren, und der beste Beweis dafür war, dass wir zu unseren gefangenen Angehörigen hielten und uns mit

dem Servicio Penitenciario Federal herumstritten. Das Maß an Verantwortung dieser Angestellten, denen die Grausamkeiten der Institution, der sie dienten, nicht unbekannt waren, wäre eine weitere Untersuchung wert: War ihr Verhalten auf die Indoktrination zurückzuführen? Was brachte sie dazu, bei dieser Arbeit zu bleiben? War es das Bedürfnis, sich als „Patriotinnen" zu fühlen? War es die Notwendigkeit zu arbeiten?
Über diese Angestellten trafen wir auf eine durch despotische Macht institutionalisierte Gewalt, die von Angestellten ausgeübt wurde, welche in unserem Fall keinen unmittelbaren materiellen Nutzen davon hatten, sondern ein perverses Vergnügen: Was sie durch uns gewannen, war kein materieller Gewinn, sondern die Demütigung und den Genuss, den die Demütigung des Opfers verschafft. Auf diese Weise fanden sie eine „Lösung" für ihren Neid. Dieser hatte mit dem Gefühl von Ungerechtigkeit zu tun, das sie angesichts unserer produktiven Kapazität und Solidarität empfanden. Das war für sie etwas Fremdes und Unerreichbares, und darum verfolgten sie es.
Eine Strategie nach dem Stil der Polizei war die Spaltung in „die Guten" und „die Bösen". Sie sollte bei den Besucherinnen Verwirrung erzeugen, sie sollte sie „brechen" und die Solidarität zunichte machen, die wir jedes Wochenende aufs Neue übten (vielleicht kann man von einer schizo-paranoiden Technik sprechen). Während eine „Filzerin" die Rolle der „Bösen" spielte und sagte: „Diese Süßigkeit darf nicht rein!", interpretierte ihre Kollegin die Rolle der „Guten": „Na ja, dieses eine Mal...", als ginge es darum, einen Fehler der Besucherin zu decken. Daraufhin entstanden Dialoge wie der folgende: „Warum haben Sie das mitgebracht, wenn Sie wissen, dass das nicht rein darf?" Die Besucherin: „Letzte Woche ging das ohne Probleme durch." Die „böse Filzerin": „Da hat man Ihnen wohl einen Gefallen getan. Es kommt nicht rein!" Die Besucherin: „Es steht nicht auf der Liste." Daraufhin die „gute Filzerin": „Dieses Mal kann es rein, aber beim nächsten Mal nicht..." Wir wussten, dass es sich um eine inszenierte Situation handelte, durch die Zeit vergeudet und Konfusion darüber geschaffen werden sollte, was erlaubt war und was nicht. Beim nächsten Mal nahm möglicherweise die „Böse" die Rolle der „Guten" ein und umgekehrt.
Die Absicht war es, bei den Angehörigen eine unerträgliche Spannung zu erzeugen, damit diese es vorzögen – so nahmen sie an – so wenig Lebensmittel wie möglich mitzubringen, um sich nicht dem Risiko derartiger Dialoge auszusetzen. Damit scheiterten sie: Jede Woche diskutierten wir Stück für Stück um jedes Gemüse, jede Frucht, die unseren Angehörigen ein wenig Mut machen könnten.
Das Gleiche geschah bezüglich der Kleidung: Einen Tag kam man ohne Probleme mit bestimmten Schuhen hinein, in der nächsten Woche wurde die Besucherin mit denselben Schuhen zurückgewiesen, musste das Gefängnis wieder verlassen und sich ein Paar Schuhe in einem Geschäft in der Nachbarschaft leihen. Wenn ein Kleid nach Meinung einer „Filzerin" zu kurze Ärmel hatte, musste man umdrehen und einen Pullover oder eine Jacke ausleihen, immer nach demselben Verfahren. Sie wollten erreichen, dass wir nicht mehr wussten, was wir tun sollten, wonach wir uns richten sollten, und vor allem, dass wir in Angst und Ungewissheit lebten und die „Filzerinnen" zu einem Teil unseres Lebens würden, so dass wir Donnerstags schon begannen daran zu denken, mit welcher wir es am Sonntag zu tun haben würden. Man versuchte, die Angehörigen zu entmutigen und Verwirrung und Unterwerfung gleichermaßen in der gesamten Gruppe zu erreichen.
Unsere Gruppen (Angehörige und Freundinnen) resultierten aus bereits existierenden Netzwerken, die sich in der Folge unserer vielen Begegnungen in den verschiedenen Gefängnissen gebildet hatten. Wir konnten auf die Unterstützung der Menschenrechtsorganisationen zählen (insbesondere der „Angehörigen der politischen Gefangenen und Verschwundenen"), wodurch wir außer unserer persönlichen Identität noch einen weiteren

Namen hatten. Diese Netzwerke dienten als Kommunikationskanäle „unter uns".[56] Durch sie zirkulierten Kennt-nisse über die Art und Weise, wie in der jeweiligen Periode mit den verschiedenen Durch-suchungen umzugehen war: Missbrauch zu dulden, wenn es möglich war, sich zu wehren, hätte uns und unseren Angehörigen schaden können. Es entstand ein Gefühl von Würde, das uns half, jeden Tag zu überstehen. Der Schmerz ist ein Weg, der in der Würde Ruhe findet. Das haben wir damals gelernt und immer wieder bestätigt, und dieses Gefühl, das ständig Gefahr lief, durch die Angst und die persönlichen Risiken zu erkalten, verwandelte sich in ein tägliches Bemühen, das uns in der Zielsetzung der Gruppe vereinte.

Während der Diktatur wurden drei Reglements geschaffen, die dazu dienen sollten, diese Gefangenen und ihre Angehörigen auszuschalten. Sie hätten unter der konstitutionellen Regierung ihre Gültigkeit verlieren müssen, aber das geschah nicht von alleine, wir mussten darum kämpfen. Die „Filzerinnen" blieben bei ihrer pöbelhaften Weise, die Besitztümer anderer, in diesem Fall den Körper und die Habe einer anderen Frau, zu durchsuchen. Bei einer Gelegenheit hatte ich Kartoffeltortillas (die einzigen, die erlaubt waren) und andere Lebensmitteln sowie einige Sammelzeitschriften in Glanzpapier und mit Farbillustrationen mitgebracht. Die „Filzerin" sah das Essen an und zerschnitt die Tortilla. Ohne zu zögern begann sie, mit demselben, mit Ei, Kartoffeln und Fett verschmierten Messer einige noch gefaltete Seiten der Zeitschriften aufzuschneiden, wobei sie sie sorgfältig befleckte. Ich verließ meinen Sitz an der Wand und hielt sie auf: „Sehen Sie nicht, was Sie da tun?" Die Antwort: „Das nächste Mal bringen Sie keine Zeitschriften mit zugeklebten Seiten mit." Da es um mich herum genügend Zeugen gab, rief ich einen Offizier und veranlasste eine Untersuchung. Diese „Filzerin" hat mich nie wieder durchsucht. Wir befanden uns in der Zeit der konstitutionellen Regierung, und eine Beschwerde konnte Erfolg haben. Das war während der ersten Monate, als die Nationale Leitung des Servicio Penitenciario Federal Dr. Héctor M. Rossi unterstand. Nachdem er entfernt worden war, wurde eine juristische, journalistische und politische Schlacht notwendig, damit diese Angestellten den Rechtsstaat anerkannten. Da sie die Befehle nicht nur befolgten, sondern neu schufen, sollte man bedenken, dass zwischen besagtem Staat und diesen Angestellten Ideologien zirkulierten, die von der Institution geschaffen und von deren Leitung gefördert wurden. In ihrer Hand lagen die Entscheidungen, die Hauptachse der Macht. Bevor an einem Beispiel verdeutlicht wird, wie diese Gefängnismacht umformuliert werden und ihre Praktiken zurücknehmen musste, möchte ich die Frage der von Frauen ausgeübten polizeilichen Macht behandeln.

[56] M. Foucault: Der Wille zum Wissen. A.a.O.

**Von Frauen ausgeübte polizeiliche Macht:
Die Dialektik von Legitimität und Legalität**

Die „Filzerinnen“ und die Gefängnisaufseher sind ein Pfeiler der polizeilichen Macht. Diese wiederum hatte ursprünglich die Funktion, die Macht des Staates zu sichern und zu erweitern, seine Kräfte zu benutzen und sich um das Wohlergehen seiner Einwohner zu kümmern. Zu diesem Zweck wurde der Aufrechterhaltung der Ordnung und Disziplin durch Reglements Nachdruck verliehen, die das Leben angenehmer machen sollten (Foucault).
Die Geschichte der Polizei durchlief vielfache Wechselfälle, wobei Überwachung im Vordergrund stand.57 Unter dem terroristischen Staat wurde diese Institution der Doktrin der Nationalen Sicherheit unterstellt und umfasste einen erweiterten Bereich: Der Servicio Penitenciario Federal. Damit nahm sich ein Mischgebilde aus Polizei und Streitkräften der Überwachung der Gefängnisse an, die Verwahranstalten für gefolterte Menschen waren, die keinerlei Recht besaßen.
Die politischen Gefangenen wurden, wie ihre Angehörigen und Freunde, als Vaterlandsfeinde angesehen. Das muss man vor Augen haben, um die Praktiken in den Gefängnissen zu verstehen. So war es zum Beispiel verdächtig, dass sich die Angehörigen um die Gefangenen kümmerten. Warum ließen wir die Gefangenen nicht im Stich, wenn diese doch Unpersonen waren? Warum traten wir bei den Besuchen mit einer fordernden Haltung auf statt mit gesenkten Köpfen und uns ihrer schämend?
Die Ideologie der Streitkräfte, nach der sie sich als die Begründer des Vaterlandes fühlten, nistete sich auch in den „Filzerinnen“ ein. Gegen einen Angestellten der Gefängnisverwaltung zu opponieren, bedeutete, den Staat anzugreifen. Es könnte sich hierbei um einen sozialen Lernprozess[58] handeln, bei dem eine Veränderung durch die Aufnahme neuer Kenntnisse und Erfahrungen (das, was ihnen die Doktrin der Nationalen Sicherheit erzählte) erfolgt. In diesem Fall ging es um die Selbstwahrnehmung dieser Beamtinnen, die sich als Mitglieder einer mächtigen Institution „zur Rettung des Vaterlands“ fühlten und sich daher an die erhaltenen Instruktionen hielten. Sie lernten, sich als Teil des Gründerauftrags zu verstehen, und fühlten sich verantwortlich für die Nationale Sicherheit. Dank dessen perfektionierten sie ihre Vorgehensweise, wenn es darum ging, die Besucherinnen zu malträtieren. Es ging um die Legitimität ihres Verhaltens, aber was kann man in einem terroristischen Staat unter Legalität und Legitimität verstehen? Für sie handelte es sich um etwas Legitimes.
Legitimität beinhaltet, dass eine politische Ordnung Anerkennung verdient. Ob die Legitimationen überzeugend sind, ob die Leute ihnen glauben, hängt davon ab, wie sie begründet werden können, das heißt von der Rechtfertigungsebene. Jede Ebene hat ihre interne Rechtfertigungsstruktur: erstens die Schaffung und Erhaltung der legitimen Macht und zweitens ihre Ausübung: das Wesen der Herrschaft. So unterscheiden wir zwischen Gründen, die Herrschaft legitimieren, und ihrem Wesen.[59]
Die Rechtfertigungsebene ließ sich an dem Diskurs und der Vorgehensweise der Diktatur erkennen: Das Land musste gerettet werden, dazu musste der interne Feind beseitigt und vernichtet werden. Die Schaffung der Macht begründete sich auf der Tatsache, dass man sich selbst als Begründer des Vaterlands verstand und gleichzeitig den Ursprungsmythos erneuerte: Das Volk würde seine Rettung und Wiedergeburt durch diese Sicherheitskräfte finden, die eine neue Ära des Friedens ohne Dissidenten begründeten. Dies ermöglichte die

[57] J. Ibañez: El grupo de discusión: técnica y crítica. Madrid 1979
[58] P. Legendre: El amor del censor. Barcelona 1979
[59] Vgl: J. Habermas: Legitimationsprobleme im Spätkapitalismus. Frankfurt 1973

Erhaltung der Macht, die als legitim erworben betrachtet wurde, da es darum ging, „die Werte“ und einen „Lebensstil“ zu verteidigen, den sie als den besten ansahen – weit entfernt von der Möglichkeit irgendwelcher Differenzen.
Auch durch heroische Taten musste die Macht legitimiert werden, zum Beispiel durch „das Opfer dieser Kräfte“, die zu den Gründervätern der neuen Nation werden sollten. Dafür musste Terror organisiert werden, eine Form der Herrschaft. Die sozioökonomische Struktur des Landes musste deformiert und den Bedürfnissen der mächtigen Länder angepasst werden[60].
Die Beamtinnen in den Gefängnissen beteiligten sich an der Errichtung des Terrors. Mit ihrem Verhalten unterstützten sie nicht nur die Legitimierung, sondern auch die Rechtfertigung dieser Macht. Mit ihren Vorgehensweisen wurden sie zum Teil des Ursprungsmythos, zu Mitbegründerinnen der neuen Nation: ordentlich und ohne Dissidenten. Eine nicht zu verachtende Gelegenheit für Angestellte, die fast zum Lumpenproletariat gehörten.
Sie übten eine Machtposition aus, indem sie die Transmissionsriemen innerhalb der Institutionalisierung der Herrschaft bildeten. Sie beteiligten sich an der Erstellung der Normen, die die „Subversiven“ und ihre Angehörigen disziplinieren sollten.
Ich habe Legitimität mit ihrer Perversion gekoppelt, wobei man in diesem Punkt auf Max Weber und seine Analysten verweisen müsste, was aber über das Ziel dieser Arbeit hinausginge[61]. Noch einmal zu dem Unterschied zwischen Legalität und Legitimität: Letztere erfordert ein wertrationales Verhalten, in dem sich eine Ethik der Überzeugung ausdrückt, und die Existenz einer normativen Grundlage, die untrennbar mit Gerechtigkeit verbunden ist.

Legalität, Legitimität und institutionalisierte Herrschaft

Nach Dr. M.H. Rossi wurde die nationale Leitung des Servicio Penetenciario Federal Dr. Carlos Daray übertragen. Von diesem Zeitpunkt an kann eine weitere Analyse des Themas vorgenommen werden.
Unter dem ersten Direktor der konstitutionellen Regierung hatten die Beamtinnen gelernt, über jede unserer schriftlichen Beschwerden bei dieser Leitung Rechenschaft abzulegen. Als der neue Direktor kam, nahmen sie ihre willkürlichen Praktiken wieder auf. Ich beantragte also ein Gespräch mit der neuen Autorität, bei dem ich von einem Fachmann und Vertreter einer politischen Partei begleitet wurde. Ich legte ihm die Situation dar. Wir hatten verlangt, dass diesen Praktiken Grenzen gesetzt werden müssten, und wir stellten beide fest, dass man sich nicht auf die Einhaltung dieser Grenzen verlassen können würde. Der neue Direktor sprach von den Beamten des Servicio Pentenciario als von „seinem“ Personal, womit er eine menschliche Nähe zwischen sich und seinen Untergebenen deutlich machte (was interessant ist, wenn man bedenkt, dass er einen Magister hatte).
Wegen meines Beharrens auf der Frage der Durchsuchungen kam er uns mit einer für uns völlig neuen Idee: Er schlug vor, die Durchsuchungsbeamtinnen durch Polizeihunde zu ersetzen, die auf Drogensuche trainiert waren... Mir fiel eine der entscheidenden Parolen der französischen Revolutionäre des Mais 1968 ein: „Die Phantasie an die Macht!“, und ich begriff, dass ich hier eine Umsetzung fand. Suchhunde anstelle einer Schulung der „Filzerinnen“ über die Regeln eines Rechtsstaates... Während des ganzen Gesprächs stellte ich mir vor, wie sich mit den Nachkommen von Rin-Tin-Tin[62] ein völlig neues Gefängniserlebnis

[60] Guariglia: Ideología, verdad y legitimación. Buenos Aires 1986
[61] E. Giberti, E.: Los agitadores del olvido. Revista Humor, agosto 1984
[62] Berühmter Polizeihund, der die Kinder meiner Generation in Filmen und Geschichten entzückte.

entwickeln könnte, und mir wurde klar, dass wir am Anfang einer neuen Etappe standen, die nichts mehr mit der Monate zuvor eingeleiteten Politik des Respekts zu tun hatte.
Weder Bitten noch Beschwerden nutzten etwas: Die „Filzerinnen" behandelten uns wieder wie in den Zeiten der Diktatur, und die Nationale Leitung unternahm nichts dagegen. Wir entschieden uns daher auf Anraten des Rechtsanwalts meines Sohnes, Florencio Varela, ein neues, noch unbekanntes juristisches Verfahren einzuweihen, mit dem wir uns an alle Richter der Hauptstadt wandten.[63] So mussten wir vor vielen der Richter erscheinen, um die Inhalte von Notizen und Interviews zu bestätigen. Sie waren daran interessiert, sich sorgfältig über die Geschehnisse zu informieren.
Die „Filzerinnen" selbst begleiteten ihre üblichen Übergriffe mit Kommentaren, die sich auf unsere Forderungen und Beschwerden bezogen. Sie „gehorchten nur Befehlen" ihrer Vorgesetzten und würden diese nicht modifizieren. Und wenn man sie daran erinnerte, dass sie Monate zuvor ange-wiesen worden waren, anders vorzugehen, antworteten sie: „Die Befehle sollen schriftlich kommen." Sie appellierten an die Legalität, indem sie die Anordnungen des ersten Direktors schriftlich haben wollten.
Legalität wird hier verstanden als Ableitung vom juristischen Gesetz, insofern sie die Individuen verpflichtet, sich daran zu halten, und die Existenz einer Pflicht impliziert. Die Forderung, „die Befehle schriftlich" zu erhalten, bedeutet, dass man über ihre Existenz informiert sein möchte, so wie das in einem Rechtsstaat üblich ist, in dem im Gegensatz zur Diktatur (geheime Dekrete und Anordnungen) keine geheimen Gesetze existieren dürfen. Die Gültigkeit von Gesetzen ist unabhängig von den Überzeugungen desjenigen, der sie erfüllt, oder: „Wir werden uns an das Geschriebene halten, auch wenn wir damit nicht einverstanden sind." Da das Einverständnis der Gefängnisbeamtinnen mit ihrer Zustimmung zur Diktatur zusammenhing, benutze ich Legalität im Sinne des Einforderns von Garantien, wenn sie einmal gegen die Anordnungen der Diktatur handelten. Die Diktatur hatte für sie das Legale mit dem Moralischen in Übereinstimmung gebracht: den Feind zu vernichten, insofern es sich nicht um Personen handelte (sondern um Unpersonen, Anm. der Übers.) und er ein Risiko für die Nation bedeutete. Das waren gute Argumente, daher ermöglichten sie, diese Art von politischer Ordnung zu legitimieren. Denn um etwas zu legitimieren, muss man über glaub-würdige Rechtfertigungsniveaus verfügen.
Wir können die Dynamik zwischen Legalität-Legitimität feststellen, wenn sie diese Unterscheidung hinsichtlich ihrer Sicherheit zu treffen vorgeben: Sie weigerten sich, ohne schriftliche Befehle zu gehorchen, da sie Sanktionen durch die Vorgesetzten fürchteten, die noch die früheren Bestimmungen unterstützten. Woher kam nun diese Fähigkeit zu unterscheiden? Entstand sie 1983 spontan? Mangelte es ihnen an dieser Fähigkeit während der Jahre des Horrors?
Unsere Beschwerde vor den Gerichten der konstitutionellen Regierung bewog die Medien, die Texte zu veröffentlichen, die wir bei den Gerichten eingereicht hatten. Die öffentliche Meinung reagierte mit Empörung. Die Macht verschob sich auf für diese Beamtinnen nicht vorgesehene Felder. Wir wurden von Senatoren, Abgeordneten, dem Generalstaatsanwalt, dem Menschenrechtssekretariat des Innenministeriums und allen Menschenrechtsorganisationen unterstützt, was man den einschlägigen Dokumenten und Zeugenaussagen entnehmen kann.
Dadurch ließen die Übergriffe nach, aber die verbalen Provokationen gingen weiter. Letztlich musste sich die Nationale Leitung unserer Beschwerden annehmen. Es war interessant, auf welche Weise auf den Konflikt eingegangen wurde: Dadurch konnten wir

[63] Guariglia: Ideología, verdad y legitimación. 1986 Buenos Aires

verstehen, dass die missbräuchlichen Praktiken nicht nur die Funktion hatten, die Besucher zu „disziplinieren“, sondern auch, den Zusammenhalt unter den Angestellten der Institution aufrecht zu erhalten. Dies war während der Diktatur offenkundig. Als die Nationale Leitung feststellte, dass sich das Personal dazu berufen fühlte, an diesen Praktiken festzuhalten, schloss sie sich diesem Wunsch an, der ihre Untergebenen einte. Diese Annahme bestätigte sich durch die Maßnahmen, die nötig waren, um das zu ändern. Die Direktion legitimierte die Vorgehens-weise ihrer Beamten, solange dies möglich war. Als die juristische, politische und journa-listische Einmischung die Veränderung dieser Praxis unaufschiebbar machten, wurde ein der Nationalen Direktion Untergebener damit beauftragt: der Direktor des Gefängnisses, mit dem wir nicht gesprochen hatten. Und obwohl dieser Beamte verantwortlich war für das, was im Gefängnis geschah, wartete er auf Befehle. Das heißt, als man hinsichtlich der Gefängnispolitik zurückweichen musste, delegierte die nationale Direktion, an die wir uns immer gewandt hatten, die Verantwortung für die Verhandlungen mit uns und mit der Presse an einen Untergebenen. Der nationale Direktor musste ausgerechnet in dieser Zeit ins Ausland reisen.
Der Gefängnisdirektor bat uns um eine Liste von Lebensmitteln, die wir aufgenommen haben wollten, und das Vorgehen bei den Leibesvisitationen änderte sich.

Frauen und Nahrungsmoral in der Dialektik von Befehl und Macht

„Was wir aber im gewöhnlichen Leben Befehl nennen, spielt sich unter Menschen ab: Der Herr befiehlt seinem Sklaven, die Mutter befiehlt ihrem Kind. Der Befehl, wie wir ihn kennen, hat sich von seinem biologischen Ursprung, dem Fluchtbefehl (unter Tieren), sehr weit wegentwickelt. Er hat sich domestiziert. Man verwendet ihn für allgemein gesellschaftliche, aber auch für die intimen Verhältnisse menschlichen Zusammenlebens; (...) Wie ist es zur Domestikation des Befehls gekommen?“[64]
Canetti [65] behauptet, dass sich diese Domestizierung aus einer Art Bestechung ableitet: Sowohl der Sklave als auch Kind und Haustier gewöhnten sich daran, das Essen aus der Hand ihres Herrn bzw. der Mutter zu erhalten. Niemand anderes darf ihnen zu essen geben. Darin bestand ein Teil des Eigentumsverhältnisses zwischen ihnen. Das Kind könnte sich selbst nicht ernähren. Auf diese Weise entsteht eine enge Verbindung zwischen Nahrung und Befehl: Die Domestizierung macht aus dem Befehl ein Versprechen auf Nahrung. Es ist diese Denaturierung des Befehls, die durch die Erziehung die Menschen letztlich zu Gefangenen des Befehls und der Nahrung werden lässt.
Die Tatsache, dass es die Mutter ist, die Nahrung gibt, wird zu einer entscheidenden Bedingung für das Verständnis des Phänomens, um das es mir geht. Canetti meint, dass die Mutter begeistert davon ist, ihr Kind dank ihrer Muttermilch wachsen zu sehen und gibt ihm deshalb zu essen. Daher käme die totale Macht über das Kind: Die Mutter empfände den heftigen Wunsch, diese Macht ständig auszuüben, eine Behauptung, über die man diskutieren kann, aber nicht an dieser Stelle. Im Moment beziehen wir uns auf die Praktiken von Frauen, die der traditionellen kulturellen Ordnung hinsichtlich dessen, „was von einer Frau erwartet wird“, verhaftet sind.

---

[64] E. Canetti, 1991, Masse und Macht. Fischer, S. 340

[65] Man kann hier die Verwendung des Wortes *Domestizierung* in Frage stellen, wenn man es in seinem abwertenden Sinn versteht. Es leitet sich von domus (Haus) ab, dem Heim. Freud benutzt es in der Bedeutung der Bändigung ungezügelter Leidenschaften.

Über die historische Unterordnung der Frau und ihre Beziehung zur Moral[66] gibt es nur wenig von Frauen verfasste Literatur. Ein Text von Carol Guilligan[67] befasst sich mit diesem Thema. Sie untersucht in Umfragen das Verhältnis von Macht und Moral. In einer Studie über die Machtphantasien von Frauen zitiert sie McClelland (1975): „...sie besetzen Macht mit Versorgen, mit Geben. Während für Männer eine machtvolle Aktivität Behauptung und Aggression bedeutet, stellen die Frauen den Akt des Ernährens als Akt der Stärke (Macht) dar." Jean Baker: „...auch wenn sie in der zeitweiligen Ernährungsbeziehung dominant sind, bleiben die Frauen immer untergeordnet in den ungleichen Verhältnissen sozialer Stellung und Macht." C. Guilligan bestätigt ihrerseits: „(...) die Norm des moralischen Urteils, ein Bestandteil des Ichs, ist eine Beziehungsnorm, eine Ethik des Ernährens und des Aufziehens, der Verantwortung und Fürsorge." Die Frauen, die sich an den Umfragen beteiligt haben, bringen Ernährung mit Macht in Verbindung. Die Autorinnen analysieren nicht die Variablen, die es ermöglichen würden, eine solche Verbindung zu interpretieren. Eine Variable ist die Kulturpolitik, die den Frauen die Aufgabe zuweist, sich um das Essen zu kümmern.[68]

Canettis Hypothese muss sicherlich noch überdacht werden. Ich stelle sie hier ihrer Originalität wegen dar und weil sie ermöglicht, einem Aspekt verborgener Macht auf die Spur zu kommen (die den Ursprüngen der Zivilisation zugeschrieben wird): Man befolgt Befehle und dafür überlebt man. Seine Hypothese enthüllt das Nicht-Gesagte, das Übergangene: Die Macht des Ernährers über den Ernährten und das Bündnis zwischen ihnen. Denn das Kind ist kein passives Subjekt, es kann zurückweisen, was ihm angeboten wird.

Zwischen der stillenden Frau und dem Kind entsteht eine narzisstische Ambivalenz, die mit oraler Erotik verbunden ist.[69] Die Rolle der Ernährerin ist dem Egoismus der Frau nicht fern, insofern als sie das Kind als „ihr Eigentum" betrachtet. Das Wort Liebe bemäntelt einen Teil der Macht, der mit diesem Egoismus verbundenen ist. Der Egoismus impliziert den Gehorsam gegenüber der Frau, „die sich für das Kind aufopfert", indem sie ihm einen Teil ihres Körpers zur Verfügung stellt. Diese Situation muss aber die Position des Kindes berücksichtigen, das möglicherweise vor der Verantwortung, diejenige zu belohnen, die es ernährt, fliehen möchte. Eine solche Flucht könnte unmöglich sein, wie es in paradoxen Situationen vorkommt. Zum Beispiel mündete der Satz „Wenn Du isst, bin ich glücklich" in einem mit der Notwendigkeit zu essen verbundenen Gehorsam und in ein semantisches Paradox: Essen und gehorchen, damit sie nicht leidet (bevor das Bedürfnis zur Flucht entsteht).[70]

Die „Filzerinnen" nehmen erstens als Frau symbolisch die Position der Ernährerin ein; indem sie zweitens die Nahrung zerstören (oder ihre Weitergabe verhindern), machen sie die verborgene Macht deutlich, die durch die Manipulation der Nahrung zum Ausdruck kommen kann. Es gibt einen wesentlichen Unterschied zur Mutter: Diese erhält im Gegenzug den Gehorsam des Kindes, indem sie eine Schutzfunktion erfüllt, die über ihre Machtwünsche hinausgeht, welche normalerweise durch eine liebevolle Bindung verschleiert werden. Dagegen besteht der Terror, den die „Filzerinnen" ausüben, darin, dass sie das Kennzeichen der Macht an dem geheiligten Ort, den das Essen als Garant des Lebens im Alltag einnimmt, entschleiern und entblößen. Indem sie die Verpackung der für die Gefangenen zubereiteten

---

[66] E. Giberti, E.: Moral y mujer. In: Segundas Jornadas Nacionales de Ética. Buenos Aires, 1987 (Ofset)

[67] C. Guilligan (1982): La moral y la teoría. México.
Ed. Fondo de Cultura Económica

[68] Eine interessante Kritik an den Arbeiten von Guilligan befindet sich in A. Rich: Sobre mentiras, secretos, silencios. Barcelona. Ed. Icaria

[69] R. Max-Brunswick, R.: La fase preedípica del desarrollo de la libido. In: Revista de Psicoanálisis, Nr. 3/4, Buenos Aires, 1944

[70] Persönliche Mitteilung von D. Maldavsky

Speisen zerreißen, zerreißen sie die Haut der Frau und Mutter, die ihnen zusieht. Sie enthüllen die tiefgreifende Chemie dieser Macht und entblößen sie bis ins Mark.

Die „Filzerinnen" funktionieren „im Namen von..." und man könnte annehmen, dass sie es genießen, als könnten sie im Gesicht der Mutter, die „ihr" Essen zerstört sieht, das Leiden des gefangenen Sohnes antizipieren, wenn er das beschädigte Essen erhält. Vielleicht reproduzieren sie damit einen persönlichen Konflikt, als ob bei ihnen die liebevolle Beziehung des Stillens verloren gegangen sei. Vielleicht stellen sie bei der Durchsuchung eine innere Szene dar: In der Zerstörung des Essens anderer spiegelt sich ein Teil ihrer innerpsychischen Realität wider, die sich transformiert hat in das Bedürfnis, die Befriedigung anderer – durch das Essen – zu schädigen.

Ihre Gefährlichkeit besteht darin, dass sie gelernt haben, dass die politischen Gefangenen keine Menschen sind und einer Spezies angehören, die vernichtet werden muss. Dies so verinnerlicht zu haben, ermöglichte ihnen, eine andere, frühere kulturelle Lektion zu verletzen: Mit der Aufstellung der Gleichung Frau = Mutter = Liebe beabsichtigt die Zivilisation einerseits, das Geschlecht zu essenzialisieren und auf die Mutterschaft zu reduzieren. Andererseits würde die Kultur auch dafür sorgen, die Umsetzung dieser Macht der Frau hinsichtlich des Essens zu unterdrücken oder außer Kraft zu setzen, wenn diese Macht despotisch ausgeübt wird, wenn sie andere tyrannisiert, die davon abhängig sind. Dieses hier sehr kurz angesprochene und gefährlich reduzierte Thema müsste ausführlicher behandelt werden.

Die Verhaltensweisen der Beamtinnen lassen an eines der möglichen Motive denken, die in den Umfragen, die ich zuvor zitiert habe, zu einem Zusammenhang zwischen Macht und Moral einerseits und dem Ernähren andererseits führen. Vielleicht zeigt sich hier ein Berührungspunkt zwischen Essen und Moral, wenn man versucht, den Akt des Essens mit Güte und Schutz zu verbinden, und das Wissen der Frauen um dieses Stückchen Macht unterdrückt.

Aufgrund des Vorgehens der „Filzerinnen" könnte man einen Begriff – die Liebe – aus der Gleichung streichen, und Nahrung/Frau in Verbindung bringen mit Befehl und Macht, wie es die Umfragen suggerieren. „Moralisch sein" würde bedeuten, den Auftrag und den Bedarf der Kulturen zu erfüllen, in denen die Frau diejenige ist, die ernährt und beschützt und Leben erhält, indem sie die Macht schützend ausübt. Im Gegensatz dazu entfalten die „Filzerinnen" den Begriff „Essen" aus der Perspektive des erbitterten Befehls und der despotischen Macht. Sie entkleiden ihn seines Liebesgehalts, den die Zivilisation allmählich geschaffen hat. So verletzen sie das Moralgefühl anderer Frauen.

Wenn wir die Sorge um das Essen als eine Überwindung dieses anfänglichen Moments einordnen, in dem aus der Notwendigkeit der Ernährung die Abhängigkeit von Befehlen entstand, dann würde das Verhalten der „Filzerinnen" eine Moral widerspiegeln, die der widerspricht, die für das weibliche Geschlecht (verstanden als historisches und psychosoziales Produkt) repräsentativ zu sein scheint. Die „Filzerinnen" haben einen Adressaten für die Ausübung dieses Überbleibsels archaischer Macht gefunden, das durch die Zivilisation unbeeinflusst blieb und die Gleichung Essen/Frau = Angriff/Schmerz aufstellt. In ihren Augen haben die Gefangenen und ihre Familien es nicht anders verdient, weil sie Ungehorsam und das Böse repräsentieren. Die „Filzerinnen" konnten mit dem Bösen ohne Furcht, daran Schaden zu nehmen, in Kontakt kommen, da sie durch den terroristischen Staat und den Servicio Penitenciarion Federal als Bindeglied geschützt wurden. Für diesen Schutz hatte es schon vorher Beispiele im Gefängnis gegeben. Eine ganzer Tross von Heiligen und Heiligen Jungfrauen schützte seine Wände und Nischen. Dafür war es gar nicht notwendig, dass wir kamen. Die Liturgie hat schon vorher auf jedem Weg durch das Gefängnis ihren

Stempel hinterlassen. Es ist den Praktiken der Macht nicht fremd, die Religion der Befehlshaber auszustellen. An jedem Bild finden sich Kerzen, Blumen oder Ähren als Opfergaben und erweisen der himmlischen Macht ihre Ehrerbietung. Wir beobachteten einmal, dass die „Filzerinnen" damit beauftragt waren, die Opfergaben zu erneuern. So erwiesen sie den geheiligten familiären Banden ihre Huldigung: Die Gegensätze existierten auf allen Ebenen und kennzeichneten uns als Ausgegrenzte und Ausgeschlossene.
Die „Filzerinnen" verkörpern einen Grenze innerhalb der durch das Gefängnis ohnehin vorhandenen Grenzen. Durch sie musste man hindurch. Der Ausdruck „Sie können passieren" bedeutete, dass wir das hochverehrte Reglement überlebt hatten, das wie andere Machtinstanzen im Verborgenen blieb. Es existierte für uns lediglich als eine Stimme, die es litaneienhaft im Namen einer unsichtbaren Macht herunterbetete. Sie bildeten den Wirkungsbereich und waren die Stimme dieser Macht im Grenzgebiet zwischen uns und unseren Angehörigen. Als dieses Territorium einmal erobert war, und den Beamtinnen die Unterstützung der despotischen Macht fehlte, offenbarten sich die Handlungsspielräume dieser Beamtinnen.

Frauen und die Dialektik der Machtverteilung

Als ein Ergebnis unserer Bemühungen hatte ich den Auftrag, eine neue Liste mit Lebensmitteln auszuarbeiten: Ich setzte alle denkbaren Alternativen darauf. Damit begann eine Serie von Anekdoten, von denen ich hier nur einige beschreiben möchte: Als ich das erste Mal ein dreifaches Sandwich mitbrachte, fragte mich die „Filzerin": „Hat ihr Sohn Geburtstag?" Als ich das verneinte, war sie erstaunt: Warum ein dreifaches, wenn es nichts zu feiern gibt?
Dieses Ereignis bekommt Sinn, wenn man es vom Klassenunterschied her betrachtet: Was für mich normal war, war für die Beamtinnen eine Sache von Festtagen. In die Liste wurden Lebensmittel aufgenommen, die sie nicht kannten. Das verwirrte sie: Wenn sie z.B. Krabbenfleisch auspackten, oder als ich einmal Tintenfisch mitbrachte, berieten sie sich untereinander, rochen daran und fragten einen älteren Kollegen um Rat. Schließlich fragten sie mich: „Was ist das?". Ich erklärte es ihnen. Sie verstanden nicht, dass wir darum gekämpft hatten, „so ein" Essen mitbringen zu können. Die Verwirrung erreichte ihren Höhepunkt, als ich eines Tages mit frischem Oregano mit Wurzeln erschien, da ich wusste, dass die Gefangenen ihn in Töpfchen pflanzen konnten, die sie aus leeren Behältnissen hergestellt hatten. Sie erkannten die Kräuter am Geruch, aber mit den Wurzeln konnten sie nichts anfangen: Ob das den Regeln entsprach? Wenn sie Kräuter nicht passieren ließen, würde ich mich dann beschweren? Und wenn sie die Wurzeln abschnitten...? Dann hätte ich sie anzeigen können, mein Eigentum zerstört zu haben. In der neuen Liste stand Oregano, aber die Wurzeln: Gehörten sie dazu oder nicht? Solche Details mögen lächerlich erscheinen, aber sie waren es nicht: Durch sie wird verständlich, wie sich die Kräfteverhältnisse neu formiert hatten. Als Besucher wussten wir, dass wir nun auf legale Machtmittel zählen konnten. Schließlich wurde eine Offizierin eingesetzt, deren Vorgehen die Situation völlig veränderte. Sie übernahm die Überwachung der Durchsuchungen und verhinderte jegliche Fahrlässigkeit.
Bei manchen Speisen kam es zu Beratungen über die Art ihrer Zubereitung: Sie fragten mich nicht nur, wie ich (oder mein Sohn) dieses Gericht zubereitete, sie fragten mich auch nach allen möglichen Rezepten und Orten, wo man die Früchte oder Gemüse kaufen konnte, die sie nicht kannten. Wir begannen, für sie eine Form von Legalität darzustellen, die sie zuvor nicht gekannt hatten. Als sie feststellten, dass diese Legalität Macht erzeugte, entstand bei

ihnen der Wunsch, das gleiche zu haben wie wir: Macht, aber nun verschlüsselt in Kochrezepten und jenen Gerichten, durch die sie sich uns, die wir nicht mehr ihre Opfer waren, nun auf andere Weise annäherten. Von einer omnipotenten und verbietenden Position wechselten sie nun zu einer Position, die ihre Bedürfnisse und ihren Mangel anerkannte. Um das zu erreichen, mussten wir uns an der Autorität, der sie gehorchten, vorbei an eine andere Machtinstanz wenden. Dies verdeutlicht sowohl die Funktionsweise des Servicio Penitenciarion als auch die Beständigkeit jener Ideologien, die dazu bestimmt sind, Angst zu regulieren, wie Legendre sagen würde.

Diese Beamtinnen waren kein sehr qualifiziertes Personal, was vielleicht einige der Kommentare erklärt, die man in der Institution hörte: Für sie war es wichtig, „sich verdient zu machen", um „Prestige zu gewinnen", in dem sie ihre männlichen Vorgesetzten nachahmten und sie an Grausamkeit noch übertrafen.

Ich teile nicht die Ansicht derer, die behaupten, man könne das Verhalten dieser Beamtinnen durch individuelle Pathologien erklären. Wahrscheinlich finden sich bei ihnen die gleichen psychopathologische Züge wie bei jeder anderen Person auch, aber man kann vielleicht von einer systematischen Umlenkung (der „normalen" Psychopathologien, Anm. d. Übers.) bei denen sprechen, die während der Diktatur diese Art von Arbeit aufnahmen. Es war ihnen nicht unbekannt, dass an diesem Orten Grausamkeiten aller Art begangen wurden. Zu einem nationalen Projekt zu gehören, mag ihnen wertvoll erschienen sein, und dazu gehörte die Vernichtung des Feindes. Diese Ebenen gehen über die Diagnosen von Psychopathologien hinaus, die diese Beamtinnen reinwaschen wollen. In diesem Fall handelt es sich um ethische und politische Dimensionen, über die man sich nicht hinwegsetzen kann.

Ein weiterer Aspekt, den ausführlicher zu betrachten sich lohnen würde, bezieht sich auf eine mögliche libidinös besetzte Verbindung zwischen diesen Frauen und uns aufgrund des jahrelangen intensiven Kontaktes. Jeglicher freundschaftliche Ausrutscher unsererseits wäre ein Fehler gewesen, weil er die Kriterien durcheinander gebracht hätte, die uns unterschieden.

Der soziale Lernprozess dieser Beamtinnen während der Diktatur autorisierte sie, an den Wert der Straffreiheit zu glauben, den sie wahrscheinlich als etwas für Sicherheitskräfte „Natürliches" verinnerlicht hatten. Nicht nur anhand der männlichen Gefängnisaufseher, ein weiteres dunkles Kapitel unserer Geschichte, sondern auch anhand dieser Beamtinnen ist es möglich, Aspekte einer Institution zu analysieren, welche eine abweichende soziale Gruppe fördert, die ihre Praktiken auch in einem Rechtsstaat mit Entschiedenheit beibehält. Es scheint, als bräuchten diese Institutionen selbst unter verfassungsmäßigen Regierungen diese Art von Angestellten, denn man kann ständig von Beschwerden auf verschiedenen nationalen und internationalen Ebenen lesen.[71]

Ana M. Cabanillas und Mariano Castex schreiben: „Bei der Gefängnishaft wirkt mehr das Lebendige des Gefängnissystems als das Leblose." Sie beziehen sich damit auf die Rolle des Henkers, die die Fassade des sozialen Erziehers, welche dem Strafvollzug zugeschrieben wird, verdeckt.[72] In unserem Fall wirkte das Lebendige durch die „Filzerinnen".

Sowohl die Indoktrination als auch die Anordnungen über die Behandlung der Gefangenen und ihrer Angehörigen wurden von Männern erteilt, denen diese Beamtinnen gehorchten. Man müsste die Beziehung zwischen den beiden Geschlechtern definieren und die Art dieser Beziehung in einem terroristischen Staat sowie die Zirkulation und den Gebrauch der Macht innerhalb des Gefängnisses analysieren. Außerdem müsste man die soziale Klassen- oder

[71] Kent, V. (1971): Una experiencia penitenciaria. In: SUR, Nr. 326, Buenos Aires

[72] A.M. Cabanillas, M.Castex (1985): Para una psicología carcelaria. Texto de la investigación sobre El Jóven ante la Ley (CONICET). Buenos Aires

Gruppenzugehörigkeit dieser Beamtinnen mit ihrer Anpassungsbereitschaft an den despotischen Diskurs sowie mit ihrer Angewiesenheit auf Arbeit in Beziehung setzen - all dies unter Berücksichtigung der Art, wie sie Gewalt über andere Frauen ausübten.

Zusammenfassende Überlegungen

Diese Arbeit hat nicht den Anspruch, das Thema umfassend zu behandeln und leidet aus Platzgründen an einer Reihe von Reduktionismen und Begrenzungen. Dennoch möchte ich folgende Überlegungen anstellen: Historisch wurde das weibliche Geschlecht sowohl im Aufbau seiner Denkprozesse als auch in seiner Lebenspraxis untergeordnet. Man könnte sowohl die Zustimmung als auch die Dissidenz des weiblichen Geschlechts mit dieser Unterordnung ebenso analysieren wie seinen Autoritarismus gegenüber den Kindern und Schülern. Welches Gewicht haben die vielen möglichen Variablen bei der Einschätzung des Verhaltens der „Filzerinnen"? Wenn kulturell erwartet wird, dass die Frau „mütterlich" (liebevoll) ist und man außerdem behauptet, dass sie, „wenn sie schlecht ist, schlimmer als die Männer ist", wie es der Volksmund sagt, wie sehr und auf welche Weise mussten sich diese Beamtinnen gegen die Verinnerlichung dieser Überzeugungen auflehnen, um so zu handeln, wie sie es taten, obwohl sie nicht einmal dazu gezwungen wurden? Neben der Biologisierung der männlichen und weiblichen Rollen existiert noch eine andere Gefahr: die sozial definierten Rollen, die beschrieben werden als das weiblich Passive und das männlich Aktive einschließlich des klassischen Denkens innerhalb dieser Charakteristika. Damit kämen wir zu der irrigen Annahme, die „Filzerinnen" hätten männliche Eigenschaften. Sie übten Gewalt jedoch auf eine ihnen eigene Art und Weise aus, die sich wahrscheinlich aus ihren „privaten" Erfahrungen ableiten lässt. Da sie als Frauen selbst die Position des Opfers eingenommen hatten, konnten sie Spitzfindigkeiten und ein eigenes Repertoire an minutiösen und perfektionierten Perversitäten beitragen.
Man kann das nicht verallgemeinern: Dies ist nur ein Ausschnitt eines Gesamtbildes, das man hier ausbreiten könnte und durch den bedenkenswerte Widersprüche deutlich werden. Teil der kritischen Betrachtung ist es, den Narzissmus und den Anspruch, wir Frauen seien gut, weil wir potentielle Mütter sind, zu demontieren. Ebenso bedenklich ist es, ohne weiteres zu akzeptieren, dass diese „Filzerinnen" zur Subkultur der Unterdrückten gehören, denn die Diktatur, die das Land von 1976 bis 1983 überfiel, wurde nicht nur von Männern unterstützt.
Wie soll man sie untersuchen? Mit welchen Parametern? Wie die eigene persönliche Geschichte benutzen und zugleich einen klaren Kopf bei der Interpretation der Tatsachen behalten? Wie soll man exakte Variablen planen, wenn man nur die Zeugnisse der anderen Frauen, ihrer Opfer, zur Verfügung hat?
An der unauslöschlichen Grenze des Gedächtnisses eröffnet uns diese Gruppe den Weg zu einigen Gewissheiten, verhindert aber auch den Zugang zu weiteren Erkenntnissen: Erkenntnisse, die wir erhielten, wenn wir (mit ihnen) der grauen Uniform entkleidet sprechen könnten, die sie von uns unterschied, die wir entkleidet wurden, uns zeigen mussten, um durchsucht zu werden. Eine Unmöglichkeit, die die Grenzen zwischen der Macht der institutionalisierten Kräfte (Servicio Penitenciario Federal) und dem Streben nach Macht durch Wissen konsolidiert, mit dem ich die Thesen dieser Arbeit entwickelt habe.

Anhang: Ein beispielhaftes Urteil

Mit dem Datum vom 24. April 1989 publizierte die Tageszeitung Clarín ein Urteil des Berufungsgerichts bezüglich der Schikanen, die Frauen während der Durchsuchungen erlitten. Mir ist es wichtig, die Zusammenfassung dieses Urteils, so wie es veröffentlicht wurde, wiederzugeben. Ich denke, dass unser Vorgehen, wie ich es in dieser Arbeit beschrieben habe, die Beschwerden vor allen Gerichtshöfen der Bundeshauptstadt, Voraussetzung war für das Zustandekommen dieses beispielhaften Urteils.

Urteil über die Durchsuchung der Angehörigen von Häftlingen

„Zwei Frauen, Mutter und Tochter, die im Gefängnis Caseros als Bedingung für den Besuch ihres Ehemannes bzw. Vaters einer Leibesvisitation unterzogen wurden, ersuchten um das Einlegen von Rechtsmitteln gegen Handlungen, die sie als Verletzung ihrer Würde ansahen. Das Berufungsgericht befand gestern, dass diese im Schambereich der Besucherinnen vorgenommenen Durchsuchungen ‚auf besondere Weise entwürdigend' seien. Das Gericht ordnete daher an, der Servicio Penitenciario Federal habe diese, in die Intimsphäre eindringenden Inspektionen' zu beenden.
Das Urteil des Gerichts verlieh damit dem Respekt vor der Menschenwürde Nachdruck, der 1853 in die Verfassung aufgenommen wurde. Die Erklärung des Gerichts rief gestern viele Kommentare hervor.
Das Gericht legte fest, dass Leibesvisitationen an intimen Körperbereichen nur durchgeführt werden dürfen, wenn sie von einem Richter aus angemessenen Gründen autorisiert wurden oder wenn der zu Durchsuchende dem freiwillig zustimmt. Das von den Richtern Martín Vázquez Acuña, Luis Ragucci (Sohn) und Hugo Degreet unterzeichnete Urteil weist unmissverständlich darauf hin, dass die, am Körper der Antragstellerin und ihrer Tochter vorgenommenen Inspektionen einen Eingriff in das Recht einer jeden Person auf eine Intimsphäre darstellen.'
Das Gericht erinnerte daran, dass dieses Recht durch die zivile Gesetzgebung geschützt ist, und diese Inspektionen an sich schon, eine Verletzung des Rechts auf körperliche Unversehrtheit und eine Handlung gegen Ehre und Gewissen' darstellen.
In einem bei Gericht eingereichten Bericht bestätigte der Servicio Penitenciarion Federal (SPF) die Existenz dieser internen Regelung und begründete sie mit dem Einführen von Drogen und Psychopharmaka in das Gefängnis. Wegen der potentiellen Gefahr einer Ansteckung mit AIDS habe man die Untersuchung der Vagina ausgesetzt, als etwa 250 Frauen inhaftiert wurden und es nicht genug chirurgische Handschuhe gab. Stattdessen verlangte man von allen Frauen, dass sie dem weiblichen Personal freiwillig den Schambereich zeigten, damit eine Inspektion per Augenschein vorgenommen werden konnte.
Der SPF bekräftigte, dass ‚eine humanitäre Behandlung bei den Durchsuchungen Vorrang hat und jegliche Vorgehensweise vermieden werden muss, die eine Nötigung der Internierten und der Besucher darstellen könnte'. Es hieß auch, dass die Genauigkeit, mit der die Durchsuchung laut dem internen Reglement durchgeführt werden soll, ‚in keiner Weise in einer in den Körper eindringenden Untersuchung bestehen darf'.
In diesem Sinne wurde festgestellt, dass der Gefängnisbeamte bei einem Delikt zwar die betreffende Person festnehmen kann, aber auf jeden Fall eine richterliche Autorisierung für die Untersuchung einholen muss, es sein denn, der Besucher gibt diese Zustimmung von sich aus. Es wurde betont, dass nach der Verfassung nur die Richter ermächtigt sind zu entscheiden, ob eine Durchsuchung dieser Art nötig ist."
Später (1988) legte der SPF am Obersten Gerichtshof Berufung ein, zu einem Zeitpunkt, als es keine politischen Gefangenen mehr gab. Der oberste Gerichtshof gab in Sachen Durchsuchungen mit einer Gegenstimme nach und die Gewalttätigkeit bei den Durchsuchungen hält an.

Mercedes Espínola

Psychologische Aspekte der Repression in den Gefängnissen Uruguays

Einführung

In den Gefängnissen der Diktatur hatte man es sich zur Aufgabe gemacht, die politischen Gefangenen psychisch zu zerstören, was mit Methode durchgeführt wurde. Man ging dabei nach einem genauen Muster vor, das die schlagkräftige Arbeit in den Folterkammern fortführte.

Die politischen Gefangenen gehörten organisierten Gruppen an, die von starkem Zusammenhalt geprägt waren. Im Gefängnis war alles darauf ausgerichtet, jeden Gefangenen zu separieren und zu isolieren, um ihn von seiner vorherigen oder aktuellen Bezugsgruppe zu trennen. Die ständigen und unvorhersehbaren Verlegungen, das Schüren von Misstrauen, das „Rette sich wer kann“, das permanente Fordern rein individueller Antworten, das mit der Folter begann, all dies zielte darauf ab, Bindungen und Bezugsobjekte der Gefangenen zu zerstören.

Politische Gefangene sind keine besondere Kategorie von Menschen. Aber jeder politische Gefangene hat eine Geschichte, die ihn geprägt hat. Durch sie hat er Eigenschaften mit den anderen gemeinsam, die ihn als politisch engagierten Menschen ausmachen. Diese Eigenschaften waren das Zentrum, das man zu zerschlagen versuchte. Ein politischer Gefangener war jemand, der sich für die Veränderung einer Realität aktiv eingesetzt hatte, der Dinge überdachte und in Frage stellte, der aktiv war und in seinen Aktivitäten Teil einer Gruppe. Werte wie Solidarität, Großzügigkeit und die politische Aktion standen für ihn an erster Stelle, und er versuchte, ihnen gemäß zu leben. Solche Menschen wurden in unserem Land gefoltert.

Man unterwarf diese Menschen einer Maschinerie, deren Ziel es war, aus ihnen Subjekte zu machen, die nicht mehr denken und selbstbestimmt handeln konnten und allein waren. Diese Maschinerie versuchte, ihre Werte durch Unwerte wie Gleichgültigkeit, Misstrauen, Ohmacht (in ihren Ausprägungen Passivität – Resignation – Akzeptierung), Individualismus etc. zu ersetzen. Jeder der politischen Gefangenen sollte zu einem Subjekt werden, das keine Erwartungen mehr an das Leben hatte, keine Lebensentwürfe brauchte und der despotischen Macht ausgeliefert war.

Das Ziel der politischen Haft war die physische, psychische und moralische Zerstörung des Häftlings, die zu seiner Unterwerfung führen sollte. Reue oder gar den Gefangenen für die andere Seite zu gewinnen, waren zweitrangige oder nebensächliche Ziele.

Im Folgenden sollen einige Zeugnisse aus dem Alltag des Frauengefängnisses, der militärischen Haftanstalt Nr. 2 (Punta de Riedles), analysiert werden.

Die Entmenschlichung

Vom ersten Moment seiner Verhaftung an, zunächst in brutaler Weise durch die Folter, danach im Gefängnis, wurde der politische Gefangene seiner Welt entrissen und einer anderen unterworfen, die mit der seinen nichts zu tun hatte. Eine Welt, die man ihm aufzwang, die ihm unbekannt war, die er zu Beginn mit Fremdheit und Schrecken erlebte und die er sich im Gefängnis zu eigen machen sollte.

Vom ersten Tag im Gefängnis an erfuhren die Gefangenen, dass sie für ihre Wärter der besonderen Gruppe der Sträflinge angehörten, die sich von anderen Menschen und auch den Soldaten unterschied: Sie erhielten eine Nummer. Zur Nummer in einer Serie zu werden, bedeutet, dass der Name, den man von Geburt an besitzt, keine Bedeutung mehr hat. Sein Name aber sagt dem Menschen etwas über seine Herkunft, gibt ihm eine gewisse Orientierung über seine sexuelle Identität. Er macht ihn zu einem Individuum.

Die Enteignung

So wie der Name der Gefangenen ignoriert und durch eine Nummer ersetzt wurde, so geschah es auch mit dem Eigentum, der Intimität, den Beziehungen, dem Lebensprojekt, dem Weltbild, dem Sinn des Lebens und den Werten. Über die Kleidung, die durch eine mausgraue Uniform beliebiger Größe ersetzt wurde, über die Hefte und Handarbeiten verfügte ein übergeordneter Wille, der jederzeit bei individuellen oder kollektiven Durchsuchungen in den Sachen herumwühlen, sie zerstören oder stehlen konnte. Es wurde auch „aus Gründen der Ordnung" von Zeit zu Zeit verfügt, die Orte, an denen die Gefangenen ihre persönlichen Gegenstände aufbewahrten, zu wechseln, was ständig das Gefühl nährte, beraubt zu werden.

Der Verlust der Zeit

Auch die Zeit der Gefangenen wurde von anderen beherrscht, die alltäglichen Zeitabläufe ebenso wie ihre Lebenszeit. So wie es während der Folter hieß: „Du bist in unseren Händen, du hast keine Möglichkeit, dich zu verteidigen und wir werden mit dir machen, wozu wir Lust haben und solange wir Lust haben", so hingen auch die Jahre im Gefängnis von dem Urteil eines Militärgerichts ab. Es wurde aus dem selben Apparat des militärischen Geheimdienstes gebildet, der so Folterer, Gefängniswärter und Richter in einem war.

Der Verlust der Intimsphäre

Im Gefängnis Punta der Rieles übten weibliche Soldaten, die sogenannten „Koordinatorinnen" eine besondere Rolle aus. Sie waren für eine Gruppe von Gefangenen über einen relativ langen Zeitraum hinweg zuständig und spezialisierten sich darauf, über alles Bescheid zu wissen, was sie die Gefangenen ständig spüren ließen. Dies umfasste alle Lebensbereiche und bedeutete eine fortwährende Verletzung der Intimsphäre der Häftlinge. Die Koordinatorin versuchte, die Beziehungen der Gefangenen innerhalb des Gefängnisses, ihren Gesundheitszustand, ihre Gesten, ihre Familienverhältnisse und ihre Hoffnungen kennen zu lernen. Die Intimsphäre der Gefangenen wurde auch körperlich verletzt. In den Arrestzellen beobachtete die Soldatin durch das Guckloch die Gefangene, während diese sich wusch oder die Toilette benutzte. Während der Folter bringt das Nacktsein die Gefangene dazu, sich völlig preisgeben zu müssen und symbolisiert darüber hinaus ihre sexuelle Verfügbarkeit für denjenigen, der sie beherrscht.

Die Separierung

Alles war darauf ausgerichtet, den geringsten Kontakt mit anderen Gefangenen zu verhindern. Dies fing an mit Befehlen wie „Kopf runter" oder „Umdrehen", um den Blickkontakt mit compañeras aus einer anderen Abteilung zu verhindern, und dem Verbot, sie in irgendeiner Form zu grüßen. Die Botschaft der Folter „Du bist allein, sie haben dich verraten, Deine Gruppe gibt es nicht mehr", wurde im Gefängnis zwar implizit, aber nicht weniger intensiv und systematisch vermittelt. Zu diesem „von allem separiert sein" gehörten auch die Botschaften „Deine Familie ist nicht gekommen, sie haben Dir nicht geschrieben", während man der Familie mitteilte, die Gefangene hätte kein Besuchsrecht oder der Brief sei zensiert worden. Wenn man davon ausgeht, dass das menschliche Subjekt sich über den Kontakt mit dem Anderen realisiert und erkennt, so zielen all diese Maßnahmen, die Verhinderung von Gruppenarbeit, die compañeras weder sprechen noch sehen zu können, die ständigen Verlegungen, die Strafe der Isolation in der Arrestzelle, auf die Zerstörung der Identität, die sich gerade im Austausch mit und in Beziehungen zu anderen entwickelt.

Die Beschimpfungen

In dieser entmenschlichten Welt, die den Gefangenen aufgezwungen werden sollte, gab es einen weiteren, nicht zu vernachlässigenden Aspekt: die Sprache und die Umgangsformen. Die Sicherheitskräfte im Gefängnis richteten sich an die Häftlinge gewöhnlich mit Ausdrücken wie „Cucaracha (Kakerlake)“, „Ratte“, „Ungeziefer“. Auch mit dem Vorwurf „Du stinkst ja“ demonstrierten die Soldatinnen im täglichen Umgang ihren Ekel davor, Kleidung, Geschirr oder sonstige persönliche Gegenstände der Gefangenen anfassen zu müssen. Dieses ständige Klima von Feindseligkeit war unerträglich. Mit ihm wurde die mit der Folter begonnene Aufgabe fortgeführt, die Gefangene einer entmenschlichten Situation auszusetzen.

Die fremde Welt

Das Gefängnis versetzte die Gefangene in eine ihr unbekannte Welt, mit der sie sich nur sehr schwer vertraut machen konnte. Dies bezieht sich sowohl auf den physischen Ort als auch auf die Art und Weise, wie das Gefängnis geführt wurde. Die ständigen unerwarteten Vorkommnisse machten das Gefängnis zu einer instabilen Welt.
Die Gefangene wusste nicht und konnte nicht vorhersehen, was in der nächsten Minute geschehen würde: Sie konnte „verlegt“, das heißt von ihren compañeras getrennt und in einen anderen Sektor gebracht werden, wo sie von neuem Beziehungen knüpfen und Aktivitäten (die gemeinsame Lektüre, ein Studium, ein Gespräch) aufbauen musste. Dies wiederum konnte jäh unterbrochen werden durch ihre erneute Verlegung oder die der compañeras. Mal durfte sie Briefe von der Familie erhalten, mal nicht, mal Besuch bekommen, mal nicht, mal Freizeit haben, mal nicht. All dies hing von dem Willen einer Macht ab, die sich als alle Lebensbereiche umfassend und nach Lust und Laune über alles verfügend präsentierte.
Der menschliche Verstand empfindet Situationen als demütigend, in denen er auf Unbegreifliches stößt. Sigmund Freud zeigte mit den Konzepten wie der „Sorge um die Verständlichkeit“, „Verarbeitung durch Deutung“ und „sekundäre Verarbeitung“, wie der menschliche Geist versucht, dort Lücken auszufüllen oder Zusammenhänge herzustellen, wo der Gedankengang das Rationale verlässt. Andererseits hatte die Phänomenologie bereits ein Konzept entwickelt, wonach die reine Existenz auf dieser Welt bereits eine innere Repräsentanz der Welt impliziert. Diese Repräsentanz ist bereits eine Form, in der das Denken die verschiedenen Eindrücke, die wir aufnehmen, antizipiert und ordnet.
Daher kann der Mensch die Existenz in einer „Welt“, in der es keine Möglichkeit gibt vorherzusehen, was geschieht, nicht ohne Folgen ertragen.
Die Gefangene wird permanent in einer Situation belassen, in der sie weder die Abläufe im Gefängnis vorhersehen kann noch das, was mit ihr selbst geschehen könnte. Dadurch wird verhindert, dass sie sich „ihre Welt“ aufbauen kann. Gleichzeitig werden das Verstehen und die Interpretation dessen, was mit ihr geschieht, erschwert, und damit auch die Möglichkeiten, vorausschauende und neutralisierende Erwiderungen zu finden. Wenn es nicht auf irgendeine Weise gelingt, einige dieser Mechanismen in Gang zu halten, hat die Person das

Gefühl, in einer Welt zu leben, die verrückt und voller Gefahren ist, was ja durchaus eine reale Basis hat.

Das Befehlssystem

Das Gefängnis war eine unbekannte und unbegreifliche Welt: instabil, unvorhersagbar, ein Bruch mit der eigenen Welt, mit positiven Bindungen, beraubend und allmächtig, und basierte auf Militarisierung. Militarisierung bedeutet die Unterwerfung unter ein System von Befehlen, denen man gehorchen muss, eben weil es Befehle sind. Das Leben im Gefängnis wurde von Befehlen beherrscht. Es gab eine interne Gefängnisordnung mit Normen für den Ablauf und Verhaltensregeln. Aber es ging nicht darum, etwas Bestimmtes zu erfüllen. Der Befehl war Zweck an sich, unabhängig von der Gefängnisordnung. Man hatte die Befehle, welche auch immer, zu befolgen, selbst wenn sie, was oft vorkam, der Gefängnisordnung widersprachen. Die Gefängnisordnung hätte eine gewisse ordnende und stabilisierende Rolle spielen können, jedoch war einer der Hauptmechanismen des Gefängnisbetriebes die Destabilisierung.
Die Befehle im Gefängnis Punta de Rieles waren willkürlich, absurd, widersprüchlich und ohne Ende. Sie hatten keine logische Grundlage und waren nicht vorhersehbar. Einem „Schließt die Fenster" ohne jeglichen Rechtfertigungsgrund (nicht einmal einem scheinbaren) konnte der entgegengesetzte Befehl folgen. Oder nach einem Befehl, der von einer Gefangenen befolgt wurde, wurde einer anderen Gefangenen das genaue Gegenteil befohlen. Unerfüllbare Befehle waren häufig. Nach einer Durchsuchung gab es Befehle wie „Sie haben fünf Minuten, um alles aufzuräumen" oder „Noch fünf Minuten bis zur Ruhe", was bedeutete: „Es muss alles aufgeräumt werden, was herumliegt, das Bett muss gemacht werden, man muss im Bad gewesen sein etc., in fünf Minuten, bevor das Licht ausgemacht wird." Denselben Charakter hatte der Befehl: „Sie haben drei Minuten, um sich zu waschen, und zwei sind schon vorbei", oder in Grenzsituationen wie der Arrestzelle wurde der Befehl sich zu waschen von derselben Soldatin gegeben, die das Wasser abstellte. Im letzten Fall ergab sich folgender Dialog:

„Sie haben fünf Minuten, um sich zu waschen."
„Es gibt kein Wasser."
„Sie haben noch vier Minuten."
„Es kommt kein Wasser."
„Das interessiert mich nicht. Ich habe Sie nicht gefragt, ob es Wasser gibt. Das ist ein Befehl. Sie haben noch drei Minuten."

Das Leben im Gefängnis wurde von diesen impliziten oder expliziten Befehlen beherrscht, vom Aufstehen bis zum Schlafengehen und auch noch während der Nacht.
Wir haben Zeugenaussagen wie diese: „In der Arrestzelle weckten sie mich mitten in der Nacht mit der Frage: ‚Um wie viel Uhr wurde das Licht ausgemacht? Antworten Sie, ich muss das in den Tagesbericht eintragen'. Es war unmöglich, das zu beantworten, da ich, die Gefangene, schlief, und außerdem war mir nie erlaubt, eine Uhr zu tragen."

Und folgender Dialog mit einem Angehörigen:

„Diese Früchte können nicht rein."
„Aber Soldat, auf dem Schild steht Früchte der Saison."
„Das sind keine Früchte der Saison." (Es war Sommer und die Früchte waren Pflaumen.)

Und der Befehl einer Wärterin: „Es ist verboten, im Chor zu singen. Sie können im Chor singen, aber einzeln."
Wir kennen den zerrüttenden Effekt, den widersprüchliche Botschaften für den Menschen haben, vor allem, wenn sie gleichzeitig gegeben werden. Sie erzeugen destrukturierende Situationen. Die Gefängnissprache provozierte derartige Situationen ständig.
All dies zielte darauf ab, die Urteilskraft auszuschalten. Der Charakter einer äußeren Ordnung wurde verwischt und ins Gegenteil verkehrt; damit wurde angestrebt, dass jegliche Ordnung verinnerlicht wurde, als ob sie auf einer gemeinsamen Vereinbarung beruhte.
Die Willkür, die damals in allen gesellschaftlichen Bereichen herrschte, wurde im politischen Gefängnis noch karikaturesker. Es wurden Vorschriften für den Gefängnisbetrieb eingeführt, die nicht nur äußerst streng waren, sondern auch, dem Wesen der Willkür entsprechend, gerade von denen systematisch verletzt wurden, die diese Vorschriften erlassen hatten.
Das Gesetz der Willkür (allein dieser Begriff verweist durch den Widerspruch der Substantive auf das Absurde) funktionierte wie in den erwähnten Beispielen durch absurde Aussagen. Das Beispiel mit den Saisonfrüchten oder der Befehl, sich ohne Wasser in der Arrestzelle zu waschen, sprechen nicht nur von Willkür, sondern auch von der Absicht, die Akzeptanz des Absurden zu erzwingen, indem man den Menschen in seiner Eigenschaft als denkendes Wesen zu demütigen, zu unterwerfen und zu erniedrigen versucht.
Mit dem Unerwarteten, dem Unvorhersehbaren wurde versucht, eine wesentliche Funktion der menschlichen Psyche zu blockieren: die Funktion, zu einer begreifbaren Repräsentanz der Welt zu gelangen, die ihr einen Sinn gibt. Mit dem Absurden versuchte man ebenfalls diese Funktion zu zerstören, indem das Prinzip der Identität und der Widerspruchsfreiheit außer Kraft gesetzt wurde.
Ein weiteres, in die gleiche Richtung zielendes Element war die Häufung von Informationen und Befehlen, die in ihrer Quantität nicht zu verarbeiten waren.
Die kombinierte Aktion dieser drei Elemente (des Unerwarteten, der Willkür und des Unüberblickbaren) beabsichtigte, die Gefangene psychisch zu desorganisieren, in ihr das Gefühl zu erzeugen, im Chaos zu leben, in einer „Welt von Verrückten", aus der man sich nur retten konnte, wenn man sich den Zielen des einzigen geduldeten Diskurses beugte: dem des Unterdrückers.

Das Bedrängen mit Fragen

Im Gefängnisalltag existierte nicht nur ein System von Befehlen, die Gefangene war außerdem fortwährend Fragen ausgesetzt, die sie beantworten musste. Die Fragen waren häufig unsinnig, da diejenigen, die fragten, die Antworten selbst kannten, während die Gefangenen sie oft nicht wussten. Dies stellte die Gefangene vor ein Dilemma, das sie im Verhältnis zu ihrer Situation taktisch lösen musste. Manchmal gab man naheliegende Antworten, manchmal ausweichende, und wenn man konnte, versuchte man, durch die Antwort die Situation umzukehren, wohlwissend, dass in jedem Fall die Wärterinnen unausweichlich das letzte Wort hatten. Hinzu kam, dass sich die Gefangene in der alles umfassenden Unsicherheit des Gefängnisses fragte, welche für sie unbekannte Absicht hinter einer unsinnigen Frage steckte, wodurch ein neuer Faktor von Unsicherheit und Verwirrung entstand.

Die „Beteiligung"

Man machte die Gefangenen glauben, sie könnten zumindest im Gefängnis zu Aspekten der internen Politik ihre Meinung äußern und Einfluss nehmen, in dem man sie „beteiligte".

Dafür wurde ein „Szenario" mit guten Manieren, mit scheinbarer gegenseitiger Rücksichtnahme etc. aufgebaut. Es sollte dazu dienen, den Unterschied zwischen Verfolgtem und Verfolger zu verwischen, und eine Illusion erzeugen, die zunichte gemacht wurde, sobald die wirklichen Rollen wieder eingenommen wurden. Es ging darum, die Gefangenen eine „Komödie spielen" zu lassen. So sollte deren Fähigkeit geschwächt werden, die verschiedenen Ebenen zu unterscheiden. Durch die klare Unterscheidung der Ebenen jedoch war die Gefangene in einer besseren Position, denn sie versetzte sie in die Lage, auf eine Drohung wie „Vergessen Sie nicht, dass Sie Grau tragen" zu erwidern: „Das ist mir klar, Soldat."

Die Sanktionen

Das System der Sanktionen folgte der selben Unlogik: Es war willkürlich. Die Art zu gehen, zu sitzen oder jede andere alltägliche Geste konnte als Verletzung eines angeblichen „Moralcodexes" interpretiert werden mit dem Vorwurf, die externen (männlichen) Wachen zu provozieren. Die Nichtbefolgung eines Befehls konnte eine Sanktion zur Folge haben oder auch nicht. Die Befolgung eines Befehls verhinderte eine Sanktion aber nicht. Das Ergebnis war, dass man durch sein Verhalten nicht bestimmen konnte, was geschehen würde. Dennoch versuchte man, einen scheinbaren Kausalzusammenhang zu finden, was die Illusion erzeugte, etwas beeinflussen zu können und zur Selbstunterdrückung führte. Die Wiederholung bestimmter Sanktionen in bestimmten Situationen ließ annehmen, auf diese Ursache folgten jene Konsequenzen. So wurde einerseits Selbstunterdrückung intendiert (die Person dachte, wenn sie die Ursache vermied, würde sie die Konsequenzen vermeiden) und andererseits durch das zeitweilige Ausbleiben der Konsequenzen der Eindruck vervollständigt und verstärkt, dass der Unterdrücker, und nur er, derjenige ist, der bestimmt.

Die Selbstunterdrückung

Die Selbstunterdrückung ist die Antizipation des Befehls: „Ich würde gerne dies oder jenes tun, aber ich tue es nicht, weil man mich dafür bestrafen wird." Die Beständigkeit dieses Gedankens hätte zum Verlust der Initiative geführt, zur Unterdrückung des „Ich würde gerne." In diesem Prozess gibt es noch eine Zwischenstufe: „Ich würde gerne, aber tue es nicht, weil es nicht geht." Dieser Gedanke konnte alles betreffen, denn er führte zu der Annahme einer seit wann und von wem auch immer „historisch festgelegten" und somit unveränderlichen Welt. Regeln wurden vorgegeben, die für den Aggressor nicht mehr galten, für die Gefangenen jedoch weiterhin, bis diese eines Tages etwas anderes ausprobierten und feststellten, dass sie von nun an so weitermachen konnten. Durch Repression und Selbstunterdrückung versuchte man etwas einzuführen, was man die „Gefängnissprache" nennen könnte. Das Wesentliche war die verwirrende Botschaft, das Unausgesprochene, die Überlagerung von Vorschlag und Zwang, die Formulierung einer Frage, die versteckt auf die eigentliche, dahinterliegende Frage anspielte, wobei weder der reale Zwang durch den Aggressor ausgesprochen wurde noch die reale Motivation in der Antwort des Angegriffenen. Nehmen wir ein Beispiel aus der Arbeit im Gefängnis, die in Punta de Rieles besondere Merkmale hatte: Zum Beispiel die Zwangsarbeit, die völlig unproduktiv war (Erde umgraben, ohne irgendetwas zu säen, oder Heu stapeln, um es am nächsten Tag wieder zu verstreuen), obwohl das nie ausdrücklich gesagt wurde. Die Arbeit war obligatorisch, wurde aber (auf verbaler Ebene) heuchlerisch als freiwillig dargestellt. Die Gefangenen wurden gefragt: „Wollen Sie zur Arbeit gehen?", was eigentlich bedeutete: „Unterwerfen Sie sich freiwillig meinem Befehl?" Weder eine positive noch eine negative Antwort darauf änderte etwas an dem Zwang zu arbeiten (die Gefangene würde auf jeden Fall arbeiten müssen). Aus demselben Grund wurde eine Sanktion wegen „mangelnder Bereitschaft" zu arbeiten mit „fehlendem Arbeitswillen" begründet.

Der fehlende Wille, Befehle zu befolgen, sich zu unterwerfen

Hinter dem „Überreden" stand die Sanktion, hinter der Frage die Nutzlosigkeit einer Antwort oder die pure Repression. Bei der Folter waren die Rollen des „Guten" und des „Bösen" verteilt, aber manchmal versuchte man eine noch größere Verwirrung zu erzeugen, indem ein Folterer beide Rollen einnahm, ohne dass die Gefangene wissen konnte, wann er der eine oder der andere sein würde. Das Gefängnissystem zeigte sich gleichzeitig repressiv und permissiv. Beide Aspekte wurden kombiniert, der eine oder der andere wurde in völlig unvorhersehbarer und überraschender Weise betont. Auch dadurch sollte Verwirrung erzeugt werden.
Das Ziel dieses Vorgehens war die Unterwerfung, nicht verbal ausgedrückte Unterwerfung, sondern unterwürfiges Verhalten. Man ging davon aus, dass unterwürfiges Verhalten langfristig nicht möglich war, ohne die Freiheit des Denkens zu beschädigen, da es ernsthafte Konflikte erzeugte. Wie bei der Folter galt: Je mehr man „hineinkam", umso schwerer war es, wieder „herauszukommen".

Die Erinnerung an die Folter

Es gab sehr verschiedene Sanktionen, und sie wurden, wie schon gesagt, völlig willkürlich gehandhabt. Tatsächlich war es, wie eine Gefangene es ausdrückte, wie beim Würfeln: „Das ist wie das Oca-Spiel, wer dran ist, ist dran." Aber über die Vielfältigkeit der Sanktionen hinaus beschwor jede einzelne explizit oder implizit die Erinnerung an die ersten Momente der Entführung und der Folter herauf. Dies wurde unterstützt durch die reale Anwesenheit der ehemaligen Folterer im Gefängnis, die immer als Drohung und als Schatten präsent waren. So wurden die Erinnerungen an äußerste psychische Desorganisation inmitten grausamster Isolierung, Schmerzen und Qualen ständig lebendig gehalten.
Es ist bekannt, dass die Isolierung von exterozeptiven und affektiven Reizen Entzugserscheinungen wie Angststörungen, Depersonalisierungsphänomene und Halluzinationen verursachen. Im Gefängnis wurde die härteste Strafe, die Isolierung in der Arrestzelle, gerade bei psychisch sehr instabilen Menschen angewandt oder bei Gefangenen, die Trennung oder Trauer zu verarbeiten hatten, das heißt in Augenblicken, in denen sie ihre compañeras am meisten brauchten. Die Sanktionen waren also nicht nur ungerechtfertigt, sondern sie beabsichtigten die psychische Dekompensierung der Gefangenen.

Der Wahnsinn

So wie es in dem Bericht schriftlich festgehalten ist, den Eddy Kaufmann von amnesty international am 27. Juni 1976 der Kommission für auswärtige Beziehungen des Abgeordnetenhauses der USA vorgelegt hat, verfolgte man im Gefängnis Punta de Rieles das Ziel, das Major A. Maciel, Direktor des Gefängnisses Libertad, so definierte: „Wir haben sie nicht liquidiert, als wir die Möglichkeit dazu hatten, und wir werden sie auch noch laufen lassen müssen. Also sollten wir die Zeit nutzen, die uns bleibt, um sie verrückt zu machen."

Matilde Ruderman

Die Verinnerlichung des Grauens bei Psychotherapeuten[73]

Ich will versuchen, eine Verbindung zwischen der Zeit herzustellen, als wir mit der Betreuung der vom Staatsterrorismus Betroffenen begannen, und den Fragen, die wir uns heute über unsere Arbeit stellen. Daraus möchte ich einige Hypothesen über die Art und Weise aufstellen, in der sich das Grauen auf die Therapeuten und die Behandlungsteams übertrug.

Während der Fußballweltmeisterschaft 1978 verbreitete die Diktatur, Argentinien sei in Feststimmung und pflasterte das Land mit der Parole: „Alle sind wir gerecht und menschlich“[74], was eine direkte Erwiderung auf die Aufklärungskampagne der Mütter der Plaza de Mayo war. Diese Worte waren eine Kostprobe der Realitätsverleugnung in diesem Land.

Es gab zwei Schauplätze, die sich abwechselten: Der eine war die Straße als der Ort, an dem man nichts sah, nichts hörte und nichts sagte, ein Ort ohne Raum, in dem das durch die Medien verordnete Schweigen Erfolg hatte und die Entfremdung das Volk zu Gefangenen machte, ohne dass wir die Käfige bemerkten. Dies geschah nicht nur in Argentinien. Auch ganz Uruguay war in Gefangenschaft, gefangen im Schweigen und in der Unbeweglichkeit.

„Einem von 80 Uruguayern stülpten sie eine Kapuze über den Kopf, aber unsichtbare Kapuzen trugen alle. Wenn sie auch der Folter entgangen waren, so waren sie doch zur Einsamkeit und Sprachlosigkeit verdammt.“ (Galeano 1989, S. 324)

Der zweite Schauplatz war in unseren Sprechzimmern. Wir hatten die überlieferten Kriterien wissenschaftlicher Neutralität in Frage gestellt und begannen, aus Engagement für die gerechte Sache auf die Nachfrage zu reagieren. Wir waren entschlossen, uns der Realitätsverleugnung durch die Diktatur entgegenzustellen. Das Geschehen verlangte von uns, gegen die Ungerechtigkeit und den Schaden, den der Mensch seinesgleichen zufügte, Stellung zu beziehen. Ein System, das hungern lässt, das tötet und verschwinden lässt, nimmt dem Wort Neutralität jeden Sinn.

Wir waren eine kleine Gruppe, wir waren allein, und es gab wenig psychoanalytische Literatur zum Thema. Gegen die Planmäßigkeit der vom institutionalisierten Terror angewandten Methoden und deren Auswirkungen halfen die bekannten Konzepte nicht. Wir mussten beginnen zuzuhören, um den Schmerz dieser Leiden begreifen zu können.

In seinen letzten Schriften versuchte Freud, die Beziehung der Psychoanalyse zur Wahrheit genauer zu definieren. Emiliano Galende sagt dazu folgendes: „Die Vergangenheit entsteht durch die historische Wahrheit. Es geht nicht darum, sie für das Subjekt wieder auferstehen zu lassen, indem man Fakten oder (lediglich) die wahren Ereignisse aufdeckt. Es geht darum, ihm eine neue Beziehung zu dem Erlebten zu ermöglichen, indem man von der Rekonstruktion der Geschichten ausgeht, in denen die Wahrheit verstümmelt, deformiert oder unterdrückt wurde.“ (Galende 1992, S. 269)

Es ging uns darum, dort wieder soziale Netze aufzubauen, wo sie zerstört worden waren, wo es Verschwundene gab und wo die Familien unter der Wechselwirkung zwischen ihrer psychischen und der äußeren Realität litten. Die verstümmelte, deformierte und unterdrückte Wahrheit entsprach einem inneren Geschehen. Die Lüge, das Verdecken der Wahrheit, war ein sozialer, von der Diktatur aufgezwungener Prozess.

---

[73] Diese Arbeit wurde auf dem VI Symposium „Kultur und psychosoziale Situation in Lateinamerika“ in Hamburg im September 1992 vorgetragen.

[74] Wortspiel mir derechos humanos (Menschenrechte) und derechos y humanos (gerecht und menschlich) (Anm. d. Übers.)

Eine andere Praxis?

Kannst Du? Willst Du? So schlug man mir vor, ein Behandlungsteam für eine Menschenrechtsorganisation aufzubauen. Ein Vorschlag, der auf alten Bekanntschaften sowie auf professionellem und politisch-ideologischem Vertrauen beruhte.
Damals hatte ich keine Zweifel daran, es zu tun, heute stelle ich mir Fragen nach den Schwierigkeiten und Grenzen. Die Zeit, die seither vergangen ist, ermöglicht mir heute Reflexionen, die ich damals nicht anstellte.
Wir waren alle von derselben historischen Situation geprägt, ob man nun darüber sprechen konnte oder nicht. Das Grauen überschwemmte die Sitzungen und drang in mich ein, aber darüber sprachen wir nicht. Wir konnten „Nester" bauen für die Tränen, die Schmerzen und die Verluste, wir konnten einen nie gekannten Schmerz spüren. Aber unsere eigenen Tränen stellten uns auch Fragen über das analytische Handeln. Wir wollten dafür sorgen, dass sich nicht das Gleiche wiederholte wie in Europa, wo man den Auswirkungen des Naziregimes und der Konzentrationslager erst viele Jahre später Aufmerksamkeit schenkte. Daher begannen wir in Argentinien, Chile und Uruguay, schon während der Diktatur psychologische Betreuung zu leisten, meist über die Menschenrechtsorganisationen.[75]
Weil wir wenige waren und weil wir unmittelbar auf die Nachfrage reagierten, fragten wir uns mehr als einmal, ob wir uns etwas von den übrigen Psychotherapeuten unterschieden. Auch wenn dieses Thema immer wiederkehrte, verneinten wir diese Frage. Es waren die Patienten, die sich in unseren Augen von den anderen unterschieden, weil sie Opfer des Staatsterrorismus waren, womit wir Gefahr liefen, sie zu viktimisieren.
Wir haben das genau unterschieden: Unsere Praxis war nichts Besonderes, was sie von anderen unterschied, war das Traumakonzept, das wir entwickelten, daher sprechen wir von der Spezifität desselben. Wir überprüften Freuds Traumakonzepte, die er in den Jahren 1916, 1920 und 1925 formuliert hatte.
Unser wichtigster theoretischer Bezug in den ersten Jahren war Bruno Bettelheim. Er beschrieb den destruktiven Charakter, den Traumatisierungen politischen Ursprungs auf die Psyche des Subjekts haben. Ihm ging es darum, die qualitativen Merkmale des psychischen Zusammenbruchs des Subjekts im Rahmen der Verfolgung und Ermordung von Millionen von Menschen unter dem Naziregime zu verstehen. Auch wir verstanden es so, wenn wir an die Diktaturen des Coño Sur und ihre traumatischen Auswirkungen dachten. Die Folgen dieser Herrschaft waren weder mit Schicksalsschlägen zu vergleichen noch mit Verrücktheit, wie man es oft darzustellen versuchte. Es ging um soziopolitische Prozesse, die von einer allgegenwärtigen Macht losgetreten wurden und die ihre Folgen zeitigten. Bettelheim schrieb ausgehend von seiner eigenen Erfahrung im Konzentrationslager: „Es wirkt sich auf einen Menschen – und bei vielen Menschen schließlich auf die ganze Kultur – höchst zerstörerisch aus, wenn sich die Glaubensüberzeugungen, die bislang für das Leben richtungsweisend gewesen sind, als unzuverlässig erweisen und wenn sich herausstellt, dass auf die psychologischen Abwehrmechanismen, die unser physisches und psychisches Wohl gewährleisten und uns gegen die Angst und den Tod schützen, (...) kein Verlass mehr ist." (Bettelheim 1981, S. 24)[76]

---

[75] Jahre später erfuhren wir, dass einige Psychoanalytiker, die sich mit dieser Thematik in Argentinien beschäftigten, Praxisberichte mit Piera Aulagnier austauschten.

[76] Hiermit ist ein Ereignis im Leben eines Subjekts gemeint, das sich kennzeichnet durch seine Intensität, durch die Unfähigkeit des Subjekts, darauf adäquat zu reagieren und durch die lang andauernden pathologischen Konsequenzen für die psychische Organisierung. (Zitiert im Deutschen nach: Bettelheim, B. 1990, Erziehung zum Überleben. München: dtv, S. 19).

Wir Psychologen und Psychoanalytiker gehörten ebenfalls zu dieser Gesellschaft, die im Coño Sur ihre Ideale zerstört sah. Wir gehörten zu einer sehr bedrohten Bevölkerung, und wenn wir konnten, hörten wir zu, schauten wir hin und sprachen.
Wie sollten wir nicht das Gefühl haben, dass wir uns von den anderen unterschieden? Ich glaube, ich schämte mich, so über mich zu denken, und sagte es nicht. Ich lebte meine Arbeit als eine politische Aufgabe, mit aller Leidenschaft, Hingabe und Verantwortung für eine gerechte Sache. Etwas Heroisches nahmen alle von uns an. Es gab keine Patienten, die ich nicht hätte behandeln können, und dafür gab es explizite Gründe: Wir, die wir die längste klinische Praxis hatten, konnten selbstverständlich die schwersten Fälle übernehmen, und das taten wir auch. In keinem Moment kamen mir Zweifel, aus der Distanz gesehen erscheint mir diese Haltung jedoch riskant.
Unsere Arbeit war ehrenamtlich, und wenn wir an ihr etwas verdienen konnten, teilten wir es untereinander auf. Die meisten unserer Patienten hatten kein Geld, um die Behandlung zu bezahlen. Unser Team erhielt lediglich zwei Jahre lang finanzielle Unterstützung durch OSEA[77], eine Einrichtung, die sich um die Betreuung von Zurückgekehrten kümmerte.
Geld war ein Tabuthema, nie wurde klar darüber gesprochen. Es hieß, Geld pervertiere, und es wurden diejenigen kritisiert, die die Meinung vertraten, für die Behandlungen müsste etwas verlangt werden. Ich war immer der Meinung gewesen, dass jede Art von Arbeit bezahlt werden müsste, aber ich machte meinen Standpunkt nicht geltend. Ich glaube, dass es für viele – mich eingeschlossen – äußerst ungerecht war, dem ökonomischen Wert unserer Arbeit keine Beachtung zu schenken. Unser Lohn war das Gefühl, solidarisch zu sein, zu wissen, dass wir eine Aufgabe erfüllten, die das Leid vieler dieser Menschen zu lindern half. Auch hier wird der Heroismus deutlich: Wir arbeiteten in vorderster Front und waren solidarisch, aber sicherlich auch mit einem gewissen Hang zum Narzissmus.
Wir unterschieden zwischen Solidarität und Wohltätigkeit, ein Wort, das unter uns immer abschätzig behandelt wurde. Waren also die Kollegen, die auf die Bezahlung durch die Patienten angewiesen waren, weniger solidarisch als wir, die wir ohne Bezahlung behandeln konnten? Die Antwort ist nein. Wir konnten auf institutioneller Ebene die Frage nach dem Stellenwert des Geldes nicht angemessen lösen, da wir von uns selbst Heldenhaftigkeit und besondere Solidarität forderten. Im Grunde drehte es sich, glaube ich, um Schuld. Schulden, die nicht mit Geld bezahlt werden, bleiben Liebesschulden. Sie nehmen den Platz der Schuld oder des Hasses ein, und ich nahm, ohne es zu merken, eine omnipotente Position ein. Ich konnte geliebt werden, für das, was ich gab: Meine Vertrauenswürdigkeit und das Zuhören. Aber für dasselbe konnte ich auch beneidet und folglich gehasst werden. So konnte ich aus beiden Perspektiven bei den Patienten Schuldgefühle erzeugen. Das konnte dann als Übertragung bearbeitet und in der Supervision wieder an die richtige Stelle gerückt werden, denn in dieser Hinsicht waren wir sehr streng. Die Bearbeitung der Gegenübertragungen beschränkte sich jedoch nur auf die jeweilige Situation.
Ich glaube, dass es von Anfang an Dinge gab, die nicht ausgesprochen wurden, über die im Team nicht diskutiert werden konnte und die sich später im Umgang mit Informationen und in Symptomen ausdrückten: Missverständnisse, Abqualifizierung von Kollegen, Konkurrenz, Eifersucht, Aggressionen und Neid. Symptome, die unausweichlich zur Spaltung der Einrichtungen führten. Ich benutze den Plural, denn ich glaube, dass das in allen diesen Teams im Coño Sur passiert ist.

[77] Oficina de Solidaridad con el Exilio Argentino (Solidaritätsbüro für Argentinier im Exil)

Geheimnisse und Schweigen

Was geschah mit mir? Was geschah mit uns? Es gab etwas, worüber nicht gesprochen werden konnte: Alles, was mit Grenzen, Scham und Schuld zu tun hatte. Der psychische Schmerz der Therapeuten wurde allmählich von Schweigen ausgefüllt. Wir mussten uns selbst und andere stützen. Mit den Worten Fernando Ulloas wurde es „geheimnisvoll". Ich begann, mit einem schädigenden Geheimnis zu leben, das Vertraute kehrte als etwas Fremdes zurück: als etwas Unheimliches.[78] Bei mir äußerte sich der Schmerz in Ärger und Intoleranz. Ich nahm die Situation wahr und verleugnete sie gleichzeitig.

Als ich den Verbleib eines Psychologen im Team in Frage stellte, weil er als Motiv äußerte, neugierig auf die in Gefangenschaft geborenen Kinder zu sein, zweifelte ich keinen Moment an der Härte meiner Reaktion. Er gab seine Arbeit nach zwei Tagen auf. Damals hielt ich mich für streng, heute denke ich, ich war rigide. Offensichtlich konnte ich es nicht ertragen, dass jemand, den ich ins Team aufgenommen hatte, nicht aus altruistischen Motiven mitarbeitete und seine Gefühle unverfälscht ausdrückte.

Wie sollten wir nicht das Gefühl haben, uns von anderen zu unterscheiden, wenn wir jemanden ausschließen konnten, der für jeden Menschen normale Gefühle hatte? Ich war hart, aber niemand widersetzte sich meiner Haltung oder tat etwas, um meine Entscheidung rückgängig zu machen. Es galt, ein unausgesprochenes Ideal aufrechtzuerhalten, in dem kein Platz für Nuancen war.

Ich erlebte Situationen, die für die klinische Praxis untypisch waren und kreative Antworten verlangten. In einem Fall musste der Patient nach zehn Sitzungen, die wir an aufeinanderfolgenden Tagen abhielten, in sein Land zurückkehren.

Der Patient war 14 Jahre zuvor gefoltert worden und hatte bis dahin nie darüber sprechen können, bis er zu mir in Behandlung kam. Ein Unfall – ein Sturz aus 40 Metern Höhe in den Bergen hatte ihn körperlich schwer verletzt – war der Auslöser, dass seine seelischen Schmerzen, der Bruch in seiner Psyche, wieder auftauchten. Physisch war er wieder hergestellt, konnte aber dem quälenden Schmerz nicht entkommen. In der Therapie brachte sein gebrochener Körper die traumatischen Szenen der Folter wieder in Erinnerung sowie schreckliche Episoden in der Beziehung zu seinem Vater, der „ihn von Kindheit an gefoltert hatte." Ich arbeitete mit jemandem, der nicht nur nicht an die Psychoanalyse glaubte, sondern auch die verschiedensten Vorurteile gegen sie hatte. Während seiner Behandlung gab es weder Samstage noch Sonntage, die Zeit rannte, alles verlor an Wichtigkeit. Es blieb kein Raum für meine Familie, für meinen Alltag oder für Muße, wenn das Leiden des anderen so schrecklich war.

Wohin mit meinen Fragen über das, was ich tat? Wohin mit meiner Sorge, nicht zu wissen, wie viel Zeit ich für die Arbeit mit jemandem hatte, dessen Namen ich noch nicht einmal kannte?

Er begab sich in meine Hände, und ich legte ihn in meine Hände. Die Hände des Patienten waren die einzige Stelle, an der sie ihn nicht gefoltert hatten. Aus verschiedenen Gründen konnte ich diese Therapie nicht supervidieren lassen. Nach der Abreise des Patienten hatte ich Unfälle im Haushalt: Zweimal verbrannte ich mir die Hände, ich quetschte mir einen Finger und verlor 2 Monate später den Fingernagel. Erst dann begann ich darüber nachzudenken, was mit mir passierte.

Ja, ich konnte behandeln, aber um welchen Preis? Um den Preis eines enormen, zum Symptom gewordenen Leidens, das sich in kleinen Unfällen oder Streiterein mit dem Team

---

[78] Im Deutschen entwickelt sich das Wort „unheimlich" aus der Vorstellung von etwas Vertrautem, das fremd wird, unvertraut (heimlich-unheimlich).

äußerte. Mich begleitete jedoch die Gewissheit, eine wichtige Aufgabe zu erfüllen: Ich musste den Schmerz anderer lindern, indem ich ihnen ermöglichte, sich zu erinnern.
Eine Kollegin bat mich, ihr bei der Aufarbeitung eines Abschnitts ihrer Geschichte zu helfen. Wir arbeiteten im gleichen Team. Sie befand sich in Analyse, hielt es aber für notwendig, eine bestimmte Begebenheit mit einem Psychotherapeuten aus der Menschenrechtsarbeit zu analysieren. Ich sagte ihr, ich wüsste nicht, ob ich das tun könnte. Als sie mir das Problem erklärte, das ich schon kannte, fühlte ich mich plötzlich so benommen, dass ich ihr etwa 20 Minuten lang nicht zuhören konnte. Als ich wieder „aufwachte", konnte ich ihr ohne Furcht erzählen, was mir passiert war. In diesem Moment wusste ich, dass ich alles integrieren konnte: Ihre Ängste, ihre Zweifel, aber auch das, was ich von ihr wusste, von ihrer Geschichte. Ich würde mein Gedächtnis benutzen, meine Ängste und Zweifel. Ihr Schmerz hörte auf, ausschließlich privat zu sein. Es war eine Arbeit, die uns beiden eine enorme und aufwühlende Anstrengung abverlangte.
War es Psychoanalyse, was wir da machten? Eigentlich nicht, aber die Suche nach der Wahrheit, ihre Enthüllung, hat für mich kein anderes konzeptuelles Modell als die Psychoanalyse. Was also taten wir? Wir erprobten gemeinsam eine neue Art der Psychotherapie mit einer neuen Art von Beziehung, die eine Übertretung der traditionellen Vorgehensweise zu sein schien. Es ermöglichte uns jedoch, etwas sehr Tiefgehendes zu entwirren, wodurch sich ihr ein Weg zur Heilung eröffnete.
Wir konnten das nicht erzählen, wir nahmen es uns nicht einmal vor, vielleicht weil wir Angst vor Kritik hatten. Ich glaube, ich begann, auf mich aufzupassen.

Das Leiden der Therapeuten

Ab 1986 begann ich, mich mit Kollegen aus Chile und Uruguay über meine Sorgen auszutauschen. Es ging um das Leiden der Therapeuten, d.h. um den Prozess, wie sich das Grauen auf uns übertrug. Sie berichteten von ähnlichen Effekten: erkrankte Therapeuten, Streitigkeiten, Spaltungen und Brüche in den psychosozialen Teams der Menschenrechtsorganisationen. Einige australische Kollegen sprachen von einem Symptomkomplex, den sie burn-out nannten. In ihm drückt sich das Leiden von Therapeuten aus, die sich mit ihrer Helfertätigkeit zu viel zugemutet hatten, welcher sie sich gleichzeitig aus religiösen, politischen oder ethischen Gründen zutiefst verpflichtet fühlen.
Fernando Ulloa spricht von den Fallen, auf die man bei der Psychotherapie im Bereich der Menschenrechtsarbeit hinweisen muss. Eine davon liegt in der Faszination des Grauens, die, wie ich glaube, sowohl unter dem Deckmantel des Interesses als auch in Form von Neugier in Erscheinung treten kann. Eine weitere liegt in der Schuld, also dem Grund, warum man diese Aufgabe annimmt, die zu Voluntarismus werden kann, und die dritte Falle ist die Angst, die zum Hindernis wird und eine kontraphobische Reaktion nach sich ziehen kann. Wenn man diese Mechanismen nicht beachtet, wird das Engagement in der Menschenrechtsarbeit zweifellos nicht sehr effektiv sein. Es geht nicht darum, dass es diese Mechanismen nicht geben darf; es geht allerdings darum, sie zu erkennen, sichtbar zu machen und ihnen Raum zu geben, um sie zu bearbeiten. Während wir auf die Fallsupervision große Sorgfalt verwendeten, vernachlässigten wir unsere Leiden als Psychotherapeuten, über die nicht gesprochen werden konnte.
Ein weiteres Mal taucht die archetypische Gestalt des notwendigen und zweifellos omnipotenten Helden auf. Wir zogen als Helden auf das Schlachtfeld und verbargen so unsere Ohnmacht, unsere Angst und unsere Unsicherheit.

Die Verschwundenen und die Gefolterten waren Helden und wurden gleichzeitig zu Opfern. In diesem Sinne müsste man auch die Opferposition genauer betrachten, welche die Psychotherapeuten dadurch einnahmen, dass sie sich immerzu grauenvolle Geschichten anhörten.

Als ich mit dem Leiden junger chilenischer Psychotherapeuten in Berührung kam, war ich besonders besorgt: Sie waren zwischen 23 und 26 Jahren alt. 1990 lud man mich zu einer Supervision ein. Was sie bevorzugten, war etwas zu „tun“. Es fiel ihnen schwer, sich etwas über eine „undenkbare“ Dimension des Schmerzes, wie Janine Puget es ausdrückt, anzuhören. Sie arbeiteten in der Menschenrechtsabteilung des Vikariats in Concepción. Sie hatten einen starken Willen, und sie hatten Angst und trauten sich nicht, es zu sagen. Ihre ganze Sorge drehte sich um die Unzulänglichkeiten ihrer Ausbildung. Einige von ihnen kamen aus denselben Orten, in denen die Opfer nach ihren Verschwundenen suchten: Chillán, Los Angeles, Lota, Concepción. Diese Therapeuten befanden sich in einer doppelten Funktion als Professionelle und als Mitglieder einer Gesellschaft, und sie teilten mit ihren Patienten die Suche nach der Wahrheit.

Auch bei jungen peruanischen Psychologen konnte ich das Leiden in Form von Ohnmacht beobachten. Sie lebten Tag für Tag, wie ihre Patienten, im gleichen Klima allgemeiner und direkter Bedrohung und Todesgefahr. Auch in Kolumbien und in Guatemala wurde unter solchen Verhältnissen, d.h. im Klima von Gewalt und Willkür gearbeitet. In El Salvador arbeiteten die Kollegen unter Kriegsbedingungen, und wenn wir von jemandem etwas gelernt haben, dann von Ignacio Martín-Baró[79], mit dem wir unsere Sorgen über das, was ihnen die Arbeit nicht nur in klinischer Hinsicht abverlangte, teilen konnten.

Wenn in unserer Ausbildung zum Therapeuten von „optimaler Distanz“ gesprochen wird, dann müssen wir uns fragen, mit welchem Maß das Optimale gemessen wird, und wie man es mit der „instrumentellen Dissoziation“ halten soll, wenn die Darstellung des täglichen Geschehens zu einer Geschichte gehört, die man nicht in der Vergangenheit erzählen kann, sondern die in der Gegenwart sich vollzieht. Wenn die Abstinenzregel bedeutet, unsere eigenen Wünsche und Ideale nicht ins Spiel zu bringen, dann bedeutet das nicht, dass sie nicht existieren. Es ist eine große Herausforderung für uns Psychotherapeuten, uns an diese Regel zu halten, die nicht Neutralität bedeutet. Die Abstinenzregel besteht, damit der Wunsch des anderen in Erscheinung treten kann. Die permanente Herausforderung ist die Demontage der Macht, die uns die Übertragung verleiht.

Ist etwas für immer verstummt?

Im Laufe dieser Jahre wurde es uns nach und nach möglich, über das, was wir taten, zu reflektieren. „Es geht darum, aus der Praxis ein Konzept zu entwickeln, und nicht darum, die Theorie zu praktizieren“ (Ulloa 1990). Es wurde uns klar, dass es in der Behandlung um etwas Lebensnotwendiges ging: Raum für „Zärtlichkeit“ zu erlauben, verstanden als Libidinisierungsprozess für jemanden, der nicht nur wehrlos ist, sondern auch gezeichnet von einem grauenvollen Schmerz, der unmöglich zu symbolisieren ist. Es gibt weder einen Status für Verschwundene, noch Worte, um über das in der Folter erlebte Grauen zu sprechen. „Etwas ist für immer verstummt“ (CELS 1988).

Wir konnten uns am Anfang nicht vorstellen, wie viel es uns ausmachen würde, während so vieler Jahre dem Grauen zuzuhören. Der Effekt lässt sich in den Worten Aristoteles beschreiben „Diese Wirkungen kommen vor allem dann zustande, wenn die Ereignisse wider

[79] Dekan der psychologischen Fakultät der Katholischen Universität in San Salvador, einer der sechs Jesuiten, die 1989 von Todesschwadronen ermordet wurden.

Erwarten eintreten und gleichwohl folgerichtig auseinander hervorgehen (S. 33). (...)... der Jammer bei unverdientem Leid, der Schauder bei dem Ähnlichen (S. 39). (...) Wir wollen nun betrachten, welche Ereignisse als furchtbar und welche als bejammernswert erscheinen. (...) Sooft sich aber das Leid innerhalb von Naheverhältnissen ereignet (...)... der eine tötet den anderen, oder er beabsichtigt ihn zu töten, oder er tut ihm etwas anderes derartiges an... (S. 43)“[80] (Aristoteles 1985, S. 44-49, 56, 59).

Wir wissen, dass Tragödien ausweglos sind, und dass auch wir Therapeuten, wenn wir den Übergang zu den Bedingungen des Dramas nicht schaffen, zu „Gefangenen“ der Idealisierung unserer Rolle werden. Uns fehlte ein Dritter, der uns zuhörte. Auf die eine oder andere Weise kam es zu Misshandlungen in den Menschenrechtsorganisationen und den psychosozialen Teams, und dies geschah in Argentinien, in Chile und in Uruguay.

Der Triumph des Unheimlichen war das, was „Unwohlsein“, „verinnerlichter Schaden“, „burn-out“, „Abgekapseltes“ genannt wurde. Jenes, worüber man nicht sprechen konnte, und was zum Symptom wurde.

In Argentinien beklagten wir uns, weil wir von einigen Bereichen der Gesellschaft und von staatlichen wie privaten psychosozialen Institutionen ausgegrenzt wurden. Ich frage mich, ob wir nicht auch einen narzisstischen Genuss an dieser Ausgrenzung hatten, die unsere kleinen Gruppen mit den „Außenseitern der 60er und 70er Jahre“, das heißt, mit der selbsternannten politisch-militärischen Avantgarde gleichsetzte.

Einige von uns sind bereit, sich die Schwierigkeiten, die wir mit diesen Erfahrungen hatten, anzusehen, um sie nicht zu wiederholen. Wir wollen uns nicht opfern, wir wollen die Irrtümer aufzeigen, die diese harte und wichtige Arbeit begleitet haben.

Zu Anfang sagte ich, ich wolle Hypothesen aufstellen. Eigentlich handelt es sich mehr um persönliche Schlussfolgerungen, aber sie könnten den Ausgangspunkt für eine Untersuchung darstellen.

Ich glaube, wenn man Psychotherapeut ist und gleichzeitig Subjekt einer Zeit, die von Gewalt, von Staatsterrorismus oder verschiedenen Formen der Lebensbedrohung gekennzeichnet ist, ist es unmöglich, sich dem Grauen zu entziehen, von dem die Patienten berichten.

Und ich glaube auch, dass die Gewalt, der Terror und das Grauen (als einzelne Erfahrung) sich auf unser Leben übertragen und unsere alltäglichen und professionellen Beziehungen geprägt haben und dass die Symptome von der physischen und psychischen Erkrankung bis hin zu schweren Krisen, Spaltungen und Brüchen innerhalb der psychosozialen Teams der Menschenrechtsorganisationen reichen.

Ich möchte enden mit den Worten, mit denen Marguerite Duras ihr Buch „Der Schmerz“ einleitet, welches 1985 veröffentlicht wurde, 40 Jahre nachdem sie es geschrieben hat:

„Ich habe dieses Tagebuch in zwei Heften in den blauen Schränken von Neauphle-le-Chateau wiedergefunden.

Ich habe keine Erinnerung daran, es geschrieben zu haben.

Ich weiß, dass ich es getan habe, dass ich es war, die es geschrieben hat, ich erkenne meine Schrift wieder und Einzelheiten dessen, was ich erzähle, ich sehe Orte wieder vor mir, die Gare d'Orsay, die Wege und Strecken, doch ich sehe mich nicht beim Schreiben dieses Tagbuchs. Wann sollte ich es geschrieben haben, in welchem Jahr, um welche Tageszeit, in welchem Haus? Ich weiß nichts mehr.

---

[80] Im Deutschen zitiert nach: Aristoteles, Poetik. Reklam 1982 (Übersetzung von Manfred Fuhrmann). Die Seitenangaben im Zitat beziehen sich auf diese Quelle (Anm. d. Übers.).

Sicher und einleuchtend ist nur, dass es mir undenkbar erscheint, dass ich diesen Text während meines Wartens auf Robert L. geschrieben habe.
Wie habe ich diese Sache schreiben können, die ich noch nicht zu benennen vermag und die mich erschreckt, wenn ich sie wieder lese. Wie habe ich diesen Text jahrelang in diesem Landhaus liegen lassen können, das im Winter regelmäßig überschwemmt wird.
Das erste Mal denke ich wieder an ihn, als mich die Zeitschrift Sorcière um einen Jugendtext bittet.
‚Der Schmerz' ist eines der wichtigsten Dinge in meinem Leben. Das Wort ‚Schrift' wäre nicht zutreffend. Ich stand vor Seiten, die gleichmäßig voll waren von einer außergewöhnlich gleichmäßigen und ruhigen kleinen Handschrift. Ich stand vor einer phänomenalen Unordnung des Denkens und des Fühlens, an die ich nicht zu rühren wagte und der gegenüber ich die Literatur als beschämend empfand."[81]
Zum Schluss möchte ich noch darauf hinweisen, wie schwierig ich es finde, uns unseren Schmerz anzuschauen. Aber ich glaube, es ist eine notwendige Bedingung, darüber zu reflektieren, wie sich unsere Praxis als Therapeuten, die mit dem Grauen arbeiten, auf uns ausgewirkt hat. Auch hierbei handelt es sich um die Aufarbeitung von Geschichte, damit diese sich nicht wiederhole.

[81] Marguerite Duras, Der Schmerz. München: dtv 1999, S. 9

Maria Isabel Castillo

Therapeutische Erfahrungen mit Frauen, die politische Gewalt an Körper und Seele erlitten haben

Einleitung

In den Jahren 1973 bis 1990, während der Militärdiktatur Pinochets, waren in Chile viele Frauen im Gefängnis und wurden gefoltert. Einige von ihnen wurden entführt und sind immer noch verschwunden. Andere erlitten den Verlust eines Sohnes, ihres Mannes oder eines direkten Angehörigen. Es gab Frauen, die aus politischen Gründen ermordet wurden. Wieder andere waren im Exil oder wurden verbannt. Eine bedeutende Anzahl von Frauen erlebte Hausdurchsuchungen, andere die Konsequenzen all dieser Erfahrungen.

Diese Frauen haben Namen, und einige von ihnen habe ich kennen gelernt. Ich habe mit Matilde, Olga, Irene, Maria, Lucía, Ninfa, Juana, Luz, Ignacia, Ana, Sofía und so vielen anderen gearbeitet. Heute, an meinem Schreibtisch sitzend zwischen Papieren und Büchern, denke ich an sie. Ich erinnere mich an ihre Augen, ihre Blicke, ihre Gesten, ihr Schweigen, ihre Worte und an ihren Schmerz. Aber vor allem denke ich an Matilde, ich erinnere mich an ihre Stimme, diese Stimme, die denen der anderen Frauen, mit denen ich gearbeitet habe, so ähnlich war und doch so verschieden. Dieser Stimme habe ich zugehört und ich höre sie immer wieder.

Matilde knüpft mit Worten, mit Schweigen, mit Blicken und Gefühlen. Meine Aufgabe ist, was sie geknüpft hat, wieder aufzutrennen. Ich stelle sie mir vor mit einem Korb voller Wollknäule, aus dem sie einige herausnimmt. Sie wählt aus, kombiniert, schneidet und legt manche wieder zurück. Sie macht Knoten, jeden Knoten in seiner Farbe, jeden Fleck in seiner Farbe, jedes Muster an seiner Stelle und jede Farbe in ihrem Ton. Aber es gibt Knoten, Flecken, Muster und Farbtöne, die nicht dazu passen, die hereinbrechen, die auftauchen und wieder verschwinden, die Erinnerungen heraufbeschwören. Und diese blauen, roten, gelben, grünen, grauen, braunen und schwarzen Töne, die auftauchen und nicht zusammenkommen können, erzeugen Schweigen. So tauchen Bilder auf, die den Teppich mit Tränen und Gefühlen überfluten. Eine Geschichte wird geknüpft. Ihr Muster beginnt zu entstehen, mit all der Furcht und Angst und all dem Misstrauen. Und ich werde weiterhin zuhören, was Matilde sagt. Ich lasse mich überfluten und bleibe bei ihr, wenn sie beunruhigt ist, wenn sie Angst bekommt, wenn sie in Schweigen verfällt.

Matilde beginnt ihren Teppich zu knüpfen

1988, in den Tagen nach dem Plebiszit, das mit dem Sieg der Option „NEIN“ zu Pinochet ausging, setzte sich Matilde auf eine Bank auf der Plaza de Armas in Santiago gegenüber der Kathedrale, in deren Büros die Vicaría de la Solidaridad arbeitete. Sie traute sich nicht, hineinzugehen. Sie hatte Herzklopfen, ihre Hände schwitzten. Sie hatte Angst. Sie war wie gelähmt. Es wunderte sie, wie stark ihre Angst war. Schließlich ging sie hinein. Der Sozialbetreuerin, die sie empfing, erzählte sie, dass vor 12 Jahren ihr Mann vor ihren Augen ermordet wurde. Sie selbst wurde festgenommen, isoliert, gefoltert, und man trennte sie von ihrer Tochter, die ein Jahr und zwei Monate alt war. Man brachte die Tochter in ein Kinderheim.

Die Sozialbetreuerin überwies sie an unsere Einrichtung. Mein erster Eindruck war der einer sehr sorgfältig gekleideten Frau von jugendlicher Erscheinung. Sie machte einen nervösen Eindruck, ihre Körperhaltung drückte Anspannung aus, und ich nahm Misstrauen wahr. Sie

erzählte mir, was ihr in den letzten Tagen widerfahren war. Sie sagte, sie litte unter Schlafstörungen, Angst, Appetitlosigkeit, Erbrechen, starken Magenschmerzen und motorischer Unruhe. Außerdem habe man einen akuten arteriellen Bluthochdruck diagnostiziert. Mir fielen ihre sorgfältige Erscheinung und ihre korrekte Art zu sprechen auf, die sie trotz ihrer Symptomatik bewahrt hatte.
Als ich ihre Anspannung und Angst ansprach, versicherte sie mir, dass sie mir als Therapeutin vertraute. Die Sozialbetreuerin, die sie zu mir geschickt hatte, hätte ihr garantiert, sie könne mir vertrauen. Es fiel ihr schwer darüber zu sprechen, wie es ihr ging. Sie sah mich an, als wollte sie herausfinden, was ich dachte, was ich empfand und was mit dem, was sie erzählte, geschehen würde. Sie ging zum Fenster und sah hinaus. Dort blieb sie eine Weile stehen, setzte sich wieder und sagte: „Ich habe große Angst. Ich glaube, dass mir etwas Schlimmes passieren könnte, dass ich sterben könnte, weil ich rede.“ Sie deutete an, dass sie wegen der Fernsehpropaganda des Plebiszits Panik verspürt hätte, und dass sie bisher nie darüber gesprochen hätte, was ihr passiert war. Ich sagte: „Ja, die Propaganda des Plebiszits hat einen starken Eindruck hinterlassen. Anscheinend hat Sie das so aufgewühlt, dass Sie nun wegen eines Geheimnisses Hilfe suchen, das Sie 12 Jahre lang bewahrt haben.“

Sie begann ihre Geschichte zu erzählen

„1974 war ich 18 Jahre alt und verliebte mich in einen jungen Ingenieur. Er war ein sehr guter Mann, und wir lebten in einem kleinen Haus zusammen mit einem anderen Paar. Manchmal kamen Freunde von Alejandro. Er arbeitete in einem Reparaturdienst für Fernseher. Wir wollten eine Tochter haben, und Veronica kam zur Welt. Ich wusste nichts von dem, was im Land geschah, ich war nicht informiert und ich glaube, es war mir egal. Ich war glücklich und genoss es, eine Familie zu haben und mich von meinem Partner geliebt zu fühlen.
An einem Sommertag im Februar 1976 wurde das Haus von Männern umstellt. Sie zerstörten die Tür. Da waren Schreie, Autos, automatische Waffen. Alejandro ging hinaus, und sie töteten ihn vor meinen Augen, sie ließen ihn tot da liegen wie ein Tier. Seinen Freund töteten sie auch. Er schrie noch: „Sie weiß nichts.“ Seine Freundin verletzten sie an beiden Beinen und nahmen sie mit. Von ihr hat man nichts mehr erfahren, sie ist eine Verschwundene. Ich lag auf dem Boden und schaute mit weit offenen Augen auf Alejandro, der tot war. Ich konnte es nicht glauben, es war ein Alptraum. Mein Kind übergaben sie der Nachbarin. In dem Moment, als die Schüsse fielen, ging ein 12jähriges Mädchen über die Straße, und sie töteten sie... Sie warfen mich in ein Auto auf den Boden, stellten ihre Beine und ihre automatischen Waffen auf mich, verbanden mir die Augen und brachten mich an einen Ort, wo sie mich folterten.“
Es fiel mir auf, wie sich die Atmosphäre während der Sitzung änderte. Zu Anfang war sie nervös und hatte Angst, mir diesen ersten Bericht über ihre Verhaftung zu geben. Sie lieferte schnell den Inhalt, ängstlich und überstürzt, und erlebte dabei eine Angst, als befände sie sich wieder in einem der Verhöre jener Zeit. Sie meinte, dass das Reden die gleichen Konsequenzen haben könnte, die sie damals erlittenen hat. Die Zeit existierte nicht mehr, Vergangenheit und Gegenwart kamen durcheinander. Sie fuhr fort: „Eines Tages, nach drei Monaten, sagten sie zu mir: „Du kommst frei“, und sie ließen mich in einer Straße raus mit Kleidern, die nicht meine waren, und mit etwas Geld für den Bus. Es war Nacht, und wie ein Automat ging ich zum Haus meiner Mutter. Unterwegs beschloss ich, nichts zu sagen, zu niemandem, niemals würde ich etwas darüber erzählen, was sie mir getan haben.“

Matilde ist die dritte von fünf Kindern, die beiden älteren sind Brüder, die beiden jüngeren Schwestern. Ihre Familie lebte auf niedrigem sozioökonomischem Niveau. Ihr Vater war Friseur, „ein distanzierter, kalter Mann, von dem wir keine Zärtlichkeit bekamen, aber zu Weihnachten schenkte er uns immer ein Spielzeug. Ich hatte eine gesunde Kindheit, meine Mutter schenkte mir Puppen und schlug mich nie. Meine Mutter stand uns näher, sie sorgte gut für uns. Als ich 14 war, trennten sich meine Eltern, weil mein Vater eine andere Familie hatte. Das waren schwierige Zeiten, da wir kein Geld hatten. Ich musste die Schule verlassen und in einem Geschäft arbeiten. Ich wollte immer studieren und etwas Besseres werden".
Über das Verhalten ihrer Familie nach ihrer Verhaftung sagt sie: „In diesen Tagen erschien auf den Titelseiten der Tageszeitungen: „Veronica allein, niemand will sie haben", „Das Kind von..., von seinen terroristischen Eltern verlassen." Meine Familie hatte aus Angst nichts unternommen und meine Tochter war in diesen Monaten in einem Kinderheim. An dem Tag, an dem sie mich frei ließen, wurde sie zum Haus meiner Eltern gebracht. Ich bin wütend auf meine Familie. Ich dachte, wenn meine Tochter so eine große Familie hat, warum musste sie dann in diesem Heim bleiben?"
Nachdem Matilde ihre Freiheit wieder erlangt hatte, blieb sie monatelang im Haus ihrer Mutter. „Ich tat nichts. Ich saß am Fenster und schaute hinaus. Nach etwa sechs Monaten beschloss ich, die Schule fertig zu machen. Mir fehlte ein Abschluss. Ich besuchte einen Sekretärinnenkurs. Meine Mutter half mir, Veronica zu versorgen. Damals lernte ich meinen jetzigen Mann kennen, wir heirateten bald und haben drei Kinder: Angela ist neun Jahre alt, Julia vier und Cristóbal ein Jahr." Ihrem Mann erzählte sie, Veronica sei unehelich, und er adoptierte sie.
Nach sechs Monaten Therapie begann sie langsam, über die Zeit der Verhaftung zu erzählen. Es fiel ihr sehr schwer, darüber zu sprechen. Sie sagte, sie sei wochenlang in Einzelhaft gewesen, nackt und völlig isoliert, verfügbar für ihre Entführer. „Ich konnte nicht sprechen, ich konnte nicht weinen, ich hatte nur die Augen weit offen. Sie schlugen mich viel, und ich konnte nicht essen. Nie fragten sie mich etwas. Ich wollte sterben, ich wollte nicht mehr leben. Ich dachte, sie würden mich töten." In dieser Zeit verlor Matilde ihre Welt. Sie war verloren in einer fremden und feindlichen Welt voller Gefahren und ihren Entführern völlig ausgeliefert.
Ich wies sie auf den Sinn der Nacktheit hin, die mit Schweigen einhergeht. Sie haben nicht mit ihr gesprochen. Sie wurde nicht als Person angesehen. Sie wurde reduziert auf einen Körper, der verfügbar und abhängig war, auf ein Objekt, dessen Gebrauch sie definierten. Die Folterer wollten sie zerstören und sie einer Beziehung unterwerfen, in der sie sich schuldig fühlen sollte.
Matilde kam während des therapeutischen Prozesses immer mehr in Kontakt mit dem Schmerz. Sie drückte ihr Bedürfnis nach Nähe zu mir aus, danach, mir vertrauen zu können, und sie sagte zu mir: „Ich wusste, dass ich Sie eines Tages treffen würde, deshalb habe ich das Geheimnis für mich behalten. Ich habe es bewahrt, bis ich jemanden traf, der dazu ausersehen war, und dem ich es erzählen konnte. Meine Mutter hat mich nie gefragt, was mir passiert ist." Ihr Bedürfnis, eine „omnipotent gute" Bindung zu bestätigen, stand im Zusammenhang mit dem Ausmaß des Schreckens, über den sie mir berichtete.
Sie begann das erste Mal über die sexuellen Folterungen zu sprechen. Sie erzählte von den Elektroschocks, davon, wie sie sie mit Kerzen verbrannten, wie sie sie schlugen und beschimpften. Sie erzählte von den aufeinander folgenden Vergewaltigungen: „Ja, ich habe gehorcht, ich dachte, sie würden mich leben lassen und mich nicht weiter schlagen, nicht weiter schlagen". Nach dieser Erzählung verfiel sie längere Zeit in Schweigen.

Der Schmerz und der Schaden, die man Matilde zugefügt hatte, weckten Angst in mir. Ich fühlte Ohnmacht und Zorn über diese Ungerechtigkeit. Ich fühlte mich verwirrt und belastet durch den Bericht über derartige Brutalitäten, und ich fühlte mich nicht fähig, sie aufzufangen.

Matilde hielt die Augen weit offen, sie schien nicht zu blinzeln. Sie hatte den Blick fest auf einen entfernten Punkt gerichtet, dann wurde sie ohnmächtig.

Ich spürte, dass Matilde die traumatische Situation der sexuellen Folter wieder erlebte. Ich spürte ihre absolute Abhängigkeit, ich spürte, wie sie in eine primitive Agonie verfiel, spürte die Fragmentierung und wie sie drohte, ihr Leben aufzugeben. Ich registrierte Angst und Gefahr, Ekel und Bestürzung, ich spürte den Wunsch, nichts mehr zu fühlen und nicht mehr zu existieren, um dem Gefühl des Ausgeliefertseins und dem Tod zu entgehen.

Nach einigen Minuten verließ ich den Raum und bat einen Arzt unserer Einrichtung um Hilfe. Er untersuchte Matilde und bestätigte, dass sie bewusstlos war. Zusammen warteten wir darauf, dass Matilde wieder zu Bewusstsein kam. Sie sagte, dass ihr das auch passiert sei, als sie in Haft war: „Ich habe mich erbrochen, es schüttelte mich und ich wurde ohnmächtig, wenn sie mich vergewaltigten, aber ich konnte nicht weinen. Ich habe nichts von dem verstanden, was da passierte. Ich sprach nicht, und sie schlugen mich noch mehr. Aber ich wusste nichts, ich verstand nicht, was mir da passierte."

Von dieser Sitzung an sprach sie über immer mehr Details der erlebten Situationen, und sie begann, diese mit Gefühlen wie Schmerz, Angst, Verzweiflung, Hilflosigkeit, Zorn und Verlassenheit in Verbindung zu bringen. Die Gespräche über diese Inhalte schwankten zwischen Distanz und Momenten großer Nähe zu mir.

Sie berichtete, dass sie die ganzen Jahre versucht hatte, zu vergessen und das Geschehene hinter sich zu lassen, dass aber der Schmerz und die Verzweiflung immer wieder auftauchten. Sie erzählte, dass es ihr manchmal schwer fiel, zu Hause zu sein mit ihrem neuen Mann und ihren Kindern, dass sie manchmal anfing zu weinen, „...einfach so, ohne besonderen Grund. Wenn ich sehr traurig war, bin ich zum Friedhof gegangen, um Alejandro zu besuchen, manchmal nahm ich Veronica mit." Eine bedeutsame Situation in Matildes Kindheit war die Trennung der Eltern. Sie fühlte sich verlassen, vor allem da der Vater zu einer anderen Partnerin ging, mit der er bereits Kinder hatte. Mit Alejandro hatte sie ihre erste Partnerschaft. Sie idealisierte ihn und verleugnete die Realität: „Ich sah die schmutzigen Hände meines Mannes nicht, die Tintenflecken auf seiner Hose, die Versammlungen in unserem Haus, die unbekannten Leute. Sie druckten eine klandestine Zeitung..."

Matilde begann über die Situation zu reflektieren, und zum ersten Mal war es ihr möglich, widersprüchliche Gefühle zu akzeptieren. Sie verspürte Hass gegen Alejandro, der sie dieser Situation ausgesetzt hatte, aber gleichzeitig verteidigte sie ihre Liebe zu ihm: „Ich bin wütend und verärgert",... „Er hat mich benutzt." Sie stellte viele Fragen: „Warum hast Du mir erlaubt, eine Tochter zu haben? Warum hast Du mich nicht verlassen? Der Schmerz wäre vielleicht geringer gewesen." Dann wieder sagte sie: „Er war wunderbar, einer dieser mutigen Männer mit Hoffnung im Leben, er liebte mich." „Alejandro war einer dieser Menschen, die geboren werden, um Märtyrer zu sein, um ihr Leben für andere zu opfern."

Sie fuhr fort: „Es vergingen Tage, Monate und Jahre. Nie habe ich darüber gesprochen. Ich konnte nicht verstehen, was passiert war, der Tod Alejandros, seiner Freunde und das, was sie mir angetan haben. Ich beschloss, dass ich es mit meiner Tochter schaffen würde, und ich gab mir Mühe."

Diese Phase der Therapie verbrachte ich vor allem damit, Matilde zuzuhören und ihr zu signalisieren, dass sie ein Recht auf widersprüchliche Gefühle hatte; es ging um den Versuch einer allmählichen Integration. Es gelang Matilde auszudrücken, dass sie ihre Geschichte bis dahin als eine Geschichte verstanden hat, in der es darum ging, dass sie wiederholt von Männern verlassen wurde, die sie liebte. Ihr Vater, Alejandro, ihr jetziger Mann, sie konnte ihnen nicht vertrauen. Das Geheimnis ihrer Verhaftung zu wahren erschien wie eine Möglichkeit, ihrem Leben Kontinuität zu geben. Gleichzeitig versuchte sie sich gegen die Bedrohung zu wehren, welche die Folter nach wie vor darstellte.

Eines Tages erlebte sie auf dem Weg zur Einrichtung einen Verkehrsunfall, bei dem ein 12jähriges Mädchen überfahren wurde. Während der Sitzung erzählte sie, sie habe die traumatische Situation wieder erlebt, in der das Mädchen getötet wurde, das die Straße überquerte, als Alejandro umgebracht wurde.

Sie sagte, ihr sei schwindelig und kalt. Sie schlief eine Stunde lang während der Sitzung. Ich deckte sie mit ihrem Mantel zu, und als sie aufwachte, sagte sie mir, sie habe sich beruhigt.

Ich machte sie auf den Unterschied aufmerksam zwischen dem ersten Mal, als sie direkt mit der traumatischen Situation in Kontakt kam und ohnmächtig wurde, und diesem Mal, bei dem sie einschlief und sich von mir umsorgen ließ.

Nach dieser Sitzung kam sie nicht mehr. Nachdem sie das zweite Mal nicht erschien, ohne sich abzumelden, versuchte ich erfolglos, sie ausfindig zu machen. Nach drei Wochen tauchte sie wieder auf und erzählte, dass sie schwer erkrankt gewesen sei. Sie hatte eine heftige Zwischenblutung bekommen, musste ins Krankenhaus und erhielt eine Bluttransfusion. Es konnte nicht diagnostiziert werden, wodurch diese Blutung entstanden war. Sie berichtete: „Ich hatte große Angst zu sterben..., zum ersten Mal hatte ich Angst zu sterben, und ich wollte nicht sterben, jetzt will ich leben“. In dieser Sitzung gab ich meiner Sorge um sie Ausdruck, die ich in diesen Wochen empfunden hatte. Sie sagte mir, sie fühle sich sehr gut, weil sie merkte, dass es mir nicht gleichgültig war, wie es ihr ging, und sie konnte auch erkennen, dass ihr Schweigen eine Portion Aggression gegen mich beinhaltet hatte.

Ich sagte ihr, sie habe die Szene des Verschwindens, der Vergewaltigung und des Kontaktes mit dem Tod wiederholt. Sie selbst meinte, dass sie dieses Mal nur drei Wochen verschwunden gewesen sei im Gegensatz zu den drei Monaten der Gefangenschaft, und dass ich mir dieses Mal Sorgen um sie gemacht hätte. Dieses Mal war es ihr gelungen, ihre Erfahrung zu resymbolisieren,, ohne sie mit dem Tod in Verbindung zu bringen, sondern mit der Möglichkeit zu leben, und durch den therapeutischen Prozess aus der Isolierung und Angst herauszukommen, die ihr Leben in den letzten Jahren beherrscht hatten. So entledigte sie sich symbolisch des Vergewaltigers, konnte sprechen und sagen: „Jetzt will ich leben.“

In dieser Phase beschloss Matilde, ihrem jetzigen Partner ihre Geschichte zu erzählen, aber die Vergewaltigungen wegzulassen, denn “er ist ein ziemlicher Macho”. Ihr Mann war fähig, den Schrecken ihrer Geschichte zu begreifen. Aber die Wirkung dieser Geschichte auf ihn drückte sich in einer depressiven Reaktion aus, durch die er seine Arbeit verlor und die ihn daran hinderte, sich wieder ins Arbeitsleben einzugliedern. Diese Situation brachte wegen der längeren Arbeitslosigkeit erhebliche ökonomische Probleme mit sich.

Später erzählte sie mir, dass ihre Tochter Veronica traurig sei, sich viel zurückzog und häufig weinte. Sie sagte, ihr Papa liebte sie nicht, er liebte nur die jüngeren Geschwister. Auch ihre Schulleistungen hatten nachgelassen.

Matilde dachte, dass all das mit dem Tod von Veronicas Vater und ihrer Entführung zusammenhängen könnte. Jetzt erzählte sie mir, dass sie mit Veronica regelmäßig die Eltern Alejandros besuchen ging, mit denen sie vereinbart hatte, Veronica die Wahrheit nicht zu erzählen. Veronica sprach von ihnen als „Onkel und Tante“.

Matilde bat mich, ihre Tochter zu empfangen. Sie hatte die Idee, dass es gut sein könnte, ihrer Tochter die Wahrheit zu sagen, denn für sie selbst sei es sehr erleichternd gewesen, über alles sprechen zu können, und sie dachte, Veronica sollte die Wahrheit kennen. Außerdem hatte sie

Angst, Veronica könnte das, was geschehen war, durch andere Personen, die sie nicht so liebten wie sie selbst, erfahren. Ich beschloss, die ganze Familie zu empfangen.
In der ersten Sitzung weinte Veronica und sagte, dass ihr Papa sie nicht liebte, dass er ihre kleineren Geschwister mehr liebte. Der Vater stand auf, nahm sie auf den Schoß und sagte ihr, dass er sie sehr lieb hätte... Veronica entgegnete ihm, dass sei nicht wahr, dass er sie nicht liebte, da sie nicht seine Tochter sei. In diesem Moment sprach ich Veronica an und fragte sie, wie sie davon erfahren hätte. Veronica erzählte, dass es im Haus der Verwandten ein Foto gab, und die Tante ihr gesagt habe, dass sie das kleine Kind auf dem Foto sei, auf dem Arm ihres Sohnes, den sie sehr geliebt hätte und der tot sei. „Ich habe mich gewundert, dass die Tante geweint hat, als sie das sagte. Seitdem habe ich immer Angst, wenn ich das Foto anschaue." Und dann: „Eines Tages gingen wir mit der Schule in die Nationalbibliothek. Meine Klassenkameraden und ich, wir schauten uns alte Tageszeitungen an. Da fiel mir ein, die Tageszeitungen mit dem Datum zu suchen, an dem die Tante gesagt hatte, dass der Onkel auf dem Foto umgebracht worden ist. Der Name, den die Tante genannt hatte, war derselbe, den ich auf dem Friedhof gelesen hatte, wenn ich Mama begleitet habe. Und ich fand eine Tageszeitung, in der stand: „Die kleine... verlassen von ihren terroristischen Eltern", und es war das gleiche Foto, dass ich auf der Kommode der Tante gesehen habe." Sie begann heftig zu weinen und setzte sich auf einen anderen Stuhl.
In dieser Sitzung entstand eine starke emotionale Spannung, die gekennzeichnet war von Schweigen, Erschütterung und Leid. Danach klärten die Eltern alles auf und erzählten Veronica im Laufe dieser und mehrerer weiterer Sitzungen die Wahrheit.
Ich war von Veronica beeindruckt, die es mit ihren 10 Jahren geschafft hatte, all diese Nachforschungen anzustellen, um ihre Herkunft herauszufinden. Ich kam in Kontakt mit ihrem Leid, ihrem Schmerz, ihrer Verlassenheit, ihrer Angst vor der Wahrheit und außerdem mit der traumatischen Situation, die sie erlebt hatte.
Veronica hatte das Geheimnis zwei Jahre lang für sich behalten, nie hatte sie die Mutter damit konfrontiert. Möglicherweise hat sie die Beeinträchtigung der Mutter als „Mittel" wahrgenommen, um die Situation unter Kontrolle zu halten. Darüber hinaus beeindruckte mich, dass sie, indem sie vermieden hatte, die Mutter damit zu konfrontieren, zu einer der Mutter fast identischen Person geworden war, die ebenfalls ein Geheimnis zu bewahren hatte. Erst als es der Mutter besser ging, und sie in der Lage war, Veronica zu begreifen, konnte Veronica eine Symptomatik entwickeln, die die Mutter übersetzen, verstehen und akzeptieren konnte. So konnte sie ihr helfen, ihr Geheimnis zu enthüllen.
Am Ende der Familiensitzungen deutete ich es als positiv und erleichternd, dass Veronica ihr Geheimnis erzählt hatte, dass sie während der Sitzungen nicht nur ihren Schmerz und ihren Kummer mitteilen konnte, sondern auch das, was sie trennte. Und dass die Aggressionen, die in diesem Zusammenhang in der ein oder anderen Weise aufgetaucht waren, den Beginn eines Differenzierungsprozesses anzeigten.
Ich hatte den Eindruck, dass Matilde bei Beendigung der Therapie ihre traumatischen Erfahrungen integrieren konnte, dass ihr aber die politische Situation in den ersten Monaten der Regierung Aylwin immer noch Angst machte. Aus diesem Grund beschloss die Familie, die Migration aus humanitären Gründen zu beantragen, die die Regierung eines anderen Landes anbot.
Bevor sie abreiste, kam Matilde noch einmal in die Vicaría de la Solidaridad und übergab Aussagen, die von großem Wert waren für mehrere Gerichtsprozesse über das Verschwinden von Personen, die sie in der Zeit ihrer Verhaftung sehen oder kontaktieren konnte.
Als ich mich von Matilde verabschiedete, konnte ich erkennen, dass etwas repariert worden war, aber auch, dass es Teile gab, die noch unerledigt waren. Ich fühlte Kummer und

Erleichterung und auch ein wenig Zorn und Hilflosigkeit, weil ich mit dem Gefühl eines unabgeschlossenen therapeutischen Prozesses zurückblieb. Später erhielt ich einen Brief und Fotos aus dem Ausland, wo es ihr, wie sie sagte, sehr gut ging, und dass sie zufrieden sei mit der Entscheidung, ausgewandert zu sein.

Das Auftrennen und der Beginn eines neuen Teppichs

Matilde ist eine Person unter vielen anderen, ähnlichen Fällen, die wir in den letzten 15 Jahren behandelt haben. Wir bezeichnen unsere Patienten als extrem traumatisiert. Dieses Konzept basiert vor allem auf den Überlegungen der Psychoanalytiker Bruno Bettelheim, Masud Khan und Hans Keilson. Bruno Bettelheim schrieb 1943 über seine Erfahrungen in einem Konzentrationslager: „Am bezeichnendsten an dieser Situation war ihre Unausweichlichkeit, ihre ungewisse Dauer (mit der Aussicht, ein ganzes Leben lang zu dauern), die Tatsache, dass nichts an ihr vorhersagbar war, dass das Leben des Betroffenen in jedem Augenblick bedroht war und dass dieser nichts dagegen unternehmen konnte. Diese Situation war so ungewöhnlich, dass ich einen neuen Begriff brauchte – den Begriff der „Extremsituation" – um die menschlichen Reaktionen auf eine solche Umgebung auch beschreiben zu können."[82] (Bettelheim 1981)
Bettelheim war der erste, der deutlich machte, dass sich Traumatisierung als Folge einer von Menschen bewusst verursachten Katastrophe nicht mit den üblichen Kategorien der psychiatrischen oder psychoanalytischen Begrifflichkeit erfassen lässt. Es handelt sich um etwas anderes. Das Wesen eines Traumas erforderte eine neue Sprache. Infolge dieser Überlegungen entwickelte sich in der Post-Holocaust-Literatur der Begriff Extremtraumatisierung. Damit soll zum einen festgestellt werden, dass ein Trauma stattgefunden hat, zum anderen unterstreicht der Zusatz „extrem" die besondere Natur des Traumas. Solch ein Trauma kann nicht verglichen werden mit anderen traumatischen Ereignissen wie z.B. einem Erdbeben oder einer Herzattacke, weder in der Art des Geschehens noch in seinen kurz- und langfristigen Konsequenzen, auch nicht in seiner Symptomatik oder in seiner soziopolitischen Bedeutung.
Das von Masud Khan entwickelte Konzept der kumulativen Traumatisierung (cumulative trauma) bezieht sich nicht auf politische Probleme, sondern hauptsächlich auf die Mutter-Kind-Beziehung und vertieft zwei wichtige Aspekte für die allgemeine Traumatheorie:
Ein Trauma kann als Folge einer Reihe von Ereignissen auftreten, die im Einzelnen nicht notwendigerweise traumatisch sind, aber in ihrem kumulativen Effekt schließlich zur Destrukturierung führen können.
Ein Trauma kann als Teil eines Interaktionszusammenhangs auftreten und so Merkmale eines Prozesses annehmen.
Keilson (1979) geht über die Interpretation von Bettelheim und Khan hinaus. Er zeigt, dass sich in einem kumulativen Traumatisierungsprozess ein chronisches Trauma entwickeln kann, wenn der Inhalt der traumatischen Situation politische Verfolgung und Repression ist. Sein wichtigster Beitrag ist, dass nicht nur die Konsequenzen eines Traumas noch lange Zeit danach bestehen, sondern dass das Trauma selbst auch nach Beendigung der Repression noch weitergeht. Außerdem stellt er in seinem Konzept und in Übereinstimmung mit Bettelheim fest, dass die äußere und zeitliche Realität zwar einen erklärenden Charakter für den traumatischen Prozess haben, nicht aber das Trauma in seiner intrapsychischen Erlebnisqualität erklären kann.

[82] Bettelheim, B. (4. Aufl. 1990): Erziehung zum Überleben. Stuttgart, S. 129 f.

Nachdem sich die Konzepte von Bettelheim, Khan und Keilson für unsere klinische Praxis als äußerst nützlich erwiesen, haben wir in Chile den Begriff „Extremtraumatisierung" übernommen. Wir haben dabei betont, dass es sich um einen individuellen und sozialen Prozess handelt, der in einem durch eine bestimmte Form der Machtausübung gekennzeichneten soziopolitischen Kontext entsteht. In diesem Kontext basieren die soziopolitischen Strukturen auf der Zerstörung und Vernichtung einiger Mitglieder der Gesellschaft durch andere Mitglieder derselben Gesellschaft (Becker, D., Castillo, M.I. 1990).
Den soziopolitischen Aspekt des traumatischen Prozesses zu betonen bedeutet nicht, die individuelle Destrukturierung auf der psychischen Ebene zu vernachlässigen oder sie zu ignorieren. Es soll darin vielmehr zum Ausdruck kommen, dass nicht vergessen werden darf, dass die Destrukturierung auch auf sozialer Ebene stattfindet, dass sie sozial produziert und reproduziert wird. Anders ausgedrückt ist es wichtig zu erkennen, dass Traumatisierung nicht nur in Menschen, sondern auch zwischen ihnen stattfindet.
Analog dem Konzept von Keilson können wir drei traumatische Sequenzen unterscheiden, die die Opfer der Menschenrechtsverletzungen in unserem Land erlebt haben:

Die erste traumatische Sequenz

Sie beginnt mit dem Militärputsch 1973 und schließt mit dem Eintritt der spezifischen repressiven Situation, das heißt, mit der Verhaftung, dem Verschwinden, der Exekution etc. ab.
Diese Sequenz ist gekennzeichnet durch ein Klima von generalisierter Unsicherheit als Folge der Drohungen durch die Militärs, der Hausdurchsuchungen, der Verhaftungen und der Massenexekutionen. Dies erzeugt Spannung, Angst und Instabilität; hinzu kommt der Verlust des Vertrauens in die sozialen Strukturen. Das Subjekt, die Familie, seine Bezugsgruppen werden zu „Verdächtigen", die politische Identität zu einem Merkmal, das sie als potentielle „Feinde" ausweist, die jeglichem repressiven Mittel ausgesetzt sind, dessen Eintreten unvorhersehbar ist.
Matilde verleugnete, wie wir gesehen haben, diese Situation völlig. Die Hartnäckigkeit der Verleugnung verstärkte die Lebensbedrohung. Tatsächlich gab es damals in vielen Partnerschaften eine Art Arbeitsteilung: Während der eine es wagte, sich mit der Realität der Diktatur und dem Risiko des Todes auseinander zu setzen, verteidigte der andere die Harmonie, den Frieden und das eheliche Glück. Sie sagte, sie habe nichts gewusst und so versucht, sich geschützt zu fühlen. Diese Arbeitsteilung ermöglichte das Überleben der ersten traumatischen Sequenz, bedeutete aber unheilvolle Konsequenzen für die zweite und dritte Sequenz.

Die zweite traumatische Sequenz

Sie beginnt mit dem Moment der spezifischen repressiven Situation und schließt mit dem Ende des Militärregimes ab.
In dieser Sequenz bestehen die für die erste Phase beschriebenen Elemente der Angst und der extremen Unsicherheit weiter. Sie verschärfen sich jedoch, da ein oder mehrere Familienmitglieder den Terror direkt erfahren, und weil sich die anderen Familienmitglieder hauptsächlich klandestinen politischen Aktivitäten und/oder der Suche oder Anzeige widmen. Alle anderen familiären Funktionen des Alltags werden diesen Aktivitäten untergeordnet.

Zu dieser Sequenz gehört auch die Entwicklung von Überlebensstrategien, die die Verleugnung der früheren sozialen Identität oder die endgültige Integration in die Welt der Marginalisierten und Verfolgten beinhalten können.
In dieser Phase wurde Matilde plötzlich mit dem brutalen Verlust ihres Mannes konfrontiert und mit der Erfahrung von Verhaftung und Folter, was sie in einem Zustand völliger Hilflosigkeit und Zerstörung zurückließ. Danach machte sie den Versuch, alles hinter sich zu lassen und wieder eine Familie aufzubauen. Ein Versuch, der ihr ermöglichte zu überleben, aber auch die Einkapselung des Traumas bedeutete. Das Trauma wurde so nicht nur von außen, sondern auch von innen zu einer latenten Bedrohung.

Die dritte traumatische Sequenz

Sie beginnt mit dem Ende der Diktatur (zwischen Oktober 1988, dem Plebiszit, und März 1990, der Regierung von Aylwin) und es ist noch nicht klar, wann sie enden wird. Diese Sequenz ist ohne Zweifel die wichtigste und komplexeste. Ihr traumatischer Charakter hängt davon ab, wie der Wiedergutmachungsprozess für die Opfer verläuft. Bereits Keilson konnte zeigen, dass die Effekte dieser Sequenz für die Gesundheit der Betroffenen entscheidend sind. Tatsächlich kann eine Retraumatisierung eintreten, die noch heftiger ist als das eigentliche traumatische Erlebnis, wenn die Erfahrung gemacht wird, dass sich eine Perspektive auf individuelle Heilung oder das Versprechen auf Wiedergutmachung von Seiten der Gesellschaft nicht erfüllt. In dieser Phase konnte man hoffen, dass mit dem Ende der Diktatur auch der Terror aufhören würde.
In dieser Sequenz suchte Matilde endlich Hilfe. Der einerseits so erhoffte politische Wechsel bewirkte andererseits, dass die Überlebensmechanismen der vorherigen Sequenz disfunktional wurden. Die Abspaltung konnte nicht aufrechterhalten werden. Das Thema der Menschenrechtsverletzungen fand Eingang in die politische Diskussion, und bei Matilde tauchten Angst, Bedrohung und Krankheit auf. In diesem Zusammenhang muss an die Atmosphäre, die das Plebiszit 1988 umgab, erinnert werden. Obwohl der Sieg des „NEIN“ fast sicher schien, herrschten große Zweifel daran, dass die Militärs diesen Sieg anerkennen würden, und Angst vor erneuter politischer Repression. In diesen Tagen kam es häufig vor, dass wir, Patienten wie Therapeuten, statt über das Plebiszit versehentlich von einem bevorstehenden Putsch sprachen.
Diese letzte Sequenz kann traumatisch sein, sie kann aber auch eine echte Perspektive auf Heilung beinhalten. Im Falle Matildes ermöglichte die Wirkung des Plebiszits zum ersten Mal eine Verringerung der Dissoziation. Sie konnte krank werden. Wie bereits gesagt, ermöglicht uns das Konzept der sequenziellen und der Extremtraumatisierung ein umfassenderes Verständnis des traumatischen Prozesses, aber auch dieses Konzept kann noch nicht das innerpsychische Erleben der dissoziativen Prozesse bei Matilde verdeutlichen.
Es war Ferenczi (1988), der zum ersten Mal diese fast unüberwindliche Kluft verdeutlichte, die zwischen der traumatischen Erfahrung und der posttraumatischen psychischen Strukturierung besteht. In seinem klinischen Tagebuch diskutiert er, wie die „Spaltung in zwei Persönlichkeiten“, die Fragmentierung, ermöglicht, eine traumatische Erfahrung zu überleben. Dies aber bedeutet, dass es nachträglich keinen Zugang zu dem Trauma gibt.
„Betrachtet man das Ereignis rekonstruktiv, ja erreicht man sogar seine Denknotwendigkeit, so heißt das immer noch die Beibehaltung einer Spaltung in einen zerstörten und einen die Zerstörung sehenden Teil. Sinkt der Patient kathartisch bis zur Erlebnisphase hinunter, so fühlt er in dieser Trance die Leiden, weiß aber immer noch nicht, was vorgeht. (...) Erwacht er von der Trance, so schwindet sofort die unmittelbare Evidenz; das Trauma wird wieder nur

von außen rekonstruktiv erfasst ohne das Gefühl der Überzeugung."[83] (Ferenzci 1932/1988) Was Ferenczi sagt, könnte im ersten Moment als ein lediglich technisches Problem des Analytikers verstanden werden, spiegelt aber tatsächlich sehr gut das zentrale Dilemma einer Person wieder, die ein Trauma überlebt hat.

Matilde „rettet sich" während der Folter und auch danach wiederholt durch diese Abspaltung. Im therapeutischen Prozess kann man beobachten, wie dies nach und nach weniger wurde. Zu Beginn der Therapie war Matilde in zwei Welten aufgespalten. In der einen Welt funktionierte sie, war verheiratet, hatte Kinder und konnte sprechen. In der anderen Welt waren Terror und Angst, dort gab es keine Worte. Das Symbol der Dissoziation ist die Wahrung des Geheimnisses ihrer Geschichte. Wenn sie es nicht aufrechterhalten kann, stürzen die Erinnerungen und die mit dem Trauma verbundenen Affekte über sie herein. Dann geht sie mit ihrer Tochter auf den Friedhof, um zu weinen. Später verbinden sich diese beiden Welten in der Therapie, aber die Abspaltung reproduziert sich in ihrer Ohnmacht. In einem zweiten Moment schläft sie ein, statt ohnmächtig zu werden, und daraufhin beginnt sie, bewusst zu kämpfen, um wieder zu leben. Schließlich setzt sie sich mit dem Thema auf direkte Weise in der Familie auseinander, und die Zerstörung kann mit einem gewissen Grad von Symbolisierung und den entsprechenden Affekten mitgeteilt werden. Das ermöglicht ihr auch, eine gesellschaftliche Rolle wiederzuerlangen, durch die sie als Zeugin für die Prozesse über Verschwundene aussagt.

Die sequenzielle Traumatisierung beschreibt, wie der soziale Kontext den Zusammenbruch der Opfer hervorruft und die Aufrechterhaltung der Dissoziation fördert. Ferenzci dient uns als Brücke für das Verständnis des innerpsychischen Erlebens des Traumatisierten. Die Komplimentarität zwischen sozialem und innerpsychischem Prozess lässt sich durch Winnicott (1972, 1979) verstehen, der uns traumatische Situationen als ein Versagen der Umwelt (Mutter) in ihrer Rolle als Vermittlerin der Bedürfnisse des Subjekts verstehen lässt. In ähnlicher Weise wie Winnicott verstehen die Psychoanalytiker Kinston und Cohen (1983) die psychische Struktur während des gesamten Lebens als das Produkt eines Interaktionsprozesses mit der Umwelt. Sie verstehen Trauma als primäre Repression und nehmen an, dass sie in jedem Moment des Lebens geschehen kann. Je nach dem Stand der psychischen Entwicklung können die Abwehrmechanismen variieren, aber der letztendliche Effekt ist immer der gleiche: „Ein Loch in der Psyche." Wenn wir Freuds Standpunkt akzeptieren, dass „die Befriedigung eines Bedürfnisses zu einer mentalen Repräsentanz in Form eines Wunsches führt", dann können sich ohne Wünsche keine wirklichen Objektbeziehungen entwickeln. Trauma bedeutet, dass lebenswichtige Bedürfnisse nicht befriedigt werden. Wo kein Wunsch ist, gibt es keine mentale Repräsentanz, keine Symbolisierung. Da gibt es nur noch das Loch, die primäre Repression.

Diese Fragestellungen zum Traumakonzept haben Konsequenzen für das therapeutische Vorgehen. Sie bedeuten, dass eine einmal aufgetretene Störung durch den soziopolitischen Kontext aufrechterhalten wird. Dies macht den Therapeuten unvermeidlich zum aktiv Handelnden in diesem Kontext, denn er hört die Leiden des Patienten und handelt – freiwillig oder unfreiwillig – als gesellschaftlicher Träger des Schweigens, der politischen Repression etc. Unvermeidlich ist er entweder Freund oder Feind, Komplize oder Täter, ausgegrenzt oder ausgrenzend. Und obwohl diese Rollen teilweise in der Phantasie des Patienten und des Therapeuten bestehen, sind sie gleichzeitig real. Die Wunde, mit der sich diese Patienten an einen Therapeuten wenden, ist keine schlecht vernarbte sondern eine offene Wunde.

[83] Ferenczi, S: Ohne Sympathie keine Heilung. Das klinische Tagebuch von 1932. Ffm: Fischer, S. 82

Therapeut und Patient leben in dem Universum der Wunde, sie konstruieren und rekonstruieren sie zwangsläufig.

Das Grundproblem bei der Behandlung von Extremtraumatisierten besteht nicht nur darin, einen Raum zu schaffen, in dem Symbolisierung möglich ist. Nach unserer klinischen Erfahrung in all diesen Jahren haben wir festgestellt, dass die Schaffung eines solchen Raumes nur möglich ist, wenn wir ganz bewusst die Notwendigkeit akzeptieren und auf uns nehmen, angesichts dieser Realität eine enge therapeutische Bindung aufzubauen.

Ein neues Muster wird geknüpft

Anhand dieses Textes kann man die Methode und die Technik sehen, die ich gewählt habe, um mit den Frauen zu arbeiten. Während ich auftrenne und ein neues Muster geknüpft wird, bewege ich mich von mir ausgehend auf sie zu und kehre zu mir zurück. Auf diese Weise kann ich mich etwas spiegeln und darüber nachdenken.

In der therapeutischen Beziehung drückt sich der von unseren Patienten vermittelte Schmerz in dem aus, was der Patient wie auch der Therapeut einbringen. „Es gelang uns, einen großen Teil der Übertragungen zu verstehen, als wir verstanden, auf welche Weise unsere Patienten, jeder aus einem anderen Grund, Gefühle verschiedenster Art in uns zurückließen, als wir verstanden, wie sie versuchten, uns in ihr Abwehrsystem einzubeziehen, als wir verstanden, wie sie unbewusst in der Übertragung mit uns umgingen und wie sie versuchten, uns in ihr Handeln einzubeziehen, und als wir verstanden, wie sie verschiedene Aspekte der inneren Welt vermittelten, die aus der Kindheit und dem Erwachsenenalter stammen. Das sind Erfahrungen, die sich selten in Worten ausdrücken und die wir oft nur durch die Gefühle erfassen können, die sie in uns wecken, das heißt über die Gegenübertragung im weiten Sinn des Wortes.“ (Betty Joseph 1985).

Mein Versuch war es, Matilde ein Setting zu bieten, einen „angemessenen Halt“, wie Winnicott es nennt, oder das „*revière*“ (Bion 1977), das Schutz und Stütze bietet und der Patientin ermöglicht, zu der traumatischen Erfahrung zurückzukehren und darüber zu sprechen, worüber sie 12 Jahre nicht gesprochen hat. Patientin und Setting (einschließlich der Therapeutin) verbinden sich zu einer Erfahrung, die eine Objektbeziehung ermöglicht. So kann das eigentliche Selbst wieder hergestellt werden, das seine Entwicklung neu betrachten und sich mit der traumatischen Situation oder Sequenz auseinandersetzen kann, der es ausgesetzt war.

Wenn wir Balint (1989) folgen, könnten wir die traumatische Situation als einen „Grundmangel“ verstehen, auf den wir als Therapeuten durch das Eingehen auf die Bedürfnisses des Analysanden reagieren müssen. Nicht durch Deutungen oder Worte, sondern mehr durch die Art des Aufnehmens, die vor allem die Ebene respektiert, auf der der Patient mit einem Bereich in Kontakt kommt, in dem Sprechen und Worte wenig Sinn haben.

Als Matilde über die sexuelle Folter spricht, ist die Wirkung so heftig, dass sie die traumatische Situation wieder erlebt und ohnmächtig wird. In diesem Moment kommt sie in Kontakt mit dem „Grundmangel“, und die therapeutische Beziehung ermöglicht ihr, die Objektbeziehung wiederherzustellen.

Die Therapeutin als „ausreichend gute Mutter“ (Winnicott 1972) hält die angstbesetzten projektiven Identifikationen der Patientin, indem sie sie in ihrem Inneren aufnimmt, verarbeitet und in erträgliche, integrative Erfahrungen umwandelt.

Die Patientin ist nicht mehr die einzige, die für das, was in der Analyse geschieht, verantwortlich ist und daraus Nutzen zieht. Auch wir Therapeuten sind Personen, und das lassen wir sie wissen. Dieser Prozess, der sich im Laufe der Zeit entwickelt, wird zu einem der grundlegenden Elemente in der Therapie.

Der „Gebrauch des Objektes“ (Winnicott 1972) zeigt uns, wie wir uns in der Begegnung mit der Patientin besetzen, durchdringen und fast besitzen lassen müssen durch all das, wofür sie unser Verständnis braucht. Aber es handelt sich nicht um ein rein intellektuelles, sondern um ein erlebendes Verstehen, in dem nicht allein und ausschließlich der Intellekt ausschlaggebend ist.

Dieses „sich gebrauchen lassen“, von dem Winnicott (1972) spricht, ist mehr als das Erkennen und die Deutung der Übertragung. Es bedeutet, sie zu fühlen, sie sogar am eigenen Körper zu erleben, sich zu erlauben, dieses andere zu spüren, das ein Teil der Patientin oder eine bedeutsame Gestalt ihrer inneren Welt sein kann. Es bedeutet, in ihre Erlebniswelt einzutreten, um sie dann, nachdem man dieses Fühlen gemeinsam erlebt hat, gemeinsam verändern zu können.

Daher rührt die Notwendigkeit, unsere eigenen „Komplexe und Widerstände“, wie Freud es nennt, zu bearbeiten, um diesen potenziellen Raum frei zu machen, damit er von anderen Formen und Affekten besetzt werden kann. Dies erfordert interne Konsistenz und den Verzicht darauf, uns als reale Personen in die Welt der Patienten hineinzubegeben.

Die extremtraumatisierten Patienten, die wir behandelt haben, haben ihre Erfahrungen nicht als lohnend erlebt. Aus diesem Grund müssen wir alle Arten von traumatischen Erfahrungen, beladen mit Hass, Angst, Unsicherheit, Regression etc., „tolerieren und überleben“. Einen großen Teil all dessen werden wir mit der Patientin nicht nur kennen lernen, sondern auch wieder erleben. Nur dann, und mit Glück, wird diese Welt sich wieder zusammensetzen lassen, und mit viel Arbeit kann erreicht werden, dass eine angemessene Entwicklung eingeleitet wird.

Wir haben beobachtet, dass die Therapeutinnen von den Patientinnen als „Primärobjekte“ (Balint 1989) angesehen werden bzw. werden müssen, die nicht beschädigt werden dürfen und die die Fragmentierung oder den Schmerz des Anderen nicht ertragen. Manchmal handelt es sich um einen Teil des eigenen, auf den Therapeuten projizierten Schmerz, bei anderen ist es die Aggressionsfantasie, die sie manchmal gegen die Therapeuten haben. Die Beziehung zwischen Aggressor und Angegriffenem wiederholt sich, und die Patientin wird zum Aggressor. Die Gefahr für die Patientin, der Therapeutin wirklich zu schaden, besteht darin, dass sie dies interpretiert als Unmöglichkeit für Therapeutin, ihre Aggressionen auszuhalten. Die Therapeutin wird auch als die Mutter gesehen, die sie versorgen muss, der kein Schaden zugefügt werden kann, die fähig ist, ihre Aggressionen auszuhalten, und die die Aggressionen aushalten kann, ohne sie deswegen nicht mehr zu lieben.

Es gibt etwas, dem wir uns nicht entziehen können: Das tiefe Empfinden, mit dem anderen eine Bindung einzugehen, die ein weitreichendes und das Intellektuelle übersteigendes Verständnis erfordert. Es geht nicht nur darum, etwas in Worte zu fassen. Denn außer den Worten gibt es – und das macht es möglich, ihnen einen anderen Sinn zu geben – auch ein affektives Netz. Es entwickelt sich als Teil des zwischenmenschlichen Geschehens. Es ist Produkt einer Empathie, die uns durch die ständige und sorgfältige Analyse unserer Gegenübertragungen bereichert und wachsen lässt.

Ich denke, die psychische Veränderung findet nicht in diesem „Erkennen oder Wiedererkennen“ der Deutung statt, sondern in der Möglichkeit der Neuauflage des Schmerzes in der Übertragung, die der Patientin ermöglicht, den Schmerz mit jemandem zu erleben, mit einem Gegenüber, das aber auch Mensch ist. Dadurch kann sowohl im Inneren der Patientin als auch der Therapeutin ein potenzieller Raum geschaffen werden, in dem nach und nach eine neue Form des Seins und des Empfindens erlangt werden kann.

Ist es nicht dieses Etwas (ein Blick, ein Lächeln, Traurigkeit, Schmerz, eine Geste, ein Scherz, ein gemeinsames Lächeln), das man nicht in Worte fassen kann, das wirklich Wachstum erzeugt und fördert, das Produkt einer neuen Beziehung, die in der Therapie entstanden ist?

Ich höre Matilde, eine Frau, die von sich spricht, und indem sie von sich spricht, spricht sie von mir und von den anderen Frauen. Es ist eine einzigartige Geschichte, es sind viele einzigartige Geschichten, die man nicht individualisieren kann, sondern die das Echo der Stimmen anderer Frauen aufnehmen.

Auf diese Weise knüpfen und gestalten Matilde und ich den neuen Teppich, mit ihrer Geschichte aus blauen, grünen, grauen, schwarzen und gelben Farben.

Victor A. Giorgi

Die Psychotherapie im Rehabilitationsprozess politischer Langzeitgefangener

Historischer Kontext

Uruguay war während des größten Teils des 20. Jahrhunderts eine solide Demokratie, was für den politischen Kontext Lateinamerikas außergewöhnlich ist. Uruguay galt als stabiles politisches und juristisches Land, in dem die individuellen und kollektiven Rechte und Freiheiten respektiert wurden. Da Uruguay darüber hinaus ein hohes Niveau bezüglich der wirtschaftlichen, sozialen und kulturellen Entwicklung vorweisen konnte, wurde es auch die Schweiz Südamerikas genannt.

In den 60er Jahren begann ein offenkundiger wirtschaftlicher und politischer Zerfallsprozess mit wachsenden sozialen Konflikten. Dieser Prozess spitzte sich in den 70er Jahren mit dem Beginn der Militärdiktatur zu. Damit passte sich Uruguay endgültig den Verhältnissen in der Region an und begrub – zumindest dem Anschein nach – die Einzigartigkeit, auf die es bis dahin so stolz gewesen war. Zwischen 1973 und 1984 erlebte das Land zusammen mit der ganzen Region eine der dunkelsten Perioden seiner Geschichte.

Folter, Langzeithaft, Exil und das Verschwinden von Menschen waren während dieser Zeit die zentralen Instrumente einer rational-politischen Strategie, die klar und kohärent vom Staat entwickelt wurde. Durchgesetzt werden sollte ein bestimmtes historisches Projekt. Dies erforderte die Auflösung der Zivilgesellschaft und die Unterwerfung der gesamten Bevölkerung unter ein Prinzip bedingungsloser Autorität, welches auf Schrecken, Gewalt und Drohung beruhte. Der Terror drang in das Alltagsleben ein, in die Kollektive und in die Köpfe der Uruguayer.

Dieser doppelte Prozess, d.h. die systematische Ausübung von Terror seitens des Staates sowie die kollektive Verinnerlichung des Terrors, wurde „Staatsterrorismus" respektive „Terrorzustand" genannt. Ideologisch stützte er sich auf die sogenannte Doktrin der nationalen Sicherheit. Durch sie wurden Oppositionelle zu „Ausländern" gemacht: Wer die Gesellschaft in Frage stellte, verlor das Recht, sich auf Schutz durch die Gesetze sowie auf ihre Werte und Prinzipien zu berufen. Auf diese Weise wurde jede Form von Gewalt gegen den „Feind" legitimiert und die Unterschiede zwischen Denken, Sagen und Tun, zwischen Vergangenheit und Gegenwart verwischt. Alles war strafbar, und die Unverhältnismäßigkeit zwischen Strafe und Vergehen war ein wesentliches Instrument, um die Bevölkerung ihre Verletzbarkeit gegenüber der Macht spüren zu lassen. Das führte zu einer Selbstzensur, die auf despotische und willkürliche Weise funktionierte und auch das Denkvermögen angriff.

In der gesamten Literatur, die zu dieser Epoche existiert, wird tendenziell die Meinung vertreten, dass wir Uruguayer während dieser Zeit einen tiefen Bruch mit unseren Traditionen und unserer Identität als Nation erlebten.

Auch 13 Jahre nach der Wiederherstellung der Demokratie gibt es nur eine geringe Anzahl an historischen Untersuchungen, die aufgreifen, was in der uruguayischen Gesellschaft in dieser Zeit geschah. Dies ist unserer Auffassung nach ein Zeichen eines immer noch kollektiv wirkenden, durch und durch historischen Traumas.

In jedem Land des Cono Sur hatte die Repression ihre Besonderheiten. In Uruguay war eines ihrer spezifischen Instrumente die Langzeithaft. Verhaftung und Folter waren erst der Beginn eines langen Prozesses, der in einigen Fällen 14 Jahre dauerte.

Die Zahlen sprechen für sich: In Uruguay kamen auf 10.000 Einwohner 31 politische Gefangene mit durchschnittlich über 6 Jahren Haft (SERPAJ 1985). Die Folter war Routine, fast schon ein Verwaltungsakt, dem jeder Festgenommene unterzogen wurde.
Das militärische Ziel der Folter als solches war die Informationsgewinnung. Aber die eigentlichen Ziele dieser Praxis waren, den Widerstand zu brechen und die Unterwerfung der sozialen Kämpfer unter den Willen der Macht.
Der Umgang mit Informationen ist der eigentliche Kern der Beziehung zwischen Folterer und Gefoltertem und nimmt eine besondere Bedeutung an, wenn wir ihn unter dem Aspekt Widerstand – Unterwerfung betrachten.
Für den Gefolterten bedeutet die Preisgabe eines Geheimnisses mehr als dem Feind nur „operativ nützliche" Informationen zu geben. Sie bedeutet, sich dem Willen des Folterers zu unterwerfen, sein Geheimnis und seine Intimität zu verlieren sowie eine unendliche Leere.
Während der Folter wurden dem Gefangenen Fragen zur Intimsphäre – seiner eigenen und die ihm nahe stehenden Menschen – gestellt, zu Situationen aus seiner Kindheit und andere Themen von zweifelhaftem militärischem Wert, aber durchaus bedeutsam, um zu demonstrieren, dass es für den Folterer keine Geheimnisse geben kann.
Begleitet wurde dies von konkreten, technischen Hilfsmitteln: Die Opfer waren nackt, konnten sich nicht bewegen und wurden gequält. Dies kann zur Zerstörung des Körperschemas führen, was das Gefühl der Verletzbarkeit verstärkte.
Die Folter zielt genau und systematisch auf die Zerstörung all dessen, was dem Psychischen als Stütze dient: auf den Körper, die Zugehörigkeit zur Gruppe, die sozialen Bindungen, die Präsenz des Anderen, die eigenen Standpunkte und Überzeugungen. Isolierung, sensorische Deprivation, Zerstörung des Vertrauens und die bedrohte Unversehrtheit nahe stehender Personen waren Mittel, die systematisch angewandt wurden, um den „Zusammenbruch" des Gefangenen herbeizuführen.
In diesem Zusammenhang kommt dem „Geheimnis" eine besondere Bedeutung zu: Solange es existiert, hat der Gefangene etwas Wertvolles zu schützen; andererseits ist es genau das, was der Henker haben möchte, letztlich mit dem Ziel, seine Stärke zu beweisen und den Gefangenen seinem Willen zu unterwerfen. Angestrebt wird ein grundsätzliches Bekenntnis: Der soziale Kämpfer soll die Legitimität der Macht und seine eigene Schwäche akzeptieren. Einmal unterworfen und bezwungen, wird er von seinem Widerstand ablassen. Und der Folterer wird aufhören, ihn zu quälen. Die Vorstellung, dass damit alles ein Ende hat, ist aber eine Illusion: Jetzt setzt die Krise ein, da der Gefolterte nicht mehr weiß, wer er ist und zu wem er gehört. Es wird ein narzisstischer Kollaps erzeugt, der die Zerstörung vollendet. Was „geheim" bleibt und was „verraten" wird, ist bestimmend dafür, wie der Gefangene diese Erfahrung subjektiv erlebt: Entweder überwiegt der Stolz darauf, „widerstanden zu haben", oder die Beschämung, „zusammengebrochen zu sein." Der Gefangene, der stolz sein kann, wird mit seinem Heldentum allein bleiben, wenn er mit denen zusammen ist, die „Verrat begangen" haben. Für Letzteren führt es zu einer Krise hinsichtlich seiner Gruppenzugehörigkeit und zum Zusammenbruch seines Selbstwertgefühls. Gefühle wie Leere, Scheitern, Abwertung, Schuld und Ärger sind ein günstiges Terrain, auf dem das Gefängnissystem mit seinen Aufgaben fortfahren kann.
Der politische Gefangene wird in eine Welt versetzt, die für ihn fremd und feindlich ist, in der er aber sein Leben zu organisieren hat. Sein Name wird durch eine Nummer ersetzt, seine Kleidung durch eine Uniform, seine persönlichen Gegenstände sind auf ein Minimum begrenzt. Es bleibt das nötige Minimum, um „die Schraube weiter anziehen" zu können, als ob die Autorität beweisen will, dass sie immer noch die Möglichkeit hat, zu inspizieren,

herumzuwühlen, zu stehlen oder zu zerstören. Es wird dadurch permanent ein Gefühl des Beraubtwerdens genährt.
Das „panoptische System“ wird von Foucault als eine „Maschinerie, um die Gegenseitigkeit von Sehen und Gesehenwerden aufzuheben“ charakterisiert. Es wirkt in all diesen Instanzen durch den permanenten Angriff auf die Intimsphäre des Inhaftierten.
Der Alltag in den politischen Gefängnissen war der verlängerte Arm der Folter. Die psychische Zerstörung des Gefangenen wurde mit Methode und Präzision betrieben, indem man die in den Folterkammern begonnene Arbeit fortführte, die auch jederzeit wieder aufgenommen werden konnte – allein um zu demonstrieren, dass auch das immer möglich war. Es reichte, wenn die Henker das so beschlossen.
Das uruguayische Gefängnispersonal verhinderte mit besonderer Sorgfalt, dass die Gefängnisse zu vertrauten und relativ sicheren Orten für diejenigen wurden, die lange Jahre in ihnen verbrachten. Die ständigen Wechsel der Routine, die Verlegungen der Gefangenen und auch ihrer Wärter, das Wechseln zwischen „Lockerung“ und „Verschärfung“, die Durchsuchungen, Fluchtsimulationen, die Veränderungen der Besuchsregelung, die Ungewissheit bezüglich der abzusitzenden Strafe, all das war Teil einer komplexen Strategie, die angewandt wurde, um die Erfahrung von Verletzbarkeit, von ständiger Bedrohung und extremer Einsamkeit trotz der im Gefängnis verbrachten Jahre „lebendig zu halten“.
In diesem Zusammenhang bedeutete die Gefängniserfahrung und die in fast allen Fällen mit ihr verbundene Folter eine Aggression gegen die Person, was eine Reihe sowohl unmittelbarer als auch mittel- und längerfristiger Auswirkungen zur Folge hat.

Der Bedarf an Betreuung

Zwischen 1984 und 1985 wurden die Gefangenen freigelassen. Viele suchten sofort um Betreuung und Therapie nach, andere zeigten keine Symptome oder hielten eine Beratung für unnötig, bis sie sich viele Jahre später bewusst wurden, welche Belastung das Erlebte für ihr Leben darstellte. Auch heute noch, 13 Jahre nach den Entlassungen, nehmen wir Patienten auf, die zum ersten Mal psychotherapeutische Hilfe suchen.
Aber zunächst zu den Merkmalen des damaligen Bedarfs:

1. Die Sorgen konzentrierten sich auf den Körper, die Existenz einer psychischen Schädigung wurde in der Regel negiert. 75% waren Arztbesuche wegen physischen „Unwohlseins“, dagegen baten nur 32% um psychologische/psychiatrische Betreuung (SERSOC 1985).
Viele wollten eine allgemeine ärztliche Untersuchung (einen Gesundheitscheck) oder die Untersuchung von Krankheiten, die sie vor der Verhaftung gehabt hatten und die nie behandelt worden waren. 30% dieser Klienten hatten in den 5 Jahren vor ihrer Verhaftung keinen Arzt gesehen. Dies führte uns zu der Hypothese, dass für die Überlebenden von Folter und politischer Langzeithaft dem Körper eine zentrale Rolle zukommt: Er ist das Terrain, auf dem das Leid in anderer Form sichtbar wird und dennoch verdeckt bleibt. Die Trennung von Körper und Geist, die in unserer Kultur vorherrscht, bekommt eine Abwehrfunktion. Einen durch das Erlebte beschädigten Körper zu haben, stellt eine „Kriegsverletzung“ dar, die mit dem Selbstwert des ehemaligen politischen Gefangenen übereinstimmt. Einen psychischen Schaden erlitten zu haben, wird dagegen als Demütigung erlebt, weil damit Schwächen angedeutet und das Gespenst des Wahnsinns heraufbeschworen wird.
Dennoch stellte die „Sorge um den Körper“ ein Vehikel dar, um Betreuungsmaßnahmen einzuleiten, die dann vor der Herausforderung standen, den Blick auch auf seelische Probleme zu richten.

Dieser Mechanismus war auch in der Geschichte der Gefangenen begründet. Im Gefängnis hatten sie viele Maßnahmen entwickelt, um ihre Gesundheit zu schützen oder wiederherzustellen. Sie hatten ihren Alltag streng strukturiert durch ein Bündel von Maßnahmen, die der Passivität entgegenwirken sollten. Gehen in den Pausen, Gymnastikübungen in der Zelle, Entspannungs- und Atmungstechniken etc. waren Mittel, die – durch den Körper als Vehikel – versuchten, dem integralen Schaden an der Person entgegenzuwirken. Der Körper fungierte als Bezugsrahmen und Verankerung des Psychischen.
Aber auch den Fachleuten, an die sich die Nachfrage richtete, wurde die Trennung von Körper und Geist in ihrer Ausbildung vermittelt. Sie liefen daher Gefahr, „medizinische Beihilfe“ zu diesen Verdeckungsmechanismen zu leisten.
Eine unserer ersten Sorgen war es deshalb, zu vermeiden, dass sich im Betreuungsteam die Abspaltungen der Patienten „widerspiegelte“. Es gab Maßnahmen wie Physiotherapie und Sozialarbeit, bei der die konkreten Schwierigkeiten der Wiedereingliederung bearbeitet wurden. Sie mussten mit einem therapeutischen Ansatz verbunden werden, der dabei helfen sollte, die Integrität wieder herzustellen und die Verbindungen zwischen verschiedenen Ausdrucksformen des Leidens bewusst zu machen. Dies stieß nicht nur bei den Klienten auf starke Widerstände; auch wir Fachleute handelten den Abspaltungen gemäß, die wir in unserer Ausbildung gelernt hatten.
2. Wenn es zu psychologischer Beratung kam, waren es im Allgemeinen die Angehörigen oder diejenigen, die mit den ehemaligen Gefangenen zusammenlebten, die als erste bei uns vorsprachen. Die Ex-Gefangenen selbst standen einer psychologischen Intervention meist abweisend gegenüber. Die Angehörigen oder Bezugspersonen wandten sich an uns, weil sie beunruhigt waren über die Probleme, die sie im alltäglichen Verhalten ihrer Verwandten beobachteten. Aussagen wie: „Er ist nicht mehr derselbe wie vorher“, „Es ist, als lebten wir mit einem Fremden zusammen“, wiederholten sich häufig.
In anderen Fällen drückte sich direkt die Enttäuschung über das lang erhoffte und daher idealisierte Wiedersehen aus. Während der Zeit der Haft hatte der Gefangene eine Art künstliche Existenz in seiner Familie. Man sprach von ihm und bezog sich in zahlreichen Situationen auf ihn. Es wurden Wünsche und Hoffnungen in ihn gesetzt, die den in den Jahren der Haft erlittenen Schaden negierten. Bei der Befreiung kam es zu einem Realitätsschock. Die kurze Euphorie des Wiedersehens wich schnell den Schwierigkeiten, die sich im Zusammenleben ergaben. In vielen Fällen führten sie dazu, dass die Familien zerbrachen.
Die Angehörigen hatten auch noch Jahre später die Rolle, Zeugen und Sprecher für die Leidenserfahrungen zu sein, die die ehemaligen Gefangenen oft leugneten. Dazu ein Beispiel: Carlos, 45 Jahre alt, war 10 Jahre im Gefängnis gewesen. Zur Beratung kam er 1990 wegen einer Beziehungskrise, die mit einer Trennung endete. Er war davon überzeugt, dass er das „mit dem Knast“ überwunden hatte. Nach zwei Jahren Behandlung beginnt er eine neue Beziehung. Sein Arbeits- und Sozialverhalten erscheint angemessen. Als er von seinem Entschluss zu sprechen beginnt, die Behandlung zu beenden, weisen wir ihn darauf hin, wie wenig er über seine Erfahrungen im Gefängnis gesprochen hat. Zur nächsten Sitzung kommt er sichtlich beunruhigt: „Letzte Nacht ist mir etwas Schreckliches passiert. Sehr früh am Morgen stand ich auf, um zur Toilette zu gehen, aber ich konnte das Schlafzimmer nicht verlassen... Ich blieb vor der Tür stehen und urinierte dort... Gladys (seine derzeitige Partnerin) sagt, sie habe mich gefragt, was los sei. Ich antwortete ihr, dass ich auf den Aufseher warte, damit er mir die Tür öffnet. Ich habe geschlafen, ich erinnere mich nicht mehr daran, was ich gesagt habe... Aber es kann nicht sein, dass ich immer noch so gestreift bin...“

Der Ausdruck „gestreift“ wurde von den politischen Gefangenen in Uruguay für die psychologischen Effekte der Gefangenschaft benutzt. Er kommt von der typischen Gefangenenuniform und spielt auch auf die Wiederholung des Themas bei einer „verkratzten Schallplatte“[84] an. Gestreift ist auch die Realität, wie man sie durch die Gitterstäbe wahrnimmt.

Der Streifen ist also ein Stempel, der das Verhalten bedingt, der „einen daran hindert, es hinter sich zu lassen“, der der Wahrnehmung neuer Situationen im Weg steht, der zur „Wiederholung“ veranlasst.

3. Die häufigsten psychopathologischen Erscheinungen waren schwere Phobien, Panikreaktionen auf Reize, welche die Erfahrung der Verletzbarkeit reaktivierten, hypochondrische Erscheinungen, eingeschränkte soziale Kontakte, Schwierigkeiten im Umgang mit der Realität, was sowohl das Arbeitsleben als auch die Affekte betraf, und Probleme in der Ausübung der Elternrolle. Als Hintergrund dieser klinischen Erscheinungen zeigten sich vor allem eine intensive Verfolgungsangst und Gefühle der Hilflosigkeit.

Die Panikreaktionen brechen in Situationen aus, die den Körper betreffen oder Angriffssituationen reaktivieren. Mit diesen Situationen wird die Vernichtung assoziiert, die der Vergangenheit angehört, aber mit der jetzigen Realität nicht mehr übereinstimmt.

Auch dazu ein Beispiel: Ignacio, 43 Jahre alt, war 10 Jahre im Gefängnis und 5 Jahre im Exil. Im Oktober 1992 leidet er an starken Zahnschmerzen. Aufgrund der Dringlichkeit konsultiert er einen Zahnarzt, von dem er keine Referenzen hat.

Im Wartezimmer überfällt ihn eine irrationale Angst. Seit langem schon hatte er sich nicht mehr so bedroht und verletzbar gefühlt. Schließlich scheint er den Grund gefunden zu haben: Er erkennt den Zahnarzt als einen der Ärzte, die im Gefängnis Untersuchungen durchgeführt haben.

Er wendet sich an die Sprechstundenhilfe, und unter einem Vorwand gelingt es ihm zu gehen. Die „Anordnung“ für die Behandlung bleibt in Händen des Arztes, der ihn sicherlich wiedererkennen würde?

Tagelang leidet er darunter. Trotz der starken Schmerzen geht er nicht noch einmal zum Arzt. Er wendet sich an einen befreundeten Apotheker, der ihm ein Schmerzmittel gibt. Sein Verhalten gleicht dem eines „Aktivisten im Untergrund“. Er leitet einige Vorsichtsmaßnahmen ein. Schließlich findet er einen Zahnarzt, der ein „compañero“ ist. Dem erzählt er, was passiert ist, und die Antwort lautet: „Unmöglich“, „Du bist verrückt“, „Der Typ ist in Ordnung“, „Außerdem erzählst Du mir von etwas, was vor 20 Jahren war... der ging damals noch zur Schule.“

Als er vier Tage später in unsere Einrichtung kam, war er beunruhigt und durcheinander. Er erzählte uns, was geschehen war: „Ich weiß nicht, was mit mir los war, aber es war wie in einer Zeitreise.“

Der Gefolterte trägt eine Erfahrung mit sich herum, die ihn gezeichnet hat und die trotz der seitdem vergangenen Zeitspanne in bestimmten Situationen wieder aktualisiert werden kann. Der Ausbruch kann banal erscheinen, aber das Erleben ist massiv. Es kann die Realität verdunkeln und das Verhalten des Subjekts so bestimmen, als wäre es noch unter der Kontrolle seines Folterers.

4. Am Anfang der Behandlungen war das erste Hindernis für eine helfende Beziehung das Misstrauen. Um die besondere Bedeutung dieses Misstrauens zu verstehen, müssen mehrere Aspekte berücksichtigt werden.

[84] Das spanische Wort rayado kann sowohl gestreift als auch verkratzt heißen (Anm. der Übers.).

a) Viele der Gefangenen hatten Kontakt mit Psychologen und Psychiatern, die zum Gefängnisapparat gehörten. Diese boten in der Regel „ihre Dienste“ in den Momenten an, in denen die Gefangenen am verletzlichsten waren. Die „Schweigepflicht“ wurde nicht eingehalten und die erhaltenen Informationen dem Gefängnispersonal zur Verfügung gestellt. Diese verwendeten sie als Input für die Gestaltung ihrer Vernichtungsstrategien.
b) Die Erfahrungen während der Diktatur zerstörten nicht nur bei den Gefangenen, sondern auch bei der Gesamtheit der Uruguayer Vertrauen, angefangen mit dem Vertrauen in unser Rechtssystem und die Institutionen, deren Auftrag es war, es zu schützen. Misstrauen entwickelte sich aber auch gegenüber Freunden, Bezugspersonen und Mitstreitern.
Der Terror förderte Verrat und Kollaboration. Die Infiltration von Kollektiven war alltägliche Praxis. Sie sollte außer ihrer Verbreitung eben dies erreichen: den Verlust jeglichen Vertrauens – auch im Alltag. Dies erzeugte eine Art „Transparenz des Denkens“, ein panoptisches System, das die gesamte Gesellschaft umfasste.
c) Innerhalb des Gefängnisses existierte eine ständige Kontrolle über die Gefangenen. Es war ein Risiko, seine Schwächen oder Sorgen zu zeigen, denn dadurch lernten die Henker dort zuzuschlagen, „wo es am meisten weh tut“. Das Schweigen war Überlebensstrategie und ein Versuch, eine gewisse Intimität zu bewahren.

Aufgrund dieser Situation war es nicht möglich, die Nachfrage an Betreuung an öffentliche Einrichtungen weiterzuleiten. In diesen arbeiteten immer noch Fachleute, die mit dem Repressionsapparat in Verbindung gestanden hatten. Und selbst wenn dem nicht so war, so reichten die Gerüchte und das Misstrauen aus, um das Minimum an Glaubwürdigkeit zusammenbrechen zu lassen, das für jede helfende Beziehung notwendig ist.
Dies führte dazu, dass die Klienten sich auf die Organisationen stürzten, die speziell zu diesem Zweck gegründet worden waren und deren Mitarbeiter öffentlich ihre Ablehnung gegenüber Menschenrechtsverletzungen ausgedrückt hatten.
Unter diesen Umständen und im Rahmen einer zutiefst paralysierten Gesellschaft löste diese in gewissem Sinne „ideologische Identifizierung“ eine Debatte aus, bei der es um die Notwendigkeit der Erhaltung dieser Vertrauenswürdigkeit einerseits und die Vermeidung von Bündnissen und „medizinischer Komplizenschaft“ andererseits ging.

Unser Umgang mit der Nachfrage

Ausgehend von unserer eigenen Position zu diesem Thema sahen wir die Notwendigkeit, die Langzeithaft und andere Formen der Gewaltausübung seitens des Staates als ein Symptom zu begreifen, das in einer bestimmten historischen und gesellschaftlichen Situation entstanden war. Aus dieser Perspektive musste über die Wirkung auf das Subjektive nachgedacht werden. Wir waren der festen Überzeugung, dass die intime, subjektive Bedeutung dieser Erfahrungen nur in einem historisch-gesellschaftlichen Rahmen einen Sinn bekam. Gleichzeitig wurde der gesellschaftliche Effekt der vom Staat ausgeübten Gewalt dadurch zum Machtinstrument, dass er in die tiefsten Schichten des Subjektiven vordrang.
Auch wenn wir uns in unserer klinischen Praxis psychologischer Methoden und Techniken bedienten, um mit eben diesen Phänomenen umzugehen, durften wir die Tatsache, dass die Gewalt des Staates und ihre diversen Ausdrucksformen ihren Ursprung und Sinn außerhalb des innerpsychischen Feldes hatten, nicht aus dem Blick verlieren. Um sie zu verstehen und ihnen einen neuen Sinn zu geben, mussten sie in Verbindung mit den historisch-gesellschaftlichen Begebenheiten gesehen werden.
Die Analyse der Verantwortung des Subjekts für das, was ihm passiert war – ein zentraler Aspekt des psychoanalytischen Ansatzes – war bei diesen Fällen nicht anwendbar.

Über diese Thesen herrschte unter den Fachleuten theoretische und diskursive Übereinstimmung. Sie mussten nun durch professionelle Strategien auf der operativen Ebene umgesetzt werden. Wir befanden uns an einem „Wendepunkt", dessen Anforderungen wir nicht entsprechen konnten. Die Auswirkungen von 15 Jahren Autoritarismus und Zensur lasteten schwer auf unseren Köpfen.

Die Anfragen wurden von einer Gruppe junger Professioneller angenommen, die nicht für die Arbeit mit diesen Menschen ausgebildet waren. Wir verfügten ausschließlich über Theorien und Methoden der klassischen klinischen Psychologie am Rio Plata, die durch 13 Jahre Diktatur verarmt war.

Bei den ersten Treffen mit den Patienten spürten wir das Gewicht unwiederbringlicher Verluste, eines schwer zu verarbeitenden Horrors und von Erlebnissen, die auf Zerstörung und Tod verwiesen. Dies alles spiegelte sich in uns wider und ließ uns schwanken zwischen Zorn, Ohmacht und omnipotenten Heilungsphantasien.

Wir arbeiteten mit Menschen, die ähnlich alt waren wie wir, mit denen wir Ideale, Zukunftsvorstellungen und in vielen Fällen politische oder gewerkschaftliche Aktivitäten teilten. Ihrer Aktivitäten wegen befanden sie sich heute in der Position der leidenden ehemaligen Gefangenen mit ihren zerschlagenen Lebensprojekten, während wir die Position der „Gesunden", der Fachleute, der angeblichen „Heiler" innehatten. Dies erzeugte einen Anflug von Schuld, der unsere Interpretation der Lage überschattete.

Was hatten wir anzubieten? Es handelte sich um Personen, deren Intimsphäre verletzt worden war, was unsere Aufgabe heikel machte. Wir mussten die Zeit respektieren, die unsere Patienten brauchten, ihre Assoziationsketten, ihre Möglichkeiten zu sprechen oder zu schweigen. Die Patienten selbst lehnten die Arbeit in Gruppen ab. Die Intimität der individuellen psychoanalytischen Psychotherapie schien für ihre Bedürfnisse am angemessensten. Gleichzeitig bot sie dem Therapeuten einen sicheren und schützenden Rahmen, der ihm half, die notwendige Abgrenzung aufrechtzuerhalten.

Wir waren davon überzeugt, dass das Beste war, was wir anzubieten hatten.

Wir brauchten Jahre, um zu erkennen, dass diese Indikation, abgesehen von der Gültigkeit einiger ihrer Grundlagen, zum guten Teil von den Effekten bestimmt war, die 15 Jahre Leben in einer vom Terror beherrschten Gesellschaft bei den Therapeuten selbst hinterlassen hatten. Die Vermeidung der Arbeit in Gruppen, sich in eine Praxis als „sicheren Ort" einzusperren und die Isolierungstendenzen als persönliche Schutzstrategie waren einige der Faktoren, die das therapeutische Vorgehen bestimmten.

In dieser Zeit wurde die therapeutische Arbeit in Privatpraxen durchgeführt. Das Büro der Einrichtung fungierte nur als Anlaufstelle für die Patienten und für die Verwaltung. Es gab wenig Kommunikation unter den Therapeuten, die autonom und fast schon „klandestin" arbeiteten.

Unsere Verwicklungen zeigten sich in dem Moment als „epistemophiles Hindernis", in dem wir die Unstimmigkeiten zwischen unserer theoretisch-diskursiven Position und dem therapeutischen Apparat, den es aufzubauen galt, analysieren wollten.

Die Dynamik dieses Apparates zeigte ihre Wirkung. Die Therapeuten sahen sich in die Isolierung gedrängt, zu einem individuellen Arbeitsansatz und zur Psychologisierung einer komplexen und mehrdimensionalen Problematik.

Unsere psychotherapeutische Praxis ließ sich als „sesshafte Klinik" nieder, wie es Rodriguez Nebot nannte.

Trotz alledem ließen sich in unserer klinischen Erfahrung einige Konstanten in der psychotherapeutischen Beziehung mit diesen Patienten beobachten:

1. Schweigen und Isolierung: Das Erlebnis der Folter scheint einen so intimen Charakter zu haben, dass die Überlebenden nicht darüber sprechen. Selbst im Verlauf des psychotherapeutischen Prozesses fällt ihnen das äußerst schwer. Auch Menschen, die zusammen verhaftet und gefoltert wurden, tauschen sich nicht untereinander aus. Dieses „Schweigen erzeugende Geheimnis“ dehnte sich als Mechanismus auch auf andere Aspekte der persönlichen Erfahrung, auf die Kommunikation und den Ausdruck von Gefühlen aus. Während der Jahre der Verfolgung und der Haft wurde das Schweigen und das Bewahren von Geheimnissen permanent praktiziert. Es war eine Möglichkeit, das eigene Leben und das der compañeros zu schützen. Innerhalb des Gefängnisapparates nahm das Schweigen den Charakter der Verteidigung gegen die panoptische Situation an, der die Gefangenen ausgesetzt waren.
Noch Jahre nach der Befreiung behinderte die stereotype Aufrechterhaltung dieses Mechanismus im therapeutischen Rahmen die freie Assoziation und verlangsamte den Prozess. Sich dem „Anderen“ zu öffnen, wurde als etwas Gefährliches erlebt und als etwas potenziell Zerstörerisches für sich und den Therapeuten, da dieser so zum Träger von Informationen wurde, die ein scheinbarer (oder realer) Feind haben wollte (Martín-Giorgi 1996).
Noch heute, 13 Jahre nach ihrer Befreiung, ist „der Rückzug in das Schweigen“ eine häufige Reaktion auf Alltagsprobleme, die das Familienleben erheblich belastet.
Diesen Punkt haben wir in einer Arbeit mit dem Titel: „Das Schweigen des Unheimlichen und das Unheimliche des Schweigens“ erläutert.
2. In manchen Momenten scheint die therapeutische Beziehung eine Neuauflage der Beziehung Folterer-Gefolterter zu sein. Auf der Seite des Patienten entsteht eine Art Lust an Zurückhaltung, als ob die nicht kommunizierbare Erfahrung die Lücke der Geheimnisse ausfüllen könnte, die ihnen bei der Folter entrissen wurden. Diese Situationen des Schweigens sind schwierig zu handhaben. Der Therapeut sieht sich in einer paradoxen Situation gefangen: fragen, verhören und erneut Geheimnisse entreißen oder das Schweigen respektieren und sich so dem Rückzug anschließen.
Diese Neuauflage der Opfer-Täter-Beziehung wechselt sich ab mit Momenten der Idealisierung (Therapeut-Gefängnisaufseher, Therapeut-Befreier). Der Andere ist Feind oder Komplize, selten nimmt er eine andere Rolle ein, die eines vertrauenswürdigen Gegenübers, aus der heraus die analytische Aufgabe entwickelt werden kann.
Das Misstrauen gegen den Therapeuten und seine Motive sowie der Pessimismus bezüglich des Behandlungserfolges bilden einen ständigen Hintergrund, der den gesamten Prozess färbt. Ein anderes wichtiges Element ist die fordernde Haltung dem Therapeuten und der durch ihn vertretenen Institution gegenüber – als ob von ihnen die Wiedergutmachung verlangt würde, die der Staat verweigert.
Die gierige Haltung und die Forderungen derer, die sich als Opfer fühlten, verbanden sich mit unseren Schuldgefühlen, da wir uns mittels Verleugnung an privilegierter Stelle fühlten. Diese Haltungen ließen viele therapeutische Prozesse scheitern und gefährdeten sogar das gesamte institutionelle Projekt.
3. Bei einem erheblichen Prozentsatz der Klienten zeigten sich die Symptome des Leidens in den drei Bereichen, in denen sich seine Erscheinungsform ausdrückt (Geist, Körper und Beziehungsleben). Dennoch lehnten sie jede Deutung ab, die diese Bereiche in Zusammenhang brachte, sie reagierten mit konkreten Antworten und blockierten die Assoziationsfähigkeit.
Diese drei Bereiche werden als abgespalten erlebt, als unabhängig voneinander und autonom, obwohl ihr Zusammenhang oft durch Ausagieren „in Szene gesetzt“ wird.

Daneben existiert eine starke Bindung an den „sekundären Gewinn“ durch besagte Symptome, durch den sie in der Rolle des Opfers fixiert bleiben. Eine Pseudoidentität als „Kriegsveteranen“ wird aufrechterhalten, auf deren Basis sie mit dem Umfeld interagieren.
Auch wenn für viele Patienten diese Form der Betreuung von Nutzen war, haben die zuvor beschriebenen Aspekte zu vielen Fehlern geführt: Es kam zu Therapieabbrüchen, zum Beenden der Therapie, um Jahre später zurückzukommen, mit einem anderen Therapeuten wieder von vorne anzufangen, was zur Wiederholung der Situation führte. Es gab auch sehr lange, anscheinend fruchtbare Behandlungen, die aber nicht auf die Alltagsproblematik zurückwirkten.
Wie in vielen Momenten der Geschichte der Psychotherapie waren es die Patienten selbst, die, wenn wir Therapeuten uns erlaubten, ihnen zuzuhören, uns den Weg zur Umgestaltung unserer Arbeitsstrategie zeigten.
In dem Maße, in dem wir begannen, uns Zeit für den Austausch innerhalb des Teams zu nehmen, stellten wir fest, dass sich bei den Patienten Aussagen wie die folgenden wiederholten:
„Es strengt mich sehr an, wieder über das Erlebte zu sprechen, es ist unerschöpflich, und es behindert mich, die konkreten Probleme anzugehen.“
„Zu einer bestimmten Zeit brauchte ich es, mich zu erinnern und über Dinge zu sprechen, über die ich nie gesprochen hatte. Aber jetzt belastet und paralysiert mich das alles.“
„Es ist, als würde mich diese Geschichte gefangen nehmen.“
„Als uns die Sozialbetreuerin beriet, sind mir viele Dinge eingefallen. Es wäre gut gewesen, wenn Sie dabei gewesen wären, um sie auch Ihnen erzählen zu können.“
„Der Doktor, die Sozialbetreuerin und Sie, treffen Sie sich eigentlich, um über uns zu sprechen?“
„Jetzt fühle ich mich stark, um zu fordern, was mir zusteht. Aber es fällt mit schwer, den Papierkram zu erledigen. Es ist zwanzig Jahre her, dass ich in einem Büro war.“
Dies alles führte dazu, dass wir eine andere psychotherapeutische Strategie vorschlugen, die auf folgenden Grundsätzen basieren sollte:

1. Die Dezentrierung von der innerpsychischen Problematik des Patienten hin zur Einbeziehung aktueller und konkreter Alltagsaspekte in die psychotherapeutische Intervention (Probleme in der Familie, der Arbeit, den sozialen Beziehungen, Gewohnheiten und Lebensprojekte). Wir bevorzugten also einen mehrdimensionalen und multifokalen Ansatz.
Wir übernahmen die Idee von Pichon Riviere, die von A. Scherzer und anderen uruguayischen Autoren überarbeitet wurde, und definierten den mehrdimensionalen psychotherapeutischen Ansatz als einen, dessen Ziel es ist, soweit wie möglich die verschiedenen Dimensionen, die Leid erzeugen, und die verschiedenen Bereiche, in denen es sich ausdrückt, abzudecken. Dies erforderte, die Grenzen unseres Interventionsrahmens zu erweitern und die für das Subjekt bedeutsamen Aspekte des umgebenden sozialen Netzes einzubeziehen.
Der Rehabilitationsprozess muss die Aufarbeitung der innerpsychischen Problematik mit Prozessen der intersubjektiven Ebene und der Schaffung von „Gelegenheiten“, konkrete Probleme zu lösen, verbinden. Das Multifokale ergibt sich durch die Arbeit mit den verschiedenen Bereichen: dem Psychischen, dem Körper und den Beziehungen. Als „kritische Punkte“ oder „Hebel“ bezeichnen wir jene Momente des psychotherapeutischen Prozesses, in denen der Patient aufgrund des erreichten Grades an Aufarbeitung der innerpsychischen Problematik in der Lage ist, Räume und Gelegenheiten zu schaffen oder zu nutzen, um durch sie einen qualitativen Sprung im Rehabilitationsprozess zu machen. Darin besteht nach

unserem Verständnis der Unterschied zwischen Assistenzialismus und einer sozialen Hilfe, die zu einem persönlichen Wachstumsprozess des Patienten befähigt und beiträgt.
2. Das zuvor Gesagte bedeutet auch eine Dezentrierung der Ziele. Die Fortschritte im therapeutischen Prozess sollten sich in einer Erweiterung und Bereicherung des Beziehungsnetzes des Patienten ausdrücken (Ausweitung, Aktivierung, Freimachen und Eingehen von neuen Bindungen). Hierfür wird direkt mit einer vom Patienten selbst angelegten Karte seiner Bezugspersonen und -gruppen gearbeitet.
3. Eine dritte Dezentrierung, die mit den anderen zusammenhängt, geht vom individuellen Psychotherapeuten hin zum multiprofessionellen Therapeutenteam, das koordiniert und konvergent auf den verschiedenen Ebenen der Ausdrucksformen des Leidens arbeitet, und das gemeinsam die Dringlichkeiten, entsprechend jeder Phase des Prozesses, definiert. Auf diese Weise wird dem Patienten ein Gesamtbild seiner Problematik gegeben.
4. Eine vierte Dezentrierung bezieht sich auf die räumliche Ordnung. Die Privatpraxis als Szenarium wird verlassen, um die Räume der Institution als Szenarium und als Unterstützung des Prozesses zu nutzen und so eine größere Mobilität zu erlangen. Der klinische Raum wird dort geöffnet, wo es zweckmäßig und notwendig ist, um einen konkreten Aspekt zu bearbeiten. Das kann im Heim des Patienten sein, im Haus eines Verwandten, in einem Gewerkschaftsbüro und manchmal sogar in einer Bar. Der räumliche Bezugspunkt, der dem Prozess Beständigkeit verleiht, ist der Sitz der Institution, wo der Patient in direkter Form die Existenz eines Arbeitskollektivs wahrnehmen kann, das unter sich und mit anderen Patienten in Kontakt steht.
Indem etwas in Bewegung kam, was die Isolierung der Therapeuten überwand, wurde auch die Isolierung und die Ausgrenzung der Patienten bearbeitet.
Die Mobilität betrifft nicht nur den räumlichen Ortswechsel, sondern auch die Veränderung des Blicks, mit dem in jedem Moment des Prozesses die Problematik fokussiert wird. Das bedeutet, dass der Ausschnitt des Feldes, das wir bearbeiten, dynamische Grenzen bekam (Rodriguez Nebot 1996).
Die Mobilität ergibt sich durch die ständige Bereitschaft, situationsspezifische Räume aufzubauen und Verbindungen zwischen den verschiedenen Dimensionen der Entstehung und des Ausdrucks des Leidens sowie nach Begrifflichkeiten zu suchen, die es ermöglichen, den Prozess zu reflektieren und an ihm zu arbeiten. Dies bedeutet auch – was sich wechselseitig bedingt – Mobilität der Rollen innerhalb des Teams und der Einstellung, mit der man die Situation fokussiert.
Diese Dynamik erfordert, zuzuhören und den Bedarf ständig neu zu überprüfen. Der Patient spricht nicht nur über seine Widerstände, sondern auch von dem Wissen über sein Leiden, das in den gemeinsamen Aufbau des analytischen Raumes einbezogen werden muss.
Gleichzeitig ist auch die Institution als handelndes Kollektiv aktiv am psychotherapeutischen Prozess beteiligt. Daher hielten wir es für notwendig, neben der Analyse der Übertragungs- und Gegenübertragungsaspekte auch die permanente Überprüfung der institutionellen Dynamik einzubeziehen: unsere Motivation, die Beziehungen innerhalb des Teams, unsere Geheimnisse und unser Schweigen. Auf diesem Wege lernten wir zu verstehen und zu verarbeiten, wie uns die Repressionserfahrung doppelt geprägt hatte: persönlich und als Kollektiv.
So konnten wir am Aufbau dessen arbeiten, was Eduardo Galeano das lebendige Gedächtnis nennt, das „nicht Endstation sondern Ausgangspunkt ist, das nicht zum Anker sondern zum Katapult bestimmt ist“.

Teil II: Die Mühsal des Erinnerns

Im Zentrum der Texte dieses Teils stehen Interviews mit Psychologen aus Argentinien, Chile und Uruguay. Die Interviews sind das Ergebnis einer Feldstudie, die im südamerikanischen Winter (Mai-Juni) 1998 durchgeführt wurde. Die Untersuchung basiert auf nicht strukturierten, thematischen Interviews, deren Sinn es war, die Interviewten zu einer narrativen Reflexion anzuregen (Sokrates bezeichnete als Mäeutik – Hebammenkunst – die Methode, durch systematisches Fragen spezifisches Wissen von den Befragten herauszuholen).

In ihrer praktischen Anwendung verlangt diese Methode eine besondere Haltung vom Interviewer, der sich selbst als Forschungsinstrument versteht, d.h. sie erfordert die systematische Pflege der oszillierenden Aufmerksamkeit, die dem Interviewten ebenso gilt wie den möglichen Fallen der eigenen Verstrickung (Wünsche, Vorurteile und Projektionen). Vor allem für Letzteres wird auf Supervision und das regelmäßige Korrektiv kultureller Informationsquellen zurückgegriffen.[85]

Die Interviews wurden auf Band aufgenommen, transkribiert und in der vorliegenden Fassung von den Beteiligten autorisiert.

Bei der Lektüre der Gespräche wird deutlich, wie viel Anstrengung erforderlich ist, solch intime Erfahrungen aus der jüngeren Vergangenheit anzusprechen. Die Interviewten beschreiben Situationen emotionaler und körperlicher Anstrengung und Qual, die sie unter den Repressionsmaßnahmen der jeweiligen Diktatur erlitten haben. Der Inhalt dieser Gespräche ist von großer Dichte und lässt uns als Leser an der Absicht dieses Unterfangens, Grenzsituationen vermittelbar zu machen, teilhaben.

Angesichts der kommunikativen Tragweite, für eine entfernte und unbekannte Zuhörer- bzw. Leserschaft zu erzählen, scheinen sich die Interviewten auf bislang wenig begangene Erinnerungspfade zu begeben – als ob es gelte, einen Ersatz für Gesprächspartner zu finden, die für den Austausch dieser Art von Erfahrungen für gewöhnlich nicht vorhanden sind.

Zu einem besseren Verständnis eines jeden Interviews ist, dem Schachspiel entlehnt, ein dem Interview vorangestellter Rückblick auf die Umstände des Interviews („Eröffnung") vorangestellt; ebenfalls wird der Inhalt durch Anmerkungen und Kommentare („Belagerung") am Ende des Interviews vertieft. Diese Arbeit oblag der Verantwortung des Herausgebers.

Horacio Riquelme

[85] Hinsichtlich weiterer, mit der hier angewandten Methodik verwandter Aspekte (theoretical sampling, hermeneutische Analyse) vgl. Riquelme, H. 1998 im Teil der allgemeinen Bibliografie in diesem Buch

Das unaufhörliche Warten

Die Mutter eines politischen Gefangenen erinnert sich

Eröffnung

Bei keinem meiner Aufenthalte in Buenos Aires verpasse ich die Gelegenheit, mit Eva zu sprechen. Es gibt wenige Personen, die wie sie so geprägt sind von unmittelbaren Emotionen und Kenntnissen über den Kampf für die Menschenrechte in Argentinien.
Ihre Gesellschaftsanalysen zur psychologischen und sozialen Bedeutung der von der Diktatur begangenen Verbrechen gegen die Menschlichkeit sowie der Ad-hoc-Dekrete zur Immunität und Straflosigkeit schlagen sich in Artikeln mit fundierten und klaren Aussagen nieder. Die „Großmütter der Plaza de Mayo" haben ein unerschütterliches Vertrauen in sie.
So lag es für mich nahe, dass ich bei diesem Besuch die Absicht verfolgte, unseren Gesprächen eine neue Richtung zu geben. Dieses Mal würden wir nicht über aktuelle Themen der politischen Lage sprechen oder fremde und doch so nahe Leiden anklingen lassen...
Ich schlug Eva also vor, über ihre eigene Erfahrung zu sprechen, also jene Themen zu behandeln, die normalerweise unter Menschenrechtsaktivisten in einem trügerischen Einvernehmen als Selbstverständlichkeiten untergehen. Es würde interessant sein, einmal ohne den üblich diskreten Umgang miteinander auszukommen, ohne die geübten Anspielungen und das selbstgenügsame Lauern auf die Zwischentöne.
Eva stimmte dieser thematischen Wendung zu. Wir beschlossen ein weiteres Treffen, und sie erklärte sich gerne bereit, meine Fragen zu beantworten. Es waren Fragen, die ich ihr vielleicht nie gestellt hätte, wenn ich mich nicht auf dieses neue Projekt, die Erinnerungen von Zeugen der jüngeren Geschichte zusammenzutragen, eingelassen hätte. Ich bat sie daher, Bilder und Emotionen ihres Lebens unter dem Ausnahmezustand und der Zeit davor in Worte zu fassen.

Das Interview mit Eva

F.: Die erste Frage, die ich dir stellen möchte, bezieht sich auf deinen Alltag während der Diktatur. Ich weiß, dass deine persönliche Geschichte mit einem sehr schweren Ereignis – die Verhaftung deines Sohnes noch vor Beginn der Militärdiktatur – verbunden ist. Mich interessiert zunächst, wie und unter welchen Umständen du die Zeit vor und während der Militärdiktatur gelebt und erlebt hast.

A.: In der Vorphase, die im September 1973 begann, war die Militärdiktatur noch nicht installiert, es gab noch Cámpora[86] und dann Perón. Das heißt, 1973 gab es noch Reste des Jubels über die Rückkehr Peróns. In dieser Zeit wurde mein Sohn verhaftet, weil er in der Guerilla, der ERP[87] war. Und dann gab es die Zeit von Ende 1973 bis 1976 unter der konstitutionellen Regierung von Isabel Perón, in der mein Sohn in der Magdalena inhaftiert war, das ist ein Militärgefängnis. Er war Rekrut und musste dort inhaftiert werden. Die ersten drei Jahre vor 1976, vor Beginn der Diktatur, verbrachte ich damit, meinen Sohn im Gefängnis zu besuchen. Der Rhythmus der Besuche änderte sich 1976 grundlegend. Sagen wir, das war ein Punkt, der den Alltag von Ende 1973 bis März 1976 ausmachte. Die Besuche im Gefängnis Magdalena hatten folgenden Verlauf: Der Gefangene wurde von einem Aufseher gebracht, wir saßen auf unseren Stühlen, zwischen uns ein runder Rattantisch mit

[86] 1973 gewählter Präsident, der Perón die Rückkehr ins Land ermöglichte (Anm.d. Übers.)
[87] Ejercito Revolucionario del Pueblo: Revolutionäre Volksarmee (Anm.d. Übers.)

den Lebensmitteln, die ich jedes Wochenende mitbringen konnte, und wir unterhielten uns Hand in Hand. Ich betone das, weil die Diktatur eine grundlegende Veränderung im Rhythmus der Besuche der politischen Gefangenen mit sich brachte. Soweit zu meiner Beziehung zu meinem Sohn. Ich möchte noch festhalten, dass ich ihn erst 8 Tage nach seinem Verschwinden sehen konnte. Ich habe aus Gründen, die ich hier nicht nennen möchte, erfahren, wo er inhaftiert war (sie hatten mir gesagt, er sei verschwunden, geflohen). Er war im XX. Regiment. Das ist ein Gelände, auf dem zur einen Seite der Eingang zum Regiment lag und zur anderen Straße hin der Eingang zum Offizierscasino. Ich hörte, dass er im Offizierscasino sei und beschloss, ihn zu suchen, auch wenn sie mir noch so oft sagten, er sei geflohen. Eine Freundin, eine Rechtsanwältin, hatte beschlossen, mich zu begleiten. Wir standen am Tor des Regiments und diskutierten mit dem Posten, als jemand mit dem Auto hereinfuhr, anhielt und mich ansah. Es war ein Herr, den ich nicht kannte, und er sagte zu mir: „Frau Doktor!...“ Ich sah ihn an und er sagte: „Ich bin der und der. Sie sind gekommen, um Ihren Sohn zu sehen, ich bin der zuständige Richter für Ihren Sohn.“ Er war ein Militär. „Steigen Sie ein, ich nehme Sie mit!“

20 Minuten lang hatte ich mit dem Posten darüber diskutiert, „dass es niemanden gibt, dass er nicht existiert“, und nun stieg ich mit meiner Freundin in das Auto ein (das habe ich ihm nie erzählt). Im Auto sagte mir der Richter: „Sehen Sie, Ihr Sohn ist in Einzelhaft.“ Ich sagte: „Für mich ist er außerdem verschwunden.“ „Das weiß ich nicht, aber ich möchte Ihnen sagen, dass ich Ihnen viel verdanke. Ich habe meine drei Kinder mit Ihren Büchern erzogen und ich werde genehmigen, dass Sie ihn für einen Moment sehen können.“ Wir betraten den Hof des Offiziercasinos. Meine Freundin war Anwältin von politischen Gefangenen. Sie verstand die Situation sofort und blieb bei dem Militärrichter, um mit ihm zu reden. Zwei Personen schleiften meinen Sohn zu mir. Er konnte nicht stehen und nicht gehen. Dieses Etwas, was sie mir da brachten, war mein Sohn, den sie täglich gefoltert hatten. Der Richter erlaubte uns zu sprechen, und na ja, die Intimität des Gesprächs in dieser Situation gehört hier nicht her. Meine Freundin redete und redete mit dem Richter, sie wusste schon nicht mehr, worüber sie noch mit ihm reden sollte. Mein Sohn und ich sprachen darüber, wie es ihm ging, was sie ihm gesagt hatten, aber das ist eine andere Sache. Ich hatte ihn also lebend gesehen. Das Gespräch war sehr schnell zu Ende. Es war völlig außergewöhnlich, was da geschah... Gut, er lebte, und ich glaube, es hatte sehr viel damit zu tun, dass er überlebte. Denn dieser Militär hatte mich erkannt: Ich habe viele Jahre für das Fernsehen gearbeitet und außerdem wurde mein Buch „Die Elternschule” über 30-mal aufgelegt. Ich glaube, die Tatsache, dass ich „Die Elternschule” geschrieben hatte und Jahre lang in sehr erfolgreichen Radio- und Fernsehsendungen tätig war, hatte etwas mit diesem Zusammentreffen zu tun und auch damit, dass ich, auch wenn ich nicht gerade ruhig blieb, als 1976 die Diktatur aufkam, doch annahm, dass es viel unbequemer war, mich verschwinden zu lassen, als eine weniger öffentlich bekannte Person. Wie auch immer, mein Sohn wurde am 6. September 1973 verhaftet, und vom 6. September 1973 bis zum ersten Tag der Demokratie klingelte das Telefon dieses Hauses nicht mehr. Und ich, die ich soviel für die Medien gearbeitet hatte, verlor alle die falschen Freunde in den Medien. Einfache Bekannte aus der Menschenrechtsarbeit wurden zu Freunden, und mit ihnen begann eine andere Lebensweise. Die Freundschaften, die mir blieben, waren nur die sehr engen. Paradoxerweise verlor ich keinen einzigen Patienten in der Praxis. Ich hatte mehrere jugendliche Patienten. All meinen Patienten aus dieser Zeit bin ich etwas schuldig. Alle kamen sie weiterhin, solange es nötig war. Ganz anders als diese Welt der Presse, des Fernsehens. Alicia Moreau de Justo dagegen bot sich an, mit Perón zu sprechen, aber Perón sagte: „Das sind normale Verbrecher, mit ihnen soll die Justiz entsprechend verfahren.“

Wie lebte ich meinen Alltag? In Klausur. Ich wurde nicht mehr eingeladen für Radio- oder Fernsehprogramme... Mein Name wurde gestrichen. Die Vereinigung der Psychologen vergaß mich auch, ich existierte einfach nicht mehr. Das galt aber nicht für die Arbeit in meiner Praxis. Ich arbeitete Tag und Nacht, und es waren keine politischen Menschen, die zu mir kamen. Auf dem Platz gegenüber hatte ich eine ständige Bewachung, ein Ford Falcon, die Nase der Maschinenpistole nach draußen... Das war ab 1976, vorher nicht. Ich nehme an, sie wollten sehen, ob auch ehemalige compañeros meines Sohnes ins Haus kamen, und sie kamen. Ich weiß nicht, warum sie sie nicht verhaftet haben. Das weiß ich nicht.
In der Zeit danach bis zum Beginn der Demokratie hatte ich enge Beziehungen ausschließlich zu meiner Familie und zwei Freunden und Freundinnen, nur zweien, und den Leuten aus der Menschenrechtsarbeit. Mit diesen natürlich schon, sie bildeten eine neue Gruppe in meinem Leben. So verbrachte ich meine Zeit damit zu lernen, Kurse zu besuchen, in meiner Praxis zu arbeiten. Ich versuchte weiterzukommen und meinen Sohn in allen Gefängnissen, in die sie ihn brachten, zu besuchen.
Meine Tochter war noch klein. In der Schule wurde sie belästigt, weil man wusste, wer sie war, obwohl sie einen anderen Nachnamen hatte. Man wusste, dass sie die Schwester meines Sohnes war. Sie sind 13 Jahre auseinander. Sie wurde von ihren Schulkameraden belästigt, von deren Eltern, und diese Probleme hatte sie von der Grundschule bis zur Sekundärstufe, wo ich dann eingreifen musste. Ich musste gegen eine Geschichtslehrerin, die die Tatsachen verdrehte, vorgehen und ihr Grenzen setzen. Das bedeutet, mein Alltag wandelte sich, bestand aus Lernen, Schweigen, Einsamkeit und Arbeit, und den Besuchen bei meinem Sohn.

F.: Und diese Kurse... Hast du an Kursen teilgenommen oder hast du Kurse gegeben?

A.: Ich nahm Privatstunden in Epistemologie bei einem Professor, der Arbeitsgruppen in seinem Haus abhielt. Nein, in die Öffentlichkeit ging ich gar nicht, ins Kino schon, aber bei öffentlichen Gelegenheiten, wo ich hätte sagen müssen, ich bin die und die... Ich wusste, dass den Leuten das unangenehm war, denn es gab etwas wie eine Ausgrenzung und Stigmatisierung der Angehörigen von politischen Gefangenen, die 1973 verhaftet und aus den Streitkräften ausgeschlossen wurden. Das wurde alles in den Medien gebracht und erzeugte ein gesellschaftliches Vakuum. Aber als die Demokratie zurückkam, war ich eine der ersten Personen, die zu Konferenzen eingeladen wurde und mehr. Im Dezember trat Alfonsín an, und im März des darauf folgenden Jahres veranstaltete das Stadttheater San Martín wieder einen Zyklus von Massenkonferenzen. Ich eröffnete diesen Zyklus mit einer Konferenz, zu der viele Leute kamen. Ich glaube, sie kamen nicht nur, um zuzuhören, sondern mehr noch um auszudrücken: „Wir wissen, wie die Dinge liegen und wir wollen etwas erfahren..." Die Radios begannen wieder mich einzuladen, und ich trat als Psychoanalytikerin auf, um über einige fachliche Themen zu sprechen. Daraufhin erhielten die Sender Anrufe wie: „Was macht diese Frau dort? Sie ist die Mutter eines Guerilleros!", und sie erzählten die Geschichte meines Sohnes völlig verdreht. Solche Botschaften erhielten die Sender telefonisch, und manche Moderatoren verlasen sie in der Sendung, andere nicht. Das dauerte lange, noch letztes Jahr ist mir das passiert.

F.: Das hat eine gewisse Ähnlichkeit mit dem, was viele Leute erlebt haben, z.B. viele Intellektuelle in der ehemaligen Tschechoslowakei. Sie sprachen damals von einem „Insil", einer Art inneren Exils, also inoffizielle, halb klandestine Diskussionszirkel, dem Gefühl, sich aus dem kulturellen Leben ausgeschlossen zu fühlen...

A.: Es ist viel mehr als fühlen, man ist es...

F.: Klar, man ist es, man ist aus dem kulturellen Leben ausgeschlossen, man ist keine Referenz mehr. Könntest du etwas dazu sagen, wie dieses „Insil“ ist, ob es etwas wie ein inneres Exil gibt?

A.: Ja, ich kann das gut an dem festmachen, was die Verluste bedeuteten. Bis zum 6. September machte ich zwei Radioprogramme, ab dem folgenden Tag habe ich eigentlich nichts mehr gemacht, ich ging nicht mehr hin. Es war meine Entscheidung, bevor sie meinen Vertrag rückgängig machten, aber das ist etwas anderes. Aber weder die Produzenten der Programme noch die Firmen, die die Programme bezahlten noch meine Kollegen riefen mich an. Sie lasen in der Zeitung, was passiert war und verschwanden. Das ist Ausschluss aber auch „Insil“, denn ich blieb im Land mit der festen Überzeugung, dass meine Gegenwart für andere Probleme bereitete. „Insil“ bedeutet also nicht nur, dass sie dich ausschließen, es sind zwei Schritte: Du kannst ausgeschlossen werden und beginnst, gegen die Ausgrenzung anzukämpfen. Oder du erklärst diesen Ausschluss für angebracht: Die anderen haben Angst, du rechtfertigst für sie den Ausschluss, du gibst ihnen das Recht dazu, weil du begreifst, dass deine Anwesenheit für die Leute zum Problem wird, die keine Probleme haben wollen und zu denen keine enge Verbindung besteht.

F.: Aber das bedeutet, sich ganz bewusst für die Position eines Parias in der Gesellschaft zu entscheiden?

A.: Ja, ja, aber... das hat zwei Ebenen: Entweder du gehst das Risiko ein, dass sie dich nicht mehr grüßen, dass sie sich umdrehen, wenn sie dich sehen, oder aber, du ergreifst die Initiative. Als ich in meiner Situation sah, wie die Dinge lagen, ergriff ich die Initiative und ging von mir aus nicht mehr dorthin, wo ich immer hinging. Natürlich bedeutet das, ein Paria zu sein, aber ich frage mich, was es für eine Alternative gibt. Sollte ich denn zu ihnen sagen: „Was soll das? Gestern haben Sie mich noch zu ihren Abendessen eingeladen, und heute kennen Sie mich nicht mehr?“

F. Ich will dich nicht provozieren... ich frage nur...

A.: Hör mal, das ist mir gar nicht in den Sinn gekommen, aber du hast mir das Stichwort gegeben und ich habe losgelegt. Es ist mir ganz recht, weil ich so darüber nachdenken kann... Für jemanden, der im kulturellen und gesellschaftlichen Leben eine privilegierte Stellung hatte, der anerkannt war, es waren immerhin 30 Auflagen der „Elternschule“... Eine solche Stellung gehabt zu haben und sich dann freiwillig in eine Klandestinität und ins „Insil“ zurückzuziehen, zwingt dich zu einem Prozess, der bei mir glücklicherweise von Zorn begleitet war, denn sonst ‚prallst du gegen den Pfosten‘ (das ist ein sehr argentinischer Ausdruck), sonst verfällst du sehr leicht in Selbstmitleid – damit meine ich nicht politisch verstandenes Mitgefühl – und das ist ein sehr gefährliches Gefühl.
Aber der Zorn und die Ohnmacht sind ein ständiger Motor, der in meinem Fall einen Riss hatte, weil mein Sohn in der Guerilla gewesen war. Das hätte man ja verstehen können, aber was ich auch begreifen musste, war, dass er eine Kaserne besetzt, also das Gesetz gebrochen hatte. Es war ja nicht so, dass er in die Berge gegangen ist, um zu kämpfen, das ist eine andere Art von Gesetzesbruch. Es gab keinen Grund, ihn zu foltern, man hätte ihm ein gerechtes Gerichtsverfahren machen müssen. Aber er war in einer sehr angreifbaren Position. Klar, ich bin seine Mutter, aber ich bin nicht dumm. Ich sage das, denn wenn wir von der Guerilla sprechen, muss man gut unterscheiden, nicht wahr? Und, wie Hernán in der Selbstkritik der ERP schreibt, war dies eine Guerilla in der Zeit einer konstitutionellen Regierung. Das ist kein Witz!

Also diese Selbstausgrenzung ist Selbstschutz, und mir hat sie viel genutzt, um zu lernen, zu studieren. Aber all dies begann sich mit einer Angst zu verbinden, die 1974 und 1975 noch nicht da war. Aber Mitte 1976 tauchte eine Angst auf, die ich zuvor nicht verspürt hatte. Mit dieser Angst zu leben, als hätte man sie nicht, das ist sehr kompliziert.

F.: Du meinst bei der Arbeit mit deinen Patienten zum Beispiel.

A.: Nein. Wenn ich mit meinen Patienten arbeite, bin ich bei meinen Patienten. Es war, wenn ich irgendwann aufhörte zu arbeiten, zu diesem Fenster dort ging, damals arbeitete ich in diesem Zimmer, und nachsah, ob der Ford noch dort unten stand. Das war störend und mehrere Male folgten sie mir die ganze Strecke bis zum Gefängnis Magdalena: Einschüchterungspolitik... All dies war mit der Verteidigung meines Sohnes verbunden, für die ein Militär zuständig war, ein Oberst XY. Er wurde letztlich auch festgenommen, aber das ist eine andere Geschichte. Der Besuch, der in dieses Haus kam, war der Verteidiger meines Sohnes, einer seiner Söhne pflegte ihn zu begleiten. So entstand ein richtiger Kreislauf zwischen den Gängen zu irgendeiner Stelle der Streitkräfte, der Mitarbeit an der Verteidigung meines Sohnes und der Überprüfung der Anklage. All dies wurde zwischen 1973 und 1974 erledigt, bis sie meinen Sohn verurteilten. Nach 1976 änderte sich der Lebensrhythmus. Die Besuche in der Magdalena waren etwas anderes gewesen. Nun sah ich ihn viel seltener und immer mit einem Aufseher an der Seite. Dann ließen sie uns nur noch hinter einer Trennscheibe durch eine Röhre miteinander sprechen. Das Leben veränderte sich auch dadurch, dass die Samstage und Sonntage nicht mehr Tage zum Ausruhen waren, sondern die Gefängnistage, sei es in der Magdalena, in Caseros, Devoto oder in Rawson. Mein Leben drehte sich darum, welches Essen wir ihm für dieses Wochenende machen würden, welche Bücher für ihn besorgt werden mussten. Es sind auch Dinge passiert wie z.B. in einer Buchhandlung, in der ein Verkäufer mich erkannte und leise zu mir sagte: „Nehmen Sie das für Hernán mit als Geschenk, das wird ihm gefallen.“.. Diese Minisolidarität half mir: Im Gefängnis hieß es dann oft genug: „Dieses können Sie nicht mit hineinnehmen, jenes können Sie nicht mit hineinnehmen.“

F.: Du erwähntest etwas wie Verbindungen, Interaktions- oder Solidaritätsnetze oder Kommunikationsnetze, die latent oder zumindest nicht auf direkte, alltägliche Weise existierten: Geschah das öfters, dass du irgendeine Art von indirekter Unterstützung erhalten hast? Wenn vom „Insil” gesprochen wird, geht es immer auch um eine Situation des Ausgeliefertseins. Meine Frage zielt darauf ab, ob du der argentinischen Gesellschaft gegenüber schutzlos ausgeliefert warst, oder ob es da Momente der Relativierung gab?

A.: Ich werde dir mit einem Satz antworten, den ich schon oft benutzt habe: „Ich weiß nicht, wie es kommt, dass ich noch lebe und hier mit dir sprechen kann.“ Ich war Kandidatin, weil ich die Mutter dessen war, der er war, weil ich wusste, dass die Kirche mich nicht verteidigen würde. Das ist die Synthese der Schutzlosigkeit. Ich hatte niemanden auf meiner Seite, die einzigen, auf die ich mich stützen konnte, waren die Leute von der Ständigen Versammlung für Menschenrechte, da alle Welt sich in Acht nahm. Rechtsanwälte verschwanden. Die einzig mögliche Antwort darauf haben die Leute, die an einen Schutzengel glauben... Ich kann nicht glauben, dass es daran gelegen hat, dass ich bekannt war oder respektiert wurde... Es gab bekanntere und respektiertere Menschen als mich, und sie wurden umgebracht. Ich habe dafür keine Erklärung...

F.: Aber du hast die ganze Zeit das Damoklesschwert gespürt.

A.: Ja, ein Damoklesschwert war, dass sie mich festnehmen könnten. Mittendrin – ich will das nicht vergessen, du wirst sehen, wo es Solidarität gab –, das war 1978, wurden zwischen 3 oder 4 und 5 Uhr morgens Razzien durchgeführt. Sie nahmen die Angehörigen mit. Sie klingelten oder traten Türen ein, gingen hinein und nahmen sie mit: „Feststellung des Sachverhaltes." Manche kamen zurück, andere nicht. Das war schon vielen Familien passiert, und manche hatten es erzählt. So hatten wir minimale Informationen darüber, in welcher Nacht es passieren könnte. Es gab offenbar Leute, die informierten. Es lief folgendermaßen ab: Drei Mal wurde ich gewarnt, meine Tochter war damals noch in der Grundschule, das war 1978. Hier im Haus gab es eine Hausangestellte, der ich nicht vertraute, sie schlief im Haus. Etwa um 23.00, 24.00 Uhr nachts ging ich mit meiner Tochter zu einem Haus von Freunden, wo uns eine Matratze auf dem Boden erwartete, und wir schliefen bis um 5 Uhr morgens. Um 6 Uhr gingen wir wieder nach Hause und warteten an der Haustür auf den Bus, der meine Tochter in die Schule brachte. Wir taten so, als sei meine Tochter ganz leise in ihrer Schuluniform heruntergekommen, um die Angestellte nicht zu wecken, und ich blieb an der Tür, um auf den Mikrobus zu warten, als ob ich sie zum Bus begleiten würde. Danach ging ich hinein und sah nach, ob die Angestellte aufgestanden war. Das heißt, wenn ich annahm, dass die Gefahr vorbei war, ging ich zurück. In diesen Situationen hatte ich die Solidarität dieser Nachbarn, von Kollegen, die uns ihr Haus zur Verfügung stellten, damit wir dort schlafen konnten. Gut, es gab noch weitere Damoklesschwerter, denn man kann nach so etwas nicht arbeiten gehen, als wäre nichts gewesen.
Und das alles einem Kind so zu erklären, dass es nichts weitererzählt..., das war eine andere Geschichte. Ausgeliefert zu sein bedeutete, dass man davon abhing, ob jemand dir sagte: „Bleib heute Nacht nicht in deinem Haus." Ausgeliefert zu sein bedeutete zu wissen, dass mein Sohn im Gefängnis war und darüber hinaus dazu verdammt, dort niemals mehr herauszukommen.
Ausgeliefert war ich, als ich eines Tages zum 17ten Kommissariat ging, um den Diebstahl eines Mantels aus meinem Auto anzuzeigen, das ich gegenüber in einer Garage stehen hatte. Ich sagte meinen Namen, und ein junger, sehr sympathischer Beamter sagte: „Also so was, Señora." Er bediente mich sehr korrekt. Während ich mit ihm sprach, kam ein anderer hinzu und legte ihm ein Papier auf den Schreibtisch, und ab diesem Moment begann er, mich schlecht zu behandeln. Was wohl auf diesem Papier stand? Sicherlich: „Sie ist die Mutter von dem und dem"... Er verhielt sich anders, interessierte sich nicht mehr für den Diebstahl und begann, mich schlecht zu behandeln. Und ausgeliefert fühlte ich mich auch, da ich nicht wusste, was mit meiner Arbeit passieren würde. Aber ich weiß nicht, warum ich noch am Leben bin, das sage ich dir.

F.: Dennoch geht es nicht nur um Leid, darum, wie sich dein Leben in negativer Hinsicht verändert hat. Du hast hier auch unterstützende Aspekte erwähnt: Die Freunde, die dir ihr Haus angeboten haben, die Leute in der Buchhandlung, die dir unter dem Tisch Texte für deinen Sohn gegeben haben. Glaubst du, dass es so etwas wie ein Gleichgewicht gibt zwischen der alles umfassenden Aggression des repressiven Regimes und diesen Formen minimaler, aber dennoch alltäglicher Interaktionen, die dir irgendwie geholfen haben, eine gewisse Stabilität zu bewahren?

A.: Sieh mal, es war kein Zufall, dass die Diktatur hier Bestand haben konnte. Dass sie aufrechterhalten werden konnte, lag daran, dass die Bevölkerung in unserem Land dazu fähig ist, eine Diktatur zu unterstützen, und sie fand es nicht schlecht, dass man diejenigen verhaftete, die die traditionelle, patriarchalische Ordnung störten... Ich kann Leute finden, die mir Bücher schenken und einige wenige Freunde. Aber zuverlässige Menschen, die solidarisch sein konnten, die sich klar darüber waren, was passierte, die sich auflehnten und um andere kümmerten, solche Leute gibt es in unserem Land nicht viele. Ich glaube, solche Leute sind nicht repräsentativ für das gesamte Land. Ich glaube, dass unsere Bevölkerung kulturell zur Bequemlichkeit neigt. Sie will nicht belästigt werden, sie will nicht nachdenken müssen, reflektieren müssen oder sich mit kritischem Denken auseinandersetzen. Das ist immer auch schmerzhaft, vor allem mit Menschen, die etwas anderes machen. Wenn man etwas macht, was anders ist und eine politische Diskussion nötig macht, eine Reflexion über Pro und Contra oder den Versuch, auszugleichen... Mir scheint so etwas nicht repräsentativ für mein Land.

F.: Aber bedeutet das alles zusammen genommen, dass du schon auf den Kampf vorbereitet warst? Warst du dazu bereit?

A.: Ja, das hat bei mir Geschichte.

F.: Du bist nicht mit dem Strom geschwommen?

A.: Nein, nein. Als Scheidungen noch schlecht angesehen waren, ließ ich mich scheiden. Außerdem war mein Ex-Mann bei der Marine. Das heißt, ich ließ mich scheiden, als ich ein kleines Kind hatte, Sohn eines Mitglieds der Marine. Die Marine hat ein besonderes Prestige. Mein Mann war bei der Handelsmarine, also einer der zur See fuhr, nicht einer von den „Weicheiern". Nachdem ich ein oder zwei Jahre verheiratet war, ließ ich mich scheiden, danach lebte ich mit XY zusammen. Ich war seine dritte Frau, seine dritte Ehe. Dann wurde ich Psychoanalytikerin. Aber da ich zuvor Sozialarbeiterin gewesen war, ausgebildet an der juristischen Fakultät, kam ich in eine Krise zwischen der psychoanalytischen Theorie und meinem Leben als Sozialarbeiterin, ein weiterer kritischer Punkt innerhalb der Psychoanalyse. Danach erfand ich die „Elternschule", dass man das Elternsein lernen muss, und das war ein großer Erfolg. Mit dieser Übertretung stieß ich auf Sympathie, das hatte schon seine Komik, nicht? Wegen der Elternschule unterstützen mich Eltern, weil sie sich mit ihren eigenen Eltern streiten, und nicht, um ihre Kinder besser zu erziehen. Die Elternschule hat Erfolg, weil die Eltern, die mich konsultierten, entdeckten, dass die Probleme, die sie mit ihren Kindern haben, nicht so verschieden sind von den Problemen, die sie mit ihren eigenen Müttern oder Vätern hatten.

Das also ist meine Geschichte, die meine Persönlichkeit geprägt hat und die mich dazu brachte, mich mit General Viola zu streiten. Ich habe verlangt, bei der Erschießung meines Sohnes anwesend zu sein, als man mich darüber informierte, dass er füsiliert würde. Sie sagten mir, ich müsse das schriftlich beantragen, ich tat dies, und sie sagten mir, dass Kapitän Bilbao und andere das ablehnten. Ich habe mich mit allen Militärs gestritten. Es war unmöglich, sich nicht zu streiten. Heute glaube ich, dass ich gekämpft habe, weil sie mich nicht gefoltert haben, weil ich nicht gefangen genommen wurde. Ich weiß nicht, ob diese Grenzerfahrungen mich nicht weniger omnipotent gemacht hätten. Es ist einfach zu kämpfen, wie ich es tue. Es stimmt, in meiner Geschichte gab es viele Übertretungen, viele Herausforderungen. Ich will das jetzt nicht begründen, ja, aber es hat mich nicht getroffen. Es hat mich psychisch und sozial getroffen, aber sie haben meinem Körper nichts getan. Denn wenn sich das körperliche Ich einschaltet, bekommen der Mut und die Wut, glaube ich, eine andere Sprache, vielleicht die Sprache der Vernunft. Also, ja klar, ich war vorbereitet: Mit dem Servicio Penitenciario Federal[88] habe ich die ganze Zeit gekämpft, ich streite mich heute noch

[88] Für den Strafvollzug zuständige Bundesbehörde (Anm.d. Übers.)

mit Leuten, die zu weit gehen, oder mit Schülern, die Brillen aufzuhaben scheinen, ich streite mich... Gut, ich zog in den Kampf, na klar, aber weil ich eine Geschichte habe, nicht wahr? Aber ich war geschützt, ich weiß nicht warum. Das ist kein Verdienst, denn ich musste die schlimmen Prüfungen wie Haft und Folter nicht durchstehen...

F.: Gut. In der Ästhetik des Aristoteles gibt es einen Aspekt, der sich auf die Lösung von Konflikten in narrativen Prozessen bezieht. Hast du den Eindruck, dass es eine ästhetische Lösung deines Lebensprojektes gab, oder hast du den Eindruck, dass es dunkle Zonen gibt, für die du keine Lösung findest?

A.: Nein, ich schreibe und werde weiterhin schreiben. Jeden 24. März schreibe ich einen Leitartikel für die Página 12, ich habe „Mujeres Carceleras“[89] geschrieben, ich will ein Buch herausgeben mit diesem Material. Was Du ästhetische Lösung nennst, könnte ich psychoanalytisch als Ersatzsublimierung bezeichnen. Ich würde sagen, ein „Ersatz” für das, was nicht mehr zu reparieren ist: Ich weiß nicht, was mit meinem Sohn ist, und ich frage ihn nicht. Ich verstehe, dass das seine Sache ist. Ich weiß, was mit mir ist: Ich sehe eine Uniform des Servicio Federal Penitenciario, und ich würde weiß ich was dafür tun, damit dieses Subjekt bestraft wird, denn es ist nicht zufällig dort. Ich könnte ja davon ausgehen, dass es dort Leute gibt, die ehrlich ihre Pflicht erfüllen, aber es ist umgekehrt: Sie müssten es mir beweisen. Ich habe das 13 Jahre lang ertragen, sie sollen mir also nichts erzählen von der dortigen Ausbildung oder über die, die dort hängen bleiben. Die Erinnerung an die Demütigung, die jede einzelne der Durchsuchungen dort bedeutet hat, der Machtmissbrauch, das ist keine dunkle Zone, das ist eine Zone, die von einem Spot mit maximaler Lichtstärke beleuchtet wird. Wenn ich dir das heute erzähle, empfinde ich dasselbe. Und wenn du mich das in einer Radiosendung fragst, antworte ich dir genau das Gleiche. Für mich gibt es da weder Ausweg noch Heilmittel, und ich habe auch nicht das Geringste dagegen getan, weil ich denke, das ist, was wir Leidenschaft im wirklichen Sinn nennen: etwas was einen durchdringt und nicht etwas, was sich erschöpft. Und das hält die Erinnerung wach, was in diesen Situationen entscheidend ist. Nein, als einzige dunkle Zone: Der ausführende Gehorsam und die Begnadigung[90], das sind dunkle Zonen...

F.: Das sind deine dunklen Zonen?

A.: Nein. Dagegen konnten wir nichts unternehmen. Dafür übernehme ich keine Verantwortung, das ist wirklich dunkel, sehr dunkel.

F.: Ja, aber meine Frage bezieht sich mehr auf die Unfähigkeit, etwas zu formulieren... Du hast mir ja schon Antworten auf die konkreten Erfahrungen gegeben, aber die dunklen Zonen beziehen sich zum Beispiel auf immer wiederkehrende Ängste ohne konkreten Ursprung...

A.: Nein, nein, das nicht. Wenn ich einen Ford Falcon sehe, ist das für mich ein Ford Falcon. Und die Spuren, die das hinterlassen hat, sind die Spuren, verdrehen wir das nicht. Die Spuren gibt es, und das ist der Triumph des Staatsterrorismus. Das hindert mich nicht daran zu leben, aber es erzeugt eine ständige Verpflichtung. Wie geht man also damit um? Ich schreibe und ich unterstütze, wenn ich kann, die Opfer polizeilicher Gewalt und ich schreibe für Maria Soledad. Was ich habe, ist „das Wort“. Darauf will ich hinaus. Es ist richtig, dass

[89] „Aufseherinnen im Gefängnis“ (Anm.d. Übers.)
[90] Ausführender Gehorsam: 1986 verabschiedetes Gesetz, nach dem Offiziere unbestraft blieben, die unter Ausführung von Befehlen Menschenrechtsverletzungen begangen hatten. Die Begnadigung wurde 1990 von Präsident Meném für die bereits verurteilten Militärs ausgesprochen. (Anm.d. Übers.)

ich das ohnehin getan hätte, aber es hat heute ein anderes Gewicht. Das sind keine dunklen Zonen, ganz im Gegenteil: Es ist die Erkenntnis, dass Menschen, denen diese Dinge passiert sind, nicht vergessen können.

F.: Hast du denn den Eindruck, dass dir diese Art von Erfahrungen neue Einsichten gebracht haben oder dir neue Erfahrungsbereiche eröffnet haben...?

A.: Ja, ja...

F.:...die vielleicht nicht völlig neu waren, aber zumindest vorher für dich nicht so zentral waren?

A.: Nein, nicht bekannte... Ich sage es noch mal: Die Tatsache, Sozialarbeiterin zu sein und jahrelang in städtischen Zonen zu arbeiten und in den damaligen Jugendgerichten, vermittelt dir einen intensiven Kontakt mit Ungerechtigkeit. Ich hatte schon vorher einen Eindruck davon, was die Sicherheitskräfte sind. Die Polizei nimmt die Jugendlichen fest. Das habe ich als Sozialarbeiterin gelernt, weißt du. Also, nein, das kannte ich schon...

F.: Aber die Intensität...

A.: Die hat sich um 100% geändert... Auch wenn ich vernünftig bin, bewahre ich die Intensität meines Sinnes für Ungerechtigkeit und meine Leidenschaft, sie zu bekämpfen.

Belagerung

Evas Lebensbedingungen werden zu denen einer „Fremden im eigenen Land", nachdem ihr Sohn verhaftet wurde. Er hatte in der Zeit vor dem Militärputsch in Argentinien eine Kaserne überfallen. Mit Hartnäckigkeit (und Glück) erreicht Eva, dass seine Verhaftung offiziell anerkannt wird und er einen regulären Prozess nach den Militärgesetzen bekommt.
Sie erfährt indessen eine soziale Marginalisierung. In ihrem Leben gibt es einen radikalen Bruch: Diejenigen, die bis dahin bei den Medien ihre Freunde und Kollegen waren, scheinen sie zu vergessen und lassen sie im Stich. Der Zustand des Unerwünschtseins erreicht in der Zeit der Diktatur seine größte Intensität. Folgende Hervorhebung ihrer Erfahrungen soll ein besseres Verständnis anhand strukturierender Aspekte im Interview herbeiführen helfen:
1. „Verschwunden sein": Während der Militärregierung lebt Eva mit der ständigen Bedrohung, von den Streitkräften oder von paramilitärischen Gruppen festgenommen zu werden und die anschließende Verleugnung ihrer Verhaftung zu erleiden. Dieses Vorgehen führte zum „Verschwinden" von über 30.000 Personen in Argentinien. Während des Interviews bemerkt man bei ihr eine ambivalente Haltung. Einerseits beruft sie sich darauf, dass sie durch ihr hohes Ansehen, das sie sowohl durch ihre Arbeit in den Medien als auch als Autorin und Dozentin hatte, eventuell geschützt war. Anderseits erlebt sie sich in der Stunde der Wahrheit völlig ausgeliefert: „Wenn sie viel wichtigere Leute verschwinden ließen..." Diese Ambivalenz besteht trotz der seither vergangenen Jahre in Evas Erzählung fort. Dies untermauert die Behauptung, dass ein solches Vorgehen von Seiten des Staates klar definierte psychologische Absichten enthielt: Es zielte darauf ab, die Selbstsicherheit zu untergraben und eine fatalistische Haltung gegenüber dem eigenen Schicksal zu erzeugen.
2. Soziale Heimatlosigkeit: Eva wurde aus einer Welt herausgedrängt, die für sie bis dahin Sicherheit und Beständigkeit bedeutet hatte. Das konfrontierte sie mit einer Situation, die sie heute als zweigeteilt beschreibt: Einerseits sah sie sich aus den Massenmedien ausgeschlossen („Mein Name wurde gestrichen"), andererseits konnte sie ihr Arbeitsleben aufrechterhalten („Alle (Patienten) kamen, solange es nötig war"). Die Diskriminierung, die sie erfährt, löst

bei ihr Gefühle aus, die sie als eine Mischung aus Zorn und Ohnmacht bezeichnet. Ausgehend von dem, was sie mit ihresgleichen erlebt hat, begründet sie ihre Kritik an deren Konformismus. Diese Kritik bekommt allgemeinere Züge, als sie feststellt, dass die argentinische Gesellschaft sich in ihrer Mehrheit nachlässig und unfähig gezeigt hat, die illegalen Aktionen der militärische Autorität in Frage zu stellen. Sie entdeckt jedoch bei sich die Fähigkeit wieder (die sich in früheren Elementen ihrer Biografie zeigt), gegen den Strom zu schwimmen und sich nicht der Meinung der berühmten schweigenden Mehrheit zu unterwerfen. So konnte sie den Kopf erhoben halten, ohne sich von den Demütigungen und Enttäuschungen des Alltags niederreißen zu lassen.

3. Das belagerte Haus: Die Anwesenheit von militärischem oder paramilitärischem Personal vor ihrem Haus (ein Ford Falcon ohne Nummer wurde in der Regel von den Paramilitärs für repressive Aktionen verwendet) wird für Eva in dieser Zeit zum Normalfall. Sie konnte ohnehin die „Nase der Maschinenpistole nach draußen" sehen, was keinen Zweifel am Grund der Präsenz des Wagens und seiner Insassen zuließ. Sie denkt, dass die Bewacher wahrscheinlich auch die jungen Freunde ihres Sohnes festnehmen wollten, die sie besuchen kamen, und nimmt an, dass diese die Bewachung viele Male durchbrechen konnten. Eine Haltung ständiger Alarmbereitschaft bringt sie dazu, mehrere Male im Haus von Freunden zu übernachten. So muss sie erleben, dass ihre Intimsphäre in ihrem eigenen Heim nicht gewahrt wurde. Sie konnte „der Hausangestellten nicht vertrauen" und musste ihr gegenüber vorsichtig sein, besonders bei den Versuchen, einem möglichen nächtlichen Hinterhalt zu entgehen.

4. Der Sohn im Gefängnis: Eva musste auf alle möglichen Mittel zurückgreifen, um den Kontakt mit ihrem Sohn erstmal zu erhalten und dann aufrechtzuerhalten, während er im Gefängnis war. In ihrer stigmatisierten Position als Mutter eines Häftlings konnte sie die ganze Bandbreite der Einstellungen erleben, die die argentinische Gesellschaft für diejenigen bereithielt, denen solche Umstände widerfuhren. Sie erhielt zwar Zeichen der Unterstützung, aber eine einschneidendere Wirkung hatten offenbar sowohl die persönlich erlebten Demütigungen als auch die Apathie und der Konformismus ihrer Umgebung. Die Erfahrungen dieser Zeit prägten Evas Wahrnehmung und Beurteilung, die sich zum Beispiel in ihrem unbeugsamen Misstrauen gegenüber dem damaligen und heutigen Gefängnispersonal ausdrückt.

5. Persönliche Einstellungen: Die vielfältigen Übergriffe und Beleidigungen, die Eva beschreibt, führen bei ihr zu einem Adaptationsprozess, der sich als kontinuierliche Auflehnung gegen eine pathogene Umgebung bezeichnen lässt. Sie nimmt eine kritische Haltung ein und widmet sich der Aufklärung von Verbrechen der Militärdiktatur und deren betrügerischen, gesetzlichen und psychologischen Manipulationen. Sie stellt mit einer gewissen Bescheidenheit fest: „Es ist einfach zu kämpfen, wie ich es tue..." (ihre unverhüllten Anspielungen erklärend) „...sie haben meinem Körper nichts getan. Denn wenn das körperliche Ich in Mitleidenschaft gezogen wird, bekommen der Mut und die Wut, glaube ich, eine andere Sprache."

Aus der Perspektive des Beobachters kann man einen hohen Grad an Überzeugung gegenüber dem Weg feststellen, den Eva gewählt hat, um ihre Integrität zu bewahren. Sie verneint mögliche dunkle Zonen in sich, die ihre Erfahrungen hinterlassen haben könnten, und führt an deren Stelle Elemente der jeweils bestehenden Realität ein, in der es auch heute noch ein bedeutendes Maß an Ohnmacht gibt wie z.B. die Straflosigkeit als Kompromiss zwischen der Exekutive und den Militärs. In dieser Kontroverse vertritt Eva klare und entschiedene Meinungen.

Summa Summarum: Das Leben ist für Eva intensiver geworden, und das vermittelt sich, glaube ich, ebenfalls in diesem Gespräch.

Eine Sonderbehandlung

Systematik der psychologischen Zerstörung in einem argentinischen Gefängnis

Eröffnung

Am Telefon fragte mich Hernán nach meiner Adresse in Buenos Aires und beschrieb mir, mit welchen Bussen ich fahren und wo ich umsteigen musste, um zu der Theaterschule zu gelangen, die er leitete.
Die Sicherheit, mit der er den Weg beschrieb, verriet ihn als waschechten Porteño[91]: Eine riesige Menge von Bussen webt ein Labyrinth zwischen die Straßen und Avenidas in Buenos Aires, sich darin auszukennen bildet eine Eigenschaft, die gewöhnlich nur den eingeborenen Porteños zuteil wird.
Ich kam früher als verabredet zum vereinbarten Platz und ging in einem leichten, frischen Regen durch das benachbarte Viertel. Ich sah mir das Schaufenster einer Eisenwarenhandlung mit deren üblichen Utensilien an, betrachtete das Schild einer Metzgerei – ein Schlachter, der ein lächelndes Kalb umarmte – bekam das Gefühl, Zeuge eines latenten Kannibalismus zu sein, und es durchlief mich das übliche Schaudern.
Das Institut für Kommunikationsmedien, das Hernán gegründet hat, ist von der Gestaltung her gut in das Viertel integriert. Die Wartezeit am Empfang verging schnell: Ich las Zeitungsartikel über ehemalige Schüler des Instituts, die bereits zu Ansehen und einer regulären Arbeit bei Radio, Theater oder Fernsehen gekommen waren. Die künstlerische und kulturelle Kreativität von Buenos Aires zeigte sich in dieser Werkstätte gut aufgehoben.
Hernán kam pünktlich und regelte noch einige Details im Büro. Er ist ca. 40 Jahre alt, schlank und spricht mit energischer Stimme.
Ich begann das Gespräch, indem ich mich auf Eva, seine Mutter, bezog, und erzählte ihm von meinem Interesse, ihn nach seinen Erfahrungen mit psychologischen Fachleuten im Gefängnis zu befragen. Ich sprach auch von der besonderen Anstrengung, die es bedeutet, in dieser Art von Erinnerungen zu graben. „Einmal hätte ich wohl ohnehin wieder an diese Dinge denken müssen“, antwortete er.

Das Interview mit Hernán

A.: Ich wurde verhaftet, während ich meinen Militärdienst leistete. Das kam selten vor, und ich kam in ein Militärgefängnis. Lange Zeit war ich der einzige politische Gefangene im Militärgefängnis.

F.: In welchem Jahr war das?

A.: 1973, im September 1973. Ich wurde einige Tage vor dem Putsch in Chile verhaftet. Ja, stell dir vor, sie verhafteten mich im September 73... und bis Ende 75 war ich völlig allein, in einer Abteilung nur für mich, eingesperrt in einer Zelle. Sie hatten mich als äußerst gefährlich eingestuft, daher gab es sehr strenge Sicherheitsvorkehrungen.

F.: Du warst sehr jung?

A.: Ich war gerade 21 geworden.

[91] Einwohner der Stadt Buenos Aires (Anm. d. Übers.)

F.: Aus welchen Grund haben sie sich auf deine Person gestürzt?

A.: Ehm, das war eine Frage des militärischen Stolzes. Ich war Soldat, gezwungenermaßen, ich leistete meinen Militärdienst. Die Operation, bei der ich verhaftet wurde, ärgerte die Streitkräfte sehr, weil wir den Staatsstreich aufhielten, wir hielten ihn hier in der Bundeshauptstadt auf. Sie sahen es daher als einen Verrat meinerseits an, sie verstanden nicht, dass meine Loyalität meinem Land gehörte und nicht der Institution, nicht wahr? Sie dachten, das wäre eine persönliche Angelegenheit für mich gewesen, was für diese Institution sehr typisch ist... Nicht mit ihnen übereinzustimmen bedeutete Verrat. Sie versuchten sogar, mich als Landesverräter zu verurteilen, was natürlich nicht funktionierte, das ging nicht... Sie gingen zu meiner Mutter und kündigten meine Erschießung an, letztlich... Aber wenn mein Fall auch sehr spektakulär war, so gab es doch gewisse Grenzen, die sie nicht übertreten konnten. In dieser Zeit gab es eine Periode einer konstitutionellen Regierung in Argentinien, so dass sie nicht viele Grenzen übertreten konnten.
Die Härte lag in der Isolierung, völlige Isolation. In dieser Zeit haben sie mich nicht viel geschlagen. Sie haben mich schon geschlagen, aber, sagen wir... das Schlimmste kam danach, während der Diktatur.

F.: Hattest du damals Kontakt mit Psychologen oder Psychiatern?

A.: In dieser Zeit war mein einziger Kontakt mit einem sagen wir Sozialwissenschaftler, einem Psychiater. Er war Oberstleutnant des Heeres und kam zu mir ins Gefängnis, um eine psychiatrische Untersuchung durchzuführen, mit einer ganzen Batterie von Tests, Rorschach etc. Mein damaliger Richter hatte ihn geschickt. Ich merkte, dass dieser Señor etwas konfus im Kopf war; ich war Psychologiestudent im zweiten Jahr meines Studiums, als sie mich verhafteten, abgesehen davon bin ich Sohn von Psychologen. So begann ich, diese Tests, die ich bereits kannte, systematisch zu verfälschen: Ich erinnere mich nicht mehr an Einzelheiten, aber bei einigen Bildern musste eine Form geschlossen werden, und ich schloss sie absichtlich nicht, oder ich sah auf einigen Karten des Tests absichtlich Dinge nicht, die ich hätte sehen sollen, und sah dagegen auf anderen unerbittlich eine Menge von Details, Dinge, die ich gar nicht hätte sehen können. Aber gut, zu Hause hatte ich die komplette Testbatterie, ich kannte sie auswendig. So machte ich mich über diesen Herrn lustig. Das war vor allem ein Abwehrmechanismus: Das letzte, was ich wollte war, dass ein Militärpsychiater mich kannte, es war eine Form, mich zu schützen. Damals war ich gerade 21 geworden, und die Möglichkeit, dass er etwas wirklich Persönliches von mir erfahren könnte, erfüllte mich mit Schrecken.

F.: Wie lange dauerte diese Untersuchung?

A.: Ich werde so zwei Stunden mit diesem Herrn zusammengewesen sein. Er kam mit einem Assistenten, der sich als Arzt vorstellte und an dem Gespräch nur als Beobachter teilnahm. Eine dritte Person kam und ging, und ich wusste, dass sie vom Geheimdienst war und das Gespräch überwachte. Sie hörte von der Wand aus zu. Es waren also drei, ich war nicht die ganze Zeit mit ihm allein.

F.: Kannst Du diesen Señor beschreiben?

A.: Es war ein Mann von etwa 45 Jahren, robust, mit Schnurrbart, kurzen Haaren, Brille, ein sehr typischer Militär mit der klassischen Ausbildung der traditionellen Psychiatrie. Das einzige, was er mir als Ergebnis sagte, war „Wissen Sie,... Sie haben nicht die geringste

Entschuldigung für..." Ich weiß es nicht mehr genau, aber was er mir zu verstehen gab, war, dass es keine psychiatrische Entschuldigung dafür gab, dass ich Guerrillero war. Und ich wollte ihm sagen, und ich habe ihm gesagt: „Und Sie wollen mir sagen, dass ich nicht Guerrillero geworden bin, um gegen meine Mutter oder meinen Vater zu kämpfen, irgendetwas in dieser Art?" Daraufhin sagte er: „Nein, Sie sind zweifellos Guerrillero geworden, weil Sie ein Arschloch sind." Daraufhin sagte ich: „Wahrscheinlich ist es so", und das Gespräch wurde etwas angespannt beendet, ja, und Punkt. Nie wieder habe ich etwas von ihm gehört. Er machte seine Diagnose, legte eine Akte an, und dabei blieb es.

F.: Gab es später ähnliche Szenen?

A.: Die Sache mit den Psychologen und Psychiatern begann, als sie mich aus dem Militärgefängnis holten, und ich in zivile Gefängnisse kam. Dort war der große Teil meiner compañeros, dort waren die meisten der politischen Gefangenen. Das war viele Jahre später, das war erst 1982. Das heißt, von 1973 bis 1982 hatte ich keinen Kontakt zu Psychologen oder Psychiatern irgendwelcher Art, außer vielleicht mit irgendeinem Psychologen oder Psychiater, der ab 1979 Mitglied der Interamerikanischen Menschenrechtskommission des Roten Kreuzes war. Sie forderten später, mich zu sehen, weil es Gerüchte gab, dass ich umgebracht worden sei, dass ich gelähmt sei etc. Damals hatten die Militärs keine andere Wahl, als diese Gespräche zu genehmigen, und unter den Leuten des Roten Kreuzes und der CIDH[92] waren Psychologen, Soziologen und Anthropologen, zu denen ich ein sehr unkompliziertes, offenes Verhältnis hatte, aber ich wusste nie genau, wer von ihnen was war. Es ging vor allem um Beschwerden.

F.: Und später?

A.: Also, als sie mich ab 1982 in zivile Gefängnisse verlegten, da tauchten Psychologen auf. Psychologen waren als aktives Personal des repressiven Systems vollständig in das Zivilgefängnis integriert. Sie waren wichtige Mitglieder des Repressionsapparates der Zivilgefängnisse. Ich kam direkt in ein argentinisches Gefängnis. Verrücktenfabrik ist die beste Definition dafür. In diesem Gefängnis war ich ein Jahr, in einer Abteilung für spezielle Fälle. Dort waren Leute, die sie einer repressiven Sonderbehandlung unterziehen wollten. Sie widmeten uns, sagen wir, eine besondere Art von Repression. Wir waren 25 Männer von unterschiedlicher politischer Gesinnung. Ich sage dir, ich hatte dort in diesem einen Jahr mit zwei Selbstmorden zu leben. Zwei compañeros brachten sich um, drei versuchten es, in vier Fällen handelte es sich m.E. um schwere Schübe akuter Schizophrenie, Asthmaanfälle bei der Hälfte der Insassen der Abteilung, von den etwas über 20 Personen hatten 10 Asthmaanfälle in dieser Abteilung. Außerdem hatten sie drei Diabetiker und zwei Personen mit Herzproblemen in diese Abteilung gesteckt. Diese Abteilung war nach Gesundheits- bzw. medizinischen Gesichtspunkten mit Bedacht zusammengestellt.
Von den beiden Personen mit Herzproblemen hatte zumindest einer einen Herzinfarkt oder einen Vorinfarkt. Es war das Jahr, in dem ich zum Beispiel am wenigsten geschlagen wurde. Sie haben uns fast nicht angerührt, es war eigentlich auch nicht nötig. Warum sollten sie uns schlagen? Wir steckten doch so schon... in dieser Geschichte, nicht? Ich vermisste das Militärgefängnis, wo sie mich zwei Mal die Woche zusammengeschlagen haben. Hier kamen die Psychologen zwei Mal die Woche, es waren Frauen, wir haben nie die Namen dieser Frauen erfahren.

[92] Comisión Interamericana de Derechos Humanos (Interamerikanische Menschenrechtskommission) (Anm. d. Übers.)

F.: Wie waren sie gekleidet?

A.: Das wechselte: mal mit, mal ohne Kittel, nie in der Knastuniform. Siehst du, jetzt wäre mir beinahe ein Ausdruck aus dem Gefängnisjargon herausgerutscht. Ich meine, sie trugen nie die Uniform des Gefängnispersonals, in diesem Falle grau. Sie waren immer in Zivil..., manchmal trugen sie weiße Kittel über ihrer Straßenkleidung. Es waren im Schnitt jüngere Frauen, zwischen 30 und 40 würde ich sagen, keine älter als 45 Jahre, keine jünger als 28. Alle spielten sie unweigerlich die Rolle der Guten. Sie waren die Guten, denen wir vertrauen sollten, auf die wir Hoffnungen setzen konnten, mit denen wir in Ruhe sprechen konnten, denn durch ihre Sensibilität und ihr Wissen über den Menschen würden sie eine Form finden, uns zu helfen. Ja, das war, was sie uns vorschlugen. Und wir, wenn uns etwas klar war, dann dass sie die Letzten waren, denen wir vertrauen durften. Niemand hat ihnen je getraut, niemals, nie!

F.: Hatten diese Leute kein spezielles Interesse an bestimmten Leuten zum Beispiel, an dir oder an einer Gruppe?

A.: Das Schema, das sie probierten, war, dass jede von ihnen eine Gruppe übernahm. Obwohl, am Anfang war ich der Star, weil ich der Sohn von XX und XY war, und alle wollten sie deren Sohn kennen lernen. Sie wollten mich kennen lernen, weil ich in diesem Gefängnis der berühmteste, der bekannteste Gefangene war, und sie hatten eine gewisse Schwäche für mich, weil ich etwas über Psychologie wusste. Ich hatte eine minimale Ausbildung, aber immerhin, also war ich ein interessanter Fall. Alle drei holten mich zu Gesprächen, ich weiß nicht, dort irgendwo, direkt neben der Abteilung... unter strengen Sicherheitsvorkehrungen.

F.: Gab es einen extra Raum?

A.: Er war direkt neben der Abteilung, innerhalb der höchsten Sicherheitszone.

F.: Aber gesondert, von den compañeros getrennt.

A.: Ja, wir waren allein..., aber im Blickfeld des Wachbüros.

F.: Die Wache konnte die Gespräche hören?

A.: Nein, aber die Psychologinnen legten bei allen Gesprächen ihre Taschen auf den Schreibtisch, sie haben alles ausnahmslos aufgenommen. Als Gefangene haben wir gut beobachtet, und es gab da gewisse Details: Sie haben zum Beispiel sorgfältig darauf geachtet, nichts aufzuschreiben, offensichtlich weil das Aufnahmegerät wackelt, wenn man anfängt, fest aufzudrücken, und dann schlecht aufnimmt. Diese Mädels hatten anscheinend wenig Erfahrung und merkten nicht, dass sie es mit alten Gefangenen zu tun hatten, das heißt mit Gefangenen mit langjähriger Erfahrung, repressive Mechanismen aufzudecken und ihnen zu widerstehen. Die drei spielten die Rolle der Guten, also, ich sollte ihnen vertrauen, all dieses Gerede, was du dir denken kannst. Die drei versuchten, mit mir die grundlegenden Tests durchzuführen, das heißt die Projektiven, den Rorschach. Ich akzeptierte nicht einen, ich sagte nein, wir können reden über was sie wollen, aber ich werde keinen Test machen. Es ist offensichtlich, worum es hier geht, und mir scheint das nicht seriös...

F.: War das ihre übliche Art vorzugehen?

A.: Wir hatten ein politisches Abkommen unter allen Gefangenen in dieser Abteilung. Wir waren aus verschiedenen politischen Gruppierungen, aber es bestand Einigkeit darüber, keine Art von Vertraulichkeiten mit diesen Frauen zuzulassen. In meinem Fall war das ziemlich sonderbar, weil sie so darauf bestanden. Sie waren scharf darauf, sagen wir. Und ich war scharf darauf, aus ihnen Informationen herauszubekommen. Es war also eine Situation ein bisschen wie ein Pokerspiel, bei dem sie versuchten, mir etwas aus der Nase zu ziehen, und ich versuchte, ihnen etwas aus der Nase zu ziehen.

F.: Kannst du das bitte genauer beschreiben?

A.: Der Grund für diese Kommunikationsversuche, denn eigentlich wurden daraus nie wirkliche Diskussionen, war die Tatsache, dass wir sehr besorgt waren über die Situation einiger compañeros, von denen sich zwei, wie ich dir sagte, umgebracht haben, und wegen der Asthmaanfälle etc. etc... Man kann auch sagen, es bestand ständig das Risiko, dass jemand starb, und es war offensichtlich, dass es sich um eine psychosomatische Situation handelte, nicht wahr? Wir waren also sehr in Sorge deswegen, und daher versuchten wir auf irgendeine Weise, ich will nicht sagen, sie zu sensibilisieren, aber sie zumindest zu warnen, dass sich in dieser Abteilung jemand umbringen könnte, und dass danach schreckliche Dinge passieren würden. Und ihre Haltung war sehr merkwürdig, sehr merkwürdig. Sie sagten, sie seien völlig auf dem Laufenden, sie hätten die Situation perfekt unter Kontrolle, sie führten persönliche Gespräche mit den Jungs, die sich in Risikosituationen befanden, und dass wir uns keine Sorgen machen bräuchten, dass sie sich darum kümmern würden, dass es ihre Verantwortung wäre und nicht die unsere, dass wir völliges Vertrauen in die professionelle, medizinische und institutionelle Kontrolle haben könnten, die es für die Abteilung gab, dass es keinerlei Risikosituationen geben könnte, die nicht unter Kontrolle waren. Natürlich sagten wir ihnen, sie seien völlig verrückt, dass das nicht gut ausgehen würde. In einem Fall hatte ich eine sehr hässliche Diskussion mit einer von ihnen. Es war eine junge Frau von etwa 30 Jahren, dunkle, kurze Haare, so nach vorne gekämmt, manchmal benutzte sie eine Brille, manchmal nicht, eine verführerische Frau, sehr hübsch. Sie spielte damit, weißt du. Sie flirtete mit mir ein wenig, ganz diskret: Das Dekollete viel weiter geöffnet, als man es sonst im Gefängnis sah, die Beine gekreuzt, die Lider halb geschlossen, Blicke in den Augen, der Versuch, auf diese Weise eine Gesprächsebene zu erzeugen, ja, solche Sachen, kleine Details. Sie versuchte, mich zurechtzubiegen, glaube ich, ja. Und schließlich war ich seit Jahren nicht mehr mit einer Frau zusammen gewesen, also, du kannst dir vorstellen... Ich versuchte auf sie Druck auszuüben, wo ich konnte: „Sieh mal, wenn es hier einen Toten gibt, wirst du dafür die Verantwortung tragen“, genau das habe ich ihr gesagt...

Und mit ihr hatte ich einen hässlichen Streit, eigentlich war es kein Streit, aber... Wie kann ich dir das erklären? Es war so, dass man in diesen Situationen eine Form fand zu reden, die den anderen verstehen lässt, dass man ihm nur deswegen nicht die Faust ins Gesicht schlägt, weil man weiß, dass sich das nicht gehört. Also, das war eine sehr angespannte Situation, weil wir merkten, dass die Situation in der Abteilung immer schlimmer wurde, und diese Frau fing an mit Deutungen aus der typischen Schule: Dass ich die Rolle des Papas einnehmen würde, dass ich mit der Institution konkurrieren wollte, dass ich eine Position einnehmen wollte, die mir nicht zustünde, warum wir nicht über meine Familie redeten, von meinem Verhältnis zur Autorität, zu meinen Eltern, dass wir dann vielleicht besser den Grund meiner Besorgnis verstehen könnten und den Grund, warum ich mich um Dinge kümmerte, die nicht meine Sache waren, warum ich eine Stellung einnehmen wollte, die nicht meine war.

Ich war fürchterlich empört. Sie wollte mich, sagen wir einer schlecht verdauten Anleitung aus einem Schülerlexikon folgend, mit einer Deutung über meinen Ödipuskomplex abspeisen; dabei ging es um ein Problem von Leben und Tod, um Menschen, die sterben würden, die sich umbringen wollten, die auf direktem Weg ins Krankenhaus waren, in einem Moment, in dem die Sauerstoffflaschen ausgingen, um die täglichen Asthmaanfälle zu behandeln. Verstehst du? Und diese Frau, die sich hinter dieser Vorform von Psychoanalyse verschanzte, wie ich es nennen würde, die mir meine Empörung, meine Verzweiflung und Sorge über Leben und Tod meiner compañeros deuten wollte...
Das war sehr unangenehm, ich beschimpfte sie scheußlich, denn es kam der Moment, in dem ich... also, ich schrie sie nicht an, aber ich sagte ihr auf üble Weise, dass ich genug hätte von diesem Psychoanalysieren und Psychologisieren von Dingen, die man nicht psychologisieren kann, und ich sagte ihr: „Nun komm mir nicht jedes Mal, wenn ich mich schlage, damit dass das was mit dem bösen Phallus zu tun hat, denn ein Schlag ist ein Schlag und der böse Phallus ist der Phallus..." Sie sagte nein, so nicht, dass ich übertreibe, dass sie meine Kenntnisse bewundere, meine Bildung, dass es interessant sei, mit mir zu reden, aber dass ich endlich zugestehen müsste, dass sie die Professionelle sei und nicht ich, dass sie diejenige sei, die zu deuten hätte und nicht ich, und dass im Moment... „Wie komisch", sagte sie, „im Moment deutest du mich..." Ich sagte: „Ja, ich deute dich, weil du auf der anderen Seite stehst, weil du auf der Seite der Unterdrücker stehst und ich auf der Seite der Unterdrückten, da gibt es nichts zu psychologisieren, da gibt es ein Gitter, das uns trennt."
Sie argumentierte, das sei Psychoanalyse, dass wir jetzt unter uns seien: Sie würde hier ihre Arbeit machen, und sie würde sie gerade wegen ihrer Verpflichtung der Wissenschaft und der Menschheit gegenüber machen. Sie hielt mir einen richtigen Vortrag und glich dabei schon fast der Mutter Theresa aus Kalkutta... Verstehst du? Und dann, also, ich argumentierte, wenn das wirklich ihre Denkweise und wirklich ihre Motive wären, dass sie sich dann dringendst für die Evakuierung einiger Personen aus der Abteilung einsetzen sollte, weil sie sonst sterben würden. Bah, sie sind gestorben, sie sind gestorben.

F.: Erinnerst du dich an diese Situation?

A.: Das war eine vertrackte Situation, weil die zwei Jungs, die sich in dieser Abteilung umbrachten, sich während der Pause umbrachten. Das heißt, in diesem Gefängnis konnte man sich krank melden (und in der Zelle bleiben), wenn wir zur Pause in einen geschlossenen Hof rausgeholt wurden. In diesem Gefängnis siehst du nie die Sonne. Das, was sich Pausenhof nannte, war praktisch ein geschlossener Saal, und wir mussten alle schön in Formation gehen, die Hände auf dem Rücken. Der erste Junge, der sich umbrachte, sagte, er sei krank, der Arzt hatte ihn tatsächlich als krank gemeldet, und er blieb in der Zelle eingeschlossen. Wir waren alle sehr angespannt, denn wir sahen, wie schlecht es ihm ging. Wir sprachen mit ihm, aber wir hatten keinerlei Mittel, ihm zu helfen. Und plötzlich bemerkten wir ungewöhnliche Vorgänge, eine Trage, Sauerstoffflaschen, Ärzte, die hin und herliefen. Also forderten wir Erklärungen darüber, was zum Teufel vorging. Und... nach kurzer Zeit bemerkten wir es selbst: Der Junge musste sich umgebracht haben, und danach sahen wir die Trage mit dem zugedeckten Körper... Wir konnten alles rekonstruieren: Er hatte sich mit einigen Laken, die in der Zelle waren, aufgehängt...

F.: Und was passierte nach all dem mit den Psychologinnen?

A.: Äh... Die Psychologinnen tauchten nicht auf, als der Selbstmord bekannt wurde. Am nächsten Tag auch nicht. Am übernächsten Tag erschienen ein oder zwei von ihnen, ich

erinnere mich nicht genau. Sie versuchten, einige von uns zu sehen, mich nicht... Sie riefen einige auf, es war ganz interessant, wen sie aufriefen: Die, die am schlechtesten dran waren, und diese kamen in einem noch schlimmeren Zustand zurück: Sie suchten sich die Schwächsten aus, und die waren völlig fertig, völlig zerstört, als sie zurückkamen. Ich erinnere mich sehr gut an zwei Fälle: Einer war ein compañerito, der seit zwei Monaten ständig Gespräche mit einer Marsbasis einer Geheimsekte auf dem dritten Jupitermond führte. Dieser compañero war voll im Schub. Es war ein Typ mit einer erstaunlichen humanistischen Bildung. Es hatte in seinem Leben den Versuch gegeben, Jesuit zu werden; danach wurde er Guerrillero. Er war sehr kurzsichtig und von einer erstaunlichen Intelligenz. Du kannst Dir nicht vorstellen, wie dieser Junge von dem Gespräch mit dieser Frau, ich weiß nicht mit welcher, zurückkam. Er sabberte nur noch. Von dieser Sitzung kam er völlig zerstört zurück.
In der Pause ging ich sofort zu ihm. Wir hatten einige Maßnahmen zur Selbstkontrolle, und wir hatten unter uns die Aufgaben verteilt, die compañeros, denen es schlechter ging, zu begleiten. Es war nicht möglich, aus ihm ein vernünftiges Wort über irgendetwas und über sein Gespräch mit der Psychologin herauszuholen. Das einzige, was ich herausbekam, war, dass sie ihn endlich verstanden hätte, dass endlich jemand die Wahrheit in seinem Leben und seine Mission erkannt hätte. Bis dahin hatte sich diese Frau darauf beschränkt, sich mit ihm als Fall zu unterhalten. Sie nutzte die traumatische Konjunktur des Selbstmords etc., sah ihn geschwächt und gab ihm recht. Sie sagte ihm, es stimme schon, das wäre kein Delirium bei ihm, und damit stieß sie ihn ins Loch, in das schlimmste aller Löcher. Er kam dort nie wieder heraus. Denn bei ihm wechselten sich Momente der Klarheit ab mit den Momenten des Wahns, aber davon hat er sich nie wieder erholt. Natürlich begann er mit dem Geist dessen, der sich umgebracht hatte, zu sprechen.
Das war fast wie aus einem Handbuch „Was könnte passieren?“ Und es passierte. Der andere Fall war ein compañerito, der homosexuell war. Ein exzellenter compañero und ein glänzender Intellektueller außerdem. Er war homosexuell und glaubte in einen der compañeros aus der Abteilung verliebt zu sein, oder er war wirklich in ihn verliebt.
Er hatte diese Situation mit der Psychologin abgeklärt, obwohl ich ihm sagte, dass er das auf gar keinen Fall tun sollte, niemals, niemals sollte er einer Psychologin des Repressionsapparates so etwas in die Hand geben. Gut, zwei Tage nach dem Selbstmord ging er zu diesem Gespräch. Einige Tage nach dem Gespräch hatte der Junge einen schrecklichen Gewaltausbruch, schwierig zu erklären... Er schlug auf den compañero ein, in den er verliebt war, begann, die Polizisten zu beschimpfen etc. Es war an mir, ihn zurückzuhalten, denn er war auf dem besten Weg, diese Art von Prügel zu beziehen, von denen man sich nur schwer erholte. Und gut, ich weiß nicht wie, ich bekam ihn in den Griff. Aber es ging auch ihm sehr schlecht, sehr schlecht. Und ich würde sagen, erst als wir aus diesem Gefängnis in den Süden, nach Rawson, verlegt wurden, erst dann erholte er sich, er brauchte etwa sieben bis acht Monate dafür. Jetzt geht es ihm zum Glück gut. Er ist ein halbwegs anerkannter Intellektueller, lebt ein normales Leben und hat seine Homosexualität akzeptiert. Er lebt sein Leben, ein sehr fähiger Mann, aber die Folgen sind klar.

F.: Siehst du irgendein System darin?

A.: Ab dem ersten Suizid machte sich die Präsenz der Psychologinnen in dieser Abteilung immer bemerkbarer, und wir stellten fest, dass sie ihre Taktik veränderten: Einige von uns, also die, die sie als gesünder ansahen, riefen sie nicht mehr zu sich. Und wenn wir, denen es besser ging, sie sehen wollten, empfingen sie uns nicht. Sie widmeten sich nur noch der Arbeit mit den Schwächeren, und denen ging es von Tag zu Tag schlechter. Ich glaube, wenn wir noch ein halbes Jahr länger in dieser Abteilung geblieben wären, hätten wir noch einen Selbstmord und viele Krisen mehr gehabt. Man kann auch sagen, diese Frauen haben ihre Aufgabe sehr effektiv erfüllt im Sinne von sehr zerstörerisch. Was ich dir nicht mit Garantie sagen kann, ist, ob das alles das Resultat eines Planes, einer Strategie war...

F.: Der zweite Suizid, wie war das?

A.: Die gleiche Methode, die gleichen Umstände...

F.: Der Junge hatte eine Krise und brachte sich um?

A.: Beide Fälle waren in „Behandlung". Mit den beiden Jungen, die sich umbrachten, hatten sie einen aktiveren, systematischeren Kontakt. Sie sahen sie jeden zweiten Tag. Mit den Übrigen dagegen gab es hin und wieder Gespräche. Die Konstante, die man beobachten konnte war, je häufiger die Psychologinnen anwesend waren, umso stärker war der psychische Verfall derer, die mit ihnen zu tun hatten. Dieser Mechanismus war sehr deutlich. In dem Fall des ersten Suizids war der Junge außerdem in psychiatrischer Behandlung, ein Psychiater gab ihm Tabletten. Ihre Politik war, dass der Arzt und der Psychiater, die ihn beide behandelten, ihm erklärten, er wäre ein psychiatrischer Fall, und wenn er die Tablette nähme, würde alles gut werden. Und sie gaben ihm eine ganze Batterie von Pillen. Die Psychologin spielte das Spiel andersherum. Sie sagte ihm, sein Problem sei nicht psychiatrisch, sein Problem sei rein psychologisch, und wenn er die Art der Behandlung, die sie ihm anbot, akzeptieren würde, würde es ihm viel besser gehen. So wusste er nicht mehr, was er glauben sollte.

Im Fall des ersten Suizids musste der Junge zweimal am Tag Tabletten nehmen. Ich werde dir das rekonstruieren: In der Woche vor dem Suizid begannen sie, die Tabletten zu manipulieren. Zum Beispiel gaben sie ihm die Tabletten so, dass er sie zusammen nehmen musste, zum Beispiel hätte er morgens zwei und abends zwei nehmen sollen, aber sie gaben ihm mittags alle vier zusammen. Nicht, dass der Sanitäter nicht morgens und abends gekommen wäre. Er kam morgens und gab allen, was er ihnen geben musste, und er kam abends und gab allen, was er ihnen geben musste, außer dem Jungen, dem gab er alles zusammen mittags. Das ist offensichtlich, oder? Der Kleine musste sich daher selbst medikamentieren, weil ihm die Tabletten fehlten, und er nahm alle vier auf einmal. In den letzten drei Tagen gaben sie ihm die Nachttablette nicht mehr und zwangen ihn so dazu, darum zu bitten. Und um darum zu bitten, war er gezwungen, sich mit dem Zellenwärter zu streiten. Es machte ihn sehr nervös, es ging ihm schlecht dabei. Morgens um 2 oder 3 Uhr erschien dann der Pfleger mit den Tabletten. Die Tabletten waren drei Meter entfernt, aber der Pfleger kam, als alle Welt schlief, um sie ihm zu geben, was wegen der Gitter und der Schlösser ungeheuren Lärm machte. Denn hier hört man alles, weißt du? Du putzt dir die Zähne, und alle bekommen es mit. In den letzten drei Tagen machten sie das mit ihm. Sie gaben ihm die Tabletten wieder morgens und dann keine mehr. Sie ließen ihn darum kämpfen, und dann erst gab es die Tabletten. Auf diese Weise schikanierten sie ihn um drei Uhr nachts und außerdem uns alle, weil wir um diese Zeit schliefen. Natürlich hat niemand ihm gegenüber ärgerlich reagiert. Uns war allen klar, dass sie das mit ihm machten, damit wir sauer wurden, damit er sich schlecht fühlte. Gut, wir passten auf, dass uns das nicht mit ihm passierte. In den letzten Tagen wurde es sogar solidarischer, es war die Abteilung, die um die Tabletten bat. Am letzten Tag, also dem Tag vor seinem Suizid, gaben sie ihm gar nichts. Also beschwerten wir uns, die gesamte Abteilung forderte die Anwesenheit des Arztes, des Psychiaters und der Psychologinnen. Es kam eine der Psychologinnen, ich habe nicht mit ihr

gesprochen. Sie sprach mit einem anderen compañero, aber allein, denn da die gesamte Abteilung sich beschwert hatte, nahmen sie nur einen Einzelnen mit. Sie sahen das als einen politischen Akt an, daher nahmen sie nicht irgendeinen mit. Diesen compañero hatte sie auch mit Bedacht ausgewählt, es war ein Junge, der ständig Asthmaanfälle hatte und eine physische Deformation, er hatte einen Buckel. Er war Zeuge vieler Massaker gewesen, sie hatten viele seiner Leute erschossen, und es ging ihm sehr schlecht. Er träumte sogar davon, es war ein sehr sensibler Junge, Musiker... Der Junge kam zurück und erzählte, die Psychologin habe gesagt, es sei eine Gewissensfrage, das zu fordern. Sieh mal an, eine Gewissensfrage. Sie sei nicht damit einverstanden, dass man ihm bei der psychiatrischen Behandlung Tabletten gab. Der Junge war klar genug, um ihr zu sagen, „aber sie wirken". Da sagte sie, inzwischen würde es sich um eine Abhängigkeit handeln. „Dann kriegen Sie die Abhängigkeit in den Griff, und erzählen Sie mir nichts von wissenschaftlichen Differenzen.", sagte er. Sie antwortete: „Für mich ist das ein Problem auf einer anderen Ebene. Ich bin ebenso wenig damit einverstanden, dass sie ihm Tabletten geben, wie damit, dass sie sie ihm nicht mehr geben." So ein Arschloch!
Aber außerdem, hat der Junge erzählt, habe sie gesagt, das sei kein Problem ihres Kompetenzbereiches, sie sei Psychologin, keine Ärztin, und dass die Regelungen der Institution respektiert werden müssten. Und dass die Institution Leute hätte, die Tabletten geben, und Leute, die für Deutungen zuständig sind. Und sie gehörte zu denen, die für Deutungen zuständig sind, dafür sei sie da, und für die Tabletten seien die Ärzte da, und dass wir mit den Ärzten sprechen müssten, warum wir überhaupt verlangt hätten, mit ihr zu sprechen. Also, sie hat ihn im Stich gelassen, und am nächsten Tag brachte der Junge sich um. Das war die glückliche Beteiligung der Psychologin an dieser Episode.

F.: Und warum brachten sie den kleinen Buckligen zu der Psychologin und nicht zum Arzt?

A.: Weil wir nach allen fragten, Ärzten, Psychiatern, Psychologen... Der Arzt kam aber erst, als der Jungen sich schon umgebracht hatte, vorher nicht.

F.: Der Psychiater kam nicht?

A.: Daran erinnere ich mich nicht. Ich erzähle dir das, an was ich mich wirklich erinnere, bei dem Psychiater kann ich mich nicht genau daran erinnern, ob er kam. Der Arzt und die Psychologin, die kamen.

F.: Könnten wir diese Zeit rekonstruieren?

A.: Etwa sechs bis acht Monate danach kamen wir in das Gefängnis von Rawson. Die Gründe dafür waren, dass der Druck der lokalen und internationalen Menschenrechtsorganisationen die Aufrechterhaltung dieses Gefängnisses untragbar machte, besonders dieser Abteilung. Sie war als „Versuchsabteilung" bekannt.

F.: War das eine Einheit?

A.: Also, dort sind die Abteilungen Stockwerke, es gab 20, und wir waren, wenn ich mich nicht irre, im 18ten.

F.: Und dann?

A.: Uns kannte man als die Versuchsabteilung. In diesem Gefängnis gab es vier weitere Abteilungen voll mit politischen Gefangenen. Wir hatten jedoch das Gefühl, dass unsere Situation eine Ausnahme war.

F.: Kannst du das bitte erklären?

A.: Also, das ist ganz einfach: Die Beamten, die diese Abteilung betreuten, waren ganz andere als in den anderen Abteilungen mit politischen Gefangenen. Die Zellenwärter, der Zahnarzt, der Sanitäter, das ganze Personal für unsere Abteilung war ein anderes, ein gesondertes Personal. Wir hatten auch andere Besuchszeiten, damit die Besucher dieser Abteilung nicht die Besucher der anderen trafen.

F.: Konnte man in eurer Abteilung beobachten, dass es Personen gab, die mit einer gewissen Regelmäßigkeit außerhalb der Besuchszeiten kamen?

A.: Nein, das gab es nicht, im Gegenteil. Ein Merkmal dieser Abteilung war ihre Isolierung vom gesamten Gefängnis. Es war eine völlig reizarme Abteilung. Nicht nur, dass wir niemanden Fremden sahen, wir sahen ungewöhnlich wenig Leute. Aber uns fiel auf, und das verstanden wir erst später, dass wir es immer noch nicht geschafft hatten, ein gutes Kommunikationssystem mit den anderen Abteilungen aufzubauen, das war sehr schwer in diesem Gefängnis. Alle Möglichkeiten waren unter Kontrolle. Daher war es sehr mühsam, mit den anderen compañeros Informationen auszutauschen. Später, als wir mit den anderen compañeros in Rawson waren, nachdem wir die ersten Informationen ausgetauscht hatten, begannen wir diese Abteilung besser zu verstehen. Über diese Abteilung wurde eine unglaubliche Menge an Formularen ausgefüllt. Es war wirklich nicht normal, welche Menge an Formularen sie ausfüllten. Die Wärter haben die ganze Zeit Formulare ausgefüllt. Danach entdeckten wir auch, dass von den Abteilungen der anderen compañeros aus... Schau, in diesem Gefängnis waren die Fenster und die Zellen in den Gängen so angeordnet, die Vorderseite der Zelle ist ein Gitter, der Gang bog sich zum Ausgang. Es waren Einzelzellen mit einer Toilette und einem Waschbecken im hinteren Teil. Man war also völlig autonom, es gab keinen Grund, die Zelle zu verlassen. Nur einmal am Tag kamen wir raus in diesen Pausenhof, den Rest der Zeit warst du eingesperrt. In jeder Zelle einer. Danach erfuhren wir, dass in den anderen Abteilungen die Zellenwärter nicht herumliefen wie bei uns, nie, nur wenn der Essenswagen kam. Der Typ verteilte das Essen... In den anderen Abteilungen mit politischen Gefangenen wurde der Wagen von einem normalen Häftling gebracht, manchmal sogar von einem compañero, der das Essen verteilte, so dass das nicht einmal der Wärter machte. Ich erwähne das, weil damit deutlich wurde, was auf den Gängen passierte. In den anderen Abteilungen war niemand auf dem Gang, in unserer Abteilung dagegen kam jede Stunde ein Wärter vorbei, Stunde für Stunde...

F.: Brachte er euch Nachrichten oder sprach er mit euch?

A.: Nichts, sie sprachen nicht mit uns.

F.: War es immer derselbe?

A.: Es war eine Gruppe, die sich in Achtstundenschichten abwechselte. Es war eine sehr kleine Gruppe, sehr reduziert. Nie war ich in einer Situation, in der ich so wenig Leute kannte.

F.: Und vom äußeren Anschein dieser Leute: Machten sie den Eindruck von gewöhnlichen Wärtern, die irgendeine Ausbildung hatten?

A.: Die Wärter, die bei uns waren, waren nicht der Typ des provinziellen Wärters, Dunkelhäutige aus dem Landesinneren, in der Regel aus der Provinz Corrientes. Diese Beamten waren anders. Aber in diesem Gefängnis war ein Offizier an der Spitze, auch das war nicht normal. Andere Leute, die im Gefängnis waren, hatten nie einen Offizier an der Spitze der Abteilung gehabt. Unsere Abteilung hatte immer einen Offizier, und unsere Offiziere waren in der Regel jung, das fiel uns auf. Sie waren jung, das heißt, sie waren in den ersten 10 Jahren ihrer Offizierslaufbahn.

F.: Und die Informationen, die kursierten, kursierten sie durch die Wärter?

A.: Soweit wir wissen, ja. Das Problem war, dass wir keine Möglichkeit hatten zu wissen, was vor sich ging, wo wir waren. Sonst konnten wir miteinander sprechen. Um uns über die Gänge zu unterhalten, benutzten wir Spiegel, aber in dieser Abteilung gab es keine Spiegel. Zum Rasieren holten sie uns raus zu einer Dusche, die es weiter vorne gab, aber wir konnten nicht wissen, ob nicht die ganze Zeit jemand dort stand.

F.: Aber habt ihr nicht auch gehört, wenn mit dem Leutnant oder dem Offizier gesprochen wurde?

A.: Wir bemerkten, dass es ständig Besprechungen gab, immer da draußen, also wenn das hier die Abteilung ist, dann war da ihr Bereich mit ein paar Büros. Immer war dort etwas in Bewegung.

F.: Die Gespräche habt ihr nicht gehört?

A.: Nein, das ging nicht, das war nicht möglich, wir konnten sie nicht hören. Das ist auch klar wegen des Grundrisses des Gefängnisses, er ist wie ein U. Also, die beiden Arme kommen hier zusammen, und auf der anderen Seite gibt es zwei solche, in diesem Gefängnis war das so, und in der Mitte kommt Licht von oben. Und stell dir vor, über uns war niemand und unter uns war niemand, auf dieser Seite des U's waren wir, auf der anderen Seite war auch niemand. Die Abteilung war völlig isoliert, verstehst du?

F.: War deswegen die Kommunikation so schwierig?

A.: Das war einer der Gründe. Zwischen uns funktionierte sie schließlich. Wir fanden eine Form, mit Reflexen letztlich, mit den Händen und verschiedenem anderen Kram konnten wir das lösen. Das Erstaunliche war: Niemand über uns, niemand unter uns, niemand gegenüber und dazwischen eine Leere, und das im 18ten Stock, das war ziemlich verrückt. Im ganzen Gefängnis gab es nicht noch einmal so eine Abteilung. Einmal hatte ich eine Diskussion mit dem stellvertretenden Direktor des Gefängnisses, bei der ich ihn fragte, wie es möglich sei, dass er drei Abteilungen leer stehen lässt in einem Gefängnis, das mit Gefangenen überfüllt ist. Ich sagte ihm, er solle mir nicht damit kommen, dass die drei gerade gestrichen oder umgebaut würden, das würde ich ihm nicht glauben. Also hat mir der Typ ganz klar geantwortet: „Aber sicher, Sie sind Spezialfälle und daher isoliert. Ich habe Befehle, Sie so unterzubringen, und das werde ich auch weiterhin tun. Und die gemeinen Häftlinge können mich mal. Seit wann kümmern sich denn die politischen Gefangenen um die gemeinen Häftlinge?“ Das hat er geantwortet. Daraufhin meinte ich: „Ich habe mich immer um die gemeinen Häftlinge gesorgt. Sie sind Gefangene wie ich, sie sind auf der gleichen Seite des Gitters wie ich. Aber jetzt mache ich mir außer um sie auch um meine Leute Sorgen. Hören Sie, das ist alles sehr merkwürdig, was verdammt noch mal passiert mit uns, warum sind wir isoliert?“ „Sie sind Spezialfälle, und ich habe diesen Befehl.“ Punkt, mehr sagte er nicht dazu. Er war ganz offen. Die Offiziere des Strafvollzuges, wenn man ihnen die Stirn bietet, sprechen ganz offen. Bei Polizisten oder Militärs ist das anders. Und damit war bestätigt, dass mit dieser Abteilung etwas los war.

F.: Nun zu dem, was du erlebt hast: Das Personal und die Psychologinnen, haben sie irgendwann einmal etwas Persönliches über sich erzählt?

A.: Nie. Natürlich haben die drei, die meine Mutter kannten, erzählt, dass sie meinen Stiefvater kannten, den Ex-Mann meiner Mutter. Und ja, wie ich mich denn fühlte, Sohn von so bekannten Personen zu sein, wie ich das erlebt hätte, dass es sicher nicht einfach gewesen wäre so bekannt zu sein als Sohn von so angesehenen Leuten.

F.: Aber das bezieht sich auf dich...

A.: Ja, aber darüber sprachen sie mit mir, und ich habe ihnen vorgehalten, dass es vielleicht andersherum sei: „Wie oft haben Sie einer Person wie mir gegenüber gesessen und mit ihr geredet?“ Natürlich taten sie so, als hätten sie den Witz nicht verstanden, also sagte ich: „Das Problem ist nicht, ob es für mich einfach oder schwierig war oder ist, Sohn von berühmten Leuten zu sein, das Problem ist eher: Wie erleben Sie das, jemanden in ihrer Hand zu haben, den Sohn einer Frau, die ihre Professorin war? Also kommen sie mir jetzt nicht mit dem Quatsch, das sei nicht das Problem. Das Problem liegt darin, dass Sie hier rausgehen und erzählen: „Stell dir vor, wen ich da vor mir sitzen hatte...“ Und es hat ihnen nicht gefallen, was ich da gesagt habe.

F.: Gab es unter deinen Leuten, den 25 Gefangenen, jemanden, der eine etwas persönlichere Beziehung zu ihnen hatte?

A.: Ja, die, denen es am schlechtesten ging, und die, die am schlimmsten endeten...

F.: Ja, aber ich meine in dem Sinn, ob die Psychologinnen mit einem von ihnen über ihr Privatleben gesprochen haben...

A.: Soweit ich es erfahren habe, haben sie nie über ihr Privatleben gesprochen.

F.: Es gab nie so eine Beziehung...

A.: Soweit ich es erfahren habe, nein. Das einzige Persönliche, von dem ich erfuhr, war, dass zwei von ihnen an der Katholischen Universität studiert hatten und eine an der UBA[93], wenigstens haben sie es so gesagt. Wer weiß, ob es stimmt, aber es ist gut möglich. Als ich sie fragte, wo sie studiert haben, wollte keine es mir sagen. Dann haben mir aber andere compañeros erzählt, dass sie ihnen gesagt haben, zwei wären von der UCA[94] und eine von der UBA. Mit einer gab es etwas mit Lacan. Dieser homosexuelle Junge, der ein intellektuell gebildeter Typ war, entdeckte einmal bei einem Gespräch mit einer von ihnen eine lacanianische Wendung in ihrer Ausdrucksweise. Er erzählte mir, wie er zu ihr sagte: „Sag nicht, du bist Lacanianerin!“, und sie meinte: „Ist es was schlechtes, Lacanianerin zu sein?“ „Sieh mal,“ sagte er: „für jemanden in meiner Situation ist es ein Horror, einer Lacanianerin gegenüberzusitzen.“ Sie antwortete: „Die Psychologie ist Lacan.“ Daran erinnere ich mich ganz genau: Sie sagte, die Psychologie ist Lacan. Darauf hat er gesagt: „Also sitze ich hier mit Lacan?“ „Stell dir vor, so ist es...“ Ich weiß nicht mehr, ob der Dialog wortwörtlich so verlief, aber es war sein Inhalt.

[93] Universidad de Buenos Aires (Anm. d. Übers.)
[94] Universidad Catolica (Anm. d. Übers.)

Ich erzähle dir gleich noch etwas anderes Bemerkenswertes aus dieser Abteilung. Das hat zwar nicht direkt etwas mit dem Thema zu tun, aber damit kannst du dir das Panorama besser vorstellen. Es geht um das Essen. Wir bekamen nicht das gleiche Essen wie die anderen. Es war auch kein Gefängnisessen. Als wir nach Rawson kamen, setzten wir uns alle zusammen und begannen, über all das Berichte zu verfassen. In unserer Abteilung war ein compañero, der drei oder vier Jahre Medizin studiert hatte. Er und andere Ärzte unter den compañeros begannen, das Ernährungsmuster dieser Abteilung zusammenzustellen und es mit dem der anderen Abteilungen zu vergleichen. Es war überraschend, was sie entdeckten. Weißt du, unsere war die hyperfette Abteilung, das heißt, unsere Abteilung hatte eine Ernährungszusammenstellung mit einer monströse Menge von Fetten, das war nicht normal. Ich sage dir, ich habe mich die ganze Zeit krank gefühlt, und ich war ein gesunder Typ, hart im Nehmen. Das Essen dort war beschissen, denn schon beim Essen hast du gemerkt, dass das Essen dir nicht gut tut. Im Gefängnis isst man nie gut, das ist klar, aber nirgends war das Essen schlimmer. Es war reichlich und sehr fett, und es gab dreimal am Tag das Gleiche, wenn ich mich nicht irre. Und es war scharf. Kannst du dir ein Gefängnis vorstellen, in dem man sich damit aufhält, scharfes Essen zu machen? Es war lächerlich, wir bekamen scharfes Essen... Wir versuchten, das Essen in dem Waschbecken, das wir in der Zelle hatten, zu waschen. Wir zogen vor, es kalt zu essen. Stell Dir das vor in einer Abteilung mit... Einer hatte einen Bypass, ein anderer hatte kurz vor einem Herzinfarkt gestanden. Ja, diese Geschichte mit dem hyperfettem Essen und außerdem immer wieder sehr scharf... Zum Beispiel die Würste, die in einem Eintopf schwammen, drei oder vier Würste sollten wir essen, aber jeden Tag, sehr merkwürdig.
Außerdem wollte ich dir noch sagen, dass diese drei Psychologinnen nicht in die anderen Abteilungen mit politischen Gefangenen gingen. Und noch ein anderes interessantes Detail: Wenn ein Zellenwärter zu einem von uns sagte: „Sowieso, kommen Sie“ – „Wohin?“ – „Kommen Sie“ – „Wohin?“, siehst du, dann gab es so etwas wie einen Machtkampf: „Wenn Sie mir nicht sagen, wohin, komme ich nicht.“ Dann drehten sie sich um: „Sie müssen kommen“ – „Nein, ich muss nicht. Wenn es zur Psychologin geht, muss ich nicht. Wenn ich will, gehe ich, wenn nicht, gehe ich nicht.“ Gut, wenn so etwas einmal vorgekommen ist, hat Dich die Psychologin nicht mehr rufen lassen. Sie arbeiteten nur noch mit den compañeros, die einen Dialog mit ihnen akzeptiert hatten. Und es war ganz offensichtlich: Von uns 25 unterhielten 11 mit ihnen Kontakt, und unter diesen 11 sind die Suizide, die Herzkranken, dieser Junge mit der Gewaltattacke, der Junge mit dem Schub, die Diabetiker. Das heißt, es konzentrierte sich auf die kompliziertesten, instabilsten und schwächsten Fälle, und sie arbeiteten systematisch mit ihnen.

F.: Hattest du den Eindruck, dass sie auf irgendeine Weise diesen Personen, die Verständnis brauchten, sowohl Nähe als auch Informationen dosiert anboten? Haben sie ihnen zum Beispiel angeboten, mit ihren Familien Kontakt aufzunehmen oder ihnen Informationen von draußen zu bringen?

A.: Nein, so etwas haben sie nicht gemacht. Was sie schon machten, war ihnen Dinge zu erzählen, die man im Gefängnis nicht erfahren konnte. Zum Beispiel brachten sie Tageszeitungen mit. Wir hatten keine Zeitungen, wir durften keine Zeitungen lesen. Wenn sie kamen, ließen sie sie die Zeitung lesen. Das heißt, sie gaben ihnen kleine Privilegien: Zigaretten, Kaffee, Zeitung, irgendeine Zeitschrift, zum Beispiel diese Zeitschriften mit vielen Fotos, Reizen, wie die Zeitschrift ‚Gente' mit Models, Jet Set, so etwas schon, daran erinnere ich mich.

F.: Das war während der Sitzungen?

A.: Während der Sitzungen.

F.: Wie lange dauerten sie?

A.: Also, in meinem Fall waren sie immer sehr kurz, weil es immer damit endete, dass wir uns irgendetwas an den Kopf warfen. Das Längste, an was ich mich erinnere, werden eine oder anderthalb Stunden gewesen sein...

F.: Mit dir?

A.: Nein, nicht mit mir. Mit mir dauerte es nie länger als 15 Minuten, danach hätten wir uns am liebsten zerfleischt, wir konnten uns nicht leiden... Aber in einigen Fällen dauerte es länger, in einigen Fällen... du bringst mich dazu, mich an Sachen zu erinnern... Manchmal tauchten sie außerhalb des normalen Zeitplanes auf, zu ungewöhnlichen Zeiten, das geschah mehrmals. Zum Beispiel: „Der Sowieso soll kommen", „Was ist los?", „Die Psychologin", „Ach so", um 5 Uhr abends. Um diese Zeit war nie einer der Fachleute im Gefängnis. Die Sprechstunden waren normalerweise zwischen 9 Uhr morgens und mittags, ob beim Arzt, Psychologen, Psychiater, Zahnarzt, bei wem auch immer... Alle Fachleute kamen zwischen 9 Uhr, 9.30 und mittags oder zwischen 2 und 4 Uhr nachmittags. Für die Psychologinnen gab es eine viel freiere, gesonderte Ordnung. Denn ansonsten gab es feste Tages- und Zeitpläne. Im Gefängnis gibt es dieses Schema, damit alle Tage gleich sind, nicht? Mit den Psychologinnen war das anders, sie brachen dieses Schema von „alles gleich". Sie hatten ihre Methode: Die meisten riefen sie in ihren mehr oder weniger festen Zeiten zu sich, aber für einige erschienen sie zu unerwarteten Zeiten. Das hat in der Abteilung Verwirrung gestiftet, denn einerseits ist für den Gefangenen dieses „alles gleich" Leben beschissen, aber andererseits hatte es einen destabilisierenden Effekt, wenn dieses Schema nicht eingehalten wurde. Das heißt, man wünscht, dass das Leben sich ändert, und wenn es sich ändert, wird es kompliziert. Das war also die Rolle der Psychologinnen.

F.: Und diese Art von Besuchen, hatte die etwas mit den Krisen der betroffenen Personen zu tun?

A.: Nein, so etwas konnte ich nicht entdecken, ich konnte keine Methode dahinter entdecken. Aber um etwas klarzustellen: Du sprichst von Krisen einiger Personen, die gesamte Abteilung befand sich in einer permanenten Krise, nicht wahr?

F.: Ja, klar, aber einige waren jedenfalls instabiler... oder verwirrter als die anderen.

A.: Im Falle des ersten Suizids war das ganz klar. Wir leiteten deswegen ein Strafverfahren ein, wir erstatteten Anzeige bei Gericht, was natürlich keinen Erfolg hatte. Wir versuchten mit den Rechtsanwälten der Menschenrechtsorganisation auf Mord zu plädieren, letztlich wurde ein Verfahren wegen induzierten Suizids eingeleitet. Gut, das hatte keinen Erfolg, es war mitten in der Diktatur... Mir erschien das Schema sehr klar. Diesen Jungen haben sie in den Selbstmord getrieben. Äh... also ich kann das nicht sehen, was du sagst, denn es gab keinen Tag, an dem wir nicht irgendeinen medizinischen Alarm hatten, entweder einen Asthmaanfall, wenn zum Beispiel der Typ neben mir begann, wie ein Verrückter nach Sauerstoff zu verlangen, der Arme, oder...

F.: Diese Treffen außerhalb der üblichen Zeiten, fanden die mit Leuten statt, denen es genau in diesem Moment besonders schlecht ging?

A.: Ach so, ja, ja.

F.: Also könnte man es so sehen, dass die Psychologinnen mehr Kontakt mit ihnen hielten, weil sie in einer Krise waren?

A.: Ich glaube, du hast eine etwas großzügige Art, das zu sehen... Ich meine, wenn es grundsätzlich so war, dass es der betreffenden Person jedes Mal nach einem Gespräch schlechter ging, dann stellt es sich mir mehr als eine ganz klare Gelegenheit dar, jemanden fertig zu machen... Ich könnte dir tatsächlich nicht sagen, dass diese drei Frauen auch nur in einem einzigen Fall jemandem geholfen hätten, nie...

F.: Und was passierte mit den Diabetikern?

A.: Der Fall der Diabetiker war sehr kompliziert. Von den drei Fällen ging es einem sehr, sehr schlecht. Sie waren alle sehr kontrollierte, ziemlich ausgeglichene Leute, die ziemlich klar im Kopf waren, wie man sagt. Bei ihnen gab es keine schweren Krisen. Aber es gab einen Fall, das war kein compañero, er hätte nicht in dieser Abteilung sein dürfen. Es war ein ehemaliger Banker, ein Finanzier, einer von denen, die in Argentinien viel Geld gemacht haben. Es war ein Señor von 1,85-1,90 m, außerordentlich dick, fettleibig mit einem Hängebauch. Nicht wahr, ähm... ich würde sagen „mit Symptom". Sie hatten ihn scheußlich gefoltert. Scheußlich vor allem, weil der Typ nicht die geringste ideologische Anbindung hatte. Man verdächtigte ihn, Finanzagent irgendeiner revolutionären Organisation gewesen zu sein, nichts weiter, und sie hatten ihn hier rein gesteckt. Stell dir das vor, ein Diabetiker, mit dieser Physis, in einem Gefängnis, in einer Abteilung wie dieser. Wie viel mag er gewogen haben? Er passte nicht durch die Zellentür. Jedes Mal, wenn er durch musste, schürfte er sich auf. Nur durch die Tür der Abteilung passte er. Sein ganzer Körper war zerschunden, er hatte diese für Diabetiker typischen Ödeme, es ging ihm schlecht. Aber er hatte viel Geld. Seine Besucher brachten ihm ab und zu etwas mit, hinterlegten Geld für ihn, und man erlaubte ihm, dieses Geld zu benutzen. Sie hinterlegten ihm Geld, damit er sich in der Kantine oder in dem Gefängnisladen etwas kaufen konnte. Und was kaufte er? Konserven mit eingelegten Pfirsichen, dulce de batatas[95] und Marmelade, und natürlich aß er ein Kilo dulce de batatas auf einmal... Das verursachte natürlich Krisen. Wenn der Zellenwärter ihm das Paket brachte, sagte er zu ihm: „Nehmen Sie, hier bringe ich Ihnen Ihre nächste Krise." Dieser Señor war, wie soll ich sagen, kurz vor einem psychischen Zusammenbruch. Er aß alles, was man ihm vorsetzte, und eine Stunde später konnte man die Trage hören und mehrere Sanitäter, die versuchten, ihn aufzurichten. Sie konnten ihn kaum bewegen. Sie gaben ihm mehre Spritzen, alles Mögliche, weil er ihnen fast wegstarb... Und das passierte etwa alle 14 Tage einmal...

F.: Hattet ihr irgendeine Begleitung durch Priester oder andere religiöse Leute?

A.: In allen Gefängnissen gibt es einen Geistlichen, in großen Gefängnissen sogar mehrere. Ich kenne einige köstliche Geschichten über die Geistlichen... Merkwürdigerweise sahen wir in diesem Gefängnis, in dieser Abteilung, nie einen Priester. Die anderen Abteilungen mit politischen Gefangenen schon, wir nie. Du wirst es nicht glauben, aber wenn du ein argentinisches Gefängnis betrittst, siehst Du die Jungfrau Maria, den Gekreuzigten, die Geschichte des Papstes, ich weiß nicht was... Aber hier in dieser Abteilung bringt sich jemand um, und nicht einmal am nächsten Tag kommt der Priester, um mit den Gefangenen zu sprechen... Wo gibt es so etwas? In welchem Gefängnis der Welt gibt es das? Das gehört fast zu den Ritualen des Gefängnislebens, und das hier war das einzige Gefängnis, in dem ich nie

[95] Gelee aus Süßkartoffeln (Anm. d. Übers.)

einen Geistlichen zu Gesicht bekommen habe. Das ist eine Tatsache von Bedeutung. Wie soll man das verstehen? Na ja, wer weiß... War es, weil sie uns die vermeintliche spirituelle Unterstützung entziehen wollten, oder war es tatsächlich so grausam und schrecklich, was in dieser Abteilung geschah, dass der Priester nicht dorthin kommen wollte? Ich weiß es nicht. Aber Geistliche gab es nicht in dieser Abteilung.

F.: Und jüdische Rabbiner?

A.: In dieser Abteilung waren, soweit ich mich erinnere, vier Juden, mindestens, so auf den ersten Blick. Sie waren hart, so: „Ich bin Jude, und?“ Mitglieder der Jüdischen Gemeinde, und Juden, die das ertragen haben. Sie waren doppelt gefoltert worden, einmal als Linke und dann als Juden. Es war erstaunlich, welche Provokationen diese Juden in der Abteilung hinnehmen mussten. Du weißt, dass in den Gefängnissen die jüdischen compañeros in der Regel nicht aufgrund ihres Judentums zu Opfern gemacht wurden. So etwas hat es in den Gefängnissen der argentinischen Diktatur eigentlich nicht gegeben. Aber in unserer Abteilung war es so, systematisch, ständig. Die Zellenwärter sangen zum Beispiel ‚Cara al Sol‘[96] (Gesicht zur Sonne), wenn sie die Abteilung betraten. Oder zwei Wärter gingen durch diesen geheiligten Gang, und als sie auf der Höhe der Zelle von einem der Juden waren, ein Señor von 70 Jahren (wir hatten zwei alte Männer von über 70 Jahren, und alle befürchteten wir, dass sie jeden Moment sterben könnten), gingen sie zu ihm und sagten: „Hitler bist Du entkommen, was?“ und „Es ist nämlich so, der Nazismus ist zwar runtergekommen, aber wir werden uns wieder erholen, meinen Sie nicht?“ Solche Dinge sagten sie zu dem Alten, und er warf sich wie ein Verrückter gegen das Gitter. Sein Sohn, der in der Zelle nebenan war, versuchte, ihn zu beruhigen. Aber während er den Vater verteidigte, beschimpfte er die Grauen als Nazis. Oder wenn sie uns zur Pause rausholten oder so etwas, wenn der Alte oder sein Sohn oder ein anderer Jude vorbeikamen, provozierten sie sie mit antisemitischen Parolen. Und so etwas habe ich in keinem anderen Gefängnis erlebt. Es überrascht, wenn ich sage, dass in den Gefängnissen nichts von Antisemitismus zu sehen war. In diesem aber ständig, in dieser Abteilung ständig. Sie machten das absichtlich, manche haben sie zur Verzweiflung getrieben...

F.: Waren die Juden auch krank?

A.: Der Alte, er war alt, aber er war hart, psychologisch und moralisch unbeugsam. Er trat der Polizei mit einer bewundernswerten Überzeugung entgegen, viel mehr als viele compañeros. Sein Sohn auch, mit großer Würde. Auch sie waren keine compañeros, sondern ebenfalls Finanziers. Ich kann dir die Namen geben, es waren sehr ehrenwerte Leute, ihre Geschichte vielleicht nicht, aber ihr Verhalten im Gefängnis sehr wohl, das möchte ich klarstellen. Man kann viel von diesen Leuten lernen. Ihr öffentliches Leben war vielleicht kein gutes Leben, aber ihr Leben im Gefängnis war ein Leben in Würde. Sie waren gesund, es waren die mit den geringsten Risiken. Der Alte war gefährdet, laut seinem Sohn neigte er sehr zu Bluthochdruck. Ja, klar provozierten sie ihn, damit er sich aufregte. Er war einer von diesen sehr weißen Juden, die plötzlich einen sehr roten Kopf bekommen, und du merkst, wie sie anfangen zu zittern und dass irgendetwas los ist. Er war einer von diesen eher kleinen, kräftigen Typen, die leicht einen roten Kopf bekommen, ein bisschen wie der Bluthochdrucktyp aus dem Handbuch. Und zwei- oder dreimal hatte er solche Anfälle mit Atemnot und Schwindel. Ich kann mich erinnern, dass ich ihn ein paar Mal in den Arm genommen habe auf irgendeinem Gang, weil er nach einer Provokation sehr aufgeregt war und zitterte.

---

[96] Hymne der spanischen Franquisten (Anm. d. Übers.)

Ich sagte zu ihm: „Kommen Sie, gehen wir zusammen rauf." Als es ihm wieder ein bisschen besser ging, holte der Alte irgendwo moralische Energie her, und: „Diese Hurensöhne werden mich nicht unterkriegen", und er beruhigte sich wieder.

F.: Die Person mit der Herzattacke kam auch nach Rawson?

A.: Ich erinnere mich an einen, ein Junge aus dem Landesinneren, der eine Zeit lang mein Zellennachbar war. In der Zeit in dieser Abteilung mussten sie ihn dreimal als Notfall in das Gefängnishospital bringen. Dreimal. Ich war damals etwa 26 oder 27 Jahre alt, er etwa 30. Einige seiner Angehörigen waren Verschwundene, und er litt sehr darunter. Er war politisch sehr engagiert. Dreimal mussten sie ihn als Notfall herausholen, ganz offensichtlich hatte er einen Infarkt oder einen Vorinfarkt.

F.: Hattest du den Eindruck, dass die Ärzte bei solchen Notfällen eine angemessene Behandlung durchführten?

A.: Das ist schwierig. Die Reaktion der Ärzte im Gefängnis war in gewisser Hinsicht sehr effektiv, sehr direkt, brutal direkt, ein massiver Angriff auf die Symptome. Und sie hatten die Symptome sofort im Griff. Sie waren gut dafür ausgerüstet, die Infrastruktur in diesem Gefängnis war sehr leistungsfähig im Unterschied zu anderen Gefängnissen, wo es nichts gab. Dort gab es alles, sie haben bei jedem alles in den Griff bekommen. Ich erinnere mich, dass ich die einzige allergische Reaktion meines Lebens in diesem Gefängnis hatte. Ich habe nie erfahren warum, aber mein Körper begann anzuschwellen. Das ging soweit, dass meine Hände nicht mehr durch das Gitter passten. Ich war völlig deformiert, ich fühlte mich wie ein Monster, die Kleidung wurde mir zu eng, was weiß ich. Sie haben mich zunächst nicht beachtet, bis einer von den Wachen sagte, dem geht es nicht gut. Dann kam ein Sanitäter und meinte: „Das ist eine allergische Reaktion. Wer weiß, was du gemacht hast." Ich habe nie erfahren was es war. Ein Arzt kam, sah mich an und holte von seinem Wagen, seiner Apotheke, eine ganze Menge Medikamente wie Celestone und andere. Sie gaben mir drei Spritzen, und nach 15 Minuten war ich wieder wie vorher, oder ein bisschen dünner.

Das war immer so. Bemerkenswert war, dass sie dich, wenn sie dich ins Gefängnishospital bringen mussten, nur das unumgängliche Minimum an Zeit dort ließen. Daran erinnere ich mich wegen dieses Jungen mit den Herzproblemen, der die häufigsten Anfälle hatte, der andere nicht so oft, aber dieser wirklich sehr häufig. Nach der schwersten Krise, er war so weiß wie dieser Tisch, wir dachten, der kommt nicht wieder... Er wurde mit Sauerstoffflaschen weggebracht. Hast du schon mal erlebt, dass in einem Gefängnis die Sauerstoffflaschen innerhalb von drei Minuten da sind? Sie waren wirklich gut ausgerüstet, in anderen Gefängnissen war das nicht so. Er war einen Tag im Gefängnishospital, am nächsten Tag kam er wieder. Was meinst du? Einer, der in diesem Zustand die Abteilung verlässt, der schon länger herzkrank ist, der in Behandlung ist, Herztabletten nimmt, den lassen sie einen Tag im Krankenhaus und bringen ihn am nächsten Tag in diese Abteilung zurück, das ist schon merkwürdig... Letztlich gab es eine Art Beschwerde, eine Eingabe wegen seines Falles, und wir erreichten, dass er in der Woche vor der Evakuierung des Gefängnisses ganz ins Hospital kam. Danach kam er mit uns nach Rawson. Aber wir waren wirklich besorgt um ihn, nicht wahr? Ich weiß nicht, ob neben all den Charakteristika des Gefängnisses nicht vielleicht auch eine hysterische Reaktion dabei war... Aber dieser typische, quer nach oben ziehende Schmerz, nicht wahr, diese extreme Blässe, die massiven, stechenden Schmerzen im gesamten Thoraxbereich... Ich weiß nicht, ob es ein Infarkt war, ein Vorinfarkt, ein drohender Infarkt oder was auch immer, ich weiß es nicht...

F.: Gut, ich habe gefragt, ob die medizinischen Notfälle effektiv behandelt wurden, und du hast das mit ja beantwortet...

A.: Ja, absolut. Ich würde sagen, das war eine geradezu erdrückend wirksame Reaktion. Es war erdrückend. In den anderen Abteilungen, das sage ich noch mal, passierte das nicht.

F.: Dein Gewicht war damals geringer?

A.: In diesem Gefängnis ja, ich glaube ja, trotz dieses fetten Essens.

F.: Was denkst du, warum?

A.: Hauptsächlich, weil ich nicht alles aß, was sie mir gaben... Sagen wir, ich habe essen gelernt, da ich aus einer Arztfamilie komme. Ich konnte das Essen einschätzen und versuchte, mich so gesund wie möglich zu ernähren... Wir waren dort alle mager. Außer den Fettleibigen waren wir dort alle sehr mager. Ich denke, das waren die Folgen des Stresses, einer Stresssituation. Ich sage dir, schau, ich habe mich jetzt bei dieser Abteilung aufgehalten: Worüber ich rede ist eine Erfahrung, die nicht einmal ein Jahr dauerte. Und für mich war dieses knappe Jahr schlimmer als drei. Ich will nicht übertreiben, aber ich glaube, dass ich in dieser Zeit gealtert bin, ich fühlte, wie ich alterte. Für mich war diese Abteilung wie ein Fleischwolf, durch den man gedreht wird. Alle lebten wir dort in einem permanenten Stresszustand. Es war das einzige Mal in meinem Leben, dass ich im Gefängnis nicht geschlagen wurde, in den anderen Abteilungen schlugen sie, in dieser nicht.

F.: Hast du in den letzten 15 Jahren etwas von den anderen Gefangenen gehört?

A.: Ja, es geht ihnen allen relativ gut, soweit ich weiß. Von den über 20, die in dieser Abteilung waren, sind wir letztlich auf verschiedenen Wegen dort rausgekommen. In Rawson war wir nur noch 18. Durch die beiden Toten und andere, die rauskamen oder ins Landesinnere verlegt wurden, blieben letztlich noch 18 übrig. Ich weiß von etwa acht oder neun, wie es ihnen geht. Sie haben sich ihr Leben wieder aufgebaut, haben sich etabliert, sind verheiratet, haben Kinder, einen Beruf, Aktivitäten, die einen politischer, die anderen weniger, aber es geht ihnen gut...

F.: Aber keiner von ihnen hat je versucht, über diese Erfahrungen zu schreiben?

A.: Von den Personen, die in dieser Abteilung waren, hat niemand auch nur ein Wort geschrieben oder sich wieder an diese Abteilung erinnern wollen, niemand. Sogar dann, wenn wir uns treffen, manchmal trifft man sich... Weißt du, wir tun nicht viel, um uns zu treffen..., aber wir vermeiden es auch nicht. Ein bisschen treibt uns auch der Alltag weiter.

Die Abteilung ist ein Thema, über das man nicht spricht. Diese Abteilung ist für uns etwas sehr Heftiges, sehr, sehr heftig.

Wir sprechen über alle Gefängniserfahrungen, aber mit dieser Abteilung ist es, als wären wir nie dort gewesen, als hätten wir das nicht mitgemacht. Und wenn wir die typischen Witze machen, diese Witze, die ich grob finde, sogar grausam, typisch für die, die wir sehr schwierige Situationen zusammen erlebt haben... Diese Witze haben unter den Überlebenden nie diese Abteilung zum Thema. Es ist, als ob wir diese Erfahrung nicht gemacht hätten, als ob das nicht existiert hätte. Schau, wir haben gesehen, wie Leute umgebracht wurden, gefoltert wurden, wir wurden gefoltert, geprügelt, gehetzt, sie haben im Gefängnis die unwahrscheinlichsten Sachen mit uns gemacht. Aber über all das konnten wir uns lustig machen, an alles konnten wir uns erinnern und darüber reden, sowohl öffentlich als auch privat. Aber darüber redet man nicht, über diese Abteilung habe ich nicht einmal mit meiner Familie geredet. Meine Kinder wissen, dass ich im Gefängnis war usw. Aber ich erzähle ihnen auch keine Einzelheiten, sie sind noch klein, das Mädchen ist 10 und der Junge 8 Jahre alt...

F.: Kannst du etwas zu den Bemühungen sagen, in Rawson und danach diese Erfahrungen wieder zusammenzutragen?

A.: In Rawson trafen wir wieder mit der Masse der politischen Gefangenen zusammen, danach die Verlegung nach Villa Devoto. Dort gab es selbstverständlich auch Psychologen, die aber, was weiß ich, nur am Rande beteiligt waren, weil es ihnen klar war, dass sie mit den politischen Gefangenen keine Chance hatten... Damals nutzten wir die Gelegenheit, einige Leute mit akademischer Ausbildung, Rechtsanwälte, Anthropologen, Ärzte, Psychologen, Soziologen, Ökonomen, und begannen, die Informationen systematisch zu ordnen. Wir schrieben einige Berichte, die wir an die Menschenrechtsorganisationen weitergaben. Diese Berichte hatten nie großen Erfolg: Die Erfahrung in den Gefängnissen war kein Grund für ernsthafte akademische Untersuchungen, etwas was uns ziemlich irritierte, denn uns schienen die Gefängnisse unschätzbare Lernstätten. In diesen Vorstudien, in denen wir, sagen wir, empirisches Material zusammenstellten, machten wir Sachen wie: Mit wie vielen Zähnen kam ein Gefangener hinein, und mit wie vielen kam er wieder heraus? Von einer Stichprobe von 100 Gefangenen: Wie viele kamen mit welcher Krankheit rein, und mit welchen kamen sie raus? Welche Medikamente nahmen sie in all den Jahren? Wie viele starben, oder wie viele brachten sich um? Wie viele hatten diese oder jene Krankheit? Unter..., in welchem Gefängnis, mit welcher Stichprobe? Was wir zum Beispiel auch bei dieser Stichprobe fragten, war: Welche Auswirkungen hatte der Tod von Familienangehörigen innerhalb und außerhalb des Gefängnisses für den Betroffenen selbst und für seine Umgebung? Wie viele Fälle von Suizid gab es in den Gefängnissen? Wir machten eine ganze Serie solcher Untersuchungen, was in einigen Fällen ziemlich weitschweifig wurde... Zum Beispiel in der Gruppe, in der ich war, denn wir waren eine ganz kleine Gruppe von Leuten, die etwa neun Jahre zusammen waren, immer zusammen. Wir konnten unsere eigene Geschichte rekonstruieren, und ich sage dir, bis zu dem Extrem, dass wir rekonstruieren konnten, mit wie vielen Zähnen wir hineinkamen, und mit wie vielen wieder raus, oder, was weiß ich, mit wie vielen Narben wir reinkamen, mit wie vielen wir gingen... was wir gekriegt haben, was wir verloren haben...

Belagerung

Es hat wenig Sinn, hier auf die Gründe von Hernáns Gefangenschaft einzugehen: Der Überfall auf eine Militärkaserne, an dem er beteiligt war (mit 21 Jahren!), fand in der Zeit der Rückkehr Perons nach Argentinien statt. Damals gab es bewaffnete Auseinandersetzungen zwischen den verschiedensten politischen Gruppierungen. In dieser Periode der argentinischen Geschichte scheint jede politische Gruppierung für sich unermüdlich nach dem Sinn des Gebrauchs von Waffen gesucht zu haben.
Während des Interviews spricht Hernán von einer Art Experiment, das mit politischen Gefangenen durchgeführt wurde, offensichtlich um sie systematisch aus dem psychischen Gleichgewicht zu bringen. Dies führte zu mehreren Toten unter ihnen. Das Projekt als solches fand 1982 statt und dauerte weniger als ein Jahr. Die Repression der argentinischen Militärdiktatur befand sich damals auf einem Höhepunkt.

Dieses „Experiment“ hatte außergewöhnliche Charakteristika: Die „Versuchspersonen“ waren politische Gefangene mit einem hohen intellektuellen Niveau. Man verfügte über ausgesuchte wissenschaftliche Mitarbeiter (drei Psychologinnen und eventuell den ein oder anderen Offizier). Das Experiment fand im Mikrokosmos eines Gefängnisses statt (ohne Kontrolle von außen und mit unbegrenzter Entscheidungsmacht). Unterstützt durch die Institution traten die Psychologinnen in direkten Kontakt mit den Gefangenen und gaben ihnen gegenüber vor, Aufgaben der psychologischen Betreuung zu erfüllen.
Aufseher, Offiziere, Ärzte und Psychologen haben verschiedene Funktionen in dem geschlossenen Universum des Gefängnisses inne. Das Projekt wurde anscheinend von einer umfangreichen Dokumentation begleitet. Aus der Erzählung Hernáns lassen sich folgende Aspekte dieses „Experiments“ erschließen:
1. Die reizarme Abteilung: Der im Gefängnis üblichen Isolierung wird eine zusätzliche Maßnahme hinzugefügt, denn die an den 18. Stock angrenzenden Abteilungen blieben unbesetzt (obwohl das Gefängnis überfüllt war). In der Abteilung gab es individuelle, auf einen zentralen Punkt ausgerichtete Zellen, wodurch unter den Gefangenen nur eine minimale Interaktion möglich war. Sie blieben außer einer Stunde täglichem „Spaziergang im Hof“ die ganze Zeit in ihren Zellen. Die normalen Aufgaben im Gefängnis (Verteilung des Eintopfs, der Hygieneutensilien etc.) wurden von Gefängnispersonal durchgeführt und nicht, wie es sonst üblich ist, von den Gefangenen selbst. Diese sensorische Deprivation wurde trotz der verschiedenen Zwischenfälle in dieser Abteilung konstant aufrechterhalten.
2. Die bindungszerrüttende psychologische Manipulation: Der zunehmende Verfall der Wahrnehmungs- und Entscheidungsfähigkeit der Gefangenen schien ein implizites Ziel der Tätigkeit der Psychologinnen zu sein. Beginnend bei ihrer speziellen therapeutischen Praxis (es wäre sarkastisch, hier von einem „informierten Konsens“ auszugehen), schienen sie in Übereinstimmung mit den Interessen der Strafanstalt vorzugehen und einer genau festgelegten Methodik zu folgen. Nach Hernáns Worten sagten sie, „...sie führten persönliche Gespräche mit den Jungs, die sich in Risikosituationen befanden, und dass wir uns keine Sorgen zu machen bräuchten, dass sie sich darum kümmern würden...‘“
Die dreifache Verneinung Hernáns: „Niemand hat ihnen je getraut, niemals, nie!“ erweist sich in der emotional so reizarmen Umgebung dieser Abteilung als wenig real. Die Psychologinnen verstärkten während der Gespräche mit psychologischen Methoden die Konfusion der verletzbaren Personen: „...es war ganz interessant, wen sie aufriefen: (...) Sie suchten sich die Schwächsten aus, und die waren völlig fertig, völlig zerstört, als sie zurückkamen...“
Die Psychologinnen scheinen bei den Gefangenen persönliche Konflikte (unterdrückte homosexuelle Leidenschaft), Autoaggressionen (latente Suizidalität) und Pathologien (Psychose) intensiviert zu haben, bis hin zum Ausbrechen deutlich nachteiliger Konsequenzen für die Betroffenen.
Spezifische Gefahrensituationen wurde von ihnen häufig psychologisiert: „...wir merkten (damals), dass die Situation in der Abteilung immer schlimmer wurde, und diese Frau fing an mit Deutungen (...), dass ich mit der Institution konkurrieren wollte, (...), warum wir nicht über meine Familie redeten, über mein Verhältnis zur Autorität...“ Die Tätigkeit dieser Psychologinnen führte zu einem direkten Schaden bei elf der 25 Personen, die unter ihrer Betreuung gestanden haben.
3. Aufbau der Opposition: Konfrontiert mit widersprüchlichen Botschaften und einem koordinierten Angriff auf ihren Verstand versuchten die Gefangenen auf verschiedene Weise zu reagieren, die von der direkten Beschwerde bis zur organisierten Verweigerung reichte, in einem Handlungsmuster, das dem sogenannten Katz-und-Maus-Spiel glich (mit dem offenkundig zweifelhaften Vergnügen für die Maus). Dies führte zwar regelmäßig zu einer

momentanen „Niederlage“ der Gefangenen, aber nicht zur sozialen Auflösung der Gruppe der Gefangenen. Hernán betont den starken Zusammenhalt bei diesen oppositionellen Aktionen gegen den psychologischen Terror. Die Solidarität überwand ideologische Differenzen sowie soziale Barrieren und schuf einen starken Korpsgeist unter den Gefangenen.

Hernán erzählt aus der Perspektive einer „Versuchsperson“, die früher selbst Psychologie studierte und hält sich an die durch die Tätigkeit der Psychologinnen provozierten Effekte: Er kann einige psychologische Methoden fachlich wiedererkennen und deren Ergebnisse seinen compañeros nachvollziehbar machen. Als Erinnerungsbrücke dient die Beschreibung von „Fällen“ (mit der *ad hoc* Diagnose des damaligen medizinischen Personals) und Zahlen. Hernán konstatiert (in acht bis zehn Monaten mit einer stabilen Population von 25 Personen) zwei Suizide mit tödlichem Ausgang und drei nicht vollendete Versuche, vier psychotische Krisen, zwei Herzanfälle, mehrere diabetische Krisenfälle und vielfältige psychosomatische Symptome wie Asthmaanfälle oder Allergien infolge einer intensiven und andauernden Stresssituation.

Hernán verfügt über eine scharfe Beobachtungsgabe, die teilweise von seinem familiären und akademischen Hintergrund auf psychologischem Gebiet herrührt (die intellektuelle Konkurrenz zwischen ihm und den Psychologinnen würzt die Erzählung), und teilweise von seinen (neun) Jahren der Gefangenschaft: Sie hatten es „mit alten Gefangenen zu tun, das heißt mit Gefangenen mit langjähriger Erfahrung, repressive Mechanismen aufzudecken und ihnen zu widerstehen“.

Der Aufenthalt in dieser totalitären Institution stellt noch heute für Hernán eine große Belastung dar, obwohl: „...in diesem Jahr wurde ich am wenigsten geschlagen... (...) Ich vermisste das Militärgefängnis, wo sie mich zweimal die Woche zusammenschlugen.“ Die Spezialabteilung bildet einen Bezugspunkt von paradoxer Bedeutung für ihn und seine compañeros: „Die Abteilung ist ein Thema, über das man nicht spricht. Diese Abteilung ist für uns etwas sehr Heftiges, sehr, sehr heftig. (...) Und wenn wir die typischen Witze machen, (...) Diese Witze haben unter den Überlebenden nie diese Abteilung zum Thema.“

Ein besonderer Aspekt in Hernáns Erzählung sind die speziellen Misshandlungen, welche die jüdischen Gefangenen zu erleiden hatten. Das ist nicht verwunderlich, wenn man bedenkt, dass Argentinien nach dem Zweiten Weltkrieg einen wichtigen geographischen Bezugspunkt für das Exil alter Nazis darstellte und so viele Militär- und Polizeiberater aus dieser Personengruppe stammten. In dem Bericht der Sábato-Kommission („Nunca más“) gibt es viele Beispiele von antisemitischen Einstellungen in der argentinischen Repression.[97]

Überlegungen am Rande: Aufgrund von Hernáns Mitteilungen kann man folgern, dass die psychologischen Aktivitäten zentral koordiniert und die Funktion und Rolle der Beteiligten auf „beiden Seiten des Gitters“ in dem beschriebenen Experiment von langer Hand bestimmt wurden. Nach der Analyse von Hernáns Bericht bleiben jedoch eine Reihe von Aspekten hinsichtlich der Zielsetzung dieses Experiments unverständlich. Wenn man sich fragt, welches die Gründe für dieses Projekt waren, scheint es nur eine mögliche Antwort zu geben: das Interesse daran, Bedingungen herzustellen, die durch anhaltenden Disstress bei ganz unterschiedlichen Individuen extreme Schäden verursachen.

Mit der Annahme, dass diese Psychologinnen damals, indem sie als Technokraten psychologische Grundlagen für eine systematische Vernichtung bereitet hätten, die Avantgarde einer neuen Disziplin der Repressionspsychologie zu werden trachteten, begibt man sich wohl

[97] Dies wird u.a. bestätigt durch die Tatsache, dass von den unter der Militärdiktatur Ermordeten 12,5% Juden waren, während ihr Anteil an der argentinischen Bevölkerung nur etwa 1% beträgt (vgl. La Nación, 6.3.99, S.6)

schon auf die Ebene blühender Phantasien über eine immer mächtigere Vernichtungsmaschinerie. Oder vielleicht nicht?

Versuch einer Vernichtung

Eine Psychologin berichtet über die eigene Folter

Eröffnung

Der Aufenthalt im winterlichen Uruguay gestaltete sich für mich zufriedenstellend: Ich genoss die angenehme Gesellschaft und sprichwörtliche Gastfreundschaft von Maren und Marcelo und besuchte Freunde aus alten Zeiten. Ich vertiefte mich in die kulturellen Strömungen und Moden dieser Zeit und las die „Marchas“ und „Brechas“[98] des heutigen Montevideo.

Die Suche nach einem Psychologen jedoch, der Opfer des Staatsterrorismus gewesen war und bereit wäre, darüber zu sprechen, führte lange Zeit zu keinem Ergebnis. Ich besuchte einige von ihnen bei sich zu Hause. Wenn ich aber darum bat, über ihre Erfahrungen in dieser Epoche zu sprechen, fiel ein Schatten von freiwilliger Zensur über das Gespräch: Der Tonfall und die Stimme änderten sich, es entstand bei ihnen eine penible Genauigkeit in der Wiedergabe der eigenen Beobachtungen (wie bei einem offiziellen Kommuniqué) und ein höfliches Zweifeln am Sinn der Wörter (wie in einem Akt der Selbstzensur).

Die Besuche in den Zentren für psychologische Betreuung der Opfer des ehemaligen Militärregimes wurden für mich nach und nach zu einer Art Routine. Ich meinte, in den Gesprächen eine gewisse Verzweiflung wahrzunehmen, und sah mich nicht in der Lage, jedes Mal mit ermutigenden Botschaften aufzuwarten.

Maren und Marcelo brachten mich jeden Tag auf neue Spuren und Kontakte. Nach der Lektüre des Buches von Daniel Gil „El terror y la tortura“[99] (Montevideo 1990) und dank der Vermittlung von Maren kam ich auf die Idee, mit Gabriela zu sprechen, einer Psychologin und Freundin von Maren.

Gabriela ist eine Frau, die sehr langsam und weich spricht, als ob sie jedes Wort beim Hören vorkostet. Ein dunkler Pullover mit hohem Kragen unterstrich den Eindruck ihrer Zerbrechlichkeit an diesen Tagen.

Es ist nicht einfach, mit einem Menschen, der in der „Maschine der Folter“ war, ein Gespräch zu beginnen mit der erklärten Absicht wissen zu wollen, wie diese Erfahrung sein Leben geprägt hat.

Wir trafen uns in dem Büro einer Monatszeitschrift. Beim ersten Treffen erklärte ich das Anliegen dieses Forschungsprojektes und erhielt ihre Zustimmung für ein Interview in den nächsten Tagen. Dieses zweite Treffen begann mit einem Gespräch darüber, ob die Grenzen der Sprache auch der Wahrnehmung Grenzen setzten, und darüber, ob es möglich ist, andere Menschen an bestimmten, am eigenen Leibe erfahrenen Erlebnissen von Vernichtung teilhaben zu lassen sowie an den davon ausgelösten zerstörerischen Gefühlen.

Das Interview mit Gabriela

A.: Vielleicht durch Poesie oder irgendeine künstlerische Form...

F.: Du meinst, im direkten Zeugnis ist es nicht möglich, diese Erfahrung als solche zu vermitteln...

---

[98] Zeitschriften (Anm. d. Übers.)

[99] „Terror und Folter“ (Anm. d. Übers.)

A.: Ich glaube, es ist machbar, aber selbstverständlich. Aber ich glaube, es ist unmöglich, die Erfahrung des Horrors durch ein Zeugnis in Worten erschöpfend zu beschreiben. Es gibt da etwas Unbenennbares, das man nicht vermitteln kann, und ich glaube, es gibt andere Formen, die eine Situation vielleicht besser darstellen als ein Zeugnis, ein Bericht. Ich weiß es nicht.

F.: Was mich interessiert ist das individuelle Erleben..., Schlüsselerlebnisse, die in deinem Gedächtnis Spuren hinterlassen haben.

A.: Also, eine der Situationen, an die ich mich erinnere ist der Moment der Verhaftung. Sie haben mich gepackt – sie hatten mir einen richtigen Hinterhalt gelegt da an der Ecke, wo ich damals gewohnt habe – und mich in einen Lieferwagen gesteckt. Das war eine sehr gewalttätige Situation. Und da ist ein Mann, der, der mich festnimmt und von dem ich weiß, wer es ist. Es ist der, der zurzeit so in Kritik geraten ist – Willst du keine Namen? Ich habe nichts dagegen, es ist ja öffentlich bekannt... – Dieser Mann sagt im Lieferwagen zu mir: „Ich werde der Gute und der Böse sein“, und tatsächlich, es war so. Ich habe viel darüber nachgedacht, und diese Situation hat sich mir sehr eingeprägt, sicherlich weil es in diesem Moment so verwirrend und unbegreiflich war.

F.: Und diesen Señor kanntest du schon, oder hast du erst später erfahren, wer das ist?

A: Nein, das habe ich erst später erfahren.

F.: War das ein Offizier?

A.: Ja, in Zivil, und er gehörte der sogenannten OCOA[100] an, natürlich trat er da nicht so auf. Er hat das zu mir gesagt „Ich werde der Gute und der Böse sein”, ja, und noch mehr in diesem Zusammenhang, woran ich mich nicht mehr erinnere. Aber ich weiß, dass er mir noch mehr dazu gesagt hat. Und wirklich, dann während der Folter, „in der Maschine”, wie wir sagen, funktionierte es so. Er hat selbst gefoltert. Und ich weiß, dass er in der Regel seine ganz eigene Art hatte, in diesem Sinn vorzugehen. Er hat sein Gesicht nicht bedeckt, er ließ die Augenbinden oder diese Sachen abnehmen, damit man ihn sah. Deswegen habe ich das so präsent. Und dann, dann hat er in der Tat an der Folter teilgenommen, und danach hat er mich auf einmal gefragt „Wie geht es dir? Aber was ist denn mit deinem Auge?“ Es war dieselbe Person, die daran beteiligt war... Und er hat das nicht verheimlicht, ich will damit sagen, dass darin, glaube ich, etwas sehr Zerrüttendes liegt. Natürlich ist das wohlüberlegt, einstudiert, denn, wie ich schon sagte, bei der Verhaftung in meiner Haustür, als sie mich mit Fußtritten weiterbeförderten, hat er mir das gesagt: „Ich werde der Gute und der Böse sein.“ Meistens hatte man schon eine Vorstellung davon. Ich wusste einiges, klar, mich haben sie im Juli 1977 erwischt, das heißt, da war ja schon einiges gewesen. Aber man hatte seine Vorstellungen, auch von so vielen dieser basalen Dinge, wie der „Gute” und der „Böse” sein würde. Gut, das ist so etwas.

F.: Und dieser Señor, hat er dich die ganze Zeit so behandelt, einerseits mit Zuspruch und anderseits mit Misshandlung? War das am Anfang oder während der ganzen Zeit im Gefängnis?

A.: Nein, ich unterscheide sehr, alles was zu der ersten Periode der Verhaftung gehört, die Festnahme selbst, das Verhör, die Vorführung vor den Richter, all das. Dann gab es eine Zeit dazwischen, eine kurze Zeit in einer Kaserne, und dann die endgültige Haftfestsetzung, das

[100] Organización de Cooperación y Operación Anti-Subversiva (Anm. d. Übers.)

war Punta de Rieles[101]. Wenn ich von Gefängnis spreche, meine ich Punta de Rieles. Als wir verhaftet wurden, waren wir an einem Ort, der uns nicht bekannt war, und...

F.: Die Folter und Misshandlungen, die du anfangs erwähnt hast: Zielte das darauf, Informationen zu bekommen, Daten über deine Freunde oder über dich, oder sollte damit systematisch Schaden zugefügt werden?

A.: Beides. Ja,... es gab... in meinem Fall eine ganz klare Absicht, Informationen zu bekommen. Ich war zu dieser Zeit im Untergrund aktiv, das wussten sie. Ich hatte Informationen und Kontakte. Das ist die eine Seite, und dass für sie Zeit eine Rolle spielte, und daher wurde ich in den ersten Tagen sehr, sehr gefoltert. Klar, es war ja offensichtlich, dass ich Kontakte hatte, dass ich mit Leuten zusammenkam.

F.: Hat es dir etwas genützt, dass du damals Psychologie studiert hast, um dich etwas von der Situation zu distanzieren und sie von außen zu betrachten?

A.: Ich bin nicht sicher, man ja hat seine Mechanismen, aber nicht bewusst... Zuerst mal zu dem, was du mich über Information gefragt hast, danach dann das andere: Was das mit Information und Folter angeht, ich glaube, das hängt zusammen. In meinem Fall gab es ein ganz klares, explizites Interesse, zum einen Teil war das die Information. Jeder Fall ist ja anders. In meinem Fall wussten sie, dass ich Informationen hatte. Ich weiß auch nicht, wie nützlich ihnen dieses bisschen Information war, aber sie wussten, dass ich sie hatte. Der andere Teil, das war Zerstörung..., die individuelle und die exemplarische. Es war klar, dass ich bekannt war, und wenn ich zusammenbrach, hätte das seine Wirkung auf die anderen gehabt. Außerdem war es ihre Absicht, einen kaputt zu machen. Es war sehr heftig. Dazu kam, dass ich mich praktisch nicht bewegen konnte... Ich war viele Tage lang in einem sehr elenden Zustand. Da, wo ich war, gab es zwei Stockwerke: In dem unteren waren die Leute untergebracht, dort passierten Dinge, aber dann wurde man hinauf gebracht... wie zur „Maschine" im eigentlichen Sinne, den Apparaten und all diesen Dingen. Und es gab dort oben einige kleine Zellen, da wo die ganze Apparatur war und das Wüten. Wenn jemand ohnmächtig wurde oder kurze Zeit dort blieb, sozusagen um sich zu erholen, hat man ihn in diesen Zellen gelassen. Mich ließen sie viele Tage dort oben und zwar bei offener Tür. Was mir besagte Person auch gesagt hat, war: „Gut, dir macht es nichts aus zu sterben...", – weil ich in einem bestimmten Moment gesagt hatte „Tötet mich!" – Also er sagte zu mir: „Dir macht es nichts aus zu sterben, dich werden wir wahnsinnig machen". Das haben sie mir in dieser Zeit sehr oft gesagt. Und diese Situation dort oben, bei offener Tür, denn selbst dort machte man die Türen zu, das hat man mitbekommen, wenn sie jemanden ausruhen ließen und die Türen schlossen. Aber wenn ein Wärter kam und meine Tür schließen wollte, sagten sie: „Nein, diese Tür bliebt offen..." Sie haben mich ohnehin immer wieder rausgeholt, aber die Absicht war wohl auch, dass ich die ständigen Schreie und Verhöre hören sollte. Das war dieses Klima von Wahnsinn, ich kann es nicht anders benennen, ein Klima von Schreien... Schreien... Schreien und Schreien und Verhören, von Aussagen auch. Das war wirklich etwas sehr Zerrüttendes. Und das habe ich erlebt, und ich war viele Tage dort oben. Ich hatte keine... Wenn man dorthin kam, gaben sie einem gleich zu Anfang eine Nummer, mit der man dort registriert war. Ich war etwa zwei bis drei Wochen dort oben, ohne Nummer. Das war noch etwas, womit sie ihr Spielchen trieben, denn die Wärter kamen und sagten: „Welche Nummer hast du?"... „Ich habe keine." Und dann haben sie mich geschlagen, weil sie dachten, ich würde mich für besonders schlau halten, und ich hatte wirklich keine Nummer.

[101] Militärgefängnis für Frauen (Anm. d. Übers.)

Und jene Person sagte zu mir: „Du hast keine Nummer, weil du nicht offiziell hier bist. Niemand weiß, dass du hier bist. Das heißt, wenn du irgendwann verschwindest, gibt es kein Problem.“ Ich weiß nicht, ob das ein Selbstschutz meinerseits war, aber ich habe ihm das irgendwie nicht geglaubt.

F.: Zu deinem Selbstschutz: Gab es Orte oder Bilder, zu denen du dich zurückziehen konntest, um dich von der damaligen Situation zu distanzieren?

A: Ja, ja als du das gesagt hast, ob es (das Psychologiestudium) mir etwas genützt hat – ja, ich konnte mich distanzieren, ich zog mich auf etwas, wie mir scheint sehr... Primäres... zurück. Das klingt jetzt etwas abstrakt, aber ich glaube, so habe ich funktioniert, es war etwas wie eine Suche nach dem Guten und dem Bösen, aber das Gute in Hinblick auf das... das Schöne und das Hässliche.

F.: Gibt es irgendwelche Bilder, Gestalten, etwas Konkreteres?

A.: Ja, sieh mal: Ich habe versucht laut zu sprechen, auch um den Lärm etwas zu überdecken, die Stimmen, die Radios und das alles. Dann habe ich versucht, meine Stimme zurückzuhalten. Schon möglich, dass das etwas mit der Psychologie zu tun hatte, wie du sagst. Ich hatte ein Bild von jemandem, mit dem ich sprach, der tatsächlich einmal sehr bedeutsam für mich war. Ich habe eine wichtige, affektive Bindung zu dieser Person. Es war weder mein Partner und noch mein Therapeut, sondern eben derjenige, an den ich mich in diesen Momenten erinnert habe. Warum ich gerade mit ihm gesprochen habe, hat sicherlich auch etwas mit diesem Zustand zwischen Angst und Wahnsinn zu tun, denn ich hielt mich an dem Bild eines Psychoanalytikers fest, einem Freund der Familie. Gewiss auch deshalb, weil er ein warmherziger Mensch ist, der mich beschützen würde, aber sicher war auch das Thema Wahnsinn sehr gegenwärtig und die Angst, nein... Ich wollte dir etwas anderes sagen, jetzt bin ich davon abgekommen... Das mit diesem sehr Primären in dem Guten und dem Bösen und dem, was zu der einen Seite und zu der anderen Seite gehört... Ich glaube, ein Uruguayer könnte mich besser verstehen... aber vielleicht kannst du dir etwas Vergleichbares vorstellen. Etwas, was mich völlig erschüttert hat, was ich nicht ertragen konnte, war, dass einer von denen, die verhört und gefoltert haben, immer ein Taschenradio dabei hatte und plötzlich Gardel[102] gehört hat. Das war für mich absolut unerträglich. Also, du kennst Gardel und weißt, was Gardel für Uruguay bedeutet. Ich bin eine große Anhängerin von ihm und meine Familie auch, und es war absolut unerträglich für mich, dass etwas, was gewissermaßen zu dieser Seite gehörte... ich weiß nicht, ob ich mich verständlich mache, das ist eines von diesen, wie ich schon sagte, sehr primären Dingen. Ich fand das so unerträglich. Jetzt rede ich darüber und lache, aber...

F.: Das war wie ein Sakrileg...

A.: Klar, klar, zu der anderen Seite durfte das nicht gehören...

F.: Kann man also sagen, dass dein Gefühl von Zugehörigkeit dir sehr viel Halt gab, dass es dir geholfen hat, eine gewisse Struktur aufrechtzuerhalten trotz der ganzen Schädigungen, der Aggression, dem Durchbrechen von Grenzen...

A.: Genau, ja, absolut...

[102] In Uruguay und Argentinien sehr beliebter Tangosänger der 20er Jahre (Anm. d. Übers.)

F. : Denn eine Kultfigur, die allen gehört, zu verteidigen, als gehöre sie einem ganz persönlich, das ist wie ein Ausschließlichkeitsanspruch auf einen Bestandteil der Kultur...

A.: Ja, so ging es mir... Und das mit der Trennungslinie zwischen Gut und Böse, dem Schönen, dieses sehr Primitive, ich weiß nicht, wie ich das vermitteln soll... Etwas anderes, woran ich mich erinnere ist, dass ich in den ersten Momenten der Folter „Mama... Mama, Mama“ geschrieen habe. Dann ging mir meine Mutter aus, und ich schrie „Papa“ und andere Sachen... Das heißt, es gab noch etwas, was man steuern konnte. Ich habe mir zunächst etwas erlaubt, danach habe ich es mir nicht erlaubt. Irgendwie hat der Schrei mir genützt und ich habe ihn mir erlaubt. Und als sie mir sagten, wir bringen dir deine Mutter, habe ich damit aufgehört, in diesem Sinne war etwas steuerbar. Du hast gefragt, ob mir etwas geholfen hat, mich zu distanzieren.
Ja, ich kann dir einige bezeichnende Situationen erzählen: Also, fürchterlich waren zwei, zwei verschiedene, aber von der gleichen Art. Ich bin damals zusammen mit meinem Freund, meinem jetzigen Mann, festgenommen worden. Es gab mehrere Gelegenheiten, in denen ich körperlich völlig fertig war und sie uns zusammen gefoltert haben, aber vor allem brachten sie ihn, um ihn vor meinen Augen zu foltern, damit ich spreche, das kam mehr als einmal vor... Das ist die eine Situation... das ist sehr... es gibt keine Adjektive dafür. Und dann eine Freundin, eine sehr gute Freundin, eine langjährige Freundschaft, sie war fast wie eine Schwester, gehörte fast zur Familie, also eine sehr innige Freundin, später starb sie (nein, das hatte nichts damit zu tun, außerhalb des Gefängnisses)... Da wurde etwas in Szene gesetzt, was ich nie richtig verstanden habe... Besagte Person (der andere Folterer) sagte dazu: „Ich werde dich zum Reden bringen, ohne dir ein Haar zu krümmen.“ Er holte mich raus, sie nahmen mich mit, setzten mich in ein Büro und brachten auch meine Freundin...

F.: Sie haben diese Freundin gebracht...?

A.: Und sie ließen uns reden.

F.: Er wollte dich zum sprechen bringen, ohne dir ein Haar zu krümmen...?

A.: Das hat er gesagt, dann hat er mich mitgenommen und mit dieser Freundin konfrontiert... Ja, klar... Diese Freundin haben sie geholt, weil ich sie unterwegs angerufen hatte, bevor ich nach Hause kam, als sie mich verfolgten... Denn, wenn ich das rekonstruiere... Und... nein... daran kann ich mich nicht genau erinnern, entweder sie haben es mir gesagt, oder ich habe es aus etwas geschlossen. Ich erinnere mich, dass sie mir Fotos zeigten, die, die mir gefolgt sind... Sicher ist, dass sie uns da zusammen hinsetzten – und, ich weiß nicht was - wir sprachen über unwichtige Dinge. Und danach haben sie mich wieder zurückgebracht... Ich weiß nicht, diesen Teil verstehe ich nicht richtig: Was sie gesucht haben, ob sie eher auf sie einwirken wollten und es eigentlich gar nicht um mich ging... Darüber haben wir später nicht gesprochen...

F.: Warst du körperlich sehr misshandelt?

A.: Ja, ja, das hat einen starken Eindruck auf sie gemacht, darüber haben wir später schon gesprochen. Also, ich meine... vielleicht...

F.: Das war nicht nur eine einfache Unterhaltung, so wie immer...?

A.: Nein, ich war sehr zerschunden, deswegen meine ich... Denn ich war etwas verblüfft, weil sie mich damals nichts gefragt hat, und dann war ich weg. Ich denke, vielleicht ging es darum, auf sie einzuwirken, und ich war das Instrument dafür, denn es ging mir sehr schlecht. Sie hat mir gesagt, dass sie das sehr beeindruckt hat. Ja, und das mit meinem Freund, das waren diese Konfrontationen... mit Menschen, die sehr wichtig für mich waren.

F.: Hattest du allgemein den Eindruck, dass diese Person, die der Gute und der Böse sein wollte, irgendein psychologisches Wissen darüber hatte, was bei der Folter passiert?

A.: Ja, ja, man weiß nie, wie weit das intellektuelle Überlegungen sind oder Techniken oder inwieweit das ein Produkt einer intelligenten Person ist, und ich glaube... Da war etwas, was seine Wirkung hatte. Ich erinnere mich, weißt du, he... Mal sehen, ob ich dir ein Beispiel geben kann... Ich erspare mir Einzelheiten... Aber da war dieser Mensch, der dir heftigst zugesetzt hatte, deinem Körper, mit ganz schrecklichen Dingen, ganz schrecklichen, er war direkt daran beteiligt und... Weil er nicht nur mitmachte sondern auch schrie, es stand völlig außer Zweifel, dass er es war, der sprach, und dann...! Dann einmal, als ich immer noch dort oben war, wo zu allem plötzlich jemand vorbei kam und dir eins draufgab... Ich lag da, konnte mich nicht bewegen, konnte nicht essen, weil ich wie gelähmt war, ja, also... Und auf einmal, einfach so, sprach er mich an, setzte mich auf und redete irgendetwas mit mir... Er hatte Toilettenpapier dabei, ich brauchte es, um mir die Nase zu putzen... Überleg mal, was ich dir da für grundsätzliche Dinge erzähle, in dem Moment kommt einem das nicht so vor, jetzt schon, und er gab mir ein Taschentuch...

F.: Ein Papiertaschentuch?

A.: Nein, er gab mir sein Taschentuch, ein besticktes Taschentuch... Und das war etwas, was mir... ich weiß nicht, wie ich das sagen soll... Ich hatte dann immer dieses Taschentuch bei mir, und das war etwas, was mich durcheinander brachte, weil es in gewisser Weise etwas wie ein menschlicher Kontakt war, und das habe ich auch so empfunden, als ob mir jemand etwas gegeben hätte, etwas Menschliches... und es war dieselbe Person... Ich weiß nicht, was ich daraus schließen soll. Aber offenbar ist das nichts Argloses... sicherlich war dieser Akt mit dem Taschentuch nicht einstudiert, aber die Haltung, die sich darin ausdrückt, denke ich schon...

F.: Du hast etwas gesagt, dass du dich nicht bewegen konntest, wie gelähmt warst. Was bedeutet das, gelähmt?

A.: Sie nannten mich Mumie. Ich weiß nicht, es gibt ein Phänomen, ein Taubwerden von Gliedern. Ich hatte außerdem Probleme mit dem Rücken, einige Jahre zuvor war ich deswegen in Behandlung und es ging mir wieder gut. Aber dort habe ich mich irgendwie verrenkt, durch das Aufhängen und diese Sachen... Und dabei kommt es vor, dass man die Hände nicht mehr bewegen kann, mein Nacken war steif und ich konnte die Arme nicht bewegen... die Beine schon, aber... Wenn sie mir mal Essen brachten, mussten sie mich füttern, weil ich nicht konnte... Wie meine Arme wieder beweglich wurden ist auch etwas, was ich nicht weiß. Das war merkwürdig, denn in einem Moment... Ich erzähl dir Sachen... Ich weiß nicht, ich vermeide es sehr, solche Sachen zu erzählen...

F.: Aber erzähle es trotzdem...

A.: Aber ich vermeide es wegen des anderen, nicht wegen mir. Ich weiß nicht, da ist etwas in mir, das so funktioniert...

F.: Nimm auf mich keine Rücksicht, bitte.

A.: Nein, ich denke dabei nicht an dich, es ist der Andere... Es heißt, wenn man Übungen macht... aber ich konnte nicht... Das ist vielen passiert. Aber einmal hatten sie mich dort oben in einer Folterbank, und ich stand so da, und die Stange war, glaube ich, da. Ich weiß nicht mehr genau, wie das war. Jemand war hinter mir und schlug mich so: Peng, Peng! Meine Genitalien waren völlig zerschlagen... Ich hatte nichts an... weil ich mich auch nicht anziehen konnte. Und auf einmal haben sie mir Stromstöße gegeben, das war etwas Wahnsinniges, und plötzlich... Ich bin sehr empfindlich, wenn man das mit mir macht, und der hinter mir, der mich schlug, macht das, und ich hüpfe. „Oh, sieh mal an" und sie fangen an zu feixen und das mit mir zu machen, mich zu kitzeln, ja, und dann... Das war so unangenehm... plötzlich hielt ich mich an dieser Stange fest, ich hielt mich ganz fest... Ein Arzt wird das erklären können... Ja, und dann konnte ich mich wieder bewegen...

F.: Ich bin Arzt, aber ich kann dir nicht sagen, was da passiert ist...

A.: Es ist merkwürdig, all diese Dinge sind so merkwürdig. Na ja, sicher ist dieser Teil nicht so wichtig, aber weil du danach gefragt hast...

F.: Bist du nach der Rückkehr der Demokratie dieser Person, die dich so behandelt hat, einmal begegnet?

A.: Nein, nie mehr.

F.: Nie mehr, auch nicht auf der Straße?

A.: Im Gefängnis ja, auf der Strasse nicht. Später hatte er als Offizier die Leitung des Gefängnisses.

F.: Aber dort hat er dich nicht mehr gefoltert?

A.: Nein, nein, aber das hat eine schreckliche Wirkung gehabt.

F.: Du unterscheidest zwischen Verhaftung, Verhör, die Zeit bevor du dem Richter vorgeführt wurdest und danach das Gefängnis. In dieser Zeit, als du dem Richter vorgeführt wurdest, war das in gewisser Weise eine besondere Situation für dich, oder war es das wie alles andere? Wenn man auf die Entscheidung des Richters wartet, hat das ja etwas mit der Zukunft zu tun...

A.: Nein, überhaupt nicht, mir war das völlig egal... Ich denke, dabei spielen auch politische Überlegungen eine Rolle. Alles, was mit dem Richter zu tun hatte, war mir völlig unwichtig, aber völlig, die Jahre (der möglichen Strafe) waren mir egal... Das heißt, ich war davon überzeugt, dass das Eigentliche sich woanders abspielt. Wie viel davon persönliche Faktoren waren, weiß ich nicht, aber ich habe mich danach sogar deswegen kritisiert, weil meine Aussage vor dem Richter nicht gut war. Ich habe sämtliche Vorsicht fallen lassen, weil es mir egal war. Was mich interessierte war der (militärische) Geheimdienst. In diesem Spiel ging es um reden oder nicht reden. Darum ging es, zu verraten oder nicht zu verraten. Das war der Einsatz. Als ich die Verhöre einmal hinter mir hatte, war mir alles egal, nicht einmal die Aussage vor dem Richter hat mich besonders interessiert. Das Problem war, ob ihnen Leute in die Hände fielen. Durch meine Aussage haben sie niemanden bekommen. Und die Jahre, zu denen ich verurteilt wurde, ich war absolut überzeugt davon, dass das von der politischen Situation abhing, und es war mir wirklich egal...

F. Du hast recht. Was passierte in der Zeit im Gefängnis?

A.: Warte ein bisschen, ich bin noch bei der Zeit davor als... Es ist schwierig, ich weiß nicht genau, was dich interessiert...

F.: Mich interessiert, was dich zu erzählen interessiert...

A.: Ich mache mir darüber Gedanken, weil ich nicht weiß, ob das übereinstimmt, aber ich erzähle es dir: Zum Beispiel, als ich gerade dort angekommen war, nach einer „Reihe von Initiierungen"... Sie hatten mich dort nackt hingestellt, draußen, da waren andere aufgehängt, Schreie, da kamen welche vorbei und haben mich angefasst...

F: Hattest du eine Kapuze über den Kopf?

A.: Ja, und dann kam ein Moment... als hätte es aufgehört, mich zu wirklich interessieren... Etwas wie eine Trennung vom Körper... Und als ich im Gefängnis einmal mit einer (compañera) sprach... In der Regel sprachen wir nicht viel über diese Dinge. Wenn wir uns unterhielten, dann mit viel Gelächter, das hatte etwas Manisches, aber darüber sprach man nicht. Aber mit einer compañera konnte ich sprechen. Ich erinnere mich nicht richtig oder weiß nicht, ob sie mir direkt etwas von einem Vergewaltigungsversuch gesagt hat. Sie hat mir das gleiche erzählt, sie sagte mir „Weißt du, es war mir egal, es war, als wäre ich nicht in meinem Körper." Für sie war es damals ein ziemlicher Konflikt, mir das zu erzählen, aber ich empfand etwas wie Erleichterung... wie auch nicht... Ja, und das andere, der Folter anderer zuzuhören, das ist etwas vollkommen Unerträgliches, unerträglich.

F. Und das war durchgängig? Du hast das 24 Stunden am Tag gehört?

A.: In meinem Fall war das so.

F.: Hast du eine Erklärung dafür, warum sie dir keine Nummer gegeben haben, warum man dich wie einen Geist behandelt hat?

A.: Ja, schon... Weil man sagte, ich wüsste über bestimmte Dinge Bescheid... Damals sagten sie: „Weißt du, du bist hier nicht offiziell aufgenommen, du bist nirgends verzeichnet." Ach... Ich werde dir etwas erzählen: Diese Person, die das Verhör leitete, hat mich einmal zu sich gerufen an einen Ort mit einem Schreibtisch. Ich erinnere mich an einen Tisch und einen Stuhl, er saß dahinter... Es war ein kleines Zimmer... Auf der Seite stand eine riesige Wanne für das U-Boot[103], aber es war irgendwie aseptisch, die Art, wie sie verhörten... Manchmal stellten sie ganz konkrete Fragen, aber normalerweise fragten sie: „Wirst du nun reden oder nicht?"

F.: Du hast gesagt, es gab einen wachsenden Grad an Vertrautheit zwischen dir und ihm...

A.: An was?

F.: An Vertrautheit, gegenseitigem Vertrauen, einem gegenseitigen Kennen...

A.: Ja, ja, ich verstehe.

F.: Konntest du antizipieren, was er dich fragen würde, gab es eine Entwicklung in eurer Interaktion?

A.: Nein, antizipieren nicht. Das mit dem Kennen und dem, das war schon so.

[103] Foltermethode (Anm. d. Übers.)

F.: Sein Verhalten war so ganz anders als das, was du erwartet hättest, was du als die normalen Kommunikationsformen kanntest. Konntest du nie antizipieren, was er wollte?

A.: Doch, sicherlich konnte ich das, aber... Ich weiß nicht, wahrscheinlich schon, ich kann dir das nicht richtig beantworten. Ich glaube, was von ihm kam auf mich bezogen, schon. Doch, wir kannten uns immer besser. Ob ich antizipieren konnte, weiß ich nicht, wahrscheinlich schon etwas, aber ich habe das in diesem Moment nicht bemerkt... Was ich dir sagen wollte, in dieser Situation mit der Wanne für das U-Boot sagte er zu mir: „Du wirst auf der Strecke bleiben, du bist nicht zu retten" (du wirst sterben)... „du weißt ja, wir sagen dann, da ist uns die Kontrolle abhanden gekommen." Und einen Moment lang, nicht wegen des U-Boots, wegen dieser Worte dachte ich, jetzt ist es aus. Ich dachte das in diesem Moment, weil es sehr real war. Auch das war eines seiner Spiele. Er kannte die Leute gut. Ich meine damit nicht das, worüber wir gerade gesprochen haben, was das Persönliche betrifft. Das lernte er, glaube ich, nach und nach auch kennen. Ich meine die Geschichte der Leute. Er wusste, mit wem er sprach. Als er mir das sagte, dachte ich deshalb wirklich, es sei vorbei... Ich habe mich darauf vorbereitet zu sterben... Es war kein „Ich werde dich töten", es war: „Wir sagen, uns ist die Hand ausgerutscht." Und, ja... gut... ich weiß nicht, lassen wir es dabei.

F.: Du hast gesagt, du hättest diesen Señor nie auf der Strasse getroffen. Aber es wäre ja möglich, dass du ihn triffst, wenn er einen Tee trinkt, oder in einem Restaurant in deiner Nähe isst.

A.: Ich glaube, ich würde Angst bekommen, ja. Ich... Eine Frau habe ich mal zufällig getroffen... Die Frauen waren fürchterlich, im Gefängnis und auch während der Verhöre. Die Frauen, die dort waren, waren fürchterlich. Sie mussten mir helfen, zur Toilette zu gehen oder beim Essen. Ich wollte, dass mir die männlichen Wärter halfen, sogar um zur Toilette zu gehen. Das hat sicher etwas mit Machismus zu tun, bei den Männern, und womöglich auch meinerseits. Aber bei den Männern in der Hinsicht, dass es bei vielen irgendetwas auslöste, wenn sie mich so sahen. Sie sagten mir... Die Wärter, die nicht folterten, die empfanden vielleicht ein... ein gewisses Mitleid. Es war so, dass die Frauen, wenn sie mich zur Toilette bringen mussten, etwas ganz Schreckliches, ganz Schreckliches machten: Sie lachten, wollten nicht zu mir ins Zimmer kommen... Gut, ich blutete, ich hatte die ganze Zeit über meine Menstruation – das war auch nervös bedingt. Es waren nicht die Männer, sondern die Frauen, die sagten, dass sie nicht zu mir rein kommen wollten, weil der Geruch so entsetzlich sei... Denn ich stank schrecklich... Das heißt, da war etwas, da spielte etwas sehr Primitives, sehr Animalisches mit... Ich glaube, mir war auch das ziemlich egal. Weißt du, so wie als ich dir erzählte, dass ich mich in einem bestimmten Moment von meinem Körper abgetrennt habe. Wenn ich das heute erleben würde, wäre es für mich das Schlimmste, was mir passieren könnte, dass mir jemand sagt: „Ich komme dir nicht nahe, weil Du stinkst..." Damals war mir das egal, da hat sich etwas verändert...

F.: Die Perspektive...?

A.: Und wie bin ich auf das mit der Frau gekommen? Ah, ja, damals war da eine, die in der Hierarchie eine sehr wichtige Position einnahm. Sie hatte viel zu sagen in der Strafanstalt. Sie erzeugte viel Angst, nicht nur wegen der Macht, die sie hatte, sondern wegen ihrer Art: Eine Frau, die schrie. Damals hatten wir alle schreckliche Angst vor ihr, wirklich.

F.: Kannst du beschreiben, wie diese Frau aussah? War sie groß, klein, dick, dünn...

A.: Sie war durchschnittlich, sie hatte nichts Besonderes an sich... Sie schrie und stieß dich rum. Ich weiß nicht, sie hatte etwas... Alle hatten wir schreckliche Angst vor ihr.

F.: Und hast du diese Frau mal außerhalb des Gefängnisses gesehen?

A.: Also, ich habe andere weibliche Soldaten getroffen, ich war mit Freundinnen zusammen, und im Allgemeinen tun sie so, als würden sie einen nicht sehen, und man tut so, als würde man sie nicht sehen.

F.: Und wie weit weg war diese Person von dir?

A.: Sie war ganz nah, sie kam aus einer Apotheke heraus und ich ging hinein...

F.: Hat sie dich und das Kind gesehen?

A.: Ja...

F.: Und dein Sohn, hat er etwas gemerkt?

A.: Nein, er war noch ganz klein...

F.: Und ist sie deinem Blick ausgewichen oder hat sie dich angesehen?

A.: Ja. Ja und danach habe ich diese Person in einem Bus gesehen, und auch da hatte ich Angst, ich habe Angst empfunden, das war das Gefühl, verstehst du? Bei den anderen Frauen nicht, aber ich sehe da einen Zusammenhang mit der vorigen Frage, denn dieser Mensch hat auch vorher Angst in mir erzeugt, und wenn ich mir vorstelle, ihn zu sehen... Das ist nicht sehr heldenhaft, aber ich glaube, es würde mir sehr Angst machen... Man weiß es nicht... Eigentlich... Ich glaube, ich würde Angst empfinden... Klar... Vielleicht, wenn ich allein wäre, oder unter anderen Umständen, möglicherweise würde ich dir etwas anderes sagen, aber ich glaube, ich hätte Angst.

F.: Mit deinen compañeras hast du daran gearbeitet, die Erfahrungen im Gefängnis aufzuarbeiten und zu analysieren. Hast du abgesehen davon auch noch irgendeine andere Form von persönlicher Aufarbeitung unternommen, um diese Periode zu überwinden, hast du eine Psychotherapie gemacht?

A.: Ja, ja.

F.: Aber nicht mit einem Kollegen, oder mit irgendjemandem, der auch im Gefängnis war, oder auf privater Ebene?

A.: Privat, und ich habe diese Themen im Einzelnen nicht so sehr bearbeitet.

F.: Die Frage ist, war es dir möglich, mit der Zeit Distanz zu diesen Dingen zu bekommen? Oder auch, ob du heute darauf achtest: Wird dem Thema in der Psychotherapie ausgewichen? Geht es eher darum, etwas zu vergessen? Oder war es nicht nötig?

A.: Ich weiß nicht... Ich denke, ich habe es nicht bearbeitet... Oder vielleicht habe ich es sehr viel bearbeitet, oder vielleicht würde mein Therapeut dir sagen: „Sie hat viel daran gearbeitet" und man selbst denkt, das war gar nicht so. Ich will damit sagen, es hat uns nicht als Thema während der Sitzungen beschäftigt, es tauchte plötzlich auf...

F.: Aber es war unausgesprochen Thema, weil dein Therapeut oder deine Therapeutin wusste, was du durchgemacht hast.

A.: Ja, und außerdem standen wir uns ideologisch nahe, es war bekannt.

F.: Wie alt sind deine Kinder?

A.: 9 und 11 Jahre

F.: Hast Du mit ihnen über diese Themen gesprochen?

A.: Nein, über die Folter nicht, über das Gefängnis schon, und im Allgemeinen ein bisschen... Das ist etwas, auch wenn ich darüber nachgedacht habe... Zuerst hat es sich ergeben... Zuerst, weil ich Freundinnen habe, mit denen ich im Gefängnis war, und die immer noch meine Freundinnen sind, ja, und andere sind im Exil, na ja... Also, als sie klein waren, habe ich immer wieder gesagt: „Die war auch, der war auch..." Die Aufgabe, die sich mir mit meinen Söhnen stellte, war schwierig, vor allem mit dem Älteren, klar – der Zweite, der Arme, er steht hinter dem Älteren immer ein wenig zurück. Sie wurden ja mitten in die Demokratie geboren. Und wenn sie klein sind, gibt es das mit den Guten und den Bösen, aber in einem anderen Sinn, als wir heute darüber gesprochen haben. Vor allem, als sie noch ziemlich klein waren, da waren das die Polizisten und die Diebe, die Polizisten und die, die ins Gefängnis kommen. Deswegen war es etwas schwierig, zu sagen: „Ich war im Gefängnis, aber ich bin gut..., die Polizisten waren die Bösen..." Ich merkte, dass irgendetwas daran nicht richtig stimmte. Was ich versuchte, war das mit dem „Dieser war auch, jener war auch..." Natürlich nicht mit politischen Erklärungen, davon habe ich ihnen immer nur kleine Happen gegeben... klar... Und ich habe versucht, etwas aufzubewahren, zum Beispiel Objekte... In meinem Haus gibt es viele solcher Objekte, mein Mann war auch im Gefängnis, Sachen die er gemacht hat, Aschenbecher, solche Sachen gibt es da... und über diese Dinge hat mein älterer Sohn angefangen nachzufragen. Mir scheint, mit dem Jüngeren war das natürlicher, er hat das von ganz klein an einfach mitbekommen. Mit meinem älteren Sohn eigentlich..."Und das haben wir so gemacht. Mal sehen, wie wir das gemacht haben. Das haben wir damit gemacht..." Und ich habe eine Menge Leute, mit denen wir befreundet sind und die sie gerne mögen, erwähnt mit dem „Der war auch... der war auch..." Mir ist das so eingefallen, als sie klein waren, denn das ist nicht einfach, diese Sache mit dem wer drin und wer draußen war... und die Polizei (die mit im Spiel ist)...

Belagerung

Das Interview mit Gabriela fand im Juni 1998 statt und hatte die von ihr im Juli 1977 erlittene Folter zum Thema. In diesem Zusammenhang gibt es einige Punkte, die es verdienen, genauer betrachtet zu werden.

1. Die Rollen des „Guten und des Bösen" gehören fast zwingend zum Repertoire des Folterszenarios. Der Gefolterte wird bis in die intimsten Fasern seiner menschlichen Existenz verletzt und ist äußerst bedürftig nach Hilfe und Trost. Durch das Auftreten einer scheinbar verständnisvollen Person in seiner unmittelbaren Umgebung wird ihm angeboten, eine vertrauensvolle und gefühlsmäßige Bindung aufzubauen. Diese emotionale Falle dient dem Zweck, die letzten Reserven an persönlicher Integrität des Gefolterten zu zerstören.

Diese Taktik ist oft erfolgreich. Vielleicht deshalb, weil der Gefolterte die Hoffnung nicht aufgeben will. Er will keine Zweifel daran aufkommen lassen, dass der Zustand des „Nichts", zu dem ihn die Folter macht, nur vorrübergehend ist. Die Sehnsucht danach, einem anderen

Menschen zu vertrauen, bahnt sich so einen Weg und findet ihn in dem „Guten" personifiziert.

Gabriela wusste bereits seit ihrer Verhaftung, dass ihr Peiniger beide Rollen einnehmen würde. Der Grund, warum der Folterer sie darüber informiert hat, kann nur so verstanden werden, dass die Widerstandskraft der Gefangenen von Anfang an bis zum Äußersten strapaziert werden soll.

2. Intensität und Dauer der Folter: Gabriela kann über die erlittenen Schmerzen nicht in messbaren Begriffen sprechen, und es erscheint absurd (in den üblichen Erlebniskategorien), die tatsächliche Dauer einer solchen Folterperiode mitgeteilt bekommen zu wollen: 15 bis 20 Tage lassen sich in einem zeitlichen Rahmen von 40 bis 50 Tagen ausmachen, deren unbestimmter Ausgang die verwirrende Wirkung vermehrt. Dennoch gibt es zwei Elemente, die die Intensität der Leiden bestimmt haben, und die uns vielleicht ermöglichen, den Horror zu erahnen, der Gabrielas Situation beherrschte:

– Das Teilhaben an dem Martyrium anderer, ohne die Möglichkeit zu handeln oder sich vom Geschehen zurückzuziehen (Mauricio Rosencof sagt, es sei ein Fluch in Militärgefängnissen, die Ohren nicht schließen zu können, wie man die Augen schließt).

– Der Zwang, bei der Folter geliebter Menschen zugegen zu sein, und der Zwang zu reagieren, zum Beispiel auf die Drohung, auch die Mutter in diese Situation zu bringen.

3. Grenzsituationen: Auch wenn es bereits bekannt ist, dass in Uruguay die ausdrückliche Absicht bestand, die Gefangenen in den Wahnsinn zu treiben, so machen dies zwei Begebenheiten in Gabrielas Erzählung besonders deutlich:

– der Zustand „ohne Nummer" zu sein, in dem sie sich während langer Tage befand, und die damit verbundene Angst, dass dieser Zustand ein unausgesprochenes Urteil über ihr Schicksal bedeutete.

– Die eindrücklichen Mitteilungen seitens ihres Hauptfolterers wie „Also, du wirst auf der Strecke bleiben (du wirst sterben)"... „Du weißt, wie wir sagen: die Kontrolle ist uns abhanden gekommen." Diese Art von Mitteilungen haben einen hochgradig boshaften, emotiven Gehalt, denn der Folterer zeigte keinerlei Interesse an Gabrielas Reaktionen darauf, und als er Gabriela als „nicht zu retten" erklärte, schien er sich lediglich darüber äußern zu wollen, dass bei den Misshandlungen nun ein neuer Kurs eingeschlagen würde.

4. Ohnmacht und Scham: Das Verhältnis Gabrielas zu der Verletzung ihres Schamgefühls geht über die knappe Erwähnung hinaus, dass sie während des größten Teils ihres Aufenthalts in der „Maschine der Folter" nackt war. Folgende Momente sind hier von Bedeutung:

– Die spöttische Haltung der Gefängniswärterinnen, die sie wissen lassen: „Ich nähere mich dir nicht, weil du stinkst." Dieses Gehabe erschüttert Gabriela heute noch. Sie erzählt, sie habe sodann das „Kavallierstum" (dargestellt als machismo) der männlichen Gendarme in Anspruch genommen, das auf den Werten der patriarchalischen Gesellschaft basiert: Der Mann als der Stärkere hat die Pflicht, jedes wehrlose Wesen zu schützen (Gabriela als hilflose und leidende Frau), und sie stellt fest, dass die Gendarme ihr tatsächlich die benötigte Hilfe leisteten. Im Gegensatz zu ihnen schienen die Gefängniswärterinnen Vergnügen daran zu haben, sie in ihrer Hilflosigkeit zu betrachten und sie ohne weiteres ihrem Schicksal zu überlassen.

– Die unverständliche Heilung ihrer Unbeweglichkeit durch Kitzeln während einer Foltersequenz: Es ist zu bedenken, dass Kitzeln als neurophysiologischer Stimulus zur Gruppe der Empfindungen an der Grenze zwischen Schmerz (Alarmgefühl bei den verletzbaren Zonen) und Lust (Gefühl von Vertrauen und Hingabe) gehört. In dieser Atmosphäre unentwegter körperlicher Aggression, wie sie Gabriela beschreibt, gekitzelt zu werden, scheint die neuromotorischen Blockierungen durchbrochen zu haben, die bei ihr eine Art Lähmung hervorgerufen hatten („Sie nannten mich die Mumie"). Dadurch gewann sie ihre Bewegungsfähigkeit wieder als eine Form, sich gegen diesen erneuten Angriff auf ihr Schamgefühl zu wehren.

5. Vergegenwärtigte Erfahrung: Die Spuren, die der Schmerz im Gedächtnis hinterlässt, drücken sich in der Haltung Gabrielas gegenüber einem möglichen Zusammentreffen mit ihrem ehemaligen Hauptfolterer aus: „Ich stelle mir vor, wenn ich ihn sehe... Das ist nicht sehr heldenhaft, (aber) ich glaube, es würde mir große Angst machen". Das, 20 Jahre danach gesagt, zeigt, wie tief und dauerhaft die Verletzungen sind, die die Folter der Biografie der Opfer aufprägen.

6. Die psychologische Abwehrhaltung, die Gabriela in den verschiedenen Situationen von drohender Vernichtung entwickelt, drückt sich in der Fähigkeit zu unbedingter Grenzziehung und Selbstisolierung aus:

– Die unbedingte Grenzziehung ist emotionaler und kultureller Art und darauf gerichtet, das Zugehörigkeitsgefühl zu ihrem gesellschaftlichen Kollektiv aufrechtzuerhalten. In ihrem Bericht betont sie, wie sie getrennt hat zwischen „dem Unseren und dem Fremden (Anderen)", „dem Guten und dem Bösen", dem „Schönen und dem Hässlichen". Sie erinnert, dass jedes dieser Ereignisse für sie eine sehr große Bedeutung hatte. Das ermöglicht ihr, für ihre Intimsphäre emotionale Bereiche von Zugehörigkeit und Schutz zu definieren.

(Ein besonderes Beispiel ist Gabrielas Beziehung zur Musik von Carlos Gardel, denn ebenso wie es für das Ausmaß, in dem sie ihrer Persönlichkeit beraubt werden sollte, keine Grenzen gab, war auch das Gefühl, des Kulturellen beraubt zu werden, unbegrenzt: „Das war für mich absolut unerträglich", dass einer der Folterer die Tangomusik von Carlos Gardel mochte). Sie betrachtet hier den Folterer als jemanden, der sich unbefugterweise eines kulturellen Erbes anmaßt, das für sie mit bestimmten ästhetischen und emotionalen Wurzeln versehen ist und beansprucht für sich den ideellen Besitz von Gardel und seiner Musik. Damit schließt sie den Folterer als möglichen Musikkenner entschieden aus.

Vielleicht kann man diese Haltung als eine reflektorische Abweisung betrachten: Sie schließt den Folterer aus dem Kreis von Personen aus, die die Musik von Gardel „wirklich" kennen und verstehen, als Reaktion darauf, dass *de facto* der Folterer Gabriela selbst von allem Menschlichen entfremdet.

– Die Selbstisolierung gelingt Gabriela sogar in dem ständig herrschenden Gelärme dieses Folterzentrums. Hierfür ist sowohl die akustische Oase wichtig, die sie in sich schafft, in dem sie laut nach von ihr geliebten Menschen ruft (um die anderen Schreie nicht zu hören?), als auch die Fähigkeit, die sie entdeckt, sich inmitten intensiven Schmerzes von ihrem eigenen Körper abzulenken.

– Die Sehnsucht nach Zuneigung, die die emotionale Kargheit der „Maschine" in ihr hervorruft, wird dadurch sichtbar, dass Gabriela an das bestickte Taschentuch, dass ihr ihr Hauptpeiniger reicht, eine Anhänglichkeit wie zu einem Talisman entwickelt: „Danach hatte ich dieses Taschentuch immer bei mir, denn in gewisser Weise war es wie ein menschlicher Kontakt..."

8. Die Umkehrung von Werten, die die Militärdiktatur der Generation von Gabriela aufzwang, zeigt ihre Wirkung noch heute in der Beziehung zu ihren Kindern. Wie soll man ihnen erklären, dass früher die Polizisten und Gendarme „die Bösen" und die Verfolgten „die Guten" waren? Zu diesem Zweck konnte man anscheinend nur auf ein prälogisches Vorgehen durch empathischen Vergleich zurückgreifen: „Er/sie (Freund/in der Eltern) war auch im Gefängnis und ist auch nicht böse..." Die scheinbare Absurdität einer solchen Aussage wird geringer, wenn sie bezwecken soll, dass die Kinder die erwähnte Person aufgrund ihrer eigenen Kenntnis und Zuneigung akzeptieren und, in einem weiteren Sinn, den vermeint-

lichen Makel bei ihren eigenen Eltern erkennen und sich zu ihnen „trotz allem“ bekennen lernen.
Gabriela spricht über ihre Erfahrungen während der Folter in einer nüchternen und präzisen Sprache. Ich denke, ihr Sprechen über ein so intimes Leid hilft, den Kreis des Schmerzes und des Schweigens zu durchbrechen, der gewöhnlich das Ergebnis der Selbstzensur ist. Es ist gleichzeitig ein Schritt, die Scham „wegen des Anderen“, wie sie es nennt, zu überwinden. Dank ihres intensiven Bemühens wird es möglich, ihre persönliche Erfahrung in Worte zu fassen und ihren Teil an der gepeinigten Menschheit in der unmittelbaren Vergangenheit Uruguays vermittelbar zu machen.
Ich bekunde Gabriela meine tiefe Anerkennung für ihren Mut und ihre geistige Aufrichtigkeit.

Die Kunst des geistigen Untertauchens

Kulturelle Opposition mit psychologischen Mitteln

Eröffnung

Ich übertreibe nicht, wenn ich sage, dass ich auf Jorge Gissi schon ewig und drei Tage lang neugierig gewesen bin. Die Empfehlungen gemeinsamer Freunde und Kollegen und seine mir zugänglichen Texte ließen auf einen Menschen schließen, der es gewohnt war, sich ungewöhnlichen psychologischen Themen und Fragstellungen zu widmen und neue Positionen und Antworten zu formulieren: Aus der Distanz war er für mich einer der seltenen wachen Intellektuellen der achtziger Jahre in der bleiernen Trägheit eines Santiagos, das unter militärischer Bewachung stand.

Der akademische Betrieb war in dieser Zeit in einer von den „Ordnungskräften" aufgezwungenen Rückentwicklung begriffen. Jorge Gissi verfolgte mit seinem Handeln, wie es scheint, den Kurs derer, die sich entschieden hatten, gegen die allgegenwärtige Unterdrückung und die Resignation als normalen Gefühlszustand ein „Und sie bewegt sich doch" zu postulieren. Wie kann unser Geist Mut schöpfen, wenn sich um uns herum die Apathie ausbreitet? Diese Frage würde ich ihm gewiss nicht stellen.

Nach meinem Anruf kam er ins Haus von Jorge V., meinem Gastgeber in Santiago. Er trug die kompakte Kleidung der Chilenen im Winter: einen am Körper anliegenden wollenen Dreiteiler mit einem Halstuch, das die Brust und den Hals gegen Kälte und Smog panzern sollte.

Bei diesem ersten Treffen hatte er wenig Zeit, da ihn einige „Extrastunden" in einem nahegelegenen Institut erwarteten. Bei der nächsten Gelegenheit hatten wir Zeit und Lust, das Interview anzugehen.

Die Chilenen pflegen verschiedene Rituale, die das „Eis brechen" sollen, wenn zwei Menschen, die sich wenig kennen, ohne Umschweife miteinander sprechen möchten. Jorges Methode bestand darin, während des Interviews ein breites und buntes Spektrum chilenischer Kraftausdrücke zum Besten zu geben (der größte Teil wurde im Zuge der Transkription entfernt). Wie es scheint, hat die Taktik ihm dieses Mal genutzt...

Das Interview mit Jorge

F.: Als du in Chile studiertest, wurden Psychologen für gewöhnlich nicht als Mitglieder der regulären akademischen Gemeinschaft angesehen, zum Teil deshalb, weil Chile ein sehr konservatives Land hinsichtlich der akademischen Entwicklung war, zum Teil auch wegen einer gewissen Apathie oder einem diffusen Verständnis gegenüber psychologischen Themen. Was hat dich dazu motiviert, Psychologie zu studieren bzw. dich auf die Psychologie einzulassen?

A.: Ursprünglich? Das ist schwierig, genau weiß ich das nicht mehr. Es ist schon 30 Jahre her, dass ich anfing zu studieren. Aber ich erinnere mich noch an die Begründung, die ich mir damals selbst gegeben habe und die wahrscheinlich stimmt. Es war einerseits die Lust, mich selbst zu therapieren, meine Grenzen und Schwierigkeiten besser zu verstehen und zu verringern, andererseits die Lust, anderen eben dabei zu helfen (was eine sehr häufige Rechtfertigung für ein Psychologiestudium ist), und drittens aus einer intellektuellen, oder auch philosophischen Neugier heraus: Was ist der Mensch?

F.: In welchem Jahr hast du dein Studium begonnen?

A.: 1960

F.: Bis 1965, 1966. Wie bekamst du die Gelegenheit, eine Doktorarbeit zu schreiben?

A.: Also, nach dem Psychologiestudium machte ich hier 1976 und 1977 meinen Magister in lateinamerikanischer Literatur, danach ging ich nach Rom, um meinen Doktor zu machen. Das war von 78 bis 80, und nicht in Psychologie, sondern in Sozialwissenschaften. Danach machte ich eine Ausbildung in Familientherapie, immer noch in Rom, aber nicht mehr an der Universität, sondern an den beiden wichtigsten professionellen Instituten, zuerst 1980 und dann 1985 bei M. Andolfi und L. Cancrini.

F.: Was war das Thema deiner Arbeit in Sozialwissenschaften?

A.: Das Thema meiner Doktorarbeit war: „Kultur und Armut aus transdisziplinärer Sicht". Das Thema Armut kenne ich eigentlich ziemlich gut. Ich kannte Paolo Freire und arbeitete mit ihm eine Zeit lang, bevor er das Land verließ. Er selbst bat mich, über die Psychologie der campesinos[104] zu unterrichten. Er hielt solche Kurse 1968 und 1969 in Chile. Ich sagte: „Was weiß ich über die Psychologie der campesinos? Das kommt weder an der Universität noch in meinen Büchern vor". Also sagte er: „Gut, dann erfinde sie, denn wenn es campesinos gibt, muss es auch eine Psychologie der campesinos geben." Ich las also jede Menge über ländliche Anthropologie und Soziologie und andere Theorien hier und dort, und ich verzettelte mich völlig... Ich glaube, dadurch habe ich im Laufe der Jahre ein ziemliches Verständnis für die Psychologie der unteren Klassen im Allgemeinen entwickelt, was dann seinen formalen Höhepunkt in dieser Doktorarbeit fand. Ich habe nach wie vor ein zentrales Interesse an diesem Thema. Außerdem hielt ich Wahlseminare über die „Psychologie des unterdrückten Bewusstseins", so habe ich das von 1969 bis 1973 genannt. Als ich 1980 aus Europa zurückkehrte, änderte ich den Titel in „Psychologie der Armut", was akzeptiert wurde, aber ich sprach fast über die gleichen Dinge wie in der Zeit davor.

F.: Warum war es nötig, den Titel zu ändern? Was bedeutete das?

A.: Nach dem Putsch von 1973 war ein Titel wie „Psychologie des unterdrückten Bewusstseins" völlig unmöglich, in jedem Teil des Landes, und nicht nur, um den Kurs zu halten, sie hätten mich auf der Stelle festgenommen. Die „Psychologie der Armut" hielt ich an der Katholischen Universität, und dieser Titel war im Chile der Diktatur auch nur dort möglich. Die Kirchenhierarchie war zum überwiegenden Teil zentrumsnah, sagen wir pro-christdemokratisch und ausdrücklich gegen die Diktatur, außerdem stand sie unter dem Schutz von Kardinal Silva-Henriquez.

F.: Bedeutet das, es gab eine Art Enklave, eine Art Insel innerhalb des akademischen Systems hier an der Katholischen Universität in Chile? Aber was bedeutet das konkret? Meinst du, wenn du an einer anderen Universität gewesen wärst...?

A.: Ehm..., mal sehen..., warte... Ich war 1973 ordentlicher Professor an der Chilenischen Universität, ich hatte einen öffentlichen Wettbewerb gewonnen, hatte einen Kurs, aber sie warfen mich unmittelbar nach dem Putsch raus. Und als ich fragte, was los sei, sagte man mir, ich sollte besser keine Fragen stellen, ... dass man einfach, ich weiß nicht wie viel

[104] Das Wort campesino heißt wörtlich übersetzt Bauer, meint im lateinamerikanischen Kontext aber eher die arme Landbevölkerung (Anm. d. Übers.).

hundert Professoren abgesetzt hatte. Die Chilenische Universität war die wichtigste im Land und auch eine der am meisten betroffenen. Ich kann mich nicht erinnern, dass ich während der Diktatur einmal an den ein oder anderen Fachbereich eingeladen worden wäre, um eine Vorlesung zu halten. Ich erinnere mich, dass ich mit vielen Studenten der Chilenischen Universität Kontakt hielt, sie luden mich schon ein... Was die anderen Universitäten betraf, die damals entstanden, die späteren Privatuniversitäten, das war bereits etwas anderes, das war eine andere Zeit gegen Ende der Diktatur, da gab es formal keinen Platz für Intellektuelles.

F.: Bei deiner Rückkehr aus Europa Anfang der 80er, wie hast du damals die akademische Aktivität im Bereich der Psychologie wahrgenommen, dort wo du hinkamst?

A.: Ich fand sie modernisiert, technokratisch bzw. in professioneller Hinsicht marktorientiert, in intellektueller Hinsicht akzeptabel und ohne jegliches gesellschaftliches Bewusstsein.

F.: Wurden gesellschaftliche Themen direkt ausgeschlossen?

A.: Sie wurden institutionell ausgeschlossen, aber das war eine Mischung aus verschiedenen Gründen: Teilweise hatte es mit der Diktatur zu tun, aber zum überwiegenden Teil war es eine Folge der marktorientierten, individualistischen Kultur, die sich bei den Psychologen der Katholischen Universität sogar schon vor dem Putsch ausgebreitet hatte. Um genauer zu sein: Vor dem Putsch unterrichtete ich an der Schule für Sozialarbeit und am Studienzentrum für Nationale Fragen (CEREN[105]). Die Psychologiestudenten, die meinen Unterricht besuchten, sagten, in der Psychologie gäbe es nichts Interessantes. Es gab zwar einen Kurs in Sozialpsychologie, aber ich erinnere mich, dass der Professor selbst zu mir sagte, er sei „Rattologe“. Er lehrte experimentelle mikrosoziale Psychologie aus den USA, weiter nichts. Das war noch während der Zeit Allendes, als ich noch die Psychologie des unterdrückten Bewusstseins unterrichtete.

F.: „Rattologe“: Heißt das, er arbeitete mit Ratten?

A.: Ja, im wörtlichen und im experimentellen Sinn.

F.: Und er machte... Theorie der Kleingruppen in Verbindung mit Ratten?

A.: Ja, neobehavioristische Theorie, soziales Lernen und all diese Dinge...

F.: Und das war alles Thema der Sozialpsychologie, oder was man als Sozialpsychologie ansehen konnte?

A.: Gut, das war das Ziel der US-amerikanischen empirischen Sozialpsychologie... bis vor kurzem... was in jeder Hinsicht offensichtliche Grenzen hatte. Meiner Ansicht nach hatte es die schon vor 30 Jahren, und zwar nicht nur, weil es keine Psychologie des campesino und der unteren oder der sozialen Klassen gab, eine Erweiterung, die wir damals zusammen mit Paolo Freire und Armand Mattelart entwickelten. Armand war Soziologe und hatte nicht das Geringste mit Psychologie zu tun. Es gab hier noch nicht einmal etwas über die Sozialpsychologie des Vorurteils, was in englisch bereits existierte, weil es die Schwarzen schon

[105] Centros de Estudios de la Realidad Nacional (Studienzentrum für nationale Fragen): Ein multidisziplinäres, akademisches Institut, das sich der Forschung und Lehre über die chilenische Gesellschaft auf der Basis der „Theologie der Befreiung“ und der lateinamerikanischen Soziologie widmete. Es nahm seine Arbeit Mitte der 70er Jahre auf und wurde nach dem Militärputsch „geschlossen“ (Anm. d. Übers.).

gab etc. Aber hier gab es ja auch keine Vorurteile. Die Sozialpsychologie hier war also lächerlich, abgesehen von etwas Arbeits- und Organisationspsychologie.

F.: Gut, du hast also ab den 80ern begonnen, Psychologie der Armut zu unterrichten, mitten in der Diktatur. Wie reagierten die Studenten darauf und das akademische Umfeld im Allgemeinen?

A.: Mitten in der Diktatur gab es Neugier und Zustimmung seitens der Studenten. Zunächst war es Neugier, dann unmittelbares, wachsendes Interesse, Zustimmung und Anhängerschaft. Es gab einen gewissen, wichtigen Prozentsatz von Studenten, die gegen die Diktatur waren, auch wenn sie aus verschiedenen Gründen mehr oder weniger unpolitisch waren. Die Mehrheit der Studenten der ‚Katholischen' kam aus der Mittel- und Oberschicht, und viele von ihnen hatten katholische Privatschulen besucht, in denen sie eine antimilitaristische Erziehung erhielten, je nach Schule mehr oder weniger. Viele von ihnen begleiteten mich, von 1980 bis heute. Natürlich war das nur ein gewisser Prozentsatz, aber wegen ihnen habe ich nie aufgehört, diesen Kurs zu halten. Das heißt, immer wenn ich den Kurs halten wollte, gab es eher zu viel als zu wenig Teilnehmer. Tatsächlich richtete ich danach noch Parallel- und Ergänzungskurse ein, oder Kurse zu ähnlichen Themen, zum Beispiel einen mehr theoretischen Wahlkurs über Fromm. Ich nannte ihn die „Psychologie Erich Fromms". Mich interessierte seine Psychologie, daher nannte ich den Kurs so, aber eigentlich sprach ich eher über das Denken Erich Fromms: Es ist ein offenkundig transdisziplinäres Denken zwischen Psychologie, Soziologie und Kulturphilosophie, sogar mit Elementen der vergleichenden Religionswissenschaften. Seit ich ihn kenne, bis heute, finde ich, dass er einer der wichtigsten Intellektuellen der zweiten Hälfte des 20. Jahrhunderts ist.

F.: Heißt das, dass deiner Tätigkeit während der Diktatur keinerlei Einschränkungen auferlegt wurden? Dass du mit ziemlich viel Handlungsfreiheit Themen nach deinen Interessen oder deiner Motivation behandeln konntest?

A.: In der ‚Katholischen' hatten wir in unserem Fachbereich keine Einschränkungen. Mir persönlich gaben einige Kollegen häufiger den Rat, besser nicht so viele Kurse über die Psychologie der Armut zu halten, besser nicht so viele Studenten zu haben, aber ich hörte nicht auf sie. Explizite oder direkte Drohungen erhielt ich nie. Außerdem gab ich Kurse und Workshops für Priester und andere Professionelle, die in verschiedenen fortschrittlichen Bereichen der Kirche arbeiteten, zum Beispiel auch in der Vicaría de la Solidaridad[106] und ähnlichen Einrichtungen. Ich hatte also auch guten Kontakt zur Realität. Gleichzeitig war ich aber mehr oder weniger geschützt, weißt du. Also, ich hatte Kontakt zu dieser Realität, aber nicht wie z.B. Elisabeth Lira. Ich habe nie wirklich mit Gefolterten oder Exilierten gearbeitet, sondern mehr damit, was dort gemacht wurde, und mit den ärmeren Bevölkerungsgruppen im Allgemeinen.

Welche Probleme hatten wir tatsächlich? Beim Schreiben mussten wir uns selbst zensieren. Ich schrieb einiges, aber mit einer erheblichen Selbstzensur, das heißt mit allen Mitteln, dem Streichen von Wörtern, von Zitaten bestimmter Autoren etc. Andererseits gab es ja nach dem Putsch erhebliche bibliografische Einschränkungen seitens der Institutionen. Tatsächlich verschwanden am Tag nach dem Putsch viele Bibliotheken im Land, leider auch Autoren und andere... Einige Monate nach dem Putsch sagte ich, man muss sich jetzt mehr um Pflichtfilme kümmern, denn die Pflichtlektüre wurde kontrolliert, aber bei Filmen glauben die Leute in

[106] Einrichtung der katholischen Kirche, die Beratung und Betreuung für Angehörige von Repressionsopfern leistete (Anm. d. Übers.)

Chile, sie hätten nichts mit der Gesellschaft zu tun, was nicht richtig ist. Es kamen immer noch viele Filme aus allen Teilen der Welt ins Land, die vom Faschismus, vom Nationalsozialismus, der Diktatur in Brasilien etc. handelten. Tatsächlich nahm ich mir vor, Film zu studieren. Ich begann, mit Freunden zu lernen, nahm als Schüler Kurse bei ihnen, führte lange Gespräche mit ihnen und lernte viel. Ich begann, politische Filme, die nicht aus Chile waren, als Pflichtveranstaltung zu zeigen. Das habe ich die ganze Zeit beibehalten und bin nie daran gehindert worden.
Lateinamerikanische Literatur studierte ich eigentlich aus zwei Gründen: Einmal, weil ich mir sagte, ich muss die Literatur besser kennen und als Form des ideologischen Kampfes nutzen lernen. Und außerdem muss ich ein diagnostisches, prognostisches und therapeutisches Bild von Lateinamerika vermitteln können, denn Chile zählte nicht mehr, Chile war gestorben, sagen wir. Aber das macht nichts, dachte ich, meine Identität ist lateinamerikanisch, ich bin nicht nur Chilene. Tun wir also so, als sei ich kein Chilene, und daher konnte ich, auch aus Gründen des Selbstschutzes, von Lateinamerika fordern, wozu ich Lust hatte, und das tat ich auch. Ich konnte auch Demokratisierung an der Akademie fordern und das alles, und mir wurde klar, dass ich meine Schüler und meine Kollegen im Land erziehen konnte und musste. Die große Mehrheit hatte überhaupt kein lateinamerikanisches Bewusstsein, nicht nur damals, das ist bis heute ziemlich schwankend, sagen wir, es ist bedauernswert beschränkt, in vieler Hinsicht. Das ist wichtig, das geschah mit vielen Wissenschaften, auch heute noch.

F.: Kann man davon sprechen, dass deine Lösung für ein Leben unter der herrschenden Unterdrückung war, dir eine Art Refugium zu suchen, eine kulturelle Enklave, die abseits von den täglichen Konflikten hier in Chile lag, die sich mehr an den Problemen Lateinamerikas ausrichtete mit der Möglichkeit, sich darin die Probleme Chiles widerspiegeln zu lassen? Kann man das so sagen? Kann man sagen, dass du akzeptiert wurdest, weil man die Dimension der Vergleiche nicht verstand?

A.: Ich glaube, ich wurde zum großen Teil deswegen akzeptiert, weil ich in der ‚Katholischen' war.

F.: Wurde aus der ‚Katholischen' niemand verhaftet?

A.: Zwei oder drei Personen, mehr nicht, so viel ich weiß.

F.: War das in den 80ern?

A.: Schau, es gab einige skandalöse Dinge, aber eher punktuell. Zum Beispiel 1973, kurz nach dem Putsch, ich weiß nicht mehr, wie viele Wochen danach, kamen sie, um einen Jungen zu suchen, um ihn festzunehmen. Er war Psychologiestudent, sagte man mir. Einige Polizisten kamen rein, der Junge lief weg, sie folgten ihm und verhafteten ihn im Hof. Solche Dinge sind in diesem September passiert, nicht? Sie warfen viele Professoren von der ‚Katholischen'. Vielleicht sollte ich dir hierzu etwas Wichtiges erzählen, etwas ein bisschen Komisches in meinem Lebenslauf: Ich war, als der Putsch stattfand, Lehrer an der Schule für Sozialarbeit und am CEREN. Du weißt noch, was CEREN war, nicht? Natürlich war davon am Tag nach dem Putsch keine Rede mehr, das hätte Komplikationen gegeben. An der Universität gab es Repression und das alles, und an der Schule für Sozialarbeit waren wir etwa 30 Professoren, in der Mehrheit Mitglieder der UP (Unidad Popular). Genauer gesagt, ich erinnere mich, dass es etwa 22 Mitglieder waren, davon 19 wahrscheinlich in der MAPU[107], etwa drei waren in der Sozialistischen Partei, und etwa acht, mich eingeschlossen,

[107] Movimiento de Acción Popular Unitaria, Vereinte Aktionsbewegung des Volkes

waren in keiner Partei. Ich war nie Parteimitglied, ich habe mit der UP sympathisiert, war aber in keiner Partei. Also schmissen sie alle Parteimitglieder raus, die anderen konnten bleiben. Daher blieb ich. Ich kann mich erinnern, dass ich damals mit Manuel Antonio Garretón gesprochen habe. Er war der Direktor von CEREN, der natürlich entlassen worden war, er wurde sogar verhaftet. Ich sagte ihm damals: „Hör mal, du wirst wahrscheinlich das Land für eine Weile verlassen, und mich haben sie nicht entlassen... Ich gehe dann also auch." Darüber sprachen wir, das war, was wir tun konnten. Er sagte mir: „Nein, du bist verrückt, du kannst nicht gehen, du musst hier bleiben, denn in deiner Schule gibt es viele wichtige Probleme mit den Studenten." Es gab sie wirklich, die Probleme waren spektakulär. An der Schule für Sozialarbeit gab es einen phantasievollen „entfesselten Marxismus". So ergab es sich, dass ich blieb, und zur Direktorin wurde eine Christdemokratin ernannt, vielleicht kennst du sie, XX, die jetzige Direktorin von „Paz Ciudadana". Sie kommt aus einer fortschrittlichen Bewegung und einer akademischen Schule, die der chilenischen Realität kritisch gegenübersteht und sich als solidarisch mit den Besitzlosen versteht. Sie wurde zur Direktorin benannt, weil sie Christdemokratin war. Sie wusste, dass ich zur Linken gehörte und sagte zu mir: „Jorge, hilf mir..." – ich gehörte in dieser Schule zu den Obersten in der akademischen Hierarchie – „betreue du die Arbeiten, übernimm du die Vergabe und Bewertung der Abschlussarbeiten und der Titel..." Von unseren Studenten waren über die Hälfte bei der MAPU, es gab auch einige Sozialisten und Kommunisten. Von den Frauen waren viele verheiratet, und ihre Männer waren verhaftet worden oder mussten abhauen, weil sie Mitglieder der Regierung gewesen waren. Also beschäftigte ich mich damals eigentlich damit, Abschlussarbeiten zu vergeben und zu betreuen, damit die Leute ihren Titel bekamen, und damit, meinen Bekannten in Peru zu schreiben, zu empfehlen... Das habe ich zwei Jahre lang gemacht.

Nach zwei Jahren sagte ich: „Gut, ich gehe." Ich schrieb an eine Menge Stellen, und es war schon nicht mehr einfach, das Land zu verlassen. Sie sagten mir: Wurdest du gefoltert? Nein. Bist du arbeitslos? Nein, auch nicht, also kannst du nicht gehen, vor allem deshalb, weil wir keine freien Stellen haben, es gibt immer noch viele Leute, die sich bewerben. Außerdem kamen in den Jahren danach auch die Argentinier dazu, ausgerechnet. Ich dachte, ich hätte schon alles getan, was ich dort zu tun hatte... „Das ist egal, es ist dein Problem, wenn dir die Diktatur nicht gefällt, bleib dort." Ich merkte, dass das Problem eigentlich nicht war, dass ich nicht alles möglich machte, um gehen zu können. Denn wenn ich wirklich alles dafür getan hätte, wäre ich gegangen. Es war offenbar, weil ich mit CC gut befreundet war und auch mit XY... Aber eigentlich wollte ich nicht alles dafür tun, denn wenn ich ging, würde ich jemandem eine Stelle wegnehmen, der arbeitslos war. Das hatte ich nun davon, ich blieb. Also gut, sagte ich mir, aber was mache ich hier? Also intensivierte ich die Sache mit dem Kino, die ich dir schon erzählt habe, und da ich schon in der Schule für Sozialarbeit arbeitete, sagte ich zu XX: „Ab jetzt übernehme ich zwei neutrale Kurse, aber du gibst mir die halbe Zeit, und ich mache einen Magister in lateinamerikanischer Literatur, weil ich wissen will, was Lateinamerika ist." Sie sagte: „Gut, mach mal, mach deinen Magister", und das tat ich dann auch. Ich begann, sagen wir, mit einer Selbstschulung, mit ihrer Erlaubnis. Klar, sie war Christdemokratin. Am Anfang, in den ersten Monaten, war sie eine von denen, die „Allende zu Fall gebracht hatten." Nach einige Monaten merkten wir, dass sich die Sache änderte, als die Rechte begann umzuschwenken und die Christdemokraten zu Feinden wurden, bis heute ist dort der wesentliche Feind... Also, mit ihr war das witzig. In der Öffentlichkeit hatten wir unsere Auseinandersetzungen und Streitigkeiten vor Versammlungen, intellektuell hat sie mich aber immer respektiert. Sie sagte mir: „Mach, wozu du Lust hast", so in etwa, nicht? Also sagte ich ihr: „Den Magister mache ich eigentlich, weil ich gehen will, aber ich gehe nicht, denn nach Mexiko kann ich nicht gehen, um dort nicht anderen Leute zur Last zu fallen. Hier habe ich Geld, einen Job, und wenn es dich nicht stört, gebe ich die Kurse, die du möchtest, aber ich mache meinen Magister, das ist alles." Mit dem Kino begann ich, wieder im klassischen Sinne kritische Bildung anzubieten. Ich begann mit Kino-Foren, wir machten viele davon. Einmal bekamen wir einen Schrecken, man hätte uns beinahe festgenommen. Wir waren an vielen Orten, sogar, wie ich gestern erzählt habe, auch in Theatern, in Sälen von Freunden, die damals in der Filmbranche tätig waren, und heute auch noch sind. Aber wir waren auch in der Nationalbibliothek, deren Chef Roque Esteban Scarpa war. Ich kannte auch Jaime Vicuña, den Chef der audio-visuellen Abteilung der Nationalbibliothek. Dieser Kerl war ein fortschrittlicher Bürgerlicher und zeigte Filme. Ich weiß nicht, woher er das wusste, aber er fragte mich: „Hör mal, willst du nicht Veranstaltungen zu den Filmen machen?" „Natürlich, genau das möchte ich machen, egal wo." Wir begannen, wöchentlich Filme zu zeigen mit anschließendem Diskussionsforum. Nach einem Monat kamen etwa 400 Personen, es gab sonst keine Veranstaltungen... Wir zeigten damals alles Mögliche. Zum Beispiel erinnere ich mich an einen der Filme, es war ein Drama von Tennesee Williams mit Marlon Brando. Er spielte in der nordamerikanischen Armee. So analysierten wir in der Veranstaltung die Armee, es wurde über schreckliche Brutalitäten gesprochen, und das in den gefährlichsten Jahren, so 1976, 1977. Und tatsächlich nahmen sie am Ende einige Leute beim Rausgehen fest. Mich nahmen einige Typen fest, von denen ich nicht weiß, wer sie waren. Sie verhörten mich und CC, den Chef dieser Sache da. Sie wollten wissen, was das alles sei, woher es kam, letztlich nahmen sie unsere Daten auf, aber sie taten uns nichts. Wir machten danach ein Jahr lang weiter damit, dann mussten wir aufhören, aus politischen Gründen. Nach einem Jahr erzählte mir CC, dass Roque Esteban Scarpa ihm gesagt hatte, wir könnten nicht weitermachen, dass ihm ich weiß nicht welcher der Minister gesagt hätte, dass damit nun Schluss sei... Danach begannen wir, das Gleiche im Theater von Ana Gonzales zu machen, es ist immer noch ihr Theater, mit einer Theatergruppe, ich weiß nicht mehr, wie sie sich nennen. Damals waren Ana Gonzales, Roberto Navarrete, Maria Canepa, Tito Noguera und noch jemand dabei. Sie machten Theater und ich die Foren, sie luden mich ein. Wieder ging es um universelle Probleme, die Menschheit, psychologische Probleme, wir packten alles hinein, alle Probleme könnte man sagen. Damals sah ich mich selbst als einen Aktivisten in diesem Sinne und gleichzeitig als psychologisch Überlebenden. Ich fühlte mich, sagen wir... als Kritiker und nicht zerstört. Oder sagen wir, ich fand, dass ich die Diktatur in Frage stellte, ein wenig. Und zur gleichen Zeit die Sache mit den Geistlichen und den Professionellen, der Kontakt mit der ärmeren Bevölkerung, das war das Gleiche und doch anders. Klar, Kino und Theater, das war mehr „Kult". Die Kino-Foren waren eher für Studenten der ‚Chilenischen' (Universität), wie wir heute sagen würden.

F.: War das denn so etwas wie kulturelle Enklaven?

A.: Ja, wie kulturelle Enklaven und auch private Gruppen aus Privatkursen.

F.: Haben diese Enklaven irgendwann die systematische Verfolgung von Seiten der Diktatur zu spüren bekommen?

A.: Ich?... Nein, nein... In welchem Sinn spezifische Verfolgung? Ich wurde nie verhaftet.

F.: Gab es auch keinerlei Einschüchterungsversuche?

A.: Es gab Gerüchte und Ratschläge, nichts weiter. Niemand sagte mir, wenn du so weitermachst, werden wir dich eines Tages umbringen... Dann hätte ich tatsächlich auf der Stelle damit aufgehört. Einiges stoppten sie, wie ich dir gerade erzählt habe, wie das mit der Nationalbibliothek.

F.: Es gab also keinen direkten Druck?

A.: Nein, zu mir hat niemand was gesagt, niemand ist bedroht worden. Wie gesagt, irgendein Minister riet dem Herrn Roque Esteban Scarpa, diese Art von Foren zu schließen.

F.: Hattest du den Eindruck, dass die Leute für diese kulturellen Enklaven empfänglich waren, dass es wichtig war, dass sie existierten?

A.: Das war eine absolute Notwendigkeit, klar, ob nun politisch oder intellektuell, und gleichzeitig war es emotional. Oder sagen wir, es gab ein Bedürfnis nach minimaler Gruppenzugehörigkeit und nach der Wiederherstellung einer mehr oder weniger fortschrittlichen Identität, damit sie nicht völlig schizophren wurde.

F.: Du hast schon gesagt, dass du ein Kämpfer warst, dass du für globale Themen gekämpft hast... Hattest du in irgendeinem Moment den Eindruck, dass du dir etwas Spezielles, außer der lateinamerikanischen Frage, auf die Fahne schreiben wolltest, wie zum Beispiel die Verteidigung der Subjektivität während der Diktatur... Hattest du nicht diesen Eindruck?

A.: Ich hatte ganz klar den Eindruck, oder sagen wir, das klare Bewusstsein, dass alles, was wir taten, mit kollektiver und persönlicher Psychohygiene zu tun hatte, zweifellos.

F.: Und hattest du den Eindruck, dass du während dieser Zeit in eine Art innere Migration gegangen bist, ein inneres Exil, und dass du alle deine Energien auf Aktivitäten, die außerhalb Chiles stattfanden, gerichtet hast? Du hast gesagt, ich ließ Chile hinter mir, Chile zählte nicht mehr. Heißt das, dass du dir eine unbekannte oder neue Region geschaffen hast, Lateinamerika, als eine Möglichkeit, die Probleme Chiles oder deine damaligen Probleme auf diese unbekannte Region zu projizieren, und damit zu ermöglichen, dass der Reflex dieser Projektion anderen Leuten als eine Art Ersatz dienen könnte?

A.: Ja, ich glaube schon. Das geschieht auch heute noch, mit graduellen Unterschieden.

F.: Auch wenn du keiner Art von Verfolgung ausgesetzt warst, existierte in dir dennoch eine Art Angst davor? Wie hat sich das geäußert?

A.: Es drückte sich in einem gewissen, permanenten Gefühl von Unsicherheit aus, außerdem in mehr oder weniger bedeutenden und schwankenden Ängsten und Depressionen wegen Freunden oder Bekannten, die hier oder außerhalb Chiles waren. Als ich das Land verließ, ich wurde plötzlich eingeladen, Unterricht zu geben, nahm ich viele Dinge mit, Briefe, Geld und Pakete für Leute. Und dort traf ich auf alle Formen von Traumafolgen, in Buenos Aires, in Costa Rica, in ganz Südamerika. Und deswegen ging es mir in diesem Sinne nicht gut, auch innerhalb Chiles nicht. Wie ich schon sagte, ich arbeitete zwar nicht direkt mit Exilierten, Gefolterten u.a. Aber ich arbeitete mit dem Ost-Vikariat, mit Kongregationen und mit ärmeren Gruppen, und es stellte sich heraus, dass das ähnlich war – wie eine permanente Grenzsituation. Das hatte sicher auch einen wichtigen Einfluss darauf, dass ich weg wollte und tatsächlich 1978 auch ging, sicherlich. Ja, teilweise ging es dabei auch um das psychologische Überleben, zum Teil auch ums Studieren und zum Teil um Gründe, die nichts mit dem Putsch zu tun hatten: Ich wollte nach Italien, weil mein Vater Italiener war.

F.: Als du nach Chile zurückkamst, konntest du dich direkt wieder in die Akademie integrieren, gab es keinen Bruch?

A.: Als ich nach Chile zurückkam, ging ich wieder an die ‚Katholische', meine Stelle und mein Gehalt waren mir erhalten geblieben. Und ich wurde erwartet, mehr noch, ich war verpflichtet, nach der Freistellung zurückzukommen. Daher begann ich, als ich an die ‚Katholische' zurückkam, mit diesem Kurs über die Psychologie der Armut und machte danach noch andere Sachen... Seit dem Putsch gab es eine Zeitschrift mit dem Namen „Sozialarbeit" der Schule mit diesem Namen. Damals richtete ich darin eine Sparte mit dem Namen „Kino und Gesellschaft" ein, und ich habe dafür ab dem Putsch 1973 bis nach 1980 geschrieben. Damit verfolgte ich das gleiche Ziel, wie ich dir schon gesagt habe. Es ging um Kino und Gesellschaft, angeblich rein theoretisch..., und es ging nicht um chilenische Filme, so dass ich über alles schreiben konnte. Eigentlich wurde ich sehr wenig zensiert, ich schrieb einfach, was ich über die Filme dachte.

F.: In der Chilenischen Zeitschrift für Psychologie sind einige sehr kritische Artikel gegen die Diktatur erschienen, über die Psychologie der Angst zum Beispiel. Wie reagierte die Regierung auf diese Zeitschrift, die du ab 1986 geleitet hast?

A.: Überhaupt nicht.

F.: Überhaupt nicht? Niemand hat dem Wichtigkeit beigemessen?

A.: Nicht die geringste, niemand fand das wichtig, und leider hat uns niemand herausgefordert. Und noch etwas muss ich dir sagen: In den 80ern, nachdem ich aus Europa zurückgekehrt war, habe ich jedes Jahr Unterricht für Kollegen des Psychologenkollegs angeboten, es kamen auch Psychiater und andere. Dort redeten wir über alles gegen die Diktatur, und das Kolleg wurde auch nicht geschlossen und sonst auch nichts... eh... Und später, ich weiß nicht mehr genau in welchem Jahr, ich glaube, es war so um 1985, begannen wir spezielle Foren über diese Themen zu veranstalten, über Folter etc. in demselben Psychologenkolleg, und niemand tat uns was. Wir schrieben über diese Dinge, fotokopierten sie und verteilten sie der halben Welt, von ´85 bis etwa ´90, und nie tat uns jemand etwas. Als wir sahen, dass sie uns in Ruhe ließen, begannen wir, uns an der Zeitschrift zu beteiligen. Ich war einige Jahre ihr Direktor.

F.: Worauf führst du das zurück?

A.: Darauf, dass in Chile niemand liest... Das mag zwar eine etwas pessimistische Interpretation sein, vielleicht auch eine etwas depressive, aber leider gibt es dafür eine streng wissenschaftliche, quantitative Grundlage. Es gibt eine soziologische Untersuchung, die gezeigt hat, dass in Chile nicht gelesen wird. Eigentlich hat mich auch das gerettet, muss ich sagen. Denn 1973, etwa ein oder zwei Monate vor dem Putsch, habe ich zusammen mit ein paar Freunden, Christen für den Sozialismus, einiges zur Verteidigung von diesem und jenem unterschrieben. Es war eine dieser Broschüren, die wir in Chile herausgaben, und niemand hat mich je daran erinnert, was mir zeigte, dass nie jemand etwas gelesen hat. Das war schade, aber mich hat es gerettet, denn sonst hätten sie mich wohl umgebracht, ganz einfach. Ja, ich glaube, das ist der Grund. Gut, heute ist das auch noch so...das ist eines der größten Probleme...

F.: War deine Familie in irgendeiner Weise von deinen Aktivitäten betroffen, oder gab es einen gewissen Grad an emotionaler Spannung wegen deiner Arbeit?

A.: Einen gewissen Schreck bekamen wir häufiger. Irgendwann, ich weiß nicht mehr in welchem Jahr, begann ich, in meinem Haus Privatunterricht zu geben... Ich war nach Buenos Aires gereist und hatte mich mit einem Freund getroffen, der als Trotzkist abgestempelt war. Sie hatten ihn nach dem Putsch überall rausgeworfen. Ich fragte ihn: „Und was willst du jetzt tun? Bist du an der Universität?" „Du bist verrückt," meinte er, „mich nehmen sie an keiner Universität, an keinem Institut mehr. Ich bin auf der Liste der Trotzkisten, aber ich lebe noch, was ein Wunder ist..." „Aber was machst du?" „Ich bin selbst zur Universität geworden, ich gebe Unterricht in all den Sachen, die ich weiß, und ich habe Privatklienten in Buenos Aires. Du weißt, dass diese Kultur hier schon vorher existiert hat..." Wie interessant! Ich fragte mich, wie es wohl wäre, den Kurs über die Psychologie der Armut in meinem Haus abzuhalten. Ich fragte noch jemand anderen und fertig, ich tat es. Also fing ich an, und wir machten damit einige Jahre, zwei oder drei, nach dem Putsch weiter... Ich merkte, welche Wichtigkeit diese Kurse für alle hatten... Nehmen wir an, ein Kurs war nach einem Jahr beendet: „Nun habe ich nichts mehr zu sagen...", „Macht nichts, erfinde einfach etwas", meinten sie. „Wie soll ich denn etwas erfinden, wenn ich nichts mehr weiß?" „Macht auch nichts, dann zahlen wir dir nichts mehr, aber jetzt lesen wir... Neruda zum Beispiel..." Fünf Jahre lang hielten wir Unterricht über alles Mögliche. Wir luden natürlich alle möglichen Leute ein, und das war gut so, denn die Leute wechselten, wir waren nie mehr als 10 oder 12, denn es fand in meinem Haus statt...

F.: Heißt das, es existierte nicht nur ein Bedarf, sondern auch eine soziale Schicht oder Gruppe, die so etwas wie eine psychosoziale Subkultur schuf?

A.: Sicher, ohne Zweifel...

F.: Kann man von einer Subkultur des Psychosozialen sprechen, einer psychologischen und sozialen Interaktion, die durch die Filme, die Kino-Foren sichtbar wurde? Gingen die Leute auch aus dem Bedürfnis dorthin, das mit Konflikten zu hatte, um dort Ängste und Fragen zu kanalisieren?

A.: Ja, natürlich, ganz sicher.

F.: Und du denkst also, dass die Diktatur es nicht nötig hatte, diese Gruppen oder diese Art von kultureller oder sozialer Szene zu unterdrücken, weil sie nicht weiter interessant waren?

A.: Schau, ich weiß nicht, was diese Typen dachten. Vielleicht war es ihnen egal, ob da 50 Leute über dummes Zeug redeten. Ich denke, das kann schon ein Grund gewesen sein. Es kann auch sein, dass sie nicht bemerkt haben, dass es durchaus etwas mit Chile zu tun hat, wenn Leute über italienisches Kino der 50er Jahre reden, das kann auch sein. Ich weiß es nicht. Ich weiß nicht, was sie eigentlich daran gehindert hat, noch mehr zu unterdrücken. Ich bin mir nicht sicher. Ein Beispiel: Im Kino Normandie, als es noch in der Alameda war, wurde etwa 1984 „Der große Diktator" von Chaplin gezeigt, und dann noch einmal. Jedes Mal veranstalteten wir danach ein Forum. Meine Freunde außerhalb Chiles sagten, das kann nicht sein. Diejenigen, die in Europa waren, konnten es nicht glauben... Also zeigten wir den Großen Diktator, und du wirst verstehen, dass niemand Pinochet nannte, aber da waren 500 Personen, die sich halb tot lachten und freuten und den großen Diktator beschimpften, einfach so... Aber ich weiß nicht, ob die Regierung vielleicht gedacht hat, dass dieser große Diktator nichts mit ihnen zu tun hatte, oder was sie wirklich dachten, keine Ahnung.

F.: Eine dumme Frage: Wenn du an deine Erfahrungen aus dieser Zeit denkst, würdest du das Gleiche noch einmal so machen?

A.: Ich glaube schon, ich würde mehr oder weniger das Gleiche machen, auf die gleiche Weise.

F.: Was würdest du vermeiden?

A.: Von dem was ich gemacht habe? Mal sehen, ich kann mich nicht erinnern, dass ich etwas hätte vermeiden müssen, eh... Mir fällt im Augenblick nichts ein...

F.: Und was würdest du besser machen?

A.: Gut, man kann immer mutiger sein, kein Zweifel. Im Konkreten war ich nur begrenzt mutig. Ich erinnere mich zum Beispiel an ein Mal: Es gab in der Linken Priester, die sich auf die ganz schwierigen Sachen einließen wie mit den Gefangenen, die 1974 und 1976 Forderungen an die Kommissariate stellten, dass heißt, sie waren auf Konfrontationskurs... Einer von ihnen erzählte mir: „Wir treffen uns mit ZZ und fünf anderen Priestern, um Themen wie die psychiatrischen Probleme der Gefolterten und ihrer Angehörigen zu diskutieren. Wir wollten dich einladen, wenn dir das recht wäre, dich einmal in der Woche mit uns zu treffen, damit du uns helfen kannst, diese Sachen zu analysieren... Wir treffen uns im Ost-Vikariat an dem und dem Tag, um so und soviel Uhr..." Ich sagte ihm „Eher nicht, denn du und alle um ZZ werden verfolgt, Ihr werdet alle überwacht. Ihr wart mehrere Male verhaftet und wurdet von der (Kirchen-) Hierarchie geschützt. Ihr seid Priester, aber ich nicht... Und außerdem seid Ihr Bürgerliche, ich nicht... Die Wahrheit ist, ich sage dir, ich habe Angst, dass sie mich verhaften und verschwinden lassen, so sehe ich das. Was meinst du?" Sie sahen es auch so und sagten: „Dann kommst du besser nicht." Wie ich schon sagte, man kann immer mutiger sein. Aber ich glaube, heute würde ich das Gleiche sagen, denn auch heute würde es mir unter jenen Bedingungen Angst machen...

Belagerung

Bei der Lektüre dieses Interviews musste ich mehrere Male an die Autobiographie von Maxim Gorki denken. Dort erzählt er, was er als junger Mann in den Lagern des zaristischen Russlands gelernt hat: Leben und Leiden anderer Vagabunden, die bei Wind und Wetter an winzigen Lagerfeuern erzählt wurden. Er erklärt sehr einleuchtend, dass diese Personen und ihre Erzählungen seine „Universitäten" gebildet haben.
Ich glaube, ich dachte an Maxim Gorki, weil seine Autobiographie mich nicht die Intensität der Kälte spüren ließ, die in dieser russischen Steppe herrschte, sondern die Menschlichkeit der Geschichten, die mitten in einer unwirtlichen Umgebung am Rande der Wärme erzählt wurden.
In dem Gespräch mit Jorge geht es darum, mit entsprechender Distanz, auf etwas Bezug zu nehmen, was ebenso wenig zu vermitteln ist wie die Kälte Sibiriens: die Angst, die von der Militärdiktatur in das Alltagsleben dieser Zeit gesät wurde. Eine Angstverbreitung als „regulierende Instanz", die zeigte, wie viel das Wort eines jeden wert war, und vor der sich, wie es scheint, auch heute noch bei Jorge Wachsamkeit und latenter Spott aufbaut.
Jorge berichtet von akademischen Projekten und Aktivitäten, die in den 16 Jahren der Militärdiktatur in Chile, wie es auf den ersten Blick scheint, schwierig zu konzipieren und erst recht zu realisieren waren. Er hat damals die Universität und seine ökologischen Nischen zu einem wichtigen Teil seines Lebens gemacht.

Der Ton der Erzählung schwankt zwischen Ironie und Erstaunen, je nach Inhalt seiner ketzerischen Übertretungen. Jorge stellt die vielen Projekte als eine Möglichkeit dar, seine ureigenen Bedürfnisse nach intellektueller Entwicklung zu befriedigen, und dies trotz des starken Gegenwinds und des unausgesprochenen Zwangs, von der Autorität unbemerkt zu bleiben.
Die Wurzeln seines Handelns liegen in den Ideen und Hoffnungen auf einen sozialen Wandel aus der Zeit der Regierung Allendes. Jorge zeigt, wie er intellektuelle Enklaven gestalten konnte, die vor der Repression geschützt und in bestehenden Institutionen fest Verankerung fanden.

Zu seinen Gunsten scheint folgendes zu wirken:

1. Erkenntnis und Interesse: Das in Chile übliche Desinteresse der damaligen selbsternannten „traditionellen Führungsklasse" und ihrer Epigonen an intellektueller Tätigkeit und deren Ergebnissen. Intellektuelle Aktivitäten als solche hielt man für unwichtig, solange man sie nicht in klingende Münze verwandeln konnte.[108] Das Militär als Exekutivorgan schien kulturelle Errungenschaften mit Verachtung zu begegnen, vielleicht weil ihre Wirkung nicht so durchschlagend ist wie Kriegsmunition. Jorge wusste, wie es scheint, diese blinden Flecken des herrschenden Regimes zu nutzen.
2. Soziale Wahrnehmung: Eine scheinbar argwöhnische und schlaue, aber bewährt ignorante Haltung der Psychologie gegenüber, die vielen Chilenen zu Eigen ist, und die diese Disziplin in unbekannte und schwer zu kontrollierende Gebiete ansiedelt. Selbst im akademischen Bereich wurde dieser Disziplin erst zu Ende des 20. Jahrhunderts Raum und Wert beigemessen.[109] Jorge konnte in diesem konzeptuellen Halb-Vakuum seine eigenen Kategorien und Methoden entwickeln.
3. Vorhersehbare Unterstützung: In Jorges menschlicher Umgebung gab es Personen, die ihn bei seinen Aktivitäten unterstützten. Die Direktorin seines Institutes, Freunde und Kollegen halfen ihm, neue Wege akademischer Aktivitäten zu entwickeln. Vermutlich hegten sie selbst eine gewisse Neugier gegenüber den Projekten von Jorge und konnten diese Übertretungen insofern erlauben, als sie ihnen wenig gefährlich für die „Komplizen" erschienen.

Das „Als-ob" wird zu einer maßgeblichen Eigenschaft des (Über-) Lebens in einer feindlichen Umgebung mit beschränkter Befähigung zur Selbstdefinition. Als Form der Verteidigung werden Lebensprojekte formuliert, als wären sie Hypothesen – „Tun wir so, als sei ich kein Chilene" – mit zwei Interpretationsmöglichkeiten: Einerseits bedeutet das insofern eine Provokation gegenüber dem engstirnigen Nationalismus der Militärregierung und seiner intellektuellen Organe, als er sich damit aus dem offiziellen Chauvinismus heraushält. Zum anderen eröffnet er dadurch eine Studienrichtung in einem Gebiet, das im Katalog der Verbote und Drohungen nicht existiert.
Wenn man jedoch die erbitterte Sorge der Chilenen vor Lächerlichkeit bedenkt, fällt es schwer zu verstehen, warum die Schergen der Diktatur nicht in die Vorstellung von „Der große Diktator" und in die anschließende Diskussion voll belustigter Anspielungen eingegriffen haben: „Du wirst verstehen, dass niemand Pinochet nannte, aber da waren 500 Personen, die sich halb tot lachten und freuten und den großen Diktator beschimpften..."

[108] Dieser kulturelle Topos findet sich in der Literatur zum ersten Mal Mitte des letzten Jahrhunderts bei Martin Rivas de Blest Gana und behält seine Bedeutung als immer wiederkehrendes Thema durch die Prosa von Neruda, Skarmeta und Donoso
[109] Die Entwicklung der Psychologie als Disziplin seit den 70er Jahren nahm in Chile den Charakter einer Fremdimplantation an und zeigte, von Ausnahmen abgesehen, kein wirkliches Interesse an der jeweils aktuellen Situation

Vielleicht betrachteten sie es als ein harmloses intellektuelles Spiel, das nur eine kleine Gruppe von Personen befriedigte. Dennoch hat sich dank dieser Zirkel die Kritikfähigkeit dieser Personen gefördert und dies trotz der Kasernenluft, die Chile während einer halben Generation aufgezwungen wurde.
In Übereinstimmung mit den „Vorurteilen“, die der Interviewer Jorge gegenüber hatte, kann man bei dem Interviewten eine phantasievolle Haltung feststellen, die sich einer „Mentalität des Mangels“ entgegenstellt, die in akademischen Zirkeln üblich ist und die sich im formalistischen Rahmen von Beschränktheit und Blindheit Innovationen gegenüber bewegt.
Um das anfängliche Bild abzurunden: Jorge konnte seine eigenen Lagerfeuer in dem wenig gastlichen Chile der Diktatur entzünden und seine Ideen und Projekte auf den Weg schicken. Er ist im akademischen Bereich zu Hause gewesen, hielt sich aber dennoch frei von selbst gesteuerter Kleinkariertheit und konnte so für sich (und andere) Weisen der Reaktion auf den Terror mit psychologischen Mitteln eröffnen.

Teil III: Nach dem Staatsterrorismus:

Kultur und Gedächtnis

In Südamerika kommt es fast einer archäologischen Ausgrabung gleich, will man Ereignisse und Gefühle im Gedächtnis wieder beleben, die schon nirgends mehr Erwähnung finden, weil sie von der Obrigkeit vorsätzlich dazu bestimmt wurden, verschwiegen und vergessen zu werden. Es handelt sich um schwer zugängliche Themen, und manchmal scheint es so, als handele es sich um eine Kultur, die schon vor Generationen erloschen ist.

Das Leitmotiv dieses Buches lässt sich wieder aufnehmen mit den Worten des ungarischen Schriftstellers Gyögy Konrad aus seiner Rede „Zukunft braucht Erinnerung“ anlässlich der Europäischen Woche in Passau: „Verliere ich meine Vergangenheit, verlier ich mich selbst. Dann sehe ich nicht, was mich an das Leben bindet. Erinnerungen, das sind die Beine von Tausendfüßlern. Jede Erinnerung bindet mich an das Leben, mit ihnen klammere ich mich an diese Welt. Ich war, also bin ich... Wir brauchen sie. Sie (die Erinnerung) ist nötig wie für die Füße das Gehen. Ansonsten verkümmern sie.“[110]

Sowohl die Literatur der letzten 30 Jahre als auch die neueren Untersuchungen über das kollektive Gedächtnis erweisen sich als Wegweiser mit enormen Ressourcen, um dieses Vorhaben anzugehen. Obwohl südamerikanische Schriftsteller über die ganze Welt verstreut waren, haben sie sich um ein gemeinsames Anliegen versammelt: den Verlust lebenswichtiger Horizonte in ihrer unmittelbaren Vergangenheit wahrzunehmen und zu verarbeiten. Sie haben ihre Erfahrungen literarisch ausgedrückt und durch ad hoc Sammelbände (s. Casa de las Américas Nr. 161, Epples, Flores u.a.) Interaktionsmöglichkeiten mit den (ebenfalls über den Planeten verteilten) Lesern eröffnet. Mit Studien und Veröffentlichungen zum Kollektivgedächtnis bei kulturellen und politischen Prozessen ist darüber hinaus in den letzten zwei Jahrzehnten ein Forschungszweig zustande gekommen, der Erkundungen betreibt über die Art und Weise, wie sich Erfahrungen von kollektiver Tragweite niederschlagen und welche Ausdrucksformen diese annehmen. Aus diesen Studien kann ein Fundus an Wissen um das Vermiedene und scheinbar Vergessene entstehen, der eine Kommunikation unter den Beteiligten anbahnen hilft.

Nicht aus freiwilligem Reduktionismus, sondern aus Platzgründen müssen wir uns in diesem Teil auf drei Studien über Spuren in der Literatur und im Kollektivgedächtnis beschränken, welche die Diktaturen in den Ländern Südamerikas hinterlassen haben. Ihre Auswirkungen auf andere Bereiche der Kunst oder spezifische wissenschaftliche Disziplinen können leider nicht behandelt werden.

Teil III dieses Bandes beginnt mit einer Erzählung über die Desintegration der Persönlichkeit als Ergebnis einer individuellen Erfahrung völliger Isolierung. Sie stammt aus einer Zeit, in der die Sprache etwaige Psychologisierungen missen lässt. Interessant ist hier, dass der Autor Arregui eine Version der Erzählung rekonstruiert, die er als Kind von einem andalusischen Einwanderer gehört hat, und die Erzählung in seiner Erinnerung durch seinen eigenen Gefängnisaufenthalt während der uruguayischen Diktatur aktualisiert. Aber wie individuell kann eine solche Erfahrung sein, wenn sie uns atavistische Reaktionsweisen auf die massive Beschädigung durch Isolation erblicken lässt, die von dem Andalusier in Neapel als „ein Alptraum mit offenen Augen“ erlebt werden? Diese Erzählung wird aus psychoanalytischer Sicht in ihren biographischen und kulturellen Aspekten sowie hinsichtlich des psychischen Schadens analysiert.

[110] Frankfurter Rundschau, 28.8.2000, S. 11

Die zweite Arbeit über das grausam Wirkliche erscheint ebenfalls als poetisch-existenzielle Synthese, dieses Mal aus der Erfahrung der Diaspora. In einer Kurzgeschichte behandelt die uruguayische Schriftstellerin Peri Rossi das Thema des Exils aus der Sicht eines Mädchens, das seine Eltern auf ihrer erzwungenen Emigration aus Buenos Aires nach Europa begleitet. Jeden zweiten Tag teilt der Kapitän des Schiffes den Passagieren mit: „Meine Damen und Herren, haben Sie bitte die Freundlichkeit, Ihre Uhren um eine Stunde vorzustellen." Am Ende der Überfahrt fragt sich das Mädchen: Wo sind wohl die Stunden geblieben, um die wir die Uhren auf der Reise vorgestellt haben? Durch diese Metapher über die Zerbrechlichkeit der (persönlichen) Zeit angeregt, begab sich der Autor des Essays auf die Suche nach literarischen Manifestationen, die weitere Aspekte des Lebens darstellen, die sich unter den Militärdiktaturen Südamerikas verändert haben.
Die Arbeit über das historische und kollektive Gedächtnis am Beispiel Chile dokumentiert ebenfalls die Untersuchung der jüngsten Vergangenheit in ihrer existenziellen Dimension. Sie gehört zu einem neuen Zweig psychosozialer Forschung, insbesondere in Frankreich, Spanien und USA, die anders als die bisherige (personifizierte) Gedächtnisforschung über die individuelle Erfahrung hinausgehen und den Zugang schaffen möchte zu Fragestellungen und Themen, die in Zeiten gesellschaftlicher Umbrüche entstehen. Es handelt sich um neue kollektive Interaktionsformen, um kulturelle Ausdrucksformen in der Folge solcher Ereignisse, um Phänomene der „Wahrnehmungsverweigerung" und Überlebensstrategien unter totalitären Regimes wie das „aktive Schweigen" sowie um soziale Rituale, durch die Erinnerung artikuliert und Verluste aktualisiert werden und durch die der „soziale Körper" nach der Katastrophe wiederhergestellt wird.
Mit dem Beitrag eines deutschen Psychoanalytikers, der seit langem in einem fruchtbaren Austausch mit seinen südamerikanischen Kollegen steht, soll eine Vermittlung geleistet werden. Wir baten Jürgen Müller-Hohagen, die Berührungspunkte und Unterschiede zwischen der Situation im Nachkriegsdeutschland und im postdiktatoriellen Südamerika zu beschreiben. In diesem Beitrag geht es auch um die Bedeutung dessen, dass in Südamerika die Opfer auch während des Regimes des Terrors psychotherapeutisch behandelt wurden.

Horacio Riquelme

Daniel Gil

Die Fragmentierung des Ich

Psychoanalytische Deutung der Erzählung

„Die Höhlen von Neapel“ von Martin Arregui

„Es wird getan, es geschieht,
und zwar ohne von Worten
zur Rechenschaft gezogen zu werden
in schalldichten Kellern,
tief unter Gottes Gehör...“[111]

Doktor Faustus, Thomas Mann

Die Erzählung *(Mario Arregui)*

„Als Junge lernte ich einen alten Andalusier kennen. Sein Name war José María, aber alle nannten wir ihn, wie das so üblich ist, Don Pepe. Seinen Nachnamen habe ich vergessen oder nie erfahren. Er war von kleiner Gestalt, hager und noch sehr beweglich, er lächelte viel und redete gerne und hatte nur noch die Hälfte seiner Zähne. Manchmal sagte er, er wäre in Cadiz geboren, ein anderes Mal in Granada oder in Sevilla... Niemals hörte ich jedoch, dass er seinen veränderlichen Geburtsort außerhalb der Grenzen Andalusiens verlegte.
Don Pepe war sehr arm, von Beruf Brunnenbauer und Steinklopfer. Er sagte, er sei vieles gewesen, unter anderem auch Stierkämpfer in Spanien und Minenarbeiter in Mexiko und Bolivien gewesen. Er starb im Krankenhaus des Dorfes, in dem ich geboren wurde und lebe. Als er im Sterben lag, bat er, meinen Vater zu rufen, dessen Freund und auf eine Weise auch Schützling er war. Als mein Vater, der gute Baske, in das Krankenhaus kam, fand er ihn bereits tot. Er ärgerte sich sehr darüber und fluchte sogar. Mehrere Tage lang machte er sich Vorwürfe, dass er sich nicht schneller zum Krankenhaus begeben hatte.
Don Pepe erzählte viele Geschichten, meistens Liebesgeschichten, und wahrscheinlich log er das Blaue vom Himmel herunter. Er erzählte gut, in einer Sprache, die fast prunkvoll und für die Ohren eines kleinen Kerls vom Dorf, wie ich es war, ziemlich merkwürdig klang (literarisch würde ich heute sagen), eines Dorfjungen, der noch nicht einmal Lazarillo de Tormes gelesen hatte. Er erzählte, er sei drei Mal verheiratet gewesen, dass seine drei Frauen María geheißen hätten, und von den dreien sagte er: „Sie war schön wie die Sonne.“ Auch habe er, ich erinnere mich nicht mehr wo auf der Welt, mit einer wunderschönen Hebräerin zusammengelebt: „groß wie ein Baum, stur wie eine Kuh und scharf wie eine Hündin“. Mit den Hebräerinnen sei es eine Sache, betonte er, mit den Jüdinnen, die er verachtete, eine ganz andere. Er behauptete auch, die maurischen Frauen in Andalusien seien schlechte Weiber aber „sauber wie eine Apfelplantage“, die Frauen aus Tetuán und Algeciras dagegen seien sehr erfahrene Weiber aber „schmutzig wie ein Unwetter“. Er vertrat gewisse rassistische Theorien

[111] Dieser Satz wird von M. Bajtin zitiert in seinem Buch „Estética de la creación verbal“ (S. 323) (Im Deutschen zitiert nach Doktor Faustus, Ausgabe 1990, Frankfurt: Fischer S. 329, Anm. d. Übers.), der hinzufügt, dass Thomas Mann sagte: „Diese Beschreibung wäre unmöglich gewesen, wenn man nicht all die Gräuel eines Gestapogefängnisses intensiv erlebt hätte.“ (eig. Übers.)

hinsichtlich der Größe, der Beschaffenheit und der Behaarung des weiblichen Geschlechtsorgans – eine esoterische Öffnung, die ihm, wie man leicht errät, sein ganzes Leben lang keine Ruhe ließ, und die ihn auf etwas weniger metaphysische Weise immer noch beschäftigte, als er alt und zweifellos enthaltsam aber nicht resigniert war.
Unter den vielen Geschichten, die Don Pepe mir erzählte, gab es eine, die nicht von der Liebe handelte, auch wenn sie mit Frauen begann. Diese Geschichte erschien mir außergewöhnlich wahrhaftig, und ich erinnere sie erstaunlich gut. Dass ich mich auch nach über 40 Jahren noch so gut an sie erinnere, ist einer der Gründe, warum ich sie aufschreiben möchte: Jemand hat einmal gesagt, die Erinnerung und das Vergessen seien Götter, die mehr wissen als wir, und ich habe geschrieben, dem Verhalten des Gedächtnisses liege eine geheime Weisheit zugrunde und es ist eines der alltäglichsten Gesichter des Mysteriums. Ich werde versuchen, die Geschichte so wiederzugeben, wie er sie mir erzählt hat, obwohl ich jetzt schon verrate, dass ich einige seiner Sätze auf meine Weise ein wenig werde rekonstruieren müssen und dass ich der Versuchung erliegen werde, Details auszuschmücken und mir einige dichterische Freiheiten erlauben werde.

Die Geschichte selbst ist folgende:

„Als ich mich das erste Mal nach Amerika einschiffte, war ich ein junger Bursche, nicht viel älter als du. Das Schiff nahm aus Gründen, die ich nie erfahren habe, nicht direkt Kurs auf Amerika, sondern fuhr nach Neapel. Wenn du eines Tages Neapel kennen lernst, wirst du sehen, dass es eine sehr große, sehr schöne Stadt ist, in der man sich immer verläuft, mit sehr stattlichen Menschen, mit Weinen, die etwas ölig sind aber wie Ambrosia schmecken, mit wundervollen Frauen, die Augen haben wie die Nacht und Brüste wie Rüstungen, mit einem Vulkan an seiner Seite... Nur Ketzer oder schlechte Christen bauen eine Stadt so nahe an einem Vulkan. In Spanien wirst du Vergleichbares nicht finden.
In meinem Gürtel trug ich ein Täschchen aus Katzenfell, in dem ich einige Silbermünzen, nicht viele, aufbewahrte. Mein Großvater, bei dem ich aufgewachsen bin, hatte sie mir gegeben (ich habe dir schon erzählt, dass mein Vater meine Mutter verließ und meine Mutter als Hure nach Valencia ging). In Neapel gab ich fast jede Nacht eine meiner Münzen aus, denn ich verließ das Schiff auf der Suche nach Frauen zusammen mit zwei Matrosen, mit denen ich mich angefreundet hatte und die geschickter als der Teufel waren bei der Suche nach Huren.
In Neapel gibt es einige äußerst merkwürdige Höhlen. Es sind große Katakomben mit vielen Nischen, die von Leuchtern aus Gras und Teer erhellt werden. Frauen, wie Nonnen gekleidet, gehen in Gruppen darin umher, jede von ihnen eine Kerze und einen Rosenkranz in den Händen. Sie gehen sehr langsam, die Augen nach unten gerichtet, aber sie sehen dich. Sie singen Chöre in der Sprache der Priester, wenn sie die Messe lesen oder bei einem Begräbnis die Seele eines Verstorbenen anempfehlen. Wenn du einer von ihnen ein Zeichen gibst (ein Zeichen, bei dem du eine Münze zeigen musstest, verstehst du), bläst sie die Kerze aus und läuft zu einer der dunklen Nischen, die es überall in den Höhlen gibt. Dort fehlt es nicht an Strohhaufen. Sie entledigt sich ihres Gewandes und streckt sich auf dem Rücken aus. Nie tragen sie Höschen oder ähnliche Kleidungsstücke, und fast immer singen und beten sie weiter, während du mit ihnen das deine verrichtest.
In der Nacht vor dem Morgen, an dem das Schiff auslaufen sollte, gingen wir noch einmal zu den Höhlen. Einer meiner Freunde wollte, wie ich annehme, etwas Schmutziges mit einer der Frauen anstellen, und sie stieß einen Schrei aus. Zwei Männer, die dort waren, liefen herbei, und aus der Dunkelheit der Nische hörte man weitere Schreie und Geräusche einer Prügelei.

Ich griff ein, um meinen Freund zu verteidigen. Irgendwoher kamen noch mehr Männer, und sie schlugen auf mich ein, bis ich das Bewusstsein verlor.
Ich wachte auf dem Pflaster einer engen Straße auf. Mir tat der ganze Körper weh, aber vor allem der Kopf, als würde er nicht zu mir gehören. Der Morgen dämmerte, und es wurde hell. Ich sah drei Männer neben mir stehen, die, wie ich eine Minute später erfuhr, von der Guardia Civil waren. Es waren ihre Stimmen gewesen, die mich geweckt hatten. Sie sprachen mit mir in dem Kauderwelsch der Neapolitaner, von dem ich, wie du dir vorstellen kannst, nicht ein Wort verstand. Einer der Männer trat mich mit dem Stiefel, und ein anderer half mir aufzustehen. Die Gasse schien einen Moment zu schwanken wie ein Boot.
Fast sofort bemerkte ich, dass mir meine Geldtasche fehlte, und ohne darüber nachzudenken, was ich tat, ging ich mit den Fäusten auf die Guardia Civil los. Diese nicht faul, gaben es mir mit den kurzen Knüppeln, die sie am Gürtel trugen. Unter Schlägen und Stößen und mich streckenweise schleifend, brachten sie mich zu einem Steingebäude, das sich als Gefängnis entpuppte. Unterwegs begegneten wir Männern, die uns etwas nachriefen, was ich nicht verstand, und Frauen, die aus der Kirche kamen und über mich lachten. Wir überquerten einen Platz, auf dem ein Brunnen stand mit nackten Frauenfiguren und pinkelnden Engelchen, etwas, was man in Spanien nicht sieht.
Im Gefängnis musste ich eine sehr steile Treppe hinuntergehen, die spärlich beleuchtet wurde von Funzeln wie in den Höhlen der Huren. Ich wehrte mich redlich und beschimpfte die Männer der Guardia mit den schönsten Flüchen, die wir in Andalusien haben. Sie schlugen mich nicht mehr und lachten mich aus wie die Frauen in dem Kirchenportal. Schließlich öffneten sie eine Tür mit Eisenbeschlägen und sperrten mich in ein Verlies. Dieses Verlies war eine tiefe und feuchte Höhle, die in den Felsen gegraben war. Es gab darin keinen weiteren Gefangenen, und sie hatte einen sehr traurigen Geruch. Es war fast völlig dunkel; nicht der kleinste Strahl Tageslicht fiel herein, und das nächste Licht befand sich zwei oder drei Schritte von der Tür entfernt.
Immer noch brüllte ich eine Reihe von Beleidigungen, für niemanden. Danach beschloss ich, den Mund zu halten und mich auf den Boden zu setzen, um nachzudenken. Ich sagte mir, wie um mich selbst von meinem Unglück zu überzeugen, dass mein Schiff ohne mich ausgelaufen war und ich, allein fast wie ein Toter, in diesem verdammten Verlies eingesperrt, in einer Stadt, die nicht meine war und deren Sprache der tausend Dämonen ich nicht verstand, ohne das geringste bisschen Geld, viele Meter unter der Erde... Wenn du einmal nach Neapel kommst (besser, du gehst gar nicht hin, mein Sohn), wirst du sehen, wie viel es dort unter der Erde gibt.
So wie in den Höhlen der Dirnen fehlte es auch in dem Verlies nicht an Stroh. Ich war müde, völlig fertig... Ich wollte schlafen... schlafen wie ein Maulwurf, wie der Maulwurf, der ich war. Ich wühlte in dem Stroh, suchte nach dem am wenigsten feuchten und häufte es auf. Bevor ich mich darauf fallen ließ, ging ich in den hintersten Winkel der Höhle, um zu urinieren. Ich legte mich hin, aber mir war kalt. Ich sammelte mehr Stroh, um mich damit zuzudecken. Das Blut pochte mir in den Schläfen und mein Mund war trocken, aber ich war nicht die Spur so nervös, wie ich es später sein sollte. Schon im Einschlafen dachte ich, dass in diesem unterirdischen Verlies eine enorme Stille herrschte, diese Art von Stille, die sich so groß anhört und die ich trotz allem als etwas Freundschaftliches empfinden konnte.
Die Stimme eines Wärters weckte mich. An meinem Körper spürte ich, dass ich viele Stunden geschlafen hatte. Ich wusste nicht, ob es Tag oder Nacht war. Der Wärter sagte etwas zu mir, was ich nicht verstand, und schob mir einen Teller mit Essen sowie einen Krug Wasser durch das Gitter. Das Essen bestand aus ein paar fingerdicken Nudeln, einer Kartoffel und einem Stück Fisch, und daraus sollte es auch weiterhin bestehen. Ich hatte keinen Hunger

aber großen Durst, und da ich noch nicht gelernt hatte, meine Ration Wasser einzuteilen, trank ich den Krug bis auf den letzten Tropfen aus. Ich war nervös und wollte wieder schlafen, aber ich konnte nicht. Es ist schlimm, weißt du, nicht schlafen zu können, wenn man eingesperrt ist. In diesem Moment belastete mich die Stille, die mir zuvor so freundlich erschienen war, die ich auf meiner Seite geglaubt hatte. Ich schrie. Niemand antwortete mir.
Einige Minuten später (ich könnte dir nicht sagen, ob viele oder wenige, denn die Minuten hatten begonnen sich zu verändern, sie waren nicht mehr so wie vorher) spürte ich Leibschmerzen und ging nach hinten zu der selben Ecke, wo ich uriniert hatte. Der Geruch meiner Scheiße erschien mir stärker, bitterer als gewöhnlich. Kalter Schweiß befeuchtete meine Haut, und die Beine wurden mir ein bisschen schwach. Ich kehrte zu meinem Strohhaufen zurück und streckte mich aus, meine Därme waren alles andere als ruhig. Sehr bald schon musste ich wieder zu der Ecke gehen. Vorweg kann ich dir sagen, dass in all den Tagen und Nächten, die ich in dem Verlies verbrachte (als ich herauskam, konnte ich nachrechnen, und stellte fest, dass es zwei lange Monate gewesen waren), meine Därme nie zur Ruhe kamen. Ich weiß nicht, ob es am gleichen Tag war oder am nächsten oder an einem anderen, als ich glaubte im Geruch meiner Scheiße eine ganz heimliche Anwesenheit, einen Gruß oder eine Unterstützung zu riechen.
Die Zeit verstrich. Sie verstrich zu meiner Rechten, zu meiner Linken, sie verrann an meiner Seite, berührte mich fast und ging wie eine lange, sehr lange schwarze Schlange dahin... Ich ließ mich dort unten fast immer auf dem Haufen Stroh liegen, ohne zu wissen, ob es Tag oder Nacht war. Nach und nach verlor ich den Boden unter den Füßen, ich wusste nicht mehr, wer ich war oder gewesen bin. Es war so, als würde ich mich von mir selbst trennen, als ob ich – wie soll ich das sagen – als bekäme ich Risse, als würde ich selbst aus all den Rissen ausbluten. Manchmal schien es mir, als seien meine Erinnerungen die eines anderen, oft dachte ich, ich würde verrückt werden. Ich lebte nur, weil ich nicht tot war, und schließlich wünschte ich mir tatsächlich den Tod. Ich dachte immer wieder daran, mich umzubringen..., unmöglich. Ich wusste nicht, wie ich es hätte tun sollen... Die kurzen Besuche der Wärter (es waren zwei, und sie sahen sich ähnlich. Sie sprachen nicht mit mir, sicherlich weil sie wussten, dass ich sie nicht verstehen konnte) bedeuteten für mich kleine Momente der Erleichterung. Ich kackte weiter an dieselbe Stelle wie ein unkastriertes Pferd, wie man hier sagt. Und ich entwickelte so etwas wie Liebe zu meiner Scheiße.
Du wirst es nicht glauben, aber ich ging wirklich oft hin, um an ihr zu riechen. Der Geruch verändert sich, wie du dir denken kannst, wenn die Scheiße älter wird. Auch die frische Scheiße veränderte ihren Geruch, das heißt, sie hatte nicht jedes Mal den gleichen Geruch. Aber es waren immer meine Gerüche, ganz meine, und es gefiel mir, sie zu riechen, die Veränderungen wahrzunehmen, die Unterschiede sehr genau zu nehmen... Ich schlief schlecht, nie ganz tief, und hatte oft merkwürdige Träume, Alpträume, die mich brutal aufweckten. Sobald ich aufwachte, immer, ging ich schnell an meiner Scheiße riechen... Manchmal musste ich gar nicht kacken, aber ich versuchte es mit aller Kraft: Ich wollte meine frische Scheiße riechen, daran erinnere ich mich.
Das ging so lange, bis eines Tages ein kleiner Mann auftauchte, fast ein Zwerg, der wie die Leute aus Madrid sprach. Ich weiß nicht, ob es war, weil er so klein war, aber er trug einen enormen Schnurrbart. Die Spitzen, sicherlich pomadisiert, standen hoch fast in Höhe meiner Augen. Er sagte, er sei Beamter des Konsulates meines Landes. Ich erzählte ihm mein Missgeschick. Er sagte mir, er würde mich auf dem ersten Schiff, das unter unserer Fahne nach Spanien fuhr, nach Hause schicken.
Du kannst dir vorstellen, wie gespannt ich darauf wartete, dass er wiederkam, um mich zu holen. Auf dem Schiff musste ich im Kesselraum arbeiten. Glücklich schaufelte ich die

Kohlen. Ich weinte, als ich von weitem die Balearischen Inseln erkennen konnte, und weinte noch mehr, als ich die Türme von Malaga sah.
Viele Jahre später schiffte ich mich von Neuem nach Amerika ein. Dieses Mal gab ich sehr darauf Acht, dass das Schiff direkt nach Amerika fuhr und nicht zuerst in Neapel anhielt."

Tausende von Seiten der praktisch unendlichen Literatur beziehen sich auf Pathetisches. Sagen wir, es ist immer eines der am beharrlichsten verfolgten Vorhaben von Erzählern und Versemachern gewesen, die Menschen mit Darstellungen von Unglück und Leiden zu rühren und die Rendite der Seufzer und Tränen zu kassieren. Schon der alte Homer, der sie alle kannte, sagt an einer Stelle seiner unendlichen Gedichte, dass die Götter am Unglück der Menschen weben, damit die Dichter Themen haben, um ihre Gesänge zu erheben.

Wir wissen alle, dass das Leben und die Literatur zueinander in einer Beziehung stehen, die einer verwickelten Liebschaft gleicht. Sie inszenieren Begegnungen und Trennungen, vielfältige Episoden der Suche und der Leidenschaft, und doch gelingt es ihnen – glücklicherweise – nie, in dem Kleister eines Konkubinats nach Art einer bürgerlichen Ehe kleben zu bleiben. Ursprünglich mit Grund, und aus einigen anderen etwas naheliegenderen und vielleicht immer den Umständen geschuldeten Gründen, ist oder erscheint das Pathetische im Leben immer kitschig, blutrünstig oder obszön (in seinem etymologischen Sinn, der nicht geeignet ist, ihn hier zu erklären), wenn es ohne die nötige Kunst oder Kunstfertigkeit in Literatur übertragen wird. Es gibt im Leben nichts Pathetischeres als den Tod eines Kindes. Um aus diesem schrecklichen Ereignis gute Literatur zu machen, um zum Beispiel etwas wie den Tod des Rocamadour zustande zu bringen, muss man ein Meister ersten Ranges sein wie Cortázar in dem Kapitel, in dem er diesen Tod erzählt. Alles, was im Leben gewalttätig, grausam, pervers, satanisch etc. ist, geht viel leichter in die bedeutende Schriftstellerei ein: Manchmal reicht es, es zu erwähnen (denken Sie an Faulkner, Huysmans, James Cain...).

Wozu diese abseitigen umständlichen Gedanken? Ganz einfach: Um zu rechtfertigen, was ich geschrieben habe. Ich glaube, die Geschichte dieses eingekerkerten jungen Mannes, der den Zusammenbruch seiner innersten Identität spürt und sich im Geruch seiner Exkremente sucht, sich in ihnen erkennt wie ein Hund und wie in dem schmutzigsten und intimsten aller Spiegel, diese Geschichte ist ein wirklich literarisches Thema und besitzt ein Pathos *an sich und durch sich*, das so, wie es ist, zu Literatur werden kann. Es handelt sich nach meinem Verständnis um eine beispielhafte und pathetische Geschichte (beispielhaft im klassischen Sinne, dem alten Sinn von *exemplo;* pathetisch im Sinne eines zulässigen Pathos aus erster Hand, mitnichten weinerlich oder demagogisch...), die geeignet ist, ohne Schaden zu nehmen von einem so untalentierten Schreiber wie mir erzählt zu werden, der nicht das Geschick hat, um sie anders als schlicht und direkt zu erzählen. Deshalb habe ich sie aufgeschrieben und der Leser wird beurteilen, ob ich recht habe oder nicht.

Ich habe sie deshalb aufgeschrieben und auch wegen der Art und Weise, in der ich mich an sie erinnere. Ich wiederhole, dass das Gedächtnis sich zu benehmen pflegt, als würde es von einer höheren Weisheit beraten, und füge hinzu, dass die Erinnerung etwas ist, wofür das Adjektiv heilig nicht zu groß ist. Ich würde sagen, dass die Heilige Mutter Gedächtnis auch ihre Doktoren hat. Diese sind nicht wie die der anderen Heiligen Mutter dazu da, um mit Formeln zu antworten, die meist nichts beantworten, behaupte ich, sondern um aus dem Schatten heraus Mechanismen in Bewegung setzen, denen Wunder, Hellsehen und Allwissenheit nicht unbekannt sind. Wenn mein Gedächtnis immer noch eine derart klare Erinnerung von etwas bewahrt, was mir Don Pepe vor so vielen Jahren erzählt hat, wird es, wie ich meine, seine guten Gründe dafür geben.

Außerdem habe ich – last but not least – diese Seiten geschrieben, weil ich jenem Alten, der mir so viele, für mich zu Beginn meiner Jugend fast magische Geschichten erzählt hat, etwas schuldig bin, etwas wie die Würdigung seines Andenkens.
Die Knochen dieses pittoresken und verlogenen Andalusiers (vielleicht, weil er so war, und vielleicht, weil er sich dazu verpflichtet fühlte, unser Bild von den Andalusiern zu bestätigen), die laut seinen Erzählungen an verschiedenen Orten in Spanien zu wachsen begannen, liegen heute herrenlos und zu Staub und Erde zerfallen auf einem mir unbekannten Platz auf dem Friedhof dieses Dorfes. Auf diesem Friedhof gibt es viele bronzene oder in Marmor gehauene Buchstaben, die bekannte Namen murmeln. Täglich fahre ich mit dem Moped durch seine Pforte oder betrete ihn manches Mal, um mit kurzen, verhaltenen, aber immer zu lauten Schritten hinter einem Karren herzugehen (über den man sagt, er sei von Gott gebaut), auf dem sie den Sarg eines Verwandten oder eines Freundes befördern."

Rekonstruktion und Analyse *(Daniel Gil)*

Für Mario Arregui
in Erinnerung an Luis Pedro Bonavita Espíndola

Zwischen 1190 und 1250 regierte als Kaiser des Heiligen Römischen Reiches Deutscher Nation Friedrich II., Enkel von Barbarossa. Viele Aspekte seiner merkwürdigen Existenz brachten es mit sich, dass er als Messias des Jahrtausends betrachtet wurde. Das ging soweit, dass man seinen Tod nicht glaubte und noch Mitte des 15. Jahrhunderts auf sein Wiedererscheinen wartete. Er starb zehn Jahre vor dem für die Apokalypse vorhergesagten Datum, organisierte den Sechsten Kreuzzug, eroberte Jerusalem und wurde zweimal von der Kirche exkommuniziert.
Ich erwähne das, weil er der Erste war, dem „es einfiel", ein Experiment durchzuführen, in dem er die Wirkung des Entzuges von emotionaler Wärme bei Säuglingen testete. Salimbeni, ein Chronist dieser Epoche, der ihn persönlich kannte, erzählt diese Geschichte wie folgt: „Die zweite Verrücktheit Friedrichs war, dass er wissen wollte, welche Sprache und welche Sprechweise Kinder entwickeln würden, wenn niemand zuvor mit ihnen gesprochen hatte. Dafür befahl er den Ammen und den Pflegerinnen, die die Kinder fütterten, diese zu waschen und zu versorgen, aber in keiner Weise mit ihnen zu sprechen. Er wollte wissen, ob diese Kinder, wenn sie zu sprechen begännen, Hebräisch, die älteste der Sprachen, oder Griechisch, Latein, Arabisch oder die Sprache ihrer leiblichen Eltern sprechen würden. Der Versuch misslang. Alle Kinder starben, denn sie konnten ohne die Zärtlichkeit, die fröhlichen Gesichter und die Liebesworte ihrer Ammen, nicht leben. Deswegen nennt man den Gesang der Frauen, wenn sie die Wiege schaukeln, damit das Kind einschläft, Wiegenlieder, ohne diese Lieder schläft ein Kind schlecht und findet keine Ruhe." (Zitiert nach J. De Ajuriagerra).
Dieses eigenartige Experiment, das Salimbeni so ergreifend beschreibt und analysiert, hat eine unbarmherzige und abscheuliche Logik. Möglicherweise beabsichtigte Friedrich II. auch damit zu beweisen, dass die Juden nicht das auserwählte Volk waren, denn es war derselbe Friedrich, der im Jahre 1236 veranlasste, dass die Juden zu Leibeigenen des Prinzen erklärt wurden[112].
Dieses monströse Experiment zeigt uns zum ersten aber nicht zum einzigen Mal, dass Kinder, um leben zu können, Aufmerksamkeit und Fürsorge brauchen, die über die Befriedigung

[112] Das Konzept des „hebräischen Sklaventums", das von der Kirche in einem spirituellen Sinne gemeint war, nahm unter dem Einfluss des römischen Rechts juristischen Charakter an. Die Juden wurden einer persönlichen und wirtschaftlichen Abhängigkeit in ihrem Verhältnis zum Kaiser unterworfen.

ihrer biologischen Bedürfnisse hinausgehen. Damit ein Kind leben, damit es sein kann, braucht es das, was Salimbeni direkt beschreibt: Dass die Kinder nicht leben konnten „ohne die Zärtlichkeit, die fröhlichen Gesichter und die Liebesworte ihrer Ammen."
Diese Realität hat durchaus etwas mit dem täglichen Leben zu tun, und die Arbeiten, die in den letzten Jahren über Psychosen entstanden sind, haben gezeigt, welche grundlegende Rolle bei Kindern die fehlende Fürsorge und Liebe spielt. Bedingungen ähnlicher Art, die aus pathologischen oder experimentellen Gründen hergestellt werden und die als sensorische Deprivation (Reizentzug) wirken, führen, wenn nicht zum Tod, so doch zu psychischen Störungen, bei denen psychoseähnliche Symptome auftreten.
Wenn ein Mensch isoliert wird und ihm affektive und sensorische Reize entzogen werden, treten Störungen auf, die uns die Empfindungen Mario Arreguis nachvollziehen lassen, wenn er sagt: „Ich glaube, die Geschichte dieses eingekerkerten jungen Mannes, der den Zusammenbruch seiner tiefen Identität spürt und sich im Geruch seiner Exkremente sucht, sich in ihnen erkennt wie ein Hund und wie in dem schmutzigsten und intimsten aller Spiegel, diese Geschichte ist ein wirklich literarisches Thema und besitzt ein Pathos an sich und durch sich, das so, wie es ist, zu Literatur werden kann."
Aus dieser Perspektive nähern wir uns also der Erzählung „Die Höhlen von Neapel" von Mario Arregui. Betrachten Sie es nicht als den Versuch einer psychoanalytischen Deutung, die lediglich den verborgenen Sinn aufdecken will. Es handelt sich um den Versuch einer vorsichtigen Annäherung, um aus dieser Erzählung eine Besonderheit der menschlichen Natur zu begreifen.

Die ganze Erzählung wird in der ersten Person erzählt. Auf diese Weise wird eine Verbindung geschaffen zwischen Mario, der sich erinnert, als Kind die Geschichte von Don Pepe gehört zu haben, und diesem, der sich wiederum an die Jugend José Marías erinnert. Im ersten Teil führt Mario Don Pepe ein. Mario erinnert sich als Erwachsener an seine Kindheit, in der er den Geschichten eines Alten gelauscht hatte. „Dass ich mich nach mehr als 40 Jahren noch so gut an sie (die Geschichte) erinnere, ist einer der Gründe, warum ich sie aufschreiben möchte..."

Im zweiten Teil überlässt Mario Don Pepe das Wort, der sich an die Episode der Höhlen von Neapel erinnert. Zum Schluss reflektiert Mario als Schriftsteller über diese Erzählung, über die Literatur und über das Gedächtnis.

Die Einführung ist einfach. Wir erfahren, dass die Hauptperson José María heißt, aber von allen Don Pepe genannt wird. Der Nachname: vergessen oder nie erfahren. Der Geburtsort: Andalusien, aber Don Pepe selbst sagt einmal, er sei in Cadiz geboren, ein anderes Mal in Granada, Sevilla etc. Der Teil der Identität, der etwas mit dem Namen zu tun hat und auf Abstammung und Geburtsort verweist, erscheint verschwommen.

Das zweite Element der Einführung bezieht sich auf den Beruf und den Tod. „An irgendetwas muss man sterben" sagte Cortázar, sich auf die Arbeit beziehend. Don Pepe, ein „sehr armer" Mann, war von Beruf Brunnenbauer und Steinklopfer aber auch vieles andere gewesen: Minenarbeiter und Stierkämpfer. Alle vier Berufe haben damit zu tun, in der Erde zu graben oder sie aufzureißen.[113]

[113] Die Verbindung zwischen Erde und Mutter findet sich in der Bezeichnung Mutter Erde wieder. Aber es gibt auch zahlreiche Mythen, in denen diese Verbindung hergestellt wird. In der Umgangssprache spricht man auch vom „Schoß der Erde". Freud sagt in seinem Text „Das Motiv der Kästchenwahl", die erste Liebe des Mannes ist seine Mutter, die zweite Liebe seine Frau/Partnerin und die dritte und endgültige ist die Liebe zum Tod, zur Mutter Erde. G. Koolhaas hat, als er das Kleinianische Denken entwickelte, gesagt, dass der Erkenntnisdrang ein sublimierter Ausdruck des Wunsches sei, den Körper der Mutter zu erkunden.

Der Tod in einem Krankenhaus in Trinidad, er ruft einen Freund, der ihn begleiten soll.
Die anderen Merkmale Don Pepes sind, dass er „viele Geschichten" erzählte, „die meisten davon Liebesgeschichten..." „Er erzählte, er sei drei Mal verheiratet gewesen, dass seine drei Frauen María geheißen hätten, und von den dreien sagte er: „Sie war schön wie die Sonne."
Die Übereinstimmung der Namen seiner drei Frauen steigert sich zur Konfusion, als er, um sie zu beschreiben, den Singular benutzt.
Auch war er mit einer Hebräerin zusammen gewesen, wunderschön, „groß wie ein Baum, stur wie eine Kuh und scharf wie eine Hündin". Zwischen all diesen Elementen ergibt sich eine bedeutsame Konstellation: Im Namen des Don Pepe, José María, vereinigen sich die Namen des Vaters und der Mutter des Jesuskindes, seine drei Frauen, die wie eine sind, tragen ebenfalls den Namen María, und die vierte Frau, die er erwähnt, ist eine Hebräerin, aber sie ist keine Jungfrau, sondern eine Hure.
Einige Absätze zuvor haben wir erfahren, dass José María vom Großvater aufgezogen wurde, weil der Vater die Mutter verlassen hatte und diese „als Hure nach Valencia ging."
Im Weiteren wird ein eigentümliches Klassifikationssystem für Frauen deutlich: So erfahren wir, „mit den Hebräerinnen sei es eine Sache, (...) mit den Jüdinnen, die er verachtete, eine ganz andere." Die Frauen der Mauren werden eingeteilt in die aus Andalusien, „schlechte Weiber", aber „sauber wie eine Apfelplantage", und die aus Tetuán und Algeciras, „sehr erfahrene Weiber", aber „schmutzig wie ein Unwetter".
Die Klassifikation trifft so die Unterscheidung zwischen dem sauberen in Verbindung mit dem schlechten Weib und dem schmutzigen in Verbindung mit dem erfahrenen, zwischen den sauberen/guten Frauen und schmutzigen/dirnenhaften Frauen.[114]
Dieses gesamte Fragment schließt mit der Erklärung, Don Pepe habe „gewisse rassistische Theorien hinsichtlich der Größe, der Beschaffenheit und der Behaarung des weiblichen Geschlechtsorgans (vertreten) – eine esoterische Öffnung, die ihm, wie man leicht errät, sein ganzes Leben lang keine Ruhe gelassen hat, und die ihn auf etwas weniger metaphysische Weise immer noch beschäftigte, als er alt und zweifellos enthaltsam aber nicht resigniert war."
Aber es geht gar nicht um solche Geschichten in seiner Erzählung, auch wenn sie mit Frauen beginnt.
An dieser Stelle überlässt Mario Arregui Don Pepe das Wort, damit dieser die Episode erzählt, die ihm widerfuhr, als er sich als „junger Bursche" das erste Mal nach Amerika einschiffte.
Das Schiff nahm aus für José María unbekannten Gründen Kurs auf Neapel. Er lernt diese Stadt kennen, die „eine sehr große, sehr schöne Stadt ist, *in der man sich immer verläuft, (...) mit wundervollen Frauen, die Augen haben wie die Nacht und Brüste wie Rüstungen, mit einem Vulkan an seiner Seite...* Nur Ketzer oder schlechte Christen bauen eine Stadt so nahe an einem Vulkan..." (Hervorhebung D. G.).
Interessanterweise erscheint das Element des Verirrens in der Stadt zusammen mit den Frauen „die Augen haben wie die Nacht und Brüste wie Rüstungen". Die Nacht der Augen verbindet sich mit Brüsten wie Rüstungen, wie eine Kriegsbewaffnung.[115]
Noch interessanter ist, dass der Bezug auf den Vulkan nach dem Komma unmittelbar der Beschreibung der Frauen folgt und nicht der Beschreibung der Stadt davor.

[114] Weiter unten kommen beide Aspekte in den Nonnenprostituierten zusammen. Bedenken Sie, dass außerdem die Nonnen eine Ehe mit Gott „schließen".
[115] Panoplia (das spanische Wort für Rüstung, Anm. d. Übers.) kommt aus dem Griechischen und bedeutet „unter Waffen" und im besonderen Sinne bedeutet es in voller Kriegsbewaffnung.

In Neapel gibt er jede Nacht eine der Münzen aus, „denn ich verließ das Schiff auf der Suche nach Frauen zusammen mit zwei Matrosen, mit denen ich mich angefreundet hatte und die geschickter als der Teufel waren auf der Suche nach Huren." Diese Suche nach Frauen mit zwei Führern wird in Verbindung mit dem Teuflischen beschrieben.
Dann tauchen einige *„äußerst merkwürdige Höhlen"* auf, „große Katakomben mit vielen Nischen, die von Funzeln aus Gras und Teer erhellt werden. Frauen, gekleidet wie Nonnen, gehen in Gruppen darin umher, jede von ihnen eine Kerze und einen Rosenkranz in den Händen. Sie gehen sehr langsam, die Augen nach unten gerichtet, aber sie sehen dich. Sie singen Chöre in der Sprache der Priester, wenn sie eine Messe lesen oder bei einem Begräbnis die Seele eines Verstorbenen anempfehlen. Wenn du einer von ihnen ein Zeichen gibst (ein Zeichen, bei dem du eine Münze zeigen musstest, verstehst du), bläst sie die Kerze aus und läuft zu einer der dunklen Nischen, die es überall in den Höhlen gibt. Dort fehlt es nicht an Strohhaufen. Sie entledigt sich ihres Gewandes und streckt sich auf dem Rücken aus. Nie tragen sie Höschen oder ähnliche Kleidungsstücke, und fast immer singen und beten sie weiter, während du *mit ihnen das Deine verrichtest*." (Hervorhebung D.G.)
Die Verwunderung über die Katakomben wird verstärkt durch diese merkwürdigen „Nonnen", die auf Latein beten und die während des Sexualaktes weiter singen und beten und mit dem Akt selbst nichts zu tun haben, da er von einer Person ausgeführt wird, die „das seine verrichtet"[116].
Einer der Freunde von José María wollte „etwas Schmutziges mit einer der Frauen anstellen" (?). Es entsteht ein Kampf, bei dem José María das Bewusstsein verliert, und als er es wiedererlangt, schmerzt ihn sein Kopf, „als wäre er nicht mehr der meine".
Dann wird in dieser Geschichte der Dunkelheit die Lichtszene eingeschoben: „Der Morgen dämmerte, und es wurde hell." Drei Männer der Guardia Civil stehen vor ihm, der eine tritt ihn mit dem Stiefel, während der andere ihm hilft aufzustehen. Als er bemerkt, dass ihm seine Geldtasche fehlt, geht er mit den Fäusten auf die Männer los, diese aber „gaben es mir mit den kurzen Knüppeln, die sie am Gürtel trugen. Unter Schlägen und Stößen und mich streckenweise schleifend brachten sie mich zu einem Steingebäude, das sich als Gefängnis entpuppte."
Unterwegs begegnen ihnen Männer, die sie anschreien, und Frauen, „die aus der Kirche kamen und über mich lachten". Die Szene wird vervollständigt, als Hilfsmittel des Gedächtnisses, auf einem, „Platz, auf dem ein Brunnen stand mit nackten Frauenfiguren und pinkelnden Engelchen".
Wieder erscheinen die Männer als die Aggressiven, die der Guardia Civil ebenso wie die Männer auf der Straße, und die Frauen mit einer Mischung aus Spott, Ironie und Religiosität, was mit den Statuen der nackten Frauen und der pinkelnden Engelchen[117] abgerundet wird.
Nun taucht klar der nächste Abstieg in die Höhlen auf: „Im Gefängnis musste ich eine sehr steile Treppe hinuntergehen, die spärlich beleuchtet wurde von Leuchtern *wie denen in den Höhlen der Huren*." (Hervorhebungen D.G.) Das Verlies „war eine tiefe und feuchte Höhle, die in den Felsen gegraben war. (...) und sie hatte einen sehr traurigen Geruch. Es war fast völlig dunkel darin, denn nicht der kleinste Strahl Tageslicht fiel herein, und der nächste Leuchter befand sich zwei oder drei Schritte von der Tür entfernt."
Man kann nicht übersehen, dass hier das Thema der Höhlen mit den beschriebenen Charakteristika erneut auftaucht, denn bereits in der Einführung erfahren wir von der „esoterischen Öffnung", die das weibliche Sexualorgan für José María war. Die Hurenhöhlen

[116] Im Alten Testament existieren Erzählungen geweihter Sklavinnen, die den Akt der Prostitution als Ritual ausübten.
[117] Sehr früh schon, bereits in der Korrespondenz mit W. Fliess, bezeichnet Freud die Enuresis als ein Symptom, das bei Kindern mit sexueller Erregung in Verbindung steht.

sind sowohl die Katakomben-Höhlen, in denen die Prostituierten waren, als auch eine Metapher für das weibliche Sexualorgan, „eine tiefe und feuchte Höhle..." ohne den „kleinsten Strahl Tageslicht".

Nachdem er geschrieen hat, bleibt er dort „allein fast wie ein Toter". Es geht nicht darum, dass er allein ist „fast wie ein Toter", sondern dass er eine Einsamkeit empfindet „fast wie ein Toter", eingesperrt in einer unbekannten Stadt, in der man sich immer verirrt, in der eine Sprache der tausend *Dämonen* gesprochen wird und „viele Meter unter der Erde".

Wieder taucht die Parallele zwischen dem Kerker und den Dirnenhöhlen auf: Auch hier fehlt es nicht an Strohhaufen, er legt sich hin, um zu schlafen wie ein Maulwurf, und bestärkt: „wie der Maulwurf, der ich war". Der Vergleich wird aufgehoben, in dem er die Identität als Maulwurf in diesem unterirdischen Leben annimmt.

Vor dem Schlafen geht er nach hinten in die Höhle, um zu urinieren, und dann deckt er sich mit Stroh zu. Er empfindet eine enorme Stille, „diese Art von Stille, die sich so groß anhört, und die ich trotz allem als etwas Freundschaftliches empfinden konnte".

Als er erwacht, merkt er an seinem Körper, nicht an sich selbst, dass er viele Stunden geschlafen hatte.

Hier beginnen die Abspaltung des Körpers und der Verlust des Zeitgefühls: Er weiß nicht mehr, ob es Tag oder Nacht ist. Unmittelbar danach belastet ihn die Stille, die er im ersten Moment als freundschaftlich empfunden hatte.

Seinen Schreien antwortet niemand, der Verlust des Zeitgefühls verstärkt sich: „Einige Minuten später (ich könnte dir nicht sagen, ob viele oder wenige, denn die Minuten hatten begonnen sich zu verändern, sie waren nicht mehr so wie vorher)".

Im gleichen Zuge verspürt er „Leibschmerzen" und nimmt eine Veränderung im Geruch seiner Fäkalien wahr. Und es war am gleichen Tag oder es war „am nächsten oder einem anderen" (Wiederholung des Verlusts des Zeitgefühls), „als ich glaubte im Geruch meiner Scheiße eine ganz heimliche Anwesenheit, einen Gruß oder eine Unterstützung zu riechen".

Die Störung des Zeitempfindens spitzt sich zu, es ist eine Zeit, die räumlich wird: „Die Zeit verstrich. Sie verstrich zu meiner Rechten, zu meiner Linken, sie verrann an meiner Seite, berührte mich fast und ging wie eine lange, sehr lange schwarze Schlange dahin... Ich ließ mich dort unten fast immer auf dem Haufen Stroh liegen, ohne zu wissen, ob es Tag oder Nacht war. *Nach und nach verlor ich den Boden unter den Füßen, ich wusste nicht mehr, wer ich war oder gewesen war. Es war so, als würde ich mich von mir selbst trennen, als ob ich, – wie soll ich das sagen – als bekäme ich Risse, als würde ich selbst aus all den Rissen ausbluten.* " (Hervorhebungen D.G.).

José María befindet sich außerhalb der Zeit und des Raumes, außerhalb einer Raum-Zeit. Er liegt nicht, *er lässt sich liegen*, er verliert den Boden, es erscheint, als habe er sich von sich getrennt und noch mehr: „ – als bekäme ich Risse, als würde ich selbst aus all den Rissen ausbluten."

Beachten Sie, dass er nicht sagt, dass er „aus sich selbst" ausblutet, denn darin würde sich eine Situation ausdrücken, in der das Ich etwas von sich verliert. Er spricht von „ich selbst", der durch die Risse ausblutet. Er verliert nicht etwas, er verliert sich selbst, und mit diesem Verlust gibt es nichts, *das bleibt,* was bleibt ist die Empfindung/das Sein *des Nichts.*[118]

---

[118] In einer zusammen mit Edmundo Gómez durchgeführten Arbeit mit dem Titel „El Yo, el cuerpo, el alma, el mundo y la muerte" (Das Ich, der Körper, die Seele, die Welt und der Tod), analysieren wir eine Patientin, die an einem Verleugnungsdelirium litt, die „ihren Körper verloren hatte" und sagte, sie „sei tot". Diese Patientin sprach jedoch von ihrem Ich aus, sie hatte ihren Körper verloren, sie war tot, aber es war das Ich, das begraben zu werden verlangte, damit die Seele zur Ruhe käme (s. Daniel Gil: La vida, la muerte y la pusion. EPAL 1989).

Er versucht sich vor dieser *Erfahrung des Nichts* zu retten, fühlt sich dann aber *als ein anderer,* sich selbst Fremder: „Manchmal schien es mir, als seien meine Erinnerungen die eines anderen...", und eben dies ist der Wahnsinn: „...oft dachte ich, ich würde verrückt werden."
Außerhalb von Raum und Zeit geht auch die Polarität von Leben und Tod verloren: „Ich lebte nur, weil ich nicht tot war..." Die Lösung ist in dieser Situation der Tod: „... und schließlich wünschte ich mir tatsächlich den Tod."
Angesichts dieser totalen Auflösung bedeuten für ihn „die kurzen Besuche der Wärter (es waren zwei und sie sahen sich ähnlich. Sie sprachen nicht mit mir, sicherlich weil sie wussten, dass ich sie nicht verstehen konnte)... kleine Momente der Erleichterung".
Man sieht deutlich, wie die Anwesenheit eines *Anderen*, selbst wenn er nicht antwortet, „selbst wenn man sie nicht voneinander unterscheiden kann", Erleichterung bewirkt.
Aber neben dieser Erleichterung taucht sofort ein weiteres Bedürfnis auf: „Ich kackte weiter an dieselbe Stelle wie ein unkastriertes Pferd, wie man hier sagt. Und ich entwickelte so etwas wie Liebe zu meiner Scheiße."
In dem Vergleich mit unkastrierten Pferden wird ein Aspekt seiner Identität verstärkt: das sexuelle Bedürfnis. Im Weiteren taucht der nächste Aspekt seiner Identität im Zusammenhang mit seinen Exkrementen auf: „...ich ging wirklich oft hin, um an ihr zu riechen." Der Geruch verändert sich in dem Maße, in dem die Scheiße älter wird und auch die frische Scheiße verändert ihren Geruch. „Aber es waren immer *meine* Gerüche, *ganz meine,* und es gefiel mir, sie zu riechen, die Veränderungen wahrzunehmen, die Unterschiede sehr genau zu nehmen..."
Es taucht eine Beziehung zu etwas auf, was von ihm stammt, was *ganz das seine* ist, und gleichzeitig Veränderung, das heißt ein Ausweg aus der Monotonie. Es entsteht ein Bezug zur Zeit, eine Beziehung, welche die Identität bestätigt, ausgehend von etwas ihm Äußerlichen aber von ihm Produzierten, das auf ihn selbst bezogen wird, auf ein Sich-Selbst, ein konkretes Selbst, das sich nicht verändert.
Er schlief schlecht mit merkwürdigen Träumen und Alpträumen. Wenn er mit einem Schlag erwachte, „ging ich schnell an meiner Scheiße riechen...", als ob er versuchte, seine Identität wieder herzustellen, die von Einsamkeit und Schrecken bedroht war.
Nach zwei Monaten wird er freigelassen und in sein Land zurückgeschickt. Der Alte kann dieses merkwürdige Abenteuer nicht vergessen.
Ausgehend von gewissen Überlegungen über die Frau und ihr Sexualorgan wird in dieser Erzählung deutlich, dass José María, als er sich in einer Grenzerfahrung der Entbehrung befindet, auf eine anal-sadistisch bezeichnete Phase regrediert. Aber es sollen jetzt nicht die verschiedenen Aspekte, die diese Phase charakterisieren, herausgearbeitet werden, wie das Verhältnis von Liebe und Hass, von Zurückhaltung und Ausstoßen oder die verschiedenen Verbindungen dieser Phase mit bestimmten psychopathologischen Strukturen. Was uns interessiert ist, wie sich José María in dem Moment, in dem er „den Boden unter den Füßen" verliert und nicht mehr weiß „wer ich war oder gewesen war", als ihm die Anwesenheit eines anderen fehlt, in Gott „verwandelt."
Was will Gott mit der Schöpfung, wenn nicht den Menschen erschaffen? Und was ist dieser Mensch, wenn nicht Spiegel: „Wir wollen den Menschen machen nach unserem Bild uns ähnlich..."[119]

[119] (Zitiert nach Mos. Gen. 1, deutsche Übersetzung von Franz Eugen Schlachter, Überarbeitung von 1951, Anm. d. Übers.)

Yahvé war krank vor Einsamkeit. Die Schöpfung ist seine Heilung. Aber seine Kreatur, obwohl nach seinem Bild ihm ähnlich, wird als solche erkannt, das heißt als etwas, was *von* ihm stammt, in dem er sich wieder erkennt, aber was *nicht er ist* (wie ein Spiegelbild).[120] „Da bildete Gott der Herr den Menschen (adamah), Staub von der Erde, und blies ihm den Odem des Lebens in seine Nase, und also ward der Mensch eine lebendige Seele."[121]
Karl Abraham hat darauf hingewiesen, dass diese Konzeption der Schöpfung aus einem omnipotenten Denken stammt, das typisch ist für die anal-sadistische Phase: Lehm = Exkremente und Atem = Blähungen.
Dieser Aspekt der Exkremente als Rohstoff der Schöpfung und als Spiegel ist das, was uns die Erzählung von Mario Arregui zeigt.
Angesichts der Gefahr des Verlustes, des Rissigwerdens und des Auslaufens des (seines) Ichs durch die Risse (ein *Ich an und für sich,* das nicht *zu mir gehört* und zu *meinem Ich* wird mit der Scheiße) ist das einzige bestehende Mittel, sich in etwas Eigenem wiederzuerkennen (was *zu meinem wird*), in etwas, was sein eigener Körper ist, mit dem er sein und spüren kann.
So wie bei der Erschaffung der Welt erkennt man in dieser pathetischen und eindrücklichen Erzählung Arreguis das dringende Bedürfnis zu *sein*, *sich* zu erkennen, aber dieses Erkennen bedeutet auch die Seite der Entfremdung, von der aus man zurückkehrt.
In der Abspaltung fungiert das Abbild als Objekt, in dem ich *mich* erkenne, von dem aus ich zurückkehren kann, um die Identifikation als Sein-Ich (das bin ich) aufzubauen. Dies ist die Grundlage dessen, was C. Rosset „die problematische Begegnung mit sich selbst" nennt. Die Tatsache meiner Konstituierung als „Ich" an sich, die Tatsache dieser Begegnung ist problematisch, daher die Schwierigkeiten und Ambiguitäten dieses Ichs.
Nach Jacques Lacan bedeutet das Wiedererkennen im Spiegel die Begegnung des Kindes mit seinem Abbild (es sieht sich, wie es sich ansieht). Aber dort begegnet es dem Blick der Mutter, das es sieht, wie es sich ansieht. Begegnung von Blicken, Kommen und Gehen von Bildern und Blicken, Blicke, die Bilder erzeugen, sich außerhalb seiner selbst zu erkennen und zu sich zurückzukehren auf den unsichtbaren Wegen von Blicken und Wünschen. Daher endet die Rückkehr zu sich selbst nicht mit der Rückkehr des Bildes, das als das eigene erkannt wurde. Zuvor schon, damit es ein Bild gibt, muss die Mutter das Kind sehen. Das heißt, sie muss es begehren bereits ausgehend von der Anwesenheit des Vaters im Begehren der Mutter, auch wenn er konkret noch nicht vorhanden ist, und bereits von der Existenz des Kind als solches im Begehren der Eltern.
In diesem Sinne sind das Abbild (und der Schatten) Erscheinungen, Formen, in denen jeder *vor sich selbst erscheint*. Das bin nicht „Ich", aber sie machen das „Ich" (wie Nietzsche vom Körper sagt). Es ist lebendige und belebende Anwesenheit des Körpers: indem ich ihn sehe – mich sehe (von außen), *vom anderen gesehen werde.* Im Gegensatz zu dem was Erasmus Spikher[122] sagt, sind Abbild und Schatten keine reinen Illusionen, es sind feine aber konkrete Formen des eigenen Erkennens.[123]

---

[120] Es wird „als dieses" erkannt. Vor dem Spiegel sagt er zu dem Bild „das bin ich" und weiß gleichzeitig, dass es ein Abbild ist. Die Ambiguität der Sprache drückt auch die Ambiguität dieses Ichs aus. Dieses „das bin ich" ist der dialektische Gegensatz zum „Ich bin".
[121] Das Thema der Erschaffung des Menschen aus Ton und seine Belebung durch den göttlichen Atem findet sich, wie belegt ist, in den Kosmologien des ganzen Erdkreises (s. Gaster: Rito, Leyenda y Costumbres, en el libro del Génesis). Auch die Erschaffung nach dem göttlichen Abbild findet sich bereits bei den Ägyptern.
(Bibelzitat aus Mos. Gen. 2, deutsche Übersetzung von Franz Eugen Schlachter, Überarbeitung von 1951, Anm. d. Übers.)
[122] Hoffmann, E.T.H. Die Sylvesternacht
[123] Zur Entwicklung dieser Themen s. Daniel G. „Yo mismo, el otro". Revista de AUDEPP, Nr. 4, 1988

Wir können vom Menschen sagen, was C. Rosset über das Reale sagt: „Was zählt ist, dass *das Reale an sich ebenso wenig wie bei Lukrez*[124] *genügt, um über sich selbst Zeugnis abzulegen, um sich seiner eigenen Bedeutung zu versichern, dass es ebenso notwendig ist, ‚darüber hinaus' die Lösung zu suchen – auch wenn diese etwas Abwesendes" bedeutet, also ‚mehr dort' als bei mir –, die ermöglicht, die unmittelbare Realität zu entziffern*". (Hervorhebungen D.G.)
Die Aufspaltung, von der wir sprechen, wird durch den Anderen beeinflusst, sie ist „Weg und nicht Ziel", Entfremdung und Annahme, kein Verlust.
José María, das von seiner Mutter verlassene Kind, wird festgenommen und leidet. Er erleidet eine sensorische Deprivation. José María, der Junge und der Mann mit der Sorge um die „esoterische Öffnung", die für ihn das weibliche Sexualorgan ist, kann nicht noch einmal die Erfahrung einer niederschmetternden Einsamkeit ertragen, die ihn seine Identität verlieren lässt. Er „rettet" sich auf omnipotente Weise durch seinen Körper oder durch Teile davon, als die Präsenz der Welt, des Anderen, ihm als „der schmutzigste und intimste aller Spiegel dient" und ihm die Bestätigung des eigenen Seins, seiner Existenz ermöglicht,

„*weil es letztlich gut ist und* notwendig,
mit etwas oder mit jemandem verbunden *zu sein*".
1982

[124] (römischer Dichter und Philosoph 55 v. Chr., Verfasser von „De rerum natura". Anm d. Übers.)

Horacio Riquelme

Das grausam Wirkliche

Psychokulturelle Auswirkungen des Staatsterrorismus in Südamerika

Weil ich schrieb, war ich nicht im Haus des Henkers
Weder ließ ich mich von der Liebe zu Gott wegtragen
Noch akzeptierte ich, dass die Menschen Götter seien
Noch ließ ich auf mich warten als Schriftsteller
Weder hielt ich die Armut für abscheulich
Noch die Macht für erstrebenswert
Weder machte ich mir die Hände dreckig
Noch wusch ich sie in Unschuld
Weder waren meine besten Freundinnen Jungfrauen
Noch hatte ich einen Pharisäer zum Freund
Noch wollte ich trotz der Wut meinen Feind vernichten
(Weil ich schrieb: E. Lihn)

Jan Gross gewidmet

Der Einsatz der „organisierten Gewaltanwendung" in den meisten Ländern Südamerikas im letzten Drittel des 20. Jahrhunderts hat die Lebensbedingungen der Bevölkerung substanziell erschüttert.

Der Staatsterrorismus hielt Einzug und versuchte, seine Auswirkungen zu [125]verewigen, indem seine Handlanger alles, was gewöhnlich als einheitlich und stabil gelten kann, unaufhörlich angriffen. Mit Vorsatz wurden physische und psychische Grenzsituationen geschaffen, um durch eine in alle Alltagsbereiche hinein vermittelte Erfahrung des Terrors Lähmung und passive Anpassung zu bewirken. Gesten der Unzufriedenheit und aktive Opposition und Widerstand sollten schon im Keim erstickt werden durch das Inkrafttreten des automatischen Reflexes, „sich totzustellen". Unter der Herrschaft des „grauenerregenden Wirklichen" wurden die Menschen dazu angehalten, die unausgesprochene Überlebenstaktik der Unscheinbarkeit zu entwickeln, da sie jederzeit wirklich „verschwinden", gefoltert und/oder umgebracht werden konnten.[126]

---

[125] S. Riquelme, H.: „Südamerika: Menschenrechte und psychosoziale Gesundheit", in: Recht und Psychiatrie V, 3 (1987), S. 96-101. La ricerca folclörica 17, Trieste (1988), S. 75-79

[126] „Das wunderbar Wirkliche: eines der Gesichter Lateinamerikas. Und dieses andere, blutüberströmte, unerträgliche Gesicht: ‚das grausam Wirkliche' (J .E. Adoum). Die Gewalt, offen oder unterschwellig, durchdringt die gesamte lateinamerikanische Realität und damit auch ihre Literatur, von der unmittelbarsten Beschreibung bis hin zur ausgearbeiteten Metapher. Die Gewalt, die sich in eine neue kritische Kategorie verwandelt. Phantasie und Gewalt, Sprache und Gewalt sind geläufige Kombinationen in Titeln von Arbeiten über die lateinamerikanische Literatur. Als vereinigende Bedingung des Schreibens erscheint die Gewalt als notwendige Kehrseite jedes Beziehungsgeflechtes, weil sie die Kehrseite der gesamten Realität ist. Zu vielsagend sind die Bilder aus El Salvador, die Listen der Verschwundenen in Argentinien; zu dauerhaft und vielleicht deshalb weniger im Gedächtnis sind die Schrecken in Guatemala oder Paraguay... Aber die Gewalt ist kein historisches Datum, eine Art unumgänglicher Gegenleistung der Phantasie und der Sprache. Sie ist das Resultat eines Zusammenpralls, der sich in der Geschichte vollzieht, über das Bewusstsein, die Zurückweisung und den Kampf des lateinamerikanischen Volkes gegen Knechtschaft und Ausplünderung. Lateinamerika erklärt sich – vor sich selbst und den anderen – in diesen beiden Bildern, die gleichzeitig zwei Identitätsvorschläge sind: einerseits positiv: eine Möglichkeit, die Welt über Worte zu fassen – die Phantasie, die Sprache; andererseits negativ: ein Erbe des Vasallentums - die Gewalt." Campra, Rosalba: America Latina: La identidad, la mäscara, Mexico 1987, S. 82.

Dennoch lässt sich feststellen, dass es den Militärs nicht gelungen ist, trotz ihrer blutigen Gewaltherrschaft zur Erhaltung des Status quo, alle Stimmen zum Schweigen zu bringen und jede Geste abweichenden Schaffens einzuschüchtern. Vielmehr sahen sie sich allmählich mit einer sozialen und kulturellen Antwort eigener Art konfrontiert, die den Rahmen eines momentanen Protestes sprengte und sich als neue kulturelle Ausdrucksform gegen die Angst und das Schweigen herausgebildet und stabilisiert hat.
Drei Faktoren begünstigten unseres Erachtens die Entwicklung einer solchen alternativen Kultur zur „organisierten Gewaltanwendung": Erstens hat sich die Militärherrschaft als unfähig erwiesen, ein globales ideologisches Projekt zu formulieren und voranzubringen, das über autoritäre Parolen und die Aufzwingung von „Ordnung und Respekt" hinausginge und damit in der Lage wäre, soziale und kulturelle Aktivitäten in den jeweiligen Gesellschaften anzuleiten.[127] Zweitens gab es in den betreffenden Ländern eine nachhaltige Opposition gegen den Staatsterrorismus, die zwar physisch unterjocht, aber nicht, sowohl in ethischer Hinsicht als auch in ihrem gesellschaftlichen Handeln, delegitimiert werden konnten. Auf diese Weise entwickelte sich eine soziale und kulturelle Polarisierung zwischen Siegern und Besiegten; dazwischen lag ein „Niemandsland", das nicht allein von der autoritären Herrschaft besetzt werden konnte. Dieser Prozess schien vielmehr zu einer Wiederbelebung der kollektiven Erinnerung an historisch erfahrene Unterdrückung zu führen.[128]
Drittens kann man im Sinne kultureller Transzendenz von einer bereits vorhandenen thematischen und inhaltlichen Sensibilisierung der lateinamerikanischen Kultur gegenüber totalitärer Unterdrückung sprechen. Die unmittelbare Präsenz spanischer und jüdischer Immigranten, die der massenhaften Vernichtung der Franquisten und der Nazis entflohen waren, rief ein breites Echo in der lateinamerikanischen Kulturlandschaft hervor. Und so kann man eine klar umrissene Alarmbereitschaft, ja sogar ein gewisses Maß an vorwegnehmender Wahrnehmung annehmen, wenn nicht gegenüber der direkten Gefahr jeder einzelnen Diktatur an sich, so doch zumindest über die Ausmaße, zu denen „professionell" betriebener Terror führen kann. Es gab bereits eine kulturelle Sensibilisierung insbesondere für Fragen der Menschenrechte, und auf dieser Basis konnte jedes Verbrechen gegen die Menschheit mit einer offenkundigen Kompetenz und Tiefgründigkeit thematisch entwickelt werden.
„Die Literatur jener Jahre bewies, dass die Kunst kein Reflex der Gesellschaft ist, sondern eine Antwort auf die Welt."[129]
Diese soziale und kulturelle Antwort der Opposition auf das totalitäre Projekt des Staatsterrorismus birgt Möglichkeiten in sich, um den psychosozialen Schaden zu ergründen, den die Militärdiktaturen in Südamerika angerichtet haben, und um Perspektiven zu entwickeln,

[127] „Die autoritären europäischen Regimes zwischen 1920 und 1945 strebten danach, eine ‚neue Ordnung' oder ein ‚Tausendjähriges Reich' gegen den Liberalismus und die Demokratie zu begründen. Die lateinamerikanischen Militärdiktaturen von heute sind Regimes ohne Ideologie. Die Doktrin der Nationalen Sicherheit, auf die sich diese etablierten Militärregierungen mehr oder weniger berufen, dient eher dazu, ihre Illegitimität zu verschleiern, denn eine neue Legitimität zu begründen. Die Doktrin ist ein Mittel gewesen, um innerhalb des Militärapparates einen aktiven Konsens herzustellen über ein Bild, das der professionellen Besorgnis gemäß ist. Das von ihr unterstellte Kriegsszenario, das die Bedrohungsperzeption ausweitet und in die eigene Gesellschaft hineinverlagert, verschaffte der politischen Intervention der Armee zwar eine korporative Basis, aber es erklärt sie nicht. Es rechtfertigt ihre ausgedehnte Präsenz am Ruder der Macht, aber es legt keine Grundlagen für eine neue Macht. Mit einem Wort: die Theorie der Nationalen Sicherheit ist keine Ideologie, weder im Hinblick auf ihre Kohärenz, noch ihre Verbreitung, noch ihre konstituierende Funktion." Rouquie, A.: El estado militar en America Latina, Mexico 1984, S. 385

[128] „Das heißt, wenn Chile als Synonym stehen kann für ein Laboratorium der Barbarei, in dem die multinationalen Konzerne Wahnsinnspläne für die Welt erproben, dann kann Chile auch – wegen der vielseitigen und ausgeklügelten Widerstandsformen, die sein Volk entwickelt – gelten als ein Laboratorium für die Befreiung, für ein Erproben möglicher Menschlichkeit unter entfremdeten Bedingungen." Dorfman, A.: „El estado y la creaciõn intelectual. Reflexiones sobre la experiencia chilena en la decada de los setenta", in: P. González Casanova: Cultura y creación intelectual en America Latina. Mexico 1984, S. 347

[129] Vgl. Mantares L./ G.: „Uruguay: Resistencia y despues…" in: *Casa de las Americas* 161, La Habana 1987, S. 9

damit die sozialen Erfahrungen unter diesen Lebensbedingungen Ausdruck finden und eine Bewusstwerdung ermöglicht wird. Das ist ein Schritt zur psychokulturellen Prävention. Das „Nie wieder" als Lösung muss aus soziokultureller Sicht durch die bittere Erfahrung jener Jahre genährt werden.[130]

Methodik der anteilnehmenden Lektüre

In dem Maße, in dem wir die Disziplin der nachvollziehenden Distanz und der partiellen Vereinsamung, zu denen das Exil führte, kultivierten, tauchten Phänomene auf, die charakteristisch waren für die Situation der Entwurzelung und der angespannten Aufmerksamkeit für das gesellschaftliche Projekt, das wir gegen unseren Willen aufgeben mussten.

Eines dieser spezifischen Phänomene ist, dass wir das literarische Schaffen des Subkontinents intensiv verfolgten. Die schriftliche Kommunikation nahm einen außerordentlichen Platz ein bei unseren Bemühungen des täglichen Absteckens kultureller Grenzen und emotionaler Pole, bei dem Prozess, Sinn und Ziel unseres Daseins zu erfassen und gegen Einsamkeit und Vergessen anzukämpfen.

Aus diesem Handhaben erzwungener Distanz heraus erwuchs das Interesse, die ästhetische literarische Erfahrung zu systematisieren und - über ein spezifisches Infragestellen - Zugang zu einigen emotionalen und kognitiven Antworten zu bekommen, die uns helfen, unser kulturelles Erbe zu bestimmen, und die uns neue Lösungsmöglichkeiten für unsere Identitätsentwicklung eröffnen.[131]

Mit der Absicht, weiterhin an der Kultur Südamerikas teilzuhaben und unseren Beitrag zu ihrer Entwicklung zu leisten, scheint es uns in dieser Arbeit von Wert:

– sich allgemein damit zu befassen, wie sich die Situation der organisierten Gewaltanwendung in der Literatur widerspiegelt

– die thematischen Leitmotive der uns zugänglichen Literatur herauszuarbeiten und sie in Bezug zu setzen zu der herrschenden psychosozialen Situation, das heißt, sie zum Beispiel Zeugnissen und soziologischen wie anthropologischen Arbeiten über die entsprechende Situation gegenüberzustellen

– in dialektischer Weise die Ausdrucksmöglichkeiten wie die thematische Interpretation in den untersuchten Texten abzuleiten.

Dabei gehen wir von der Annahme aus, dass Literatur – als Wieder-Erschaffung der sozialen Wirklichkeit – uns Erlebnisschlüssel und Erklärungen vermitteln kann – dies auch im Angesicht der nahezu vernichtenden Erfahrung des Staatsterrorismus – und dass sie im Bereich der (Über-)Lebensstrategien Maßnahmen psychosozialer Vorsorge fördern kann.[132]

Schließlich geht es uns darum, die Schriftsteller unseres Kontinents zu würdigen, denn dadurch, dass sie die Anstrengung auf sich genommen haben, in die eigenen Erfahrungen einzudringen und diese literarisch auszudrücken, haben sie die Kultur erneuert und auf diese Weise die Nebelschleier aufzulösen begonnen, in denen uns die Statthalter der organisierten

---

[130] S. Informe de la Comisión Nacional sobre la Desaparición de Personas: NUNCA MAS, Buenos Aires 1984

[131] S. Riquelme, H.: „Latinoamericanos en Europa. Experiencia de desarraigo y proceso de identidad psicocultural". In: Acta psiquiat. psicol. America Lat; 33 (1987), S. 281-395. Auf Deutsch: Lateinamerikaner in Europa – Entwurzelungserfahrung und Prozess der psychokulturellen Identität. In: Zeitschrift für Sozialpsychologie und Gruppendynamik XII, 314, Wien 1987, S. 4-26

[132] „Wenn ein Gedicht über die Traurigkeit kein anderes Ziel verfolgte, als uns mit der Traurigkeit des Autors anzustecken, wäre dies sehr traurig für die Kunst. Das Wunder der Kunst erinnert uns vielmehr an ein anderes Wunder aus dem Evangelium, die Verwandlung des Wassers in Wein, die wirkliche Natur der Kunst trägt in sich immer etwas, was verwandelt... Die Kunst ist für das Leben, was der Wein für die Traube ist, sagte ein Denker, und er hatte recht, indem er darauf hinwies, dass die Kunst ihr Material aus dem Leben nimmt, aber dafür etwas bietet, das sich nicht unter den Eigenschaften dieses Materials befindet." Vigotski, Liev S.: Psicologiã del Arte, Barcelona 1972, S. 299

Gewaltanwendung ersticken wollten: Sie haben unserer Generation der Kulturwanderer eine unschätzbare psychokulturelle Stütze gegeben.

Theoretischer Kontext

Wir müssen uns also bei dem Vorhaben, uns dem literarischen Universum aktiver Opposition zur organisierten Gewaltanwendung anzunähern, einer doppelten methodologischen Anforderung stellen. Berücksichtigt werden müssen sowohl die Aspekte der literarischen Antwort hinsichtlich ihrer soziologischen Konsistenz und ästhetischen Stimmigkeit als auch psychokulturelle Aspekte als Ausdrucksformen, die über momentanen Protest hinausgehen und Ansatzpunkte liefern für ein Verständnis der Lebenserfahrung von Individuen und sozialen Gruppen unter diktatorischen Regimen. Die Annäherung an eine psychokulturelle Semantik dieser Ära wird möglich, solange die literarischen Produkte dieser Kultur ein hohes Maß an Erlebnistranszendenz erreichen: Sie geben dem Unbeschreiblichen/ Unaussprechlichen einen kulturellen Körper, drücken in Bildern und prozessuell die Ängste und Schrecken aus und schaffen auf diese Art und Weise die Grundlage für eine dramatische Lösung der allumfassenden Tragödie.
Bezüglich der soziologischen Konsistenz stimmen wir mit Hauser darin überein, dass „die künstlerische Produktion kein Kampf um die Darstellung von ‚Ideen', Wesen, Allgemeingültigkeiten"[133] ist. Sie ist das Wiederaufnehmen der Lebenserfahrung in ihren wesentlichen Aspekten, in ihren allgemeingültigen, weil authentischen Aspekten, ein Bestehen auf einer Wahrnehmung, die sowohl von der Intuition als auch der sozialen Intelligenz des jeweiligen Autors geleitet wird, und die sich paradoxerweise vornimmt, Allgemeingültigkeit zu erlangen mittels der ausdrucksvollen Wiedererschaffung des einzigartig Transzendenten. Das literarische Schaffen beinhaltet – in soziologischem Sinne – die freiwillige und vermittelte Interaktion zwischen dem Schriftsteller und seinem Leser und schärft Wahrnehmung und Verständnis des „Selbst" derjenigen, die an diesem Kommunikationsprozess teilnehmen.
Für die Untersuchung der thematischen Stimmigkeit und ästhetischen Zuverlässigkeit stützen wir uns auf das Konzept der Mimesis im Sinne der „Interpretation des Wirklichen durch die literarische Darstellung". Dieses Konzept, auf der Basis der dialektischen Analyse des modernen Realismus von Auerbach entwickelt, versucht eine vielfältige Annäherung an den literarischen Text, das heißt es stützt sich nicht nur auf die üblichen Analyse- und Interpretationsregeln, sondern bezieht das mit ein, was die Grundlage des Prozesses zwischen Schreiben und Lektüre ausmacht: die emotionale Übereignung. Dieses Vorgehen, ausdrücklich die Empathie als Interaktionsmedium einzuführen, erlaubt dem Leser und Interpreten die auch subjektive Einbeziehung in die literarische Erfahrung, in dem Maße, in dem er sich bei der Lektüre in eine emotionale und semantische Auseinandersetzung begibt und nicht passiver Rezipient bleibt.[134]
Die psychokulturelle Dimension der Literatur betrachten wir hier unter dem Gesichtspunkt ihrer ästhetischen und erlebnisbezogen-inhaltlichen Lösungsvorschläge für Grenzsituationen

---

[133] Hauser, Arnold: Soziologie der Kunst. München 1983, S. 9

[134] „...in uns findet beständig ein Prozess der Formung und Interpretation statt, dessen Gegenstand wir selbst sind: wir versuchen unaufhörlich, unser Leben, seine Vergangenheit, Gegenwart und Zukunft, in verständlicher Form zu ordnen, wie auch unser Umfeld, die Welt, in der wir leben, mit dem Ziel, eine Gesamtsicht zu bekommen, die sich in Wirklichkeit mehr oder weniger rasch und radikal verändert, je nachdem, ob wir mehr oder weniger geneigt und in der Lage sind, neue Erfahrungen einzubeziehen. Es sind diese Ordnungsmuster und Interpretationen, die die Schriftsteller, die wir hier behandeln, versuchen, in jedem Augenblick zu erfassen, und nicht nur ein(e) einzige(s), sondern viele, sei es, dass sie von unterschiedlichen Personen vorgenommen werden, sei es, dass sie von ein- und derselben Person zu verschiedenen Augenblicken vorgenommen wird, in der Weise, dass aus ihrer Überschneidung, Ergänzung und Widersprüchlichkeit so etwas wie eine synthetische Sicht der Welt resultiert, oder zumindest ein Problem für das Bestreben nach synthetischer Interpretation beim Leser." Auerbach, E.: Mimesis. Bern 1946, S. 510

der Erfahrung. Wir wollen diese Schlüsselstellen der Interpretation und des Ausdrucks aufspüren, die das literarische Schaffen unter der organisierten Gewaltanwendung entwickelt hat, das heißt, wir suchen danach, inwiefern die Literatur das autoritär aufgezwungene Schweigen bricht und sich gegen Tabus auflehnt, die von den Massenmedien dauerhaft reaktiviert werden sollen.[135]
Hinsichtlich der thematischen Klassifizierung der vielfältigen Aspekte, die in der neueren Literatur Südamerikas[136] behandelt werden, wollen wir uns in dieser Arbeit mit vier Themenfeldern beschäftigen:

1. die Verankerung des Staatsterrorismus;
2. das Alltagsleben unter dem Ausnahmezustand;
3. die Entfremdung als modus vivendi;
4. Exil versus innere Emigration.

l. Die Verankerung des Staatsterrorismus ist in den unterschiedlichen Stadien verlaufen, je nachdem, ob es sich um Argentinien und Uruguay mit einem wachsenden Aufbau der militärischen Unterdrückung oder um Chile mit einem listig geplanten und realisierten Staatsstreich handelt. Für die „Besiegten" auf beiden Seiten der Kordilleren ist die Lebenssituation allerdings ähnlich hinsichtlich Verfolgung und persönlicher Bedrohung, wie auch hinsichtlich der Tatsache, dass sie als soziale und kulturelle Gruppe einen gewaltsamen Bruch dessen erlitten haben, was bislang ihre Identität und ihr Handeln als Gesellschaftsmitglieder ausgemacht hat.
Das Nachbarufer (Benedetti)[137] ist der Ort vorübergehender Sicherheit für einen jungen Uruguayer, der in eine Konfrontation mit der blinden Ordnung der Militärs nahezu aus bloßer Generationszugehörigkeit hineingerissen wurde, da die Militärs noch vor dem Einsatz ihres Unterdrückerregimes befinden, dass der Jugend als solcher misstraut werden muss und sie deshalb der präventiven Bestrafung bedarf. Eine jugendliche Dummheit löst die Verfolgungslawine auf den jungen Mann aus und zwingt ihn nach einem kurzen Gefängnisaufenthalt ins Exil. In der benachbarten Großstadt zu überleben, ist eine schwierige, aber nicht unmögliche Kunst. Die repressiven Ereignisse im benachbarten Uruguay werfen ihre Schatten wie eine vorrückende Bedrohung durch die Erzählungen der Leidenserfahrungen aus dem Gefängnis seitens der immer zahlreicher werdenden Companeros im Exil: „Der Mann von Leonor sitzt in der Strafanstalt von ‚Libertad'. Bevor sie hierher kam, besuchte sie ihn. Sie sagt, dass er in vier Monaten um zehn Jahre gealtert ist... Ich frage Laura nach ihrem Bruder Enrique, der in der ersten Klasse mein Banknachbar war. „Seit einem Jahr wissen wir nichts von ihm. Er ist ‚ausradiert'."
Die Ich-Erzählung in einem durchweg umgangssprachlichen Stil ist voller grausamer Hinweise: „Niemand würde sagen, dass es in diesem Jahr schon 900 Tote aus politischen Gründen gegeben hat."
Die Bedrohungsintensität wächst und macht auch nicht vor scheinbar nationalen Grenzen Halt. Der junge Uruguayer muss im *Nachbarufer* in den Untergrund abtauchen. Diese Zeilen, angeblich an eine dünkelhafte und aufstrebende Freundin gerichtet, dokumentieren in einem selbstironischen und nüchternen Stil die Schwierigkeiten fast einer ganzen Generation.

---

[135] Vgl. Cánovas, R.: Lihn, Zurita, Ictus, Radrigán: Literatura chilena y experiencia autoritaria. Santiago: FLACSOP 1986; Pina, C.: Crónicas de otra ciudad. Santiago: FLACSO 1987
[136] Andere mögliche Themen sind: „Der Unterdrücker, Kostgänger mit langem Atem" –„Konzentrationslager: Erfahrung und Erinnerung" – „Die Hirngespinste der Frau Moralin" – „Welche Identität danach?"
[137] Benedetti, M.: La vecina orilla. Flores, A.: Narrativa hispano-americana 1916-1981". In: TA. Mexico 1982

Die Besatzungsmitglieder des Nebels spielt vor der Küste von Valparaiso in den Tagen nach dem Putsch.[138] Eine große Anzahl an Zivilisten ist festgenommen und in ein schwimmendes Gefängnis gesteckt worden, das „Lebu“, ein halbgestrandetes Schiff. Die Misshandlung der Gefangenen erfolgt noch wahllos, es wird auf bestimmte Personen kein besonderes Augenmerk gerichtet. Sie zielt vielmehr darauf ab, systematisch die Würde aller zu brechen. »Ich war dort Objekt in einer riesigen Menschenvernichtungsmaschinerie, ein kleines Teilchen, eine Wanze, eine Ameise...“ Der Nebel, der immerzu den Horizont verhüllt, verstärkt das Gefühl der Isolation, das Empfinden, in einer Zwischenwelt der Geschlagenen zu leben. Die ersten Formen der Reaktion, welche die entwürdigende Behandlung bei den Betroffenen angesichts ihrer Bestürzung hervorruft, scheinen Ansätze von schwarzem Humor zu sein: Ironische Gesten und Sprüche nehmen dem uniformierten Angriff die Absolutheit; die ohne Pathos dargestellte Verletzlichkeit der Entrechteten gibt ihnen ihr Menschsein zurück. Die Angreifer werden geschildert als Figuren voller Furcht vor einem angeblichen Vernichtungsplan der Linken, sie bewegen sich innerhalb des Militärapparates, ohne dass sie sich über die eigene Rolle, noch über die Kräfte, die über sie verfügen, klar werden können. Die Ironie erlaubt, unter den Gefangenen ein gewisses Maß an gemeinsamer Hoffnung aufrechtzuerhalten, indem sie hilft, eine große Vielfalt an Nuancen in den Gesten und Handlungen dieser „Besatzungsmitglieder des Nebels“ mitzuteilen.
Der emotionale Abgrund zwischen den Mitgliedern vieler Arbeiterfamilien, deren Söhne im Jahr des Putsches in Chile in den Militärdienst eingezogen wurden, ist Thema in *Im Familienkreise* und *Der Rest ist nichts.*
In *Im Familienkreise* behandelt Dorfman[139] die Ankunft des rekrutierten Sohnes, der ein Wochenende bei den Seinen in einem Arbeiterviertel verbringen will, bevor er in ein Konzentrationslager abkommandiert wird, um dort politische Gefangene zu bewachen. Die Atmosphäre bei dem Familientreffen ist angespannt und geprägt von persönlichen Anspielungen auf die allgegenwärtige Militärgewalt. Im Augenblick leidet die Familie nicht unter Hunger dank einer gewissen Tätigkeit der ältesten Tochter, die nicht beim Namen genannt werden darf. Zwischen Vater und Sohn sind vor allem Schweigen und indirekte Redewendungen ausdrucksvoll, weil diese offensichtlich die einzig mögliche Interaktionsform darstellen, um die potenzielle Gefährlichkeit der Tätigkeit des Sohnes aus dem Interaktionskontext zu verbannen; weil Vater und Sohn Ebenen stillschweigenden Verständnisses herstellen, wird es möglich, gemeinsame Verbindlichkeiten in dieser widersprüchlichen Situation aufrechtzuerhalten, damit beide zusammen früh am Morgen die Tochter/Schwester abholen können...
Ein Beispiel von größerer Brutalität in diesem existenziellen Konflikt entwickelt Valdez[140] in *Der Rest ist nichts.* Ein junger Rekrut foltert hier selbst die Gefangenen. Die entpersonalisierende Dressur, die soldatischen Korpsgeist herstellt und bedingungslosen Gehorsam fördert, hat schon Eingang in seine schneidende Alltagssprache gefunden, die Gefühle scheinen blockiert ob der Tatsache, Ausführungsorgan für die Befehle des unmittelbaren Vorgesetzten zu sein:
„Aber mein Gefreiter wollte nicht aufhören. Nach dem üblichen Säckeüberstülpen und dem gewaltsamen Untertauchen ließ er die Gefangenen um den Sportplatz laufen. Wenn sie nicht gegen den Torbogen rannten, dann gegen die Mauern am Platzende. Und obendrein befahl er mir: ‚Jeden, der an dir vorbeikommt, schlägst du, verstehst du?‘ Ich musste jedem Vorbei-

[138] Rojas, Juan (pseudónimo): „Tripulantes de la niebla“. In: J.A. Epple: Cruzando la cordillera. El cuento chileno 1973-1983. Mexico 1986
[139] Dorfman, A.: „En familia“. In: Cria ojos. Mexico 1979
[140] Valdes, E.: „El resto es nada“. In: J.A. Epple a.a.O.

laufenden drei Schläge versetzen, so dass sie sich noch mehr beeilten, und meinem Gefreiten bereitete es das größte Vergnügen, wenn sie sich die Köpfe am Zement einschlugen."

Dieser Demonstration der Grausamkeit gegen wehrlose Menschen wird mit der knappen Anfügung die Krone aufgesetzt, dass sich sein Vater unter den kapuzenverhüllten Gefangenen befindet: „Jakob, sagte seine alte Stimme – Es ist besser, wenn niemand es merkt. Die Besiegten müssen schweigen."

Der Tag der Toten[141] (Szichman) beginnt mit der unausweichlichen Konfrontation zweier Ex-Schulkameraden: Sanchez ist zu einem guten Soldaten geworden, einem gehorsamen Befehlsempfänger; über Reissing weiß man, dass er ein Gefangener ist, in einem Massenprozess zum Tode durch Erschießen verurteilt. In seiner Verzweiflung versucht der Gefangene, die alte Freundschaft zu beschwören, beleidigt seinen aktuellen Henker, indem er ihm persönliche Situationen aus der gemeinsamen Schulzeit in Erinnerung ruft und vorhält, appelliert an den Ehrenkodex im Krieg: „Eine Exekution braucht zehn Soldaten, damit du es nur weißt, und nicht jene zwei Rekruten, die nicht einmal die Ausbildung abgeschlossen haben, und außerdem darf sie nur bei Tageslicht geschehen... seit hundert Jahren ist in diesem Land niemand mehr füsiliert worden."

Nichtsdestotrotz stirbt Reissing durch die Kugeln von Sanchez. Außerdem taucht diese Erschießung in der Erzählung nur als Bruchstück einer Gewaltspirale auf. *Der Tag der Toten* wird nicht enden ohne die Erschießung (ebenfalls absurd?) einer Personengruppe, die sich in einem Privathaus versammelt hat mit dem einzigen Interesse, die Radioübertragung eines Boxkampfes zu hören und Karten zu spielen...

2. *Das Alltagsleben unter dem Ausnahmezustand* scheint zur Kommunikationslosigkeit verurteilt. Die organisierte Gewaltanwendung ist allgegenwärtig und lässt kein Mittel unversucht, dies all jene, die sie unterschätzen, am eigenen Leib spüren zu lassen. Alba Roballo sagt: „Es gibt keine Sprache/kein Wort/keine Geste, die mir hilft, mit diesen Schatten/mit diesen bleichen Gesichtern, die ich kenne, zu kommunizieren..."[142] Die Drohung dieser allgegenwärtigen Einmischung wird direkt zum Ausdruck gebracht in *Der Aufsatz* (Skarmeta)[143] und in *Das Versteckspiel* (Dorfman).[144]

Ein Offizier kommt in die Grundschule von Pedrito, um die Teilnahme an einem Schulwettbewerb zu veranlassen. An diesem Tag soll *Der Aufsatz* geschrieben werden darüber, wie die Eltern unter dem Ausnahmezustand leben. Die Kinder werden vielleicht zu der Feststellung kommen, dass es zwei gleichzeitige soziale Wirklichkeiten gibt, die der erzwungenen Regelmäßigkeit und scheinbaren Unterwerfung, begleitet von einschüchternden Entführungen und Verhaftungen und die des Bewahrens von Hoffnungen auf eine Veränderung, der Aufrechterhaltung eines sozialen Projektes, das zerschlagen, aber nicht ausgelöscht worden ist, durch solidarische Handlungen im Alltagsleben und das Abhören oppositioneller Sender aus dem Ausland. Angesichts dieser offensichtlichen Nichtübereinstimmung dieser beiden Lebenswelten schafft Pedrito eine eigene Wirklichkeit in „Der Aufsatz", den er schreibt, um von den Militärs gelesen zu werden.

Das Versteckspiel betreiben unaufhörlich die Kinder eines Mannes, der nach dem Putsch halb im Untergrund lebt. Sie könnten aus der Arglosigkeit ihrer kurzen Lebenserfahrung heraus gefährliche Enthüllungen machen, konfrontiert mit einem Verhörer, der ausreichend hinterlistig ist, um sie in das finstere Spiel der Ränke und Wortspiele zu verstricken, damit sie

[141] Szichman, M.: „El dia de muertos". In: A. Flores a.a.O., T.8, Mexico 1985
[142] Roballo, Alba: „Inmediatamente despues". In: Casa de las Américas 161. La Habana 1987
[143] Skarmeta, A.: La composición (versión alemana), Berlin-RDA 1982
[144] Dorfman, A.: „A la escondida". In: Cría ojos. Mexico 1979

die Identität und die Tätigkeiten des Vaters und seiner Freunde preisgeben, dies, indem der Verhörer vorgibt, einer der vielen „Onkel" zu sein, die der Vater den Kindern vorzustellen pflegt, nur dass jetzt der Vater und die „Onkel" am Rande der persönlichen Sicherheit leben und das kindliche Vertrauen auch tragische Züge aufweisen kann.
Die unterschwellige Angst, die unter dem Staatsterrorismus den alltäglichen Handlungen familiärer Interaktion unterliegt, findet in diesen beiden Erzählungen eine angemessene Ausdrucksform.
Die Personifizierung des Unterdrückers in *Retamales de la Hoz* erlaubt es dem Autor (Nahuelpán)[145], dem Verlauf eines weitschweifigen Tagtraumes Richtung zu geben, der in einem direkten Racheakt seinen Höhepunkt erreicht. Der glühende Hass des Erzählers gibt einer verächtlichen Beschreibung des militärischen Folterers Gestalt: „und du drehst und wendest dich auf wenig elegante Weise mit deinen überzähligen Pfündchen und glaubst auch, dass alle dich anstarren und sich lustig machen über deine dunkle Hautfarbe und dein indianisch anmutendes Erbe, dein Kleingeratensein ob deiner so kurzen Beine, und obendrein kommt noch der Vorwurf von der dich begleitenden ‚Schlampe': ‚besser, du verschwindest... du hast das Gesicht eines Degenerierten'."
Der Erzähler ergötzt sich an der kommentierenden Aufzählung der niedrigen Leidenschaften des Schergen und kontrastiert Szenen aus dessen Leben mit denen eines im Untergrund lebenden Helden („gefährlicher Extremist und hohe Führungspersönlichkeit") mit Spitznamen Gaston, der, stellvertretend für so viele durch *Retamales de la Hoz* und *Compagnons* erniedrigte, den Soldaten persönlich besiegt und ihn seiner Autorität beraubt, indem er dessen offensichtliche Feigheit demaskiert.
Die Bedrohung zu „verschwinden" wird zu einer realen Möglichkeit für die, die nicht mit dem Staatsterrorismus sympathisieren oder direkt mit ihm zusammenarbeiten, das heißt für die Mehrheit der Bürger. Diese Bedrohung dringt nur ab und zu klar ins Bewusstsein; die Verluste und die Wiederbegegnungen der Teilnehmer in *Unser Gesang* (Galeano)[146] sind von dieser düsteren Wirklichkeit durchtränkt: „Mariano sagt: – eines schönen Tages stellst du fest, mit welcher Leichtigkeit sie dich ausradieren können. Sie verbrennen deine Briefe, deine Bücher, alle deine Sachen. Sie bringen dich um oder sperren dich ein oder zwingen dich, wegzugehen. Eines Tages drehst du dich um und entdeckst, dass es keine Spuren mehr von dir gibt. So, als hättest du niemals existiert. Jetzt trage ich den Namen eines anderen."
Solange die „gefrorene Trauer" bei den Verwandten der „Verschwundenen" ihre das Gemüt zerrüttende Arbeit fortsetzt, peinigt sie sie mit einer unentrinnbaren schmerzlichen Anspannung, wovon „Als wäre mein Herz ein zerbrochenes Fenster" (Echeverna)[147] beredtes Zeugnis ablegt: „Die schwere Nacht der Abwesenheit ist mein Schafott: pulsierend, gespannt, zäh. Ohne Traumbilder, alles ist hautnah, empörend, unmittelbar gültig. Ich habe Angst, aber es ist nicht gewiss, ich habe nichts zu verlieren, was bleibt mir denn noch...
Meine Mutter sagt, es wäre besser, die Nachforschungen einzustellen, von hier wegzugehen, unsere Seele zu verschließen, zu vergessen. Dich aus dem Gedächtnis zu reißen wie eine Scheibe Schweinefleisch und auf den Müll zu werfen. Neu aufzuwachen und an das Ende der Reise anzukommen, straflos. Ohne Ballast, jungfräulich, ah!
Bei der Polizei gibt es keine Spuren. Der Polizeichef ist ein sehr freundlicher Mann. Samstag werde ich mit ihm ins Kino gehen, nicht weil mich das Kino unter den gegebenen Umständen interessieren würde, sondern weil solche Freundschaften die Ereignisse erleichtern; ich habe keine Scham; es gibt Werte, die ihren Sinn verlieren, ich kenne keine Angst, noch Scham,

---

[145] Nahuelpán, J.: „Retamales de la Hoz". In: J.A. Epple a.a.O.
[146] Galeano, E.: La canción de nosotros, Mexico 1975
[147] Echeverría, E.: „Como si mi corazón tuviera una ventana rota". In: J.A. Epple a.a.O.

noch habe ich Skrupel, ich habe aufgehört, empfindlich zu sein. Ich glaube, ich habe aufgehört. Ich zu sein...
Früher gefielen mir die Liebeslieder, jene, die das Herz ergreifen, so, als würde es zerspringen. Jetzt spüre ich diesen Krampf im Herzen, dem Zerspringen nahe. Die Tage sind lang und taumeln zwischen schmutzigen Laken dahin. Der Polizeihauptmann in der anderen Stadt hat mir versprochen, sein Möglichstes zu tun und forderte als Gegenleistung das, was üblicherweise die anderen auch fordern. Ich zahle, ich habe Hoffnung. Das einzige was mich hartnäckig bleiben lässt, ist die Hoffnung. Bisweilen habe ich das Gefühl, dass ich nicht mehr geben kann und dass meine Hoffnung ein Päckchen ist, das ich unter dem Arm trage: das ist meine Hoffnung, sage ich mir, vergiss sie nicht auf dem Autobussitz. Und ich klemme sie unter den Arm, bevor ich aussteige, und lege sie bei der Rückfahrt wieder auf den Sitz zurück."

In den Bereich der Grenzerfahrungen führen uns Mauricio Rosencof und Eleuterio Fernández[148] ein: Zwölf Jahre erschwerter Haft durchlebten sie als „Geisel" der uruguayischen Diktatur mit der erklärten Absicht der persönlichen Vernichtung. Trotz der direkten und minutiösen Beschreibung der täglichen Willkürmaßnahmen und der Folter, systematisch betrieben, um sie „verrückt zu machen", vermittelt uns die Lektüre von *Wie Efeu an der Mauer* den Eindruck, von beiden Autoren eingeladen zu werden, an einer ausgedehnten Mateteerunde teilzunehmen, in deren Verlauf sie im Dialog über die Ängste und die Leiden von zwölf Jahren des zum Schweigen Verurteiltseins und des systematisch dem Terror Unterworfenseins das Knäuel der Erinnerungen und Assoziationen entwirren. Diese Erzählform ermöglicht uns zu verstehen, wie sie es mit Erfindungsgabe und Geduld geschafft haben, die physischen Schranken der aufgezwungenen Isolationshaft zu überwinden und wie sie ihre psychische Integrität dabei erhielten trotz des systematischen Bruchs aller sozialen Bezüge und des unausgesetzten psychischen Drucks und der physischen Aggression seitens der Gefängniswärter, denen sie ausgesetzt wurden mit der Absicht, sie zu brechen. So nehmen wir teil an den Anstrengungen von Mauricio und Eleuterio, miteinander in Kontakt zu treten und sich gegenseitig Mut zu machen über ein System von Klopfzeichen, einfach aber wirkungsvoll. Wir können der Interaktion unter Isolationsbedingungen folgen, den Gesprächen zwischen den beiden lauschen, die sie stärken und die es ihnen ermöglichen, nach dem Gefängnisaufenthalt den Kommunikationsfaden mit einer überraschenden Tiefsinnigkeit wieder aufzunehmen. Im Nachhinein bringen uns ihre *Erinnerungen aus den Kerkern* das grausame Drama der uruguayischen Diktatur nahe. Wir können ebenso teilnehmen an dem kollektiven Nachdenken über zwei Leben, die nicht zerstört werden konnten trotz der vorsätzlich gegen sie gerichteten Zerstörungs- und Vernichtungstaktik, die ihnen als einzige Perspektive die des lebendigen Todes offen lassen sollte.

3. *Die Entfremdung als modus vivendi* entwickelt Gestalt und Ausdruck in der Atmosphäre der beständigen Verfolgung, darauf gerichtet, das Bewusstsein zu vereinheitlichen, womit der Staatsterrorismus versucht hat, seinen sozialen und kulturellen Einfluss zu verewigen. Die psychosoziale Interaktion zwischen (totalitärem) Ideologieerzeuger und -empfänger muss sowohl hinsichtlich ihrer symptomatischen Begleiterscheinungen betrachtet werden als auch im Hinblick darauf, dass sie spezifische kulturelle Alternativen hervorbringt.

Der linguistische Purismus ist zum absoluten Leitgedanken von dem sich reumütig Selbst-Anklagenden in der *Aussage*[149] erhoben worden. In einem Spanisch, frei von „Barbarismen,

[148] Rosencof, M.: Fernández H., E.: Memorias del calabozo, 3 Ts., Montevideo 1987-88. In Deutsch: Wie Efeu an der Mauer. Erinnerungen aus den Kerkern der Diktatur. Hamburg 1990

[149] Gallardo, A.: „La deposición". In: A. Flores a.a.O., T.7. Mexico 1987

Solözismen, Vulgarismen, Gallizismen, Anglizismen" (wenn auch nicht von „Gehässigismen") gibt dieser minutiös wieder, wie er von dem unerbittlichen „Kommando zur Verteidigung der Sprache" gewonnen wurde, und berichtet von den Auswirkungen, die dies auf sein Handeln hatte.

„Mein Unterricht begann den bislang erwünschten nüchternen wissenschaftlichen Ton zu verlieren, um sich in eine Litanei von Schmähungen gegen meine Kollegen und Schüler zu verwandeln, die unsere schöne Sprache verstümmelten. Es waren schwierige Tage, aber immerhin trugen sie den Stempel jenes zornigen Enthusiasmus, den der Glauben an eine Unternehmung schafft. Ich hörte auf, bestimmte Freunde zu besuchen, deren Spanisch unsauber, sorglos und unverzeihlich unrein und schlecht klingend war..."

Die auf dieses pedantische Wachen über die sprachliche Reinheit folgende Phase lässt nicht auf sich warten, und bald sieht sich der Autor zu einem aggressiven Schutz der Sprache genötigt, und tut dies, indem er sich über die Regeln des sozialen Zusammenlebens hinwegsetzt, um die Sprachminderer zu bestrafen, die im übrigen in unseren so von Slangsprache geprägten Gesellschaften die allumfassende Mehrheit bilden, bis er schließlich eine gewisse Berühmtheit innerhalb der Organisation erlangt. Dennoch ist er nicht in der Lage, sich gänzlich der Selbstkritik zu verschließen. In gleichem Maße – wie sein kühnes Vorgehen gegen die unzüchtigen Handlungen der Sprachbanausen - wachsen auch seine Zweifel hinsichtlich des letztendlichen Sinns, den eine Organisation haben kann, die sich kompromisslos dem Erhalt sekundärer Tugenden verschrieben hat und ihre Mitglieder über die Furcht, denunziert zu werden, diszipliniert. Diese Zweifel bringen ihn dazu, mit dem Kommando zur Verteidigung der Sprache abrupt zu brechen. Dennoch bleibt der Autor weiterhin unter seinem zwanghaften Einfluss und scheint diesen nur so überwinden zu können, als er seine *Aussage* schließlich in einer Sprache, die nicht die Muttersprache ist, beendet. Auf diese Weise wird einem Prozess der Unterwerfung mit einer adäquaten Metapher Gestalt verliehen, einem Unterwerfungsprozess, der sich auf von außen unverständliche Regeln stützt, mit denen totalitäre Kreise auf ihre Mitglieder einwirken und sie scheinbaren Absolutheitsansprüchen unterordnen, die sie auf die Gesamtgesellschaft anwenden sollen.

Constanza Lira[150] gibt dem Klima des Terrors, das das Alltagsleben nach dem Putsch durchdrungen hat, sinnlichen Ausdruck. In der Fabel *Schrankbett* zeichnet sie in knappen und eindringlichen Worten die Spaltung in der Wahrnehmung des Selbst auf, die der Schrecken in seiner Alltagsdimension mit sich bringt, je trivialer, desto verwirrender.

Die Geschichte wird von einer Frau erzählt, die – wie so viele andere auch – mit ihrem Mann in einer kleinen Wohnung lebt und sich – laut Erzählung – für vollständig in die Gesellschaft integriert hält, also imstande, sich selbst die kleinsten Veränderungen in ihrem alltäglichen Umfeld zu erklären. Neu ist in dieser Wohnung ein Schrankbett, erworben, um Platz zu sparen, ein Schrankbett, das nachts, wenn es geöffnet ist, die seltsame Fähigkeit aufweist, Leichen von Gewaltopfern zu beinhalten, und auf diese Weise dringt der latente Schrecken von außen in den Zufluchtsort des Paares ein. Der Alptraum ist also schon integraler Bestandteil des Alltagslebens, und die gewohnten Rituale vermögen ihn nicht in die Rumpelkammer des Bewusstseins zu verscheuchen. Auf diese Weise wird der Empfindung des permanenten Schreckens, von jedem „Ausnahmeregime" auf eigene Weise eingeführt, bildhaft-konkrete Gestalt verliehen, und es wird deutlich, dass „die guten Sitten" keine Mauern und Verteidigungswälle aufzurichten vermögen, die ihn in unserem Bewusstsein aufheben.

[150] Lira, C: „Estante cama". In: J.A. Epple a.a.O.

Der Eindringling von Elbio Rodriguez[151] führt uns in lebhaftem Tempo und mit leicht ironischem Unterton in eine Umgebung, in der das Recht auf Privatsphäre vollkommen an Gültigkeit verloren hat. Der Protagonist widmet sich der Kunst, in fremde Häuser einzudringen und dort die größtmögliche Zeit unerkannt zu bleiben. Er bricht auf diese Weise vorsätzlich das Tabu, die Privatsphäre anderer zu respektieren. Er scheint nicht aus voyeuristischen Motiven zu handeln, sondern sein Vorgehen veranschaulicht eher bildhaft eine Situation, die bereits im allgemeinen Bewusstsein gegenwärtig ist: Die Privatsphäre eines jeden Menschen kann verletzt, beseitigt und zerstört werden, ohne dass er irgendein Einspruchsrecht hätte. So erklärt sich, dass *der Eindringling* gemeinhin als harmloser Verrückter behandelt wird. Wenn die wirkliche Entäußerung des Rechtes auf Privatsphäre ihn bereits längst überholt hat, kann der Eindringling als Person vielleicht wie ein irrationales Moment, aber sicher nicht mehr aggressiv wirken.

4. *Exil versus innere Emigration (Insilio)* sind zwei Formen, den repressiven, auf Vernichtung zielenden Angriff abzuwehren. Sie ergänzen sich in ihren psychosozialen Konsequenzen, als beide den Widerstand gegen das Vergessen bewahren und die Solidarität des langen Atems fördern. Es ist wert, darauf hinzuweisen, dass beide Wege einer gewaltigen literarischen Produktion Bahn gebrochen haben. Skarmeta stellt fest: „Es ist die Verbannung, die mir die kleine, aber gewichtige Tragweite des Buches offenbarte... In der Verbannung fordert die Berufung zu schreiben dazu auf, das Land seiner Bestimmung zurückzuerobern."[152] Das Zeugnis der gebrochenen Geschichte ist das zentrale Thema in *Antenor Flores* von Yañez.[153] Mittels der biografischen Novelle wird hier anhand der Lebensgeschichte eines Arbeiters die Gesellschaftsgeschichte Chiles der letzten 50 Jahre aufgearbeitet. Der Staatsstreich, die Militärdiktatur und die Ankunft im bundesdeutschen Exil bilden die letzten wesentlichen Etappen in der Erzählung von *Antenor Flores:* Ein gerade eingetroffener Exilant macht die gemeinsame Geschichte für einen anderen Chilenen wieder lebendig. Eine einfache und direkte Sprache vermag die Überlegungen des Mannes, dessen Geschichte erzählt wird, in angemessener Form zum Ausdruck zu bringen, Überlegungen zu seiner Vergangenheit und hinsichtlich seines Interesses, weiterhin dem „Leben die Stirn zu bieten", ohne sich in diffusen Nostalgien und Problemen zu verlieren. Bezeichnenderweise ist dieses Werk auch bislang nur in deutscher Sprache veröffentlicht worden.
Es ist anzunehmen, dass die Wahrnehmung schärfende Angespanntheit im Exil auch die Treffsicherheit der Phantasie genährt hat, die unerlässlich ist, um zum Beispiel eine Atmosphäre und thematische Entwicklung zu schaffen, wie Marra in *Die Erben*[154]*:* eine lange Milonga (epische Liedform aus Argentinien) über den Suizid aus Selbstverleugnung einer sozialen Gruppe, die sich verliert und auflöst in ihrer Unfähigkeit, sich des Terrors, den sie selbst herausgefordert hat, bewusst zu werden. Die Erben, zwei Brüder, kommen zu dem Schluss, dass ihre Anwesenheit in der Stadt zunehmend überflüssig wird, und beschließen, sich auf einem Landsitz niederzulassen, der mehrere Wochenreisen entfernt liegt und offensichtlich keine oder kaum Verbindungen zur Außenwelt hat. Sieben weitere Personen, ebenfalls ohne Beschäftigung, werden eingeladen, mit in der Enklave zu leben. Die Dienstbotin der beiden Brüder begleitet wohl aus Gewohnheit die Emigranten.
Nach einer gefährlichen Reise ins Landesinnere richten sie sich in dem geerbten Herrenhaus ein und gehen weiterhin ihren Konsumgewohnheiten nach, bereit, sich allmählich einzustellen

---

[151] Rodríguez, E.: „El intruso". In: Casa de las Americas 161. La Habana 1987
[152] Skarmeta, A.: „Una generación en el camino". In: Nueva Sociedad 56-57. San Jose 1981
[153] Yanez B., J.P.: Antenor Flores. Das Leben eines chilenischen Arbeiters erzählt im Exil. Lamuv Verlag 1983
[154] Marra/ N.: „Los herederos". In: A. Flores a.a.O., Vol. 8

auf einen unbegrenzten Aufenthalt in einem Mikrokosmos ohne größere Neuigkeiten als dass sie sich selbst versagen, dem Gerücht Glauben zu schenken, dass in der Nachbarschaft gerade ein Dorf verschwunden sei. Sie beginnen, freiwillig eine wachsende Apathie zu kultivieren von dem Augenblick an, als ihr Zufluchtsort von dreisten Barbaren besetzt wird. Ein Bruder belehrt den anderen: „Hör auf mich – sagte er ernst zu mir - sprich nicht und protestier nicht. Mach es wie die anderen, weil hier nichts passiert, und alle sind davon überzeugt, dass nichts passiert. Und deshalb musst du dich genauso wie die anderen verhalten, normal, wie alle, so wie du es bislang getan hast."
Die Anspielung wird hinzugefügt: „Also ließ ich die Zeit verstreichen, mit unserem Essen und unseren Sitten und von nun an mit den Typen innerhalb dieser neuen Zeit: Alles in allem störten sie im Grunde genommen nicht. Ich würde sogar soweit gehen zu behaupten, dass sie praktisch nicht existierten."
Die schrittweise Vernichtung ihrer Gesellschaft wird von den Überlebenden in monotoner Weise kommentiert: „Siehst du nicht, dass nichts passiert, es gibt nichts zu ergründen, weil nichts passiert." Es herrscht eine stillschweigende Furcht, für geistesgestört gehalten zu werden, wenn man offen feststellt, was sich vor aller Augen abspielt. Was nicht sein darf, das nicht sein kann, auch wenn alles auf das Gegenteil hinweist. Diese sarkastische Parabel wurde von einen Exilargentinier in Schweden geschrieben.
Mit dieser beispielhaften Entwicklung von vier Items der oppositionellen Literatur zum Staatsterrorismus nähern wir uns einem Universum von Ausdrucksmöglichkeiten an, das spezifische Charakteristika aufweist:

Ungeachtet der nachdrücklichen Drohung, gehorchen und schweigen zu sollen, zeichnet sich eine literarische Kommunikation als lebensnotwendige Forderung der Betroffenen ab: eine Entwicklung von Identität „trotz alledem".
a) Über den momentanen Trost hinaus, den die literarische Bearbeitung angesichts des persönlichen und kollektiven Schmerzes spendet, wird die konsequente Bewahrung einer kritischen Haltung als „Gemütsverfassung" der betreffenden Schriftsteller hervorgehoben, denn sie sprengen in dem Maße die ‚Zwischenwelt der Besiegten', als sie eine Tradition kreativen Widerstandes fortsetzen. Konfrontiert mit der organisierten Gewaltanwendung, überschreiten sie die aufgezwungenen Schranken der Kommunikation und des Ausdrucks, indem sie die Erfahrungen jener Zeit zugänglich und thematisierbar machen.
b) Die literarische Bearbeitung des „grausamen Wirklichen" in Südamerika führt weder zu einem krankhaften Ästhetizismus des Verhältnisses Unterdrücker versus Unterdrückter - kategoriale und ahistorische Verewigung einer sehr konkreten Auseinandersetzung - noch zu einer symbolischen Verweisung des repressiven Handelns ins Absurde – Negierung personaler Akteure und nahestehender Betroffener und anstatt dessen scheinbare „Unmenschlichkeit" der Ereignisse. Ganz im Gegenteil konzentrieren die oppositionellen Schriftsteller zum Staatsterrorismus ihre Aufmerksamkeit und ihre thematischen und ästhetischen Ansätze auf den Versuch, dramatische Lösungen für die Erfahrungen mit der zerstörerischen organisierten Gewaltanwendung zu schaffen, damit das verwirrende Beziehungsgeflecht über seine Wieder-Erschaffung und literarische Verarbeitung enthüllt wird.[155]

[155] Wir stimmen mit Galeano darin überein: „Wie ein Spiegel mit doppeltem Boden kann die Literatur zeigen, was man sieht und was man nicht sieht, aber ist; und weil es nichts gibt, was nicht seine eigene Negation beinhaltete, wirkt sie häufig als Rache und als Prophezeiung. Die Phantasie öffnet dem Verständnis der Wirklichkeit neue Türen und ahnt ihre Verwandlung voraus: über den Tagtraum nimmt sie die Welt, die es zu erobern gilt, vorweg, und fordert gleichzeitig die Unbeweglichkeit der bürgerlichen Welt heraus. Unter dem System des Schweigens und der Angst gefährdet die Macht, zu schaffen und zu erfinden, die Routine des Gehorsams." Galeano, E.: „Diez errores sobre Literatura y Cultura". In: Nueva Sociedad 56-57. San Jose 1981

Darío Páez

Politische Repression und kollektives Gedächtnis: Der Fall Chile

Einleitung

Der Putsch und die Repression in Chile zählten zu den traumatischen Ereignissen, die von Menschen verursacht wurden und ganze Gemeinschaften betrafen. Diese Ereignisse hatten Zerwürfnisse, Konflikte und Zensur zur Folge, darüber hinaus menschliche und materielle Verluste und erzeugten auch ein moralisches und ideologisches Trauma (Wagner, Schwarz 1991). Nach Martín-Baró (1990) haben Traumata, die eine ganze Gemeinschaft betreffen, eine weitreichende psychosoziale Wirkung. Sie wird unterstützt durch einen bestimmten Typ sozialer Beziehungen, die ihrerseits die Prävalenz von traumatischen Ereignissen aufrechterhalten. Solche Traumata haben kollektive Auswirkungen, die nicht auf die individuellen Auswirkungen bei jedem Einzelnen zurückzuführen sind.

In diesem Aufsatz soll versucht werden, einige Schlussfolgerungen aus der allgemeinen Literatur über Trauma und kollektives Gedächtnis auf den Fall Chile anzuwenden. Soweit dies möglich ist, werden dazu auch Beispiele, Urteile klinischer Psychologen, Ergebnisse aus Programmevaluierungen sowie quantitative Untersuchungen herangezogen. Damit soll auch ein Beitrag zur Diskussion über die psychosoziale Dynamik des kollektiven Traumas und die Wiedergutmachung in Chile geleistet werden.

Das soziopolitische Trauma in Chile

Traumatische Ereignisse haben bestimmte Merkmale: Sie sind negativ, extrem, außergewöhnlich und mit der Bedrohung des Lebens und der Person verbunden (Janoff-Bulman 1992, Davidson, Foa 1991, Echeburúa 1992). Beispiele für durch Menschenhand erzeugte traumatische Ereignisse sind Kriege, Tod und Gewalt, Vergewaltigungen und massive Beschädigung von Eigentum.

Die Bevölkerung in Chile betrug im Jahr 1970 10 Millionen Einwohner. In den Jahren 1973-1976 wurden etwa 45.000 Personen verhaftet, eine ähnliche Anzahl wurde in den Jahren 1976-1988 aus politischen Gründen festgenommen, vor allem in den Jahren der großen Proteste 1983-1986 (Colat 1981, Lira 1997). Man schätzt, dass etwa 40.000 Personen während der Diktatur gefoltert wurden (Dominguez et al. 1994). Es wurden etwa 4.500 Fälle von politischen Morden bei der Kommission Rettig Wahrheits- und Versöhnungskommission, deren Bericht, das „Informe Rettig" (im Folgenden so genannt), 1991 veröffentlicht wurde und der Nationalen Vereinigung für Wiedergutmachung angezeigt (Rettig et al. 1991, Lira 1997). Von den politischen Morden wurden 1097 von der Kommission Rettig und der Nationalen Vereinigung für Wiedergutmachung als erzwungenes Verschwinden kategorisiert. Von nur 9% der Opfer hat man die Überreste bergen können (Dominguez et al. 1994). Insgesamt wurden von 1973 bis 1988 bei der Vicaría de la Solidaridad (Einrichtung der katholischen Kirche zur Beratung und Betreuung von Angehörigen der Repressionsopfer) 89.138 individuelle Fälle oder Personen registriert, die von repressiven Situationen betroffen waren (Dominguez et al. 1994). Es ist schwierig, die Gesamtzahl der betroffenen Bevölkerung zu schätzen. Geht man davon aus, dass diese Personen einer Familie mit durchschnittlich 4,25 Personen angehörten (durchschnittliche Familiengröße des Klientels des Programms für Wiedergutmachung, integrale Gesundheitsversorgung und Menschenrechte,

PRAIS) und die Fälle voneinander unabhängig waren, kann man schätzen, dass etwa 380.000 Personen entweder direkt oder in ihrer primären Bezugsgruppe die Wirkung der Repression zu spüren bekamen, das heißt etwa 4% der Bevölkerung des Landes von 1970.

Das sozioökonomische Exil betraf acht- bis neunhunderttausend Chilenen, das politische etwa 200.000. Das entspricht etwa 10% der Bevölkerung von 1970. Nach dem Nationalen Büro für Rückkehr haben etwa 60% derer, die das Land verlassen haben, dies in den Jahren 1973-76 getan: 50% durch Strafumwandlung oder Ausweisung, 30% wegen direkter Verfolgung und 7% wegen des Verlustes ihrer Arbeit aus politischen Gründen. Lediglich 20% der politischen Exilierten sind nach offiziellen Schätzungen in den 90er Jahren zurückgekehrt. Man schätzt, dass noch 700.000 Chilenen im Ausland leben und sich als Diaspora konsolidiert haben (Castillo, Piper 1996).

Diese Schätzungen stellen nur Annäherungen dar. Als Beispiel für ihre relative Gültigkeit kann jedoch angeführt werden, dass sie ziemlich gut mit den Gründen übereinstimmen, aus denen sich Familien oder Einzelpersonen von 1991-1993 an PRAIS gewandt haben.

Geschätzte Repression 1973-1989	**Gründe für Beratung bei PRAIS 1991-1993 Familie**	**Einzelfälle**
Exil 200.000	20,8%	24,9%
	Längere Haft	
Verhaftungen 90.000	16,3%	18,4%
	Kurze Haft	
	12,8%	14,5%
Gefolterte 40.000	11,4%	13,3%
Ermordete 3.500	9,6%	17%
Verschwundene 1100	7,3%	

Es muss betont werden, dass es sich bei diesen Angaben wahrscheinlich um Unterschätzungen handelt: Das Informe Rettig registrierte zum Beispiel als Repressionsopfer lediglich 49% (N=645) der 1314 Personen, die von September bis Dezember 1973 durch Schüsse getötet oder verletzt wurden (Lewin 1991). Zusammenfassend kann man sagen, dass zwischen 0,45% und 1% der erwachsenen chilenischen Bevölkerung in den 70er Jahren direkt und 4% indirekt von der Repression betroffen waren. Weitere 8% mussten aus sozialen, 2% aus politischen Gründen emigrieren. Es hat sich eine chilenische Diaspora gebildet, die etwa 5% der derzeitigen, in Chile ansässigen Bevölkerung entspricht.

Die psychologischen Effekte der traumatischen Ereignisse

Traumatische Ereignisse wie die zuvor beschriebenen haben in der Regel die Bildung von Angst- und Depressionssymptomen zur Folge, die man unter dem Namen Prosttraumatisches Stresssyndrom oder PTSD (post traumatic stress disorders) zusammengefasst hat. In diesem Syndrom lassen sich verschiedene Symptomgruppen unterscheiden: Erstens eine psychophysiologische Hyperaktivität oder übermäßige Alarmreaktion, die sich in Hypervigilanz, übermäßigen Schreckreaktionen, Irritierbarkeit, Konzentrations- und Schlafstörungen ausdrückt. Zweitens leiden die Personen unter Reminiszenzen: Die sich immer wieder aufdrängenden Erinnerungen an die traumatische Erfahrung können in Form von flash backs („Wiedererleben" im Wachzustand) oder Alpträumen auftauchen. Dies kann durch äußere Reize ausgelöst werden, die an die traumatische Situation erinnern. Solche intrusiven (heimsuchenden) Gedanken, Gefühle und Erinnerungen halten als Symptome am längsten an. So litten zum Beispiel etwa 40% der Personen, die von einer kollektiven Katastrophe betroffen waren, noch 16 Monate danach an sich immer wiederholenden Erinnerungen des Themas (Horowitz 1986, Steinglass, Gerrity 1990). Drittens das Vermeiden von traumabezogenen Kognitionen und Verhaltensweisen: Die Betroffenen tendieren dazu, Gedanken, Gefühle und Verhalten, die in Zusammenhang mit dem Trauma stehen, zu vermeiden. Darüber hinaus tritt für gewöhnlich ein emotionales Abstumpfen oder eine affektive Anästhesie ein, die es den Betroffenen erschwert, intime Emotionen zu erfassen und auszudrücken (Davidson, Baum 1986). Zum Beispiel vermeidet ein Folteropfer aus den Jahren 1983-1986 noch 13 Jahre später die Einsamkeit, weil das Alleinsein an die Entführung und die Folter erinnert.

Bei Überlebenden von kollektiven Katastrophen wie den Konzentrationslagern der Nazis hat man außer den PTSD-Symptomen auch eine höhere Rate an psychiatrischen Symptomen festgestellt als in Kontrollgruppen der Population in Kanada, den USA oder Israel. Die Überlebenden der Nazilager leiden an Symptomen wie Überlebensschuld, emotionale Labilität, Irritierbarkeit, Angst und Depression.

Epidemiologische Studien liefern deutliche Belege dafür, dass derartige Ereignisse Störungen verursachen, die im Zusammenhang mit posttraumatischem Stress (PTSD) stehen. Bei zwischen 25% und 40% der Opfer, bei Vergewaltigungen sogar bei 60%, wurden Symptome festgestellt. (Loughrey, Bell, Roody, Curran 1988 in Hodkinson, Stewart 1991). Es gibt zwar für Chile keine gesicherten epidemiologischen Daten, aber man kann auf die Evaluierung des Programms PRAIS (Programm für Wiedergutmachung, Integrale Gesundheitsversorgung und Menschenrechte) zurückgreifen. Demnach erhielten 38% der Fälle, die zu dem Programm Kontakt aufnahmen, weil ihre Familien von Exekutionen oder Verschwinden betroffen waren, eine Form von Betreuung. Auch wenn offenbar nicht alle Personen wegen der Folgen der Repression um Hilfe baten und PRAIS erst etwa 20 Jahre nach den Ereignissen seine Dienste anbot, kommen diese Daten doch dem zuvor genannten prozentualen Anteil langfristig betroffener Personen sehr nahe (Domínguez et al. 1994). Überträgt man diesen Prozentsatz auf die 380.000 Personen, die direkt oder indirekt von der Repression betroffen waren, kann man schätzen, dass bei etwa 2% der Bevölkerung Symptomen wie PTSD, Angst und Depression aufgetreten sein können, die durch die Repression der Jahre 1973-1976 und 1983 – 1986 ausgelöst wurden. In diesen Jahren war die Repression am stärksten.

Phasen und Überwindung der traumatischen Auswirkungen

Nicht alle Personen, die von traumatischen Geschehnissen betroffen waren, weisen in den Monaten und Jahren danach wesentliche psychische Störungen auf. Tatsächlich fanden Silver, Wortman (1989), dass etwa die Hälfte der Menschen das Erlebte bewältigt, ohne Phasen von Wut, Angst und intensiver Trauer zu durchleben, und dass es ihnen in den Jahren danach psychisch gut geht. Offenbar reagieren diese Personen emotional angemessen auf die Situation. Bei etwa 18% zeigte sich chronische Trauer und bei 3% verzögerte Trauer (anfänglich kein Ausdruck von Trauer, später aber starke Verstörtheit). Lediglich 30% folgten einem Prozess mit den Phasen Schock, Verwirrung, Trauer und Erholung. Offenbar durchläuft lediglich ein Teil der Menschen, die negative Stresssituationen und kollektive Katastrophen wie die Repression in Chile erleben, diese verschiedenen Phasen.

In der ersten Phase von ungefähr sechs Monaten steht alles im Zusammenhang mit dem Ereignis. Die physiologische Aktivität ist hoch, es treten zwanghafte Gedanken sowie Unruhe und Gereiztheit auf. Nach sechs Monaten bis anderthalb Jahren stabilisiert sich der Zustand, die übermäßige physiologische und die Gedankenaktivität nehmen ab. In dieser Phase wird die Trauerarbeit geleistet und Depressionen treten auf. Nach anderthalb bis zwei Jahren wird die Arbeit des Akzeptierens abgeschlossen, und die affektiven Folgen verschwinden. Diese

Perioden sind kürzer bei Menschen mit vorangegangenen Erfahrungen und sozialer Unterstützung (Pennebaker 1994). Klinische Studien mit Angehörigen von Exekutierten und Verschwundenen in Chile (Becker, Lira 1989) beschreiben Phasen, die weitgehend mit den zuvor genannten übereinstimmen. Andere Untersuchungen belegen, dass die affektive Trauer etwa zwei Jahre benötigt und ca. drei bis fünf Jahre notwendig sind, um wieder ein kohärentes Selbst- und Weltbild zu erlangen und um eine Vorstellung von der Zukunft aufbauen zu können (Jacobson 1986). Dies erlaubt die Annahme, dass in den Jahren 1973 bis 1980 (die letzten selektiven Repressionen fanden 1977 statt) der Trauer- und Erholungsprozess bei den Opfern der ersten Repressionswelle stattfand.
Diese Feststellung unterliegt einigen Beschränkungen. Erstens kommt es im Falle der Familien von Verschwundenen zu einem verlängerten und unsicheren Trauerprozess, in dem sie nicht wissen, ob sie trauern sollen oder nicht. Zweitens haben neuere Untersuchungen gezeigt, dass ein Teil der Opfer traumatischer Ereignisse auch noch nach mehr als fünf Jahren Symptome aufweist (Janoff-Bulman 1992). Drittens ist anzunehmen, dass in Chile die Kontinuität des repressiven Regimes dazu beigetragen hat, die symptomatischen Störungen über längere Zeit aufrechtzuerhalten. Viertens hat die zweite Repressionswelle das soziale Trauma wieder geschürt und eine neue Kohorte von Personen betroffen, bzw. die psychosoziale Schädigung bei den zuvor Betroffenen wieder aktiviert.

Auswirkungen auf das soziale Weltbild und die Kultur

Traumatische Ereignisse rufen ferner tiefgreifende Veränderungen wesentlicher Grundüberzeugungen der Menschen über sich selbst, über die Welt und über andere hervor. Verglichen mit Personen, die nicht von traumatischen Ereignissen betroffen waren, neigen Menschen, die Opfer von durch menschliches Handeln verursachten Ereignissen (man made disasters) wurden, zu einer negativeren Bewertung ihres sozialen Umfelds, das sie als weniger wohlwollend wahrnehmen, und zu einem negativeren Selbstbild. Diese Unterschiede lassen sich bis zu 20-25 Jahren nach den Ereignissen feststellen (Janoff-Bulman 1992). Ähnliche Ergebnisse finden sich in Befragungen über die Wahrnehmung sozialer Beziehungen nach soziopolitischen Traumen. Umfragen, die in Chile gegen Ende der Diktatur (1986-1987) durchgeführt wurden, belegen, dass nach den Jahren der Diktatur und der Repression die Menschen im Vergleich zu Umfrageergebnissen aus den Jahren vor der Diktatur ein negativeres Bild von sozialen Beziehungen und von der Zukunft des Landes hatten (Huneuss 1987). Veränderungen der chilenischen Kultur wurden durch verschiede Faktoren beeinflusst: nicht nur durch die Repression, sondern auch durch die Demontage des beschränkten Wohlstandsstaates und die ökonomische Krise der 70er Jahre sowie durch die wirtschaftliche Entwicklung der 80er und 90er Jahre mit ihren niedrigeren Arbeitslosen- und Entlassungsraten, der Verringerung der Armutsrate und dem Anstieg sozialer Ungleichheit, und nicht zuletzt durch das Exil. Der Arbeitstag in Chile ist einer der längsten und Santiago eine der stressreichsten Städte der Welt. Ihre Einwohner weisen nach einer Studie der WHO (Cademartori 1998), wenn auch nicht unbedingt psychopathologische Syndrome, so doch ein schlechtes psychisches Befinden auf.

Um die Veränderungen der chilenischen Kultur einschätzen zu können, stütze ich mich auf die kulturellen Dimensionen von Hofstede, auf Untersuchungen an großen Stichproben von leitenden Angestellten (auch in Chile) und eine Untersuchung mit Emigranten über deren soziale Wahrnehmung der Chilenen.

Hofstede (1991) hat in seiner Arbeit über Werte die Daten aus Befragungen von IBM-Angestellten aus 53 Nationen und Regionen der Welt aus den Jahren 1969-1972 ausgewertet. Er konnte empirisch (durch Faktorenanalysen nach dem Modell mehrerer gemeinsamer Faktoren mit den Nationen als Analyseeinheit und den Durchschnittswerten als Messwerte) vier Dimensionen identifizieren, auf denen sich die Kulturen der verschiedenen Nationen anordnen lassen. Hofstede nennt diese vier Dimensionen: Machtakzeptanz, Individualismus-Kollektivismus, Maskulinität-Femininität und Vermeidung von Unsicherheit. Die Machtakzeptanz bezieht sich darauf, in welchem Maße weniger mächtige Mitglieder von Gruppen die ungleiche Verteilung von Macht akzeptieren. Länder mit geringer Machtakzeptanz sind Dänemark und Neuseeland, Länder mit großer Machtakzeptanz sind Malaysia und Guatemala. Die Dimension Individualismus-Kollektivismus bezieht sich auf die Priorität, die der Person, der Gruppe oder dem Kollektiv (meist der Großfamilie) gegeben wird. Kollektivistische Länder sind Guatemala, Indonesien und Taiwan, individualistische Länder die USA und Osteuropa. Maskulinität-Femininität bezieht sich auf den Grad, in dem die Kulturen den maximalen Unterschied zwischen Männern und Frauen angeben. Maskuline Kulturen betonen stereotype geschlechtsspezifische Verhaltensmuster und Werte wie Erfolg, Geld, Wettbewerb und Durchsetzungsfähigkeit. Feminine Kulturen betonen Unterschiede der Geschlechtsrollen nicht, sind nicht wettbewerbsorientiert, und Kooperation und der Schutz von Schwächeren werden hoch bewertet. Maskuline Länder sind Japan, Österreich und Mexiko, feminine Länder die skandinavischen Länder, die Niederlande, Chile und Costa Rica. Die Vermeidung von Unsicherheit ist definiert als das Maß, in dem sich die Menschen durch die Ambiguität von Situationen bedroht fühlen, welche sie durch Gesetze und strenge Überzeugungen zu vermeiden versuchen. Nationen mit starker Vermeidung von Unsicherheit wie Griechenland und Portugal sind emotional, suchen Sicherheit und sind intolerant gegenüber Ungewissheit. Nationen mit geringer Vermeidung von Unsicherheit wie Jamaika und Dänemark sind entspannter, akzeptieren eher Risiken und sind toleranter. Obwohl diese Umfragen vor mehr als 20 Jahren durchgeführt wurden und einige der Nationen ihre Position auf den Dimensionen verändert haben, zeigen die Werte von Hofstede eine hohe Gültigkeit im Vergleich mit aktuellen transkulturellen Untersuchungen (Smith, Bond 1999, Fernandez, Carlson, Stepina, Nicholson 1997). Chile war wie die meisten der lateinamerikanischen Länder in den 70er Jahren eine kollektivistische Kultur mittleren Grades mit mittlerer bis hoher Vermeidung von Unsicherheit. In den lateinamerikanischen Ländern gab es ausgeprägtere Unterschiede bezüglich der Machtakzeptanz und der kulturellen Maskulinität. Chile war eher feminin und lag im mittleren Bereich der Machtakzeptanz.

Fernández et al. (1997) replizierten 1989 und 1990 dem Konzept nach die Untersuchung von Hofstede in neun Ländern einschließlich Chile mit Stichproben von Geschäftsleuten und Studenten der Betriebswirtschaft (die Stichprobe enthielt insgesamt 7201 Personen, davon 307 aus Chile). In dieser Untersuchung zeigt sich, dass Chile bezüglich der Machtdistanz und der Vermeidung von Unsicherheit weitgehend stabil geblieben ist. Dagegen verringerten sich sein Kollektivismus und seine Femininität. Der standardisierte Wert für Individualismus-Kollektivismus in Chile betrug in der Untersuchung von Hofstede -.93, was einen eher hohen Kollektivismus anzeigt, während bei Fernandez et al. ein Wert von .51 auf einen niedrigen bis mittleren Individualismus hindeutet (je höher der Wert, desto höher der Individualismus). Der standardisierte Wert für kulturelle Maskulinität-Femininität in Chile betrug in der Untersuchung von Hofstede -1.29, eine eher hohe Femininität, während bei Fernandez der Wert bei .37 lag, der niedrige bis mittlere kulturelle Maskulinität bedeutet (je höher der Wert, umso höher die Maskulinität).

In einer Umfrage wurden in Frankreich und anderen Ländern ansässige Exilierte und Emigranten (N=87) nach ihrer Wahrnehmung von den Chilenen befragt. Es zeigte sich, dass die Chilenen von heute als geschäftlich erfolgreicher wahrgenommen werden, als kälter, egoistischer, aggressiver, pünktlicher, ernster und arbeitsamer als in der Vergangenheit. Andersherum wird ebenfalls übereinstimmend wahrgenommen, dass die Chilenen in der Vergangenheit großzügiger, solidarischer, gastfreundlicher, höflicher, sympathischer, fröhlicher und warmherziger waren. Man kann feststellen, dass in der sozialen Wahrnehmung über Chilenen instrumentelle und individualistische Merkmale stärker hervortreten, während affektive, „feminine" und sozio-emotionale Merkmale weniger geworden sind.

Merkmale	Chile früher	Chile heute	t
Geschäftserfolg	2.84	3.34	-3.76***
Großzügig	3.84	3.56	2.17*
Solidarisch	3.83	3.33	3.08**
Arbeitsam	3.16	3.60	-4.70***
Pünktlich	2.32	2.58	-2.67**
Gastfreundlich	4.45	3.74	4.80***
Warmherzig	4.38	3.96	3.67***
Höflich	3.61	3.30	2.88**
Aggressiv	2.56	3.15	-2.68**
Kalt	1.39	1.96	-4.71***
Egoistisch	2.37	2.75	-2.91**
Langweilig	1.98	2.41	-2.77**
Sympathisch	4.30	4.01	3.18**
Fröhlich	4.29	3.87	2.73**

* $p<0.05$; ** $p<0.01$; *** $p<0.001$
Antwortränge: 1= Überhaupt nicht 5=Sehr

Unter den Exilierten herrschte das Bild vor, Chile sei eine fröhliche und sympathische Gesellschaft, was im Gegensatz stand zum Zustand der chilenischen Gesellschaft am Ende der Diktatur und während des Übergangs zur Demokratie. Ein aus dem Exil in Venezuela zurückgekehrter, bekannter chilenischer Journalist drückte es folgendermaßen aus: „Das Benehmen der Chilenen, als ich zurückkam, war unglaublich: Ich fand schlechtgelaunte, rüpelhafte Chilenen ohne den geringsten Sinn für das Miteinander vor... Meine Landsleute so zu sehen, schnitt mir ins Herz: Das waren nicht meine Landsleute, wie ich sie kannte!" (Rodríguez 1990, p.269).
Verallgemeinernd kann man feststellen, dass sich die Kultur zu größerem individualistischen Instrumentalismus sowie zu einer „härteren", wettbewerbsorientierteren Kultur mit geringerem affektiven Ausdruck entwickelt hat. Dies wird sowohl von politischen und sozioökonomischen Emigranten übereinstimmend wahrgenommen als auch deutlich in dem Vergleich zweier Umfragen zu Arbeitswerten, die in Chile in den Jahren 1969-1972 und 1989-1090 mit zwei Stichproben von mittleren und leitenden Angestellten durchgeführt wurden.

Soziopolitisches Trauma und kollektives Gedächtnis

Das kollektive Gedächtnis ist die intergenerationale Übermittlung historischer Gegebenheiten, die häufig in mündlicher und informeller Form geschieht (Ross 1992). Das kollektive Gedächtnis ist die kollektiv erzeugte und geteilte Sichtweise eines historischen Ereignisses, in diesem Fall eines traumatischen. Halbwachs definiert kollektives Gedächtnis als das Gedächtnis von Mitgliedern einer Gruppe, die die Vergangenheit ausgehend von ihren Interessen und ihrem gegenwärtigen Bezugsrahmen rekonstruieren. Dieses kollektive Gedächtnis sichert die Identität, den Charakter und den Wert einer Gruppe. Letztlich ist ein solches Gedächtnis normativ, es ist wie die Vermittlung einer Lektion über die Verhaltensnormen der Gruppe (Schuman, Scott 1989, Jodelet 1991, Namer 1987, Páez, Basabe 1993). Traumatische Ereignisse werden von Generation zu Generation vermittelt unter der Sichtweise des in einer bestimmten Periode vorherrschenden Klimas. Untersuchungen in Ländern Lateinamerikas einschließlich Chile haben festgestellt, dass Personen, die mehr Erinnerungen an traumatische Ereignisse haben, von denen (in den meisten Fällen noch bevor die jeweilige Person biologisch existierte) ihre erweiterte Identität oder ihre primäre Bezugsgruppe betroffen war, die aktuelle Situation des Landes schlechter einschätzten, was besonders für Chile zutraf (Páez, Asún, Igartua, Gonzáles, García, Ibarbia 1992).

Das Phänomen der traumatischen Erinnerung an die Repression ist in Chile geprägt durch bestimmte Merkmale der Ereignisse, die das kollektive Gedächtnis bilden.

Erstens der einschneidende Charakter und die Veränderung der sozialen Ordnung: Die Ereignisse, die das kollektive Gedächtnis bilden, hatten für die Individuen und die Gemeinschaft einen einschneidenden Charakter. Sie haben ihre Institutionen, Überzeugungen und Werte verändert. In Chile geschah dies durch den Putsch und die Repression, welche die parlamentarische Demokratie vernichtet und das sozioökonomische Modell verändert haben. Die Ereignisse, an die man sich im Fall Chile erinnert, sind charakteristisch für die Bildung eines kollektiven Gedächtnisses: Es sind Ereignisse, die neuartig sind und eine durchschlagende Wirkung haben wie der Putsch, die visuell dramatisch sind (die Bombardierung der Moneda, der Fußballplatz als Konzentrationslager, massenhafte Hausdurchsuchungen, die Bücherverbrennung), und die das soziale Leben der Gemeinschaft verändern. Demgegenüber gibt es kollektive Ereignisse, die zwar gewalttätig sind, jedoch das soziale Leben nicht in diesem Maße verändern, zum Beispiel die Repression gegen die Anhänger von Präsident Balmaceda Ende des 19. Jahrhunderts oder das Massaker von Santa María de Iquique in den 70er Jahren. Solche Ereignisse wirken sich weniger stark auf die Bildung eines kollektiven Gedächtnisses aus als der Putsch in Chile.

Zweitens ihre Effekte auf eine ganze Generation oder eine Kohorte: Die Erinnerungen an die Jahre der Unidad Popular (UP) und an die darauf folgende Repression bilden die Basis für die Identität einer ganzen Generation von Chilenen. Für die Kohorte der chilenischen Linken, die in den Jahren der UP und des Putsches zwischen 15 und 25 Jahre alt waren, sollten diese Ereignisse zu einem zentralen Element ihrer Identität werden. Man hat festgestellt, dass Menschen sich stärker an Ereignisse erinnern, die sie während dieser Altersspanne erlebt haben, als an Ereignisse in ihrem sonstigen Leben. In dieser Phase findet die Identitätsbildung statt und der Aufbau sozialer Beziehungen. Man ist Erfahrungen gegenüber offener und erlebt sie aktiver (Pennebaker, Basanik 1997). Für Chile kann man annehmen, dass ein guter Teil der politisch aktiven Bevölkerung in dieser Altersgruppe war: Eine Untersuchung über Mitglieder der chilenischen MIR (Movimiento de Izquierda Revolocionario: Revolutionäre Bewegung der Linken) stellte fest, dass 75% von ihnen in den Jahren der UP zwischen 16 und 24 Jahre alt war (Bastias 1995).

Drittens trägt die intensive informelle Kommunikation nach der Repression zur Konsolidierung des kollektiven Gedächtnisses bei. In der Emigration und in intimen Kreisen innerhalb des Landes existierte während einer ganzen Periode ein intensiver Austausch über die Ereignisse. (Pennebaker, Basanik 1997). In Untersuchungen über Katastrophen und über Flüchtlinge fanden sich Belege dafür, dass Trauma und Flucht Schuldgefühle auslösen können, weil man selbst überlebt hat, während nahestehende Personen oder peers starben. Über diese Schuldgefühle zu sprechen, scheint eine Form der Bewältigung zu sein. (Janoff-

Bulman 1992). Nach einer anderen Untersuchung empfindet die Hälfte der chilenischen Emigranten Trauer über das Verlassen des Herkunftslandes. Fünf von zehn Personen gaben an, dass es ihnen schwer fiele, das Verlassen des Landes zu akzeptieren. Schuldgefühle empfanden ein Drittel der Befragten (Páez et al. 1997). In der ersten Phase des chilenischen Exils, als die Ausreise noch nicht lange zurücklag und die Rückkehr kurz bevorzustehen schien, wurde den Schuldgefühlen und der Trauer mit verschiedenen Formen der sozialen Kommunikation begegnet – Prozesse, die man wahrscheinlich auf die Vorgänge innerhalb Chiles verallgemeinern kann:

1. Retrospektive Kontrollillusion: „Jeder Exilierte erinnert sich unermüdlich an jene schreckliche und angespannte Zeit zwischen dem Staatsstreich und seiner Ausreise ins Exil, um sich immer wieder zu sagen, dass vielleicht doch alles hätte anders kommen können." (Vasquez, Araujo 1990, S. 37)
2. Die Konstruktion einer Geschichte: Das Erarbeiten einer organisierten Erzählung über ein traumatisches oder lebenswichtiges Ereignis hat sich als geeignet erwiesen, um deren affektive Auswirkungen abzuschwächen (Pennebaker 1994). Im Fall von Flüchtlingen ermöglicht dieses Erzählen außerdem, das Exil und das Verlassen der „Front" zu rechtfertigen, wie Vasquez, Araujo sagen: „In Verbindung mit dem, „was man nicht getan hat", steht die Aufzählung der Leiden derjenigen, die „dort" geblieben sind (es werden Briefe gelesen, die neuesten Nachrichten kommentiert), gefolgt von Erklärungen, warum man in Europa ist: „Die Ausreise war unvermeidlich", „Es waren die compañeros, die das entschieden haben, nicht ich", „Ich war in Haft und die Militärs haben meine Ausweisung angeordnet." (Vasquez, Araujo 1990, p.38)
3. Humor und Entdramatisierung: Auch Ironie war ein häufiges Mittel, um sich von den traumatischen Ereignissen zu distanzieren.
4. Betonung positiver Aspekte der Ereignisse: Ein möglicher Umgang mit den Erinnerungen war, das Positive der damaligen Erfahrungen, z.B. der Haft hervorzuheben, wie folgendes Zitat illustriert: „Wenn sich die Dawsonianer (ehemalige politische Gefangene der Insel Dawson in Chile) treffen, geht es im allgemeinen um angenehme Erfahrungen. Es kann sein, dass es ein Abwehrmechanismus ist, sich an angenehme Erfahrungen zu erinnern und selbst die unangenehmsten von ihrer absurden Seite zu sehen." (Rodríguez 1990, S. 27)

Untersuchungen mit ehemaligen Gefangenen des Zweiten Weltkriegs bestätigen, dass die Betonung des Positiven die adaptivste Form des Umgangs mit der Erinnerung an negative Ereignisse ist. Personen mit stärkerer Symptombildung reagierten dagegen eher mit Rückzug oder Suche nach affektiver Unterstützung, um die traumatischen Erinnerungen zu bewältigen (Fairbank, Hansen, Fitterling 1991).

Viertens objektivieren und unterstützen Kunstwerke, Monumente und Rituale die Erinnerung und tragen zur Bildung eines kollektiven Gedächtnisses bei. Das Gleiche gilt für Ereignisse, derer öffentlich gedacht wird, sowie für jene einschneidenden Ereignisse, die politisch verdrängt wurden, die aber in Gewohnheiten, mündlichen Traditionen, Denkmälern und verstreuten Archiven enthalten und potentiell wieder auffindbar sind (Pennebaker 1993). Eine extensive künstlerische Produktion innerhalb und außerhalb Chiles hält das kollektive Gedächtnis über die Repression am Leben. Ein großer Teil der bekanntesten chilenischen Schriftsteller (L. Sepúlveda, I. Allende, A. Dorfman u.a.) sorgen für Vermittlung und Verbreitung der Kritik an der Repression und einer positiven Einstellung zum gesellschaftlichen Experiment der UP. Dies drückt sich z.B. in Werken wie „Der Tod und das Mädchen" und „Das Geisterhaus" aus, die mit internationalem Erfolg verfilmt wurden.

Diaspora und kollektives Gedächtnis

Die Existenz einer Diaspora ist ein weiterer Faktor, der im Fall Chile das kollektive Gedächtnis stärkt. Das kollektive Gedächtnis der gesellschaftlichen Mobilisierung zu Zeiten Allendes und des Repressionstraumas während der Diktatur ist ein intrinsisches Element des chilenischen Exils, es definiert seine Identität. Die Exilierten sind nicht gezwungen, sich mit den gesellschaftlichen Gruppierungen auseinander zu setzen, für die die Erinnerung an die UP traumatisch und die Erinnerung an die Diktatur positiv ist. Auch der Druck des „politischen Realismus“ betrifft sie nicht, der innerhalb des Landes die Menschen dazu zwingt, ihre politische Vergangenheit zu vergessen oder zumindest konfliktbeladene Ereignisse wie die Repression unter Pinochet nicht in den Vordergrund zu stellen.

Die Zeit von 1973-1975 in Chile bildete den konkreten gesellschaftlichen Rahmen, aus dem die Exilierten vertrieben wurden. Viele der Exilierten waren die „Unangepassten“ im Chile der 60er und 70er Jahre, welches sie verändern wollten. Dennoch sollten sie im Exil nicht nur den Versuch des gesellschaftlichen Umbruchs, sondern paradoxerweise auch die chilenische Gesellschaft der Zeit davor aufwerten. Auch wenn bei gewissen Gruppierungen Kritik und differenziertere Beurteilungen zu hören sind, bewahrt die Mehrheit der Exilierten eine positive Erinnerung an die Zeit der Unidad Popular. Das drückt sich in Sätzen aus wie: „Die drei schönsten Jahre meines Lebens” oder „Eine Erfahrung von unschätzbarem Reichtum” – Auszüge aus Interviews mit chilenischen Exilierten in Kanada (Del Pozo 1992). Die Exilierten sind ein lebendes Zeugnis für den Gegensatz, der zwischen der aktuellen Realität und dem historischen Gedächtnis eines demokratischen Chiles und eines Projekts radikaler Veränderung besteht, das es nicht geben durfte. Die republikanischen Exilierten empfanden bei ihrer Rückkehr nach Spanien Trauer um ein Land, das nicht mehr existierte, das es nie wieder so geben würde, in dem es große Politiker und hoffnungsvolle Projekte gab, die im Gegensatz standen zum aktuellen gesellschaftlichen Konsens und seiner Begrenztheit.. Mit Sicherheit trifft dies auch für die heutige chilenische Diaspora zu (Aznar 1995, Aub 1995).

Ob spanische Republikaner oder Chilenen: Eine Diaspora ist in der Regel eine Quelle der Kritik an der aktuellen Kultur und Gesellschaft. Ein Punkt der Kritik ist, dass ihre Herkunftsgesellschaft gewisse Aspekte der Vergangenheit in Vergessenheit geraten lässt. Als die spanischen und die chilenischen Exilierten nach Franco bzw. Pinochet in ihre Länder zurückkehrten, war eine für sie typische Haltung die Kritik an der Gedächtnislosigkeit der aktuellen Gesellschaft, an deren Ausrichtung an Entwicklung und Konsum, an der Vulgarität und Oberflächlichkeit, an der Unwissenheit und Entfremdung ihrer jetzigen Landsleute sowie eine nostalgische und idealisierte Erinnerung an die Jahre vor der Diktatur. Die Aufgabe der politisch aktiven Exilierten wird es nun sein, die Erinnerung zu verteidigen, um das Vergessen zu verhindern. Hierfür wird auch eine kritische Haltung gegenüber den gesellschaftlichen Übergängen in Spanien und Chile notwendig sein. Der chilenische Autor A. Dorfman stellt die kritische Position gut dar: „Ich bestreite nicht den Wert des gesellschaftlichen Konsenses, der in Chile als Weg zur Demokratie erreicht wurde. Aber dieser Pakt wurde von einer alarmierenden Angst vor Konflikten begleitet. Es wurde weitgehend akzeptiert, dass man so tat, als habe die Vergangenheit nicht existiert“ (Villena 1997). Dorfman lebt in den USA im Exil. Sein international erfolgreiches Werk „Der Tod und das Mädchen” behandelt die traumatische Erinnerung an die Folter.

Aber nur eine Minderheit der spanischen Exilierten blieb aktiv, die Mehrheit integrierte sich als wirtschaftliche Immigranten in den Aufnahmeländern. Lediglich 10% der spanischen

Flüchtlinge in Frankreich gaben in den 70er Jahren an, Interesse an einer Rückkehr nach Spanien zu haben. Die Kinder der Exilierten verloren letztlich das Interesse an der spanischen Politik (Aznar 1995, Aub 1995, Cordero 1997). Ähnliche Phänomene gibt es wahrscheinlich im Fall Chile: Lediglich eine Minderheit der Diaspora denkt daran zurückzukehren, und von den 20% der politischen Exilierten, die zurückgekehrt sind, reist ein schwer quantifizierbarer Teil mit Rückflugticket.

Prozesse des kollektiven Gedächtnisses: Die Übertreibung

Ein typischer Prozess für kollektive Gedächtnisse ist, dass die Geschehnisse in der Erinnerung dramatisiert und übertrieben werden. Dies ist im Allgemeinen bei der direkt betroffenen Bevölkerung hinsichtlich der Geschehnisse um die Repression der Fall. Das kollektive Gedächtnis bringt die symbolische Wirkung mit der empirischen in Einklang. Es projiziert in Ereignisse, die wie der Putsch in Chile große Veränderungen erzeugten, große Ursachen und große Wirkungen. Im Fall Chile schwanken die Schätzungen auch seriöser Institute über die Zahl der Repressionsopfer in den 70er und 80er Jahren zwischen 30.000 und 100.000. Ganz offensichtlich handelt es sich um eine Übertreibung der realen Daten, die hier weder gerechtfertigt noch verharmlost werden sollen. Lira (1996, S. 88) kommentiert dies treffend: „Nach allgemeiner Überzeugung gab es enorme Zahlen von Inhaftierten und Toten, vor allem in den ersten Jahren der Diktatur. Die Zahlen, von denen man üblicherweise ausging, bezogen sich auf Hunderttausende von Inhaftierten und mindestens 30.000 Tote. Diese Zahlen stellen eher eine Metapher des Terrors dar, der in die soziale Vorstellungswelt eindrang. Sie weisen aber darauf hin, dass die Angst sehr groß war und die Betroffenen ungezählt."
Der Kampf um die Moneda betraf 24 Personen innerhalb der Moneda und 4 Scharfschützen im Bauministerium, die zur Eskorte von Allende gehörten. Es gab vier Tote unter den Angreifern, die etwa vier Stunden brauchten, um mit Panzern und Flugzeugen diese 28 Kämpfer zu reduzieren, von denen keiner gefallen ist – zwei Personen begingen Selbstmord: Präsident Allende und der Journalist Olivares. Bei den „zahlreichen" Scharfschützen handelte es sich um vier, die unverletzt entkamen (Kalfon, Henriquez 1999). Wie man sehen kann, haben die realen Tatsachen wenig mit der sozialen Vorstellung über die Ereignisse zu tun, die während einer ganzen Epoche vorherrschte.

Prozesse des kollektiven Gedächtnisses: Die Rekonstruktion in Übereinstimmung mit den gegenwärtigen Einstellungen

Die Rekonstruktion der Vergangenheit in Übereinstimmung mit dem herrschenden politischen Rahmen ist ein zweiter, ziemlich gängiger Prozess des kollektiven Gedächtnisses. Ein gutes Beispiel dafür ist die rückblickende Bewertung der chilenischen Präsidenten verglichen damit, wie sie in den letzten Jahren ihrer Amtszeit bewertet wurden.

Bewertung	FREI		ALLENDE	PINOCHET	
	1970	1986	1973	1986	1986
Gut	61,8%	76,7%	49,9%	37,4%	36,6%
Mittel	28,4%	10,3%	23,4%	11,2%	10,8%
Negativ	7,8%	7,2%	21,6%	35%	35,6%
Weiß nicht/ Kenne nicht.	2,0%	10,5%	5,1%	18,5%	17%

(aus Huneeus 1987)

Man kann feststellen, dass die Jahre der Repression bewirkt haben, dass sich die positive Bewertung Allendes verringert hat, wohingegen sich die negativen Urteile über ihn vermehrt haben. Größer geworden ist auch die Hemmung, überhaupt ein Urteil abzugeben. Im Falle Freis sind die positiven Beurteilungen angestiegen. Die rückblickende Bewertung Allendes ist ebenso wie die von Pinochet polarisiert. Man muss dabei beachten, dass sich die Bewertung Alissandris (Vorgänger Freis) der von Frei angeglichen hat, weswegen es sich nicht um einen simplen Effekt der politischen Meinung von Gegnern Pinochets vs. der Meinung seiner Anhänger handelt. Selbst wenn man das Exil und den Generationenwechsel berücksichtigt, wird deutlich, dass die bleiernen Jahre der Diktatur die Abwertung der historischen Sicht des Projekts der Linken bewirkt haben.

Die bleiernen Jahre in Chile:
Angst, Schweigen, Verleugnung und Stigmatisierung

Vom psychosozialen Gesichtspunkt sind die direkten Auswirkungen der Repression für die Opfer und auf das Vergangenheitsbild weder die einzigen noch die schwerwiegendsten. Man bringt Tausende um, um Hunderttausende zu paralysieren und auseinander zu treiben. Es gibt nicht nur Massen von Personen, die sich im Privaten offenbar lebhaft an die traumatischen Ereignisse erinnern. Beeinflusst wird auch die allgemeine Wahrnehmung der Gesellschaft, ihr aktuelles soziales Klima, das Bild von Institutionen und die Vorstellungen über die Zukunft. Soziopolitische Traumata und repressive Zustände wie in Chile erzeugen ein emotionales Klima der Angst, in dem Beklemmung und Unsicherheit vorherrschen. Sie erzeugen Vermeidungsverhalten (z.B. das Vermeiden zu sprechen) und soziale Isolierung, bewirken das Auseinanderfallen von Gruppen und behindern aktive Bewältigungsformen (Lira, Castillo 1991, Rojas 1989). Hinzu kommt ein ideologischer Wechsel zu moderateren Positionen, wie man in der folgenden Tabelle feststellen kann, in der sichtbar wird, wie das politische Zentrum an Gewicht gewinnt (Páez, Asún 1993).

Politische Einstellung der chilenischen Bevölkerung:
Repräsentative Stichproben[156]

	1961	1964	1970	1973	1986
Rechte	23,8%	17,4%	26,6%	21,9%	16,6%
Zentrum	28,2%	29%	24,2%	26,8%	41,2%
Linke	26,5%	32%	26%	42,9%	14,2%
Weiß nicht/ Kenne nicht	21,5%	21,6%	23,2%	8,4%	28%

(aus: Huneuus, 1987)

Wenn die traumatische Situation länger anhält, scheinen Verleugnung und Rationalisierung zur kollektiven Bewältigungsform zu werden. Wenn das Trauma bestehen bleibt, wird der Terror internalisiert. Dies interpretieren einige Autoren als Abwehrmechanismen, mit denen das Ich versucht, mit dem Bedeutungsverlust fertig zu werden (Suatez-Orozco 1986). In Chile war die vorherrschende Reaktion während der ersten Phase Pinochets Verleugnung und Schweigen. Viele Leute fanden, es sei am besten, über Repression und Menschenrechtsverletzungen gar nicht zu sprechen (Padilla, Comas-Díaz 1986). Es gibt zwar keine epidemiologischen Daten, aber klinische Daten sprechen dafür, dass sogar die direkten Opfer mehrheitlich

[156] Repräsentative Zufallsstichproben aus Chile. Da die Skalierung 1970 und 1973 von 1-6 und 1986 von 1-7 war, haben wir die Werte in drei Kategorien entsprechend dem Inhalt der Antworten vereinfacht. 1986 kam die Antwortkategorie „Ich weiß nicht"/ „Kenne ich nicht" dazu, die für Frei 4,6% ergab, für Allende 3,5% und für Pinochet 2%.

mit Schweigen reagierten (Faúndez, Hering, Balogi 1990). Becker, Lira (1989) stellten fest, dass man es in Chile in den Jahren Pinochets vorzog, sich nicht an die traumatischen Ereignisse zu erinnern oder sie wieder aufleben zu lassen, da dies offensichtlich mit Furcht, Schuld und Verwirrung verbunden war. Man kann annehmen, dass die Tendenz, das Sprechen über negative traumatische Ereignisse zu vermeiden, verstärkt wurde durch die Angst vor Bestrafungen, die Internalisierung der Angst und das Auseinanderbrechen der sozialen Netze. Auch die durch die Veränderung der Gesellschaftsstruktur gesteigerte ökonomische Mobilität und das Exil trugen zum Zerfall sozialer Netze bei. Dadurch wurde die gesellschaftliche Übermittlung der Ereignisse eingeschränkt und die Amnesie gefördert. Verstärkt wurde diese Dynamik auch durch ein soziales Umfeld, das Tatsachen verleugnete und die direkt Betroffenen stigmatisierte, sowie durch das Risiko, das mit dem Versuch der Aufklärung über die Ereignisse verbunden war.

Die folgenden Auszüge aus Interviews verdeutlichen exemplarisch das Schweigen und/oder das freiwillige Vergessen:
Gewerkschaftsführer 1: „...Als sie zurückkamen, haben sie erzählt, wie man sie behandelt hat (in einem Konzentrationslager). Es war sehr hart, und sie sagten, dass sie keine Lust hätten, sich je wieder daran zu erinnern." (Politzer 1990, S. 91)

Gewerkschaftsführer 2: „Die Leute haben aus Furcht nicht gesprochen. Einige Personen, von denen ich sicher wusste, dass sie gefoltert worden waren, versicherten, wenn man sie traf, es ginge ihnen sehr gut." (Politzer 1990, S. 228)

Traumatische Ereignisse stigmatisieren, sie sind wie ein negativer Stempel (z.B. Vergewaltigung). Wie Janoff-Bulman (1992) sagt, sind die Opfer ein permanentes Zeugnis für die Böswilligkeit der Welt und für unsere potenzielle Verletzbarkeit gegenüber dem Schicksal. Daher verhalten sich viele Menschen stigmatisierten Personen gegenüber widersprüchlich: auf verbaler Ebene positiv, in der Bewertung förmlich und nonverbal mit Distanz und Zurückweisung. (Janoff-Bulman 1992)
Chile ist ein Beispiel dafür, wie durch die Repression gezeichnete Menschen den Verlust des sozialen Status, Diskriminierung und Stigmatisierung erleiden mussten: „Dem Tod oder dem Verschwinden eines Familienmitglieds folgt eine lange Geschichte von Ausgrenzungen. Die Familien werden in ihren Arbeitsmöglichkeiten diskriminiert, die Kinder im Zugang zu Oberschulen, Universitäten und staatlichen Institutionen. Das Stigma ist so stark, dass die Familien, weil sie die Zurückweisung der äußeren Welt spüren, sich allmählich in eine Art inneres Exil zurückziehen, in einer sehr großen Isolation versinken. Sie fühlen sich nur noch wohl mit denjenigen, die ihre Erfahrung teilen." (Rettig 1991, II, S. 782)

Manchmal ist Repression und Stigmatisierung auch mit „freiwilliger" sozialer Isolierung verbunden, wie folgendes Beispiel zeigt: „Die meisten verhafteten sie. Sie waren mehrere Jahre in Haft und kamen sehr geschlagen wieder heraus. Zwei oder drei Jahre nach dem Putsch bat mich eine Freundin, die Beamtin im Agrarsektor war, keinen Kontakt mit ihr aufzunehmen, da ich nicht wüsste, in welchem Zustand sie aus dem Gefängnis gekommen sei. – Victor, Du weißt nicht – sagte sie zu mir – was ich da drinnen durchgemacht habe, ich könnte sogar zur Informantin geworden sein. Deshalb bitte, komme mich nicht besuchen und lass uns nicht miteinander reden." (Politzer 1990, S. 162).

Auswirkungen der fehlenden sozialen Unterstützung und des Schweigens für die Betoffenen in Chile

Die fehlende soziale Unterstützung durch die Verleugnung der Repression hat in Chile vermutlich die Symptomatik verstärkt. Es gibt Hinweise dafür, dass die Erinnerung an sozial wenig akzeptierte traumatische Ereignisse zwanghaftere Formen annimmt und von extremeren und negativeren Affekten begleitet ist. Ein Beispiel für solche Ereignisse ist der Vietnamkrieg: Der Krieg gegen Vietnam wurde von den USA nie erklärt, er verlor an Unterstützung in der nordamerikanischen Bevölkerung und wurde als schmutziger Krieg wahrgenommen. Der Prozentsatz von PTSD bei den Vietnamveteranen war sechsmal höher als bei Veteranen anderer Kriege und 12-mal höher als bei gleichaltrigen Personen, die nicht gekämpft hatten (Paez, Basabe 1993). Auch die Sozialgeschichte zeigt, dass die „Besiegten" eher Stillschweigen bewahren und die Niederlagen vergessen, auch wenn es sich um weniger traumatische Ereignisse als Folter und Tod, z.B. erfolglose Landwirtschaftsstreiks, handelt (Ferro 1989).

Menschen, die ein traumatisches Erlebnis teilen, können sich oft nicht gegenseitig unterstützen, weil sie einen unterschiedlichen Trauerrhythmus und -stil haben. So kommt es z.B. häufig vor, dass Paare, die ein Kind verloren haben, sich trennen. Wenn hinzukommt, dass nahestehende Personen nicht wissen, was sie sagen sollen, wenn sie vermeiden darüber zu sprechen oder erwarten, dass das Opfer die Initiative ergreift, wird es sehr schwierig, die nötige soziale Unterstützung zu finden und diese Ereignisse zu bewältigen (Pennebaker 1994). Die Betroffenen selbst sprechen nicht über ihre Befindlichkeit und ihre Erfahrungen, weil sie den Anderen schützen wollen, der diese Erfahrung nicht verstehen würde, und weil es für sie sehr schmerzhaft ist, sich an die traumatischen Ereignisse zu erinnern, die sie lieber vergessen möchten. Diese drei Gründe wurden von Holocaustüberlebenden als Erklärung dafür genannt, warum sie ihre traumatischen Erfahrungen nicht mitgeteilt haben (Pennebaker 1990). Auch werden Menschen, die „gutes Gesicht zum bösen Spiel machen" sozial mehr akzeptiert und unterstützt als Personen, die ihr Leid ausdrücken (Silver, Crofton, Wortman 1990).

Der Kampf zwischen Erinnerung und Vergessen und seine politischen Folgen

Generell besteht der Umgang einer Gesellschaft mit traumatischen Ereignissen in der Verdrängung des Ereignisses als solches sowie in der Verschiebung seiner Bedeutung: Das Negative wird vergessen, das Geschehene gerechtfertigt und ästhetisiert. Traumatische Ereignisse sind schwer zu verarbeiten, die Erinnerung ist sehr schmerzhaft, und man versucht, sie zu vergessen. Gleichzeitig drängt sich die Erinnerung immer wieder auf: Man will sich nicht erinnern, und man kann nicht vergessen (Horowitz 1986).

Nach dem offiziellen Bericht über die Repression in Chile waren die gängigen Reaktionen auf die traumatischen Ereignisse sehr unterschiedlich: Es gab Solidarität mit den Betroffenen, Rechtfertigung der Ereignisse, Schweigen und Vermeidung sowie Verlassen der Betroffenen (Informe Rettig 1991): „Es gab innerhalb der Familien unterschiedliche Reaktionen auf den Tod oder das Verschwinden eines Familienmitglieds. 1) Manche solidarisierten sich mit der Situation der Betroffenen und unternahmen viel, um die Situation zu klären oder die Verschwundenen zu finden. 2) Andere hielten es für nicht so schlimm. 3) Wieder andere rechtfertigten es, und 4) einige bewahrten Stillschweigen. In den Familien entstand Misstrauen, das eine deutliche Verschlechterung der familiären Beziehungen bewirkte. Ein

Beispiel: „Ich hatte nie die Unterstützung meiner Eltern. Ich bin ihre einzige Tochter. Sie applaudierten der Regierung. Sie zwangen mich, mein Haus zu verkaufen, damit für den Fall, dass mein Mann zurückkehrte, ich nicht mehr mit ihm zusammenleben würde. Meine Eltern sagten mir: Wegen deinem Mann, diesem Idioten, sind wir in das alles hineingeraten." (Rettig 1991, II, S. 776-777).

Wie diese verschiedenen Reaktionsweisen quantitativ in der Bevölkerung verteilt waren, ist schwer zu sagen. Als Indikator mag dienen, dass 1975 lediglich etwa ein Drittel der Angehörigen aller geschätzten Verschwundenen der ‚Vereinigung der Angehörigen von Verschwundenen' angehörten (Informe Rettig II 613). Das könnte bedeuten, dass sich etwa zwei Drittel der nächsten Angehörigen der Opfer in den Zeiten der starken Repression für Verleugnung oder Rechtfertigung entschieden hatten. Eine mögliche Erklärung für diese Reaktionen können soziopolitische Faktoren sein, z.B. die Angst vor der Reaktion eines intakten militärischen Apparates. So könnte man z.B. sagen, dass in Uruguay die Mehrheit der Bevölkerung in einem Plebiszit für das Vergessen votierte: 68% der Wähler stimmten für das Gesetz über die Aufhebung des staatlichen Anspruchs auf Strafverfolgung. (Patrón, Etchegoren 1989).

Die Bedeutung der traumatischen Ereignisse für die Opfer

Nicht nur Vergessen und Schweigen kommen angesichts traumatischer Ereignisse häufig vor. Es tritt auch ein aktives Bemühen um Bedeutungsbildung ein. Das Bemühen, einem traumatischen Ereignis eine Bedeutung zu geben ist ein häufiges, wenn auch nicht immer erfolgreiches Phänomen: Ein großer Teil der Opfer findet auch Jahre danach keinen Sinn in dem, was geschehen ist (Janoff-Bulman 1992).

Bei den direkt Betroffenen lassen sich in diesem Prozess verschiedene Strategien unterscheiden: Zum einen kommt es häufig vor, dass die Betroffenen sich selbst verantwortlich machen für das, was ihnen passiert ist, sei es wegen ihres Verhaltens oder wegen ihrer persönlichen Eigenschaften. Nach Janoff-Bulman (1992) ist dies eine Form, den Glauben an das Gute in der Welt wieder herzustellen: Wenn ich selbst (und nicht die Böswilligkeit anderer/der Welt, d. Übers.) für einen Teil des Geschehenen verantwortlich bin, dann kann ich jetzt oder in Zukunft auch Teile dessen, was geschieht, kontrollieren. In einigen Untersuchungen fand man, dass Personen, die ihr eigenes Verhalten dafür verantwortlich machen, was ihnen passiert ist, sich besser davon erholen. Eindeutiger ist, dass psychische Störungen verstärkt werden, wenn eine Person die Ursache für die traumatischen Erlebnisse ihrem Charakter oder ihrer Persönlichkeit zuschreibt.
Auch der soziale Vergleich mit anderen scheint bei Opfern traumatischer Ereignisse häufig vorzukommen: Man denkt, anderen ist es noch schlimmer ergangen, oder man käme mit den negativen Ereignissen besser zurecht als die meisten anderen (Janoff-Bulman 1992).

Eine dritte Form der Bedeutungsbildung ist, das traumatischen Ereignis unter einem positiven Aspekt neu zu bewerten. Man gibt ihm einen Sinn, indem man es z.B. als ein Opfer für andere begreift, oder man denkt, man habe dadurch etwas über das Leben (die wirklichen Prioritäten) und über sich selbst (über die eigenen Grenzen oder Stärken) gelernt (Janoff-Bulman 1992). In einer Untersuchung wurden ehemalige Veteranen des Zweiten Weltkriegs mit und ohne PTSD verglichen (Fairbank, Hansen, Fitterling 1991). Bei den Veteranen mit geringerer Symptombildung fand man als hauptsächlichen Bewältigungsmechanismus die Betonung der positiven Aspekte der Kriegserlebnisse. Die Veteranen mit stärkerer Symptombildung benutzten dagegen als hauptsächliche Bewältigungsform den Rückzug. Weitere Bewältigungsstrategien waren bei diesen Personen, sich selbst die Verantwortung für das Geschehene zu geben, Phantasien über die Verwirklichung ihrer Wünsche und die Suche nach affektiver Unterstützung bei der Auseinandersetzung mit den Kriegserinnerungen (Fairbank, Hansen, Fitterling 1991).

Diese Ergebnisse legen nahe, dass auch im Fall Chile Mechanismen wie sich selbst verantwortlich zu machen, Rückzug und kognitive Vermeidung wenig wirksame Formen im Umgang mit traumatischen Erinnerungen waren.

Die Bedeutung der traumatischen Ereignisse für die nicht direkt betroffene Bevölkerung und für die Anhänger der Verantwortlichen des kollektiven Traumas.

Die symbolische Rekonstruktion kollektiver traumatischer Ereignisse durch die nicht direkt betroffene Bevölkerung oder durch die Anhänger der Verantwortlichen scheint, auch in Chile, folgendermaßen zu verlaufen: Zunächst das Schweigen (von den Kritikern bekämpft) und eine den Konventionen entsprechende Darstellung der Ereignisse, die die negativen Tatsachen ignoriert. Nach dem Informe Rettig herrschten in der ersten Phase der Diktatur konventionelle Darstellungen vor, die nicht von den Folterungen und Massakern sprachen und das Geschehen rechtfertigten. Die unter den Anhängern der Täter üblichen Strategien sind folgende: Die Opfer werden für die Vorgänge verantwortlich gemacht, das Geschehen wird in einem „konventionellen" Sinn rekonstruiert und es werden vorteilhafte soziale Vergleiche gezogen. Ein gutes Beispiel für die Bedeutungszuschreibung und die Konventionalisierung des Gedächtnisses ist die rückblickende Darstellung, die ein Militär, der während der Diktatur Bürgermeister war, 1984 über die erste Repressionswelle abgab (Die Kommentare in Klammern wurden vom Autor hinzugefügt): „Was die Dina (politische Polizei, verantwortlich für das Verschwinden und die Folterungen unbewaffneter Personen) betrifft, ... ich denke zu Anfang war das in Ordnung. Denn als dieses Regime begann, gab es einen richtigen Krieg.". (Rekonstruierung und Vereinfachung: Innerhalb von zwei Tagen kontrollierten die Militärs das Land, und es gab keinen wirklichen bewaffneten Widerstand. Die massive Repression hielt Monate an, die selektive Jahre, in denen es 25 Tote bei der Polizei gab, dagegen Tausende von Toten und Verschwundenen in der Bevölkerung)" (Informe Rettig 1991).

„In dieser Zeit gab es viele Tote auf beiden Seiten, viele Carabineros (Polizisten) ... wurden getötet (Übertreibung: Beim Putsch gab es insgesamt 25 Tote bei der Polizei, in der Zivilbevölkerung 1200). Und wenn Krieg herrscht, ist jeder für sich selbst verantwortlich, und es stirbt, wer stirbt (den Konventionen entsprechende Erinnerung in Übereinstimmung mit der kollektiven Annahme „es herrschte Krieg", und es ging um eine gerechte Sache – die Mehrheit der Verschwundenen und Toten während der Diktatur waren nicht bewaffnet und haben nicht gekämpft). Wegen der Verschwundenen gebe ich niemandem die Schuld. Ich denke, das war eine Dummheit wie der schmutzige Krieg in Argentinien. Aber dort waren es an die 35.000 Verschwundene, und in Chile werden es vielleicht 600 gewesen sein (vorteilhafter sozialer Vergleich). Außerdem denke ich, dass all diese verschwundenen Leute so etwas wie tollwütige Hunde waren, mit Tollwut! Und die Tollwut muss man ausrotten, aber ich will das nicht rechtfertigen (zum Thema Verschwundene: die Verantwortlichkeit der Opfer und die ambivalente Rechtfertigung des Geschehens)..." (Politzer 1990, S. 67)
Ich möchte betonen, dass dies nach wie vor die offizielle Version unter den Anhängern Pinochets ist. So sagte zum Beispiel der Sohn Pinochets im Oktober 1998 als Antwort auf die

Forderungen nach Gerechtigkeit für den Tod spanischer Bürger: Wenn sie getötet wurden, dann deshalb „weil man in einer Revolution nicht weiß, wohin die Kugeln fliegen, und schließlich waren sie keine Engel".

In einer zweiten Phase wird das Geschehen verschwiegen oder verleugnet, was nur noch von wenigen Kritiken durchbrochen wird. Das Schweigen über die Ereignisse ist für die Mitgliedern jener gesellschaftlichen Gruppierungen, zu denen die Täter gehören, sowohl auf informeller wie auch auf formeller Ebene typisch. Ein Interview, das 1985 mit einem jungen Anhänger der Gruppen, die den Putsch unterstützt haben, geführt wurde, illustriert dies: Bis zu diesem Moment (1982/83) wusste ich absolut nichts von dem, was seit dem 11. September 1973 (Datum des Putsches) passiert war. Ich hatte keine Ahnung, dass sie Leute getötet haben, dass es immer noch Gefangene und Tausende im Exil gab, ich wusste nichts. Erst 83 erfuhr ich, dass im Bereich des Grundstückes (der Farm der Familie) Leute umgebracht worden waren. Über Dinge, die nicht im Mercurio (traditionelle Zeitung der Rechten) standen oder nicht im Fernsehen kamen, wusste ich nichts (Politzer 1988, S. 150).

In der dritten Phase werden die Schwere des Geschehenen und das Ausmaß der Verluste anerkannt, wie es im Informe Rettig geschah. Dabei handelt es sich um Darstellungen, die auf individuelle Gutwilligkeit und auf die Zugehörigkeit aller Beteiligten zu einer Nation bestehen. Diese Form der Darstellung vernachlässigt die soziale Bedeutung dessen, was geschehen ist (Wagner, Schwarz 1991). Typisch für diese Phase ist die individualisierte Erinnerung, die persönliche Eigenschaften in den Vordergrund stellt und die verlorene Sache vergisst. Bei negativen Ereignissen wird häufig die positive Bedeutung der individuellen Zugehörigkeit zu einer Gruppe betont. Zum Beispiel steht bei den Erinnerungen an den Vietnamkrieg der Grund des Kampfes an zweiter Stelle. Hervorgehoben werden die Abenteuer und die guten Eigenschaften der Kämpfer. Das Gedenkmonument für die Opfer des Vietnamkrieges betont das Gedenken an die im Kampf Gefallenen, die soziopolitische Bedeutung des Krieges ist nebensächlich (Wagner und Schwartz 1991). Ein „Tag der Versöhnung" beispielsweise hätte in Chile einen ähnlichen Sinn: Opfer und Täter geben sich die Hand und erkennen sich gegenseitig als Mitglieder der nationalen Gemeinschaft an. Tatsächlich hat man kürzlich vorgeschlagen, den 11. September, den Tag des Putsches nicht mehr als Feiertag zu begehen. An seine Stelle soll ein „Tag der Begegnung unter Chilenen" treten, eine klassische Form des Gedenkens, die versucht, die negativen Aspekte der Vergangenheit vergessen zu machen und die nationale Einheit zu betonen. Als Letztes setzt die Idealisierung der Erinnerung ein, bei der jede gesellschaftlichen Gruppierung ihr Handeln positiv bewertet.

Diese Prozesse beeinflussen die offizielle symbolische Rekonstruktion, aber sie haben wenig direkten Einfluss auf die Bevölkerung. In Santiago de Chile wurde 1990, noch vor Erscheinen des Informe Rettig, aber bereits nachdem die Menschenrechtsorganisationen alles zur Anzeige gebracht hatten, eine Umfrage durchgeführt. Dabei stellte sich heraus, dass 89% der Befragten der Meinung waren, dass erst ein Teil der während der Militärdiktatur begangenen Menschenrechtsverletzungen bekannt sei (Lira 1997). Außerdem gibt es einen Kampf um die Bewahrung des Gedächtnisses, der ebenfalls verhindern kann, dass es zwangsläufig zur Konventionalisierung des Gedächtnisses kommt.

Die Aufgabe des Gedächtnisses, das Sprechen über das Trauma und seine psychosozialen Funktionen

Bei negativen Ereignissen, die eine Gesellschaft spalten, haben Erinnerungsrituale nicht den Charakter einer normativen, vereinigenden Lektion. Für die Opfer und ihre Angehörigen ermöglicht das Gedenken an die kollektive Katastrophe, dem Geschehenen einen positiven Sinn zu geben: Lasst uns daran erinnern, damit anerkannt wird, was geschehen ist, damit anerkannt wird, dass es unrecht war und dass es sich nicht wiederholen darf (Jodelet 1992). Für die Verantwortlichen der Katastrophe hat die Vermeidung und Rationalisierung der Erinnerung die gleiche Funktion, wenn auch mit anderen Inhalten, wie wir zuvor gesehen haben. Unter günstigeren soziopolitischen Bedingungen ermöglichen der Kampf gegen das Vergessen und die Möglichkeit des Gedenkens, den individuellen intrusiven Erinnerungen einen Sinn zu geben (Jodelet 1992). Aussagen über Gewalttaten, vor Gericht oder in der Öffentlichkeit, verwandeln das individuelle Leiden in ein gesellschaftliches Zeugnis und eine politische Waffe. Gleichzeitig wird dadurch die gesellschaftliche Mobilisierung gegen die Diktatur wiederbelebt. Die Dokumentation und Veröffentlichung des Geschehenen in einem offiziellen Bericht hat nach klinischen Einschätzungen zur Verringerung der Symptomatik beigetragen (Becker, Lira 1989).

Auch wenn in bestimmten Phasen das Schweigen die vorherrschende Reaktion ist, so scheinen die Betroffenen doch das Bedürfnis zu haben, zu sprechen, und unter günstigeren Umständen tun sie es auch. Man nimmt an, dass das Sprechen über die kollektiven Traumata die soziale Funktion erfüllt, das Geschehene zu akzeptieren und symbolisch zu artikulieren. Es gibt für diese Annahme einige Belege. Untersuchungen über den Umgang mitbetroffener Angehöriger mit soziopolitischen Ereignissen traumatischer Art haben folgendes gezeigt: In Gesellschaften, in denen die kollektiven Katastrophen jüngeren Datums sind (z.B. in Chile und Argentinien), wird mehr über diese Themen gesprochen. In Gesellschaften dagegen, die zwar erst seit kurzem betroffen sind, in denen aber die polizeiliche Repression anhält, wie im Peru Fujimoris Anfang der 90er, wird weniger darüber gesprochen. Direkt Betroffene mobilisieren generell mehr Bewältigungsaktivitäten, Vermeidung ebenso wie Konfrontation. Das bedeutet, sie sprechen mehr über Themen wie Menschenrechtsverletzungen und kollektive Traumata und haben gleichzeitig mehr Hemmungen, darüber zu sprechen, als nicht Betroffene. Im Allgemeinen wird mehr gesprochen als vermieden. Außerdem stehen Gespräche über kollektive traumatische Ereignisse in einem stärkeren Zusammenhang mit Neubewertung oder dem Bemühen, das Geschehene besser zu verstehen und zu verarbeiten, als mit Grübeleien und intrusiven Gedanken. Sich mit anderen auszutauschen scheint demnach die Funktion der kognitiven Verarbeitung zu haben, besonders wenn es um die jüngere Vergangenheit geht (Páez, Basabe, Gonzales 1997).
Andererseits beurteilten Menschen, die mehr über die Ereignisse sprachen, das aktuelle emotionale Klima in der chilenischen Gesellschaft negativer. Wer mehr vermied, über diese Themen wie Folter oder politisches Exil zu reden, hatte dagegen eine bessere Meinung über das Land. Dieses Phänomen bestätigte sich sogar für die nächsten Angehörigen von direkt Betroffenen. Dies legt nahe, dass die Dynamik des Schweigens tendenziell zu einer Rechtfertigung der gegenwärtigen Gesellschaft führt, selbst bei den nächsten Angehörigen von Exilierten und Gefolterten (Páez, Basabe, Gonzales 1997). Diese Ergebnisse zeigen neben der offensichtlichen ethischen Problematik, welche Wirkung die Politik des Vergessens bezweckt, die in der Mehrheit der Länder von offizieller Seite betrieben wird. Der politische Kampf um Erinnern und Vergessen, um die Betonung der einen oder der anderen Bedeutung der soziopolitischen Traumata, ist nicht unbedeutend. Er hat seine Wirkung auf die gegenwärtige Wahrnehmung der Gesellschaft. Hemmung und Vermeidung dienen dazu, ein gutes ideologisches Gewissen zu entwickeln.

Die Forderungen nach einem kollektiven Gedächtnis und die Situation in Chile

Die Forderungen nach einem kollektiven Gedächtnis in Chile lassen sich nach ihrem Inhalt und empirisch in drei Dimensionen gruppieren (Martin et al. 1998):

a) Forderungen nach gesellschaftspolitischen Veränderungen, die die Auswirkungen der Repression zu überwinden helfen.
b) Die Forderung nach Gedenken, nach Exhumierung und Bergung der Überreste, nach moralischer Wiedergutmachung für die Verstorbenen und materieller Entschädigung für die Überlebenden. Das Gedenken wird nur in Teilaspekten begangen: Es gibt ein Denkmal für die Verschwundenen, man hat Präsident Allende formell beigesetzt, es wurden lokale Gedenkveranstaltungen durchgeführt, aber es gibt keine nationalen Gedenkfeiern zur Erinnerung an die Opfer.
Die Bergung der Überreste und deren endgültige Beisetzung fand bei mehr als 90% der Verschwundenen nicht statt. Die moralische Wiedergutmachung geschah teilweise durch das Informe Rettig und durch Präsident Aylwin. Jedoch ist ein nicht unbedeutender Teil der Gesellschaft nicht bereit, das Unrecht der Repression anzuerkennen. Die Entschädigung und Hilfe für die Opfer wurde teilweise durch das Programm für Wiedergutmachung, integrale Gesundheitsversorgung und Menschenrechte, PRAIS, angeboten. Zwischen 1991 und 1993 erhielten ca. 18.000 Personen aus diesem Programm Unterstützung (Domínguez et al. 1994). Dieses Programm hat lediglich eine vorrübergehende, externe Finanzierung, eine ungesicherte Zukunft und viele Personalwechsel erlebt.
c) Die Forderung, die Wahrheit zu kennen und die Verantwortlichen vor Gericht zu stellen. Hierbei geht es um die Wiederaneignung der Vergangenheit und darum, die Täter zur Verantwortung zu ziehen. Im Fall Chile wurde der Aspekt, die Wahrheit zu kennen, teilweise durch das Informe Rettig und die Nationale Vereinigung für Wiedergutmachung erfüllt, es wurden aber keine Verantwortlichen benannt. Gerichtliche Verfahren gegen die Täter gab es bislang nur in geringem Maß.

Was die öffentliche Meinung betrifft, bestätigen Umfragen, dass die Mehrheit der Bevölkerung die Forderungen nach Aufarbeitung der Vergangenheit und Benennung der Verantwortlichen befürwortet, die Position des Vergebens wird von einer nicht unbedeutenden Minderheit vertreten.

Prozentualer Anteil der Bevölkerung mit der Meinung:	Umfrage Géminis	Umfrage CERC
	1990	1998
Die Wahrheit kennen und Gerechtigkeit	59,2%	62%
Die Wahrheit kennen und Vergeben	31,5%	12%
Untersuchen ohne zu bestrafen	7,9%	---
Vergessen, sich anderem zuwenden	---	23%

(Umfrage Géminis mit einer Stichprobe aus Santiago; Lira, 1997; Umfrage CERC mit einer nationalen Stichprobe, durchgeführt im September und Oktober 1998, vor der Pinochetaffaire in London, Deia, 28/10/1998, S. 32)

Forderungen nach einem kollektiven Gedächtnis und emotionalen Klima

Für den Fall Guatemala wurde untersucht, welche Emotionen mit der Forderung nach einem kollektiven Gedächtnis bezüglich der Repression der 80er Jahre verbunden waren (ODHEGA 1998). Wir glauben, dass diese Ergebnisse auf Chile anwendbar sind und einen Hinweis auf

die Beziehung zwischen Forderungen nach einem kollektivem Gedächtnis und dem emotionalen Klima im Land geben.
Die Forderung nach Gedenken, Exhumierung, moralischer Wiedergutmachung für die Verstorbenen und materieller Entschädigung für die Überlebenden standen in einem starken Zusammenhang mit Emotionen wie Wut und dem Empfinden von Ungerechtigkeit. Für den Aspekt des Gedenkens ergab sich ein Zusammenhang mit der sozialen Mobilisierung von Energien für folgende Ziele: Die Wiederherstellung der Würde der Verstorbenen und die Forderung nach Entschädigung für die Opfer. Wut und das Empfinden von Ungerechtigkeit mobilisieren Energien für die Forderung nach moralischer Wiedergutmachung.

Für die Wiederaneignung der Vergangenheit und die Forderung, die Täter zur Verantwortung zu ziehen, fand sich ein starker Zusammenhang mit Reaktionen wie Angst, Traurigkeit und Trauer, außerdem mit sozialen Faktoren wie dem Akzeptieren der Verluste, mit Plänen für besseres zukünftiges Handeln und mit einer Ausrichtung der Aufmerksamkeit auf potenzielle Bedrohungen, die Maßnahmen zum Selbstschutz erfordern (Martin et al. 1998).

Dies weist darauf hin, wie wichtig das Bekanntwerden der Wahrheit und Benennung der Verantwortlichen für die Verbesserung des sozialen Klimas von Traurigkeit und Angst und für die Überwindung gestörter Trauerprozesse in Chile sein kann. Die Ergebnisse unterstützen auch die Forderungen nach Gedenken, Exhumierung, Entschädigung und anderen Formen, den erlittenen Schaden für die Opfer abzumildern. Die Erfüllung dieser Forderungen würde dazu beitragen, die sozialen Beziehungen in den von der Gewalt in Chile betroffenen Familien und Gemeinden wieder aufzubauen und die emotionale Atmosphäre von Wut und dem Empfinden von Ungerechtigkeit aufzulösen.

Die Rolle von Gedenkfeiern und Ritualen bei der affektiven und sozialen Genesung

Die zuvor beschriebenen Ergebnisse machen deutlich, dass Gedenkfeiern und kollektives Erinnern sowie die moralische Würdigung der Opfer in öffentlichen Akten und die öffentliche Benennung der Verantwortlichen einen positiven Effekt auf das emotionale Klima in Chile haben könnten, das mit Rebellion bei den einen und politischer Apathie bei den anderen durchsetzt ist. Einige dieser Aspekte sollten jedoch hinsichtlich ihres psychosozialen Effektes differenzierter betrachtet werden.

Parkes, Weiss (1983) weisen darauf hin, dass kollektives Gedenken und Trauerrituale eine rituelle Funktion erfüllen, deren Zweck die Assimilierung des Verlustes ist. Aus der Sicht der Bindungstheorie nimmt auch Bowlby an, dass kollektives Gedenken und Rituale eine psychologische Funktion haben. Zeremonien, Denkmäler und Trauerrituale mildern die Trennung für die Angehörigen und erlauben den Menschen, ihren Respekt, ihre Gedanken und ihre Gefühle für die Verstorbenen auszudrücken. Rituale haben auch die Funktion, dem Tod in seiner Endgültigkeit Nachdruck zu verleihen, sie helfen, den Verlust als Tatsache zu realisieren. Auch den Leichnam des Verstorbenen zu sehen hilft, sich der Realität des Todes bewusst zu werden. Rituale ermöglichen den öffentlichen Ausdruck von Trauer und von Gefühlen und grenzen gleichzeitig die Phasen dieser Trauer ein. Die Bestattungsrituale haben den Sinn, die trauernde Familie mit einem Netz von sozialer Unterstützung zu umgeben. Es werden neue soziale Rollen zugewiesen, und die Rituale bieten einen Rahmen für den Rhythmus der sozialen Wiedereingliederung. Den Gemeindemitgliedern ermöglichen die Rituale, Trauer, Schmerz, Traurigkeit, Wut und andere Emotionen öffentlich zum Ausdruck zu bringen, den Verlust anzuerkennen und sich von einem Gemeindemitglied zu verabschieden (Bowlby 1980, Worden 1991). Andererseits gilt das Fehlen von Trauerritualen als Risikofaktor für bestimmte psychologische Reaktionen und problematische oder gestörte Trauer (s. Worden 1991). Verschiedene chilenische Autoren weisen außerdem darauf hin, dass im Falle der Verschwundenen die Unsicherheit über deren letztendliches Schicksal und das Fehlen von Ritualen verstärkt negative psychologische Folgen haben (Lira, Castillo 1991).

Es gibt einige Studien, die die positiven Effekte von Gedenkfeiern für die Gesundheit bestätigen. Zum Beispiel fanden Levav et al. (1988) bei geschiedenen oder verwitweten Eltern eines bei einem Unfall ums Leben gekommenen Kindes eine höhere Sterblichkeitsrate als bei geschiedenen oder verwitweten Eltern eines im Yom Kippur Krieg von 1973 gefallenen Kindes. Letztere gaben dem Tod ihre Kindes einen ideologischen Sinn und nahmen an den jährlichen Gedenkzeremonien teil. Dies weist auf die positive Rolle hin, die kollektive Gedenkfeiern und Rituale für die Gesundheit spielen.
Allerdings gibt es wenig Untersuchungen über die positive Wirkung von Gedenkfeiern und Ritualen auf die individuelle emotionale Befindlichkeit. Folgt man Bowlby, so sind Rituale und soziale Unterstützung ein Schutz gegen soziale Isolierung aber nicht gegen den emotionalen Rückzug, der mit dem Verlust eines Bindungsobjekts verbunden ist (Bowlby 1980). Ähnliche Ergebnisse finden sich bei Weiss, Richards (1997): Die befriedigende Teilnahme an Begräbnissen steht im Zusammenhang mit besseren sozialen Beziehungen aber nicht mit einer Verringerung des emotionalen Leidens. In den statistischen Analysen von Tausenden in Guatemala erfassten Fällen fand sich kein Zusammenhang zwischen der intensiven und verlängerten Trauer in den Jahren 1995-1996 und dem Fehlen von Trauerritualen. Im Zusammenhang mit Trauerritualen traten gehäuft Gefühle auf wie Angst, Empfinden von Ungerechtigkeit, Unsicherheit, Wut, starker Trauer in der Vergangenheit und aktuelle Traurigkeit. Diese Resultate legen nahe, dass Prozesse des kollektiven Gedächtnisses wie Begräbnisrituale die aktuelle Traurigkeit verstärken und nicht gegen negative Emotionen oder Trauer schützen. Die Ergebnisse unterstützen die Idee nicht, dass Rituale hilfreich sind für die Verbesserung der emotionalen Befindlichkeit. Der Rehmi-Bericht bietet dafür eine mögliche Interpretation: „... die Familien, die vom Tod erfuhren und außerdem ein Begräbnis veranstalten konnten. In ihnen sind die vorherrschenden Gefühle außer der Trauer über den Tod, Gefühle von Ungerechtigkeit und Wut über das, was geschehen ist. Das Begräbnis schließt den Zyklus des Todes und ermöglicht den Überlebenden, ihre Wut und Empörung gegenüber den Verursachern auszudrücken." (ODHEGA 1988, p.7).

Jedoch standen die Rituale auch in Zusammenhang mit dem Wiederaufbau sozialer Unterstützung, mit altruistischem Verhalten, geringerem Empfinden von Schutzlosigkeit und weniger politischer Gleichgültigkeit. Man kann daraus schließen, dass die Teilnahme an Ritualen affektive Reaktionen und Aktivitäten, die zu einem stärkeren sozialen Zusammenhalt beitragen, verstärkt, aber weder gegen aktuellen Schmerz noch Trauer schützt. Erklärungen dafür sind, dass die Teilnahme an diesen Ritualen eine größere Gewissheit über den Verlust mit sich bringt, dass das Unrecht dessen, was geschehen ist, stärker ins Bewusstsein rückt, und dass die Straflosigkeit der für die politischen Massaker Verantwortlichen intensiver erlebt wird. Untersuchungen in Chile unter der indigenen Bevölkerung der Mapuches fanden in ähnlicher Weise, dass die Betroffenen, die die Überreste ihrer Angehörigen bergen konnten, mehr Aggressivität und Irritierbarkeit zeigten, da sie auf viel deutlicherer Weise mit der Ungerechtigkeit des Todes konfrontiert wurden. Außerdem wurde festgestellt, dass ohne die Überreste keine Rituale und Zeremonien durchgeführt werden konnten, was zu einer stärkeren sozialen Isolation der Angehörigen der Verschwundenen beitrug (Perez, Basic, Dúran 1998). Hinsichtlich möglicher Effekte von Gedenkfeiern und Exhumierungen in chilenischen Bevölkerungsgruppen mit vielen Verschwundenen, fanden Perez und Mitarbeiter, dass im Fall der Mapuche Indigenas das Auffinden der Überreste, ihre Identifizierung und Exhumierung für die Betroffenen nach 20 Jahren nicht mehr viel Wert als Bestätigung des Todes hatten. Die Familien der Mapuche hatten andere, symbolische Formen der Kommunikation mit den Verschwundenen gefunden. Man hat auch ambivalente Haltungen gegenüber den Exhumierungszeremonien festgestellt, die daraus resultierten, dass man das affektive Gleichgewicht nicht wieder stören wollte, das man nach dem Verschwinden seiner Nächsten langsam wiedererlangt hatte (Pérez, Basic, Dúran 1998).

Schlussfolgerungen

Aus der Durchsicht der belegten Fakten über Chile und der allgemeinen wissenschaftlichen Literatur kann man die folgenden Schlüsse ziehen:

1. Die Tragweite des Traumas: Man kann schätzen, dass etwa 90.000 Personen, fast 1% der erwachsenen chilenischen Bevölkerung direkt und 4% indirekt von der Repression betroffen waren.

2. Die Auswirkung des Traumas auf das soziale Weltbild und die chilenische Kultur: Es gibt deutliche Indizien dafür, wie sehr die Diktatur und die Repression Pinochets das soziale Weltbild der direkt betroffenen Personen, aber auch in der Bevölkerung allgemein, verändert haben. Zumindest in der Endphase der Diktatur kann eine negativere und pessimistischere Wahrnehmung festgestellt werden. Ebenfalls kann man feststellen, dass sich die chilenische Kultur von einer „kollektivistischen“, an der Großfamilie orientierten Kultur zu einer stärker individualistischen entwickelt hat sowie von einer femininen „weichen“ Kultur der sozialen Unterstützung zu einer „härteren“, mehr wettbewerbsorientierten Kultur mit weniger positiver Affektivität.

3. Das Trauma und die Prozesse des kollektiven Gedächtnisses: Das soziopolitische Trauma spiegelt sich in Chile in verschiedenen Prozessen des kollektiven Gedächtnisses wieder. Es existiert ein negativeres Bild der gesellschaftlichen Vergangenheit. Die Ereignisse um den Staatsstreich und die darauf folgende Repression prägen das kollektive Gedächtnis insofern, als sie neuartig waren und sowohl für die Individuen als auch für die Gemeinschaft eine einschneidende Wirkung hatten. Sie haben die Veränderung ihrer Institutionen, ihrer Überzeugungen und Werte mit sich gebracht. Auch der Generationseffekt unterstützt die Bildung und Aufrechterhaltung der kollektiven Erinnerungen an die Repression: Diese Ereignisse betrafen eine Kohorte im Alter von 10-25 Jahren und bildeten die Basis der Identität einer ganzen chilenischen Generation, die daher diese die Ereignisse mit größerer Intensität erinnert. Des Weiteren fand während einer ganzen Periode ein intensiver Austausch über die Ereignisse um den Putsch statt, und es hat sich eine starke künstlerische Produktion entwickelt, die als ästhetische Gedächtnisstütze dient. Ein weiterer Faktor, das kollektive Gedächtnis zu stärken, ist die Existenz einer bedeutenden Diaspora, die ihre Identität in großem Maße aus dem Putsch und der Repression bezieht, die sich dem Gedächtnis verpflichtet fühlt und eine kritische Haltung gegenüber ihrem Herkunftsland einnimmt.

4. Das Trauma, das Klima der Angst, das Schweigen, die Verpflichtung zur Erinnerung und die Auswirkungen des kollektiven Gedächtnisses: Die Repression hat nicht nur das Weltbild, die Kultur und das Bild der Vergangenheit beeinflusst. Sie hat auch ein emotionales Klima der Angst geschaffen, in dem Unruhe und Unsicherheit vorherrschen sowie Vermeidungsverhalten, soziale Isolierung, das Zerfallen von Gruppen und die Behinderung von aktivem

Bewältigungsverhalten. Dies steht in Zusammenhang mit einem ideologischen Wechsel und gemäßigteren Positionen. Das Klima der Angst hat auch die Isolierung und Stigmatisierung der direkten Repressionsopfer bewirkt und ihre Probleme verstärkt. Das Schweigen war während der bleiernen Jahre der Diktatur die vorherrschende aber nicht die einzige Reaktion.
5. Der Kampf um das Gedächtnis ist ein sozialer Prozess mit verschiedenen Aspekten und Auswirkungen:

a) Das Erinnern an die traumatischen Ereignisse ist für einen Teil der Betroffenen eine moralische Verpflichtung. Die öffentliche Erinnerung an das Geschehen war eine Form anzuerkennen, dass ein kollektives Trauma stattgefunden hat, dass es Unrecht war, und dass es sich nicht wiederholen darf.
b) Das Erinnern und Darüber-Sprechen scheint notwendig zu sein, um einen Ausdruck für das kollektive Trauma zu finden und um es zu verstehen. Es wurde festgestellt, dass häufiger über die traumatischen Ereignisse gesprochen wird, als dass auf lange Sicht vermieden wird darüber zu sprechen; des Weiteren, dass in den vor kurzem betroffenen Gesellschaften und bei den direkt betroffenen Personen mehr darüber gesprochen wird, und dass das Sprechen verbunden ist mit dem Bemühen, das Geschehene besser zu verstehen und ihm einen Sinn zu geben. Daher kann angenommen werden, dass das Sprechen über das Erlebte psychologisch adaptiv ist.
c) Erinnern und Sprechen dienen dazu, eine normative Lektion für die Gegenwart zu vermitteln. Sie stehen im Zusammenhang mit einer negativen Bewertung der derzeitigen Gesellschaft. Im Gegensatz dazu stand das Vermeiden des Sprechens im Zusammenhang mit einer positiveren Bewertung der heutigen chilenischen Gesellschaft, selbst im Falle von nächsten Angehörigen der Opfer. Das „aktive Schweigen“ hat eine reale ideologische Wirkung. Jedoch sind Vergessen und zum nächsten Kapitel Übergehen Haltungen einer Minderheit. Die Forderungen nach einem kollektiven Gedächtnis, danach, das Geschehene bekannt zu machen und die Verantwortlichen vor Gericht zu stellen, werden in der öffentlichen Meinung in Chile noch heute mehrheitlich vertreten.

Die Erfüllung der letztgenannten Forderungen würde wahrscheinlich das soziale Klima von Traurigkeit, Angst und latenter Trauer verbessern. Die Erfüllung der Forderungen nach der Bergung der Überreste, nach dem Gedenken an die Gefallenen, nach einer moralischen Wiedergutmachung für die Toten und einer materiellen Entschädigung für die Überlebenden, würde das emotionale Klima von Wut und das Empfinden von Ungerechtigkeit abmildern. Es ist zu erwarten, dass Gedenkfeiern die soziale Aktivität und das moralische Selbstkonzept der daran teilnehmenden Betroffenen verbessern, und dass sie positive Effekte für ihre körperliche Gesundheit haben, auch wenn sie wahrscheinlich nicht helfen, die emotionale Isolierung und den Schmerz über den Verlust zu überwinden.

Jürgen Müller-Hohagen

Reflexionen eines deutschen Psychotherapeuten zum politischen Terror

Welches ist der Ort, um von deutscher Seite dem etwas hinzuzufügen, was in diesem Buch mitgeteilt wird über staatlich institutionalisierten Terror im Südamerika der Militärdiktaturen und seinen Bezug zum psychologischen Bereich?
Als deutscher Psychotherapeut?
Was ist das?
Und wer bin ich, dass ich es mir anmaße oder mir zuschreiben lasse, vom diesem Ort eines „deutschen Psychotherapeuten" aus etwas zu sagen mit Blick auf das an jenen so entfernt scheinenden Orten Verübte und Erlittene?

* * *

Beginnen wir mit Reflexionen über eine Fehlleistung.
Im vorläufigen Inhaltsverzeichnis lautete der Titel dieses Beitrags: „Reflexionen zum Umgang mit dem Terror eines deutschen Psychotherapeuten". Der Genitiv war durch einen Übersetzungsfehler an die falsche Stelle gerückt, nicht weiter von Belang – und doch, die Formulierung ließ mich nachdenken.
Ist es nicht so, dass unter Psychotherapeuten in Deutschland und anderswo die stillschweigende Überzeugung herrscht, besonders weit vom staatlich ausgeübten Terror – und nur um diesen geht es hier – entfernt zu sein? Sich auf Sigmund Freud, den unerschrockenen Aufklärer, den jüdischen Gründer der Psychoanalyse, zu berufen, sich von ihm oder von ähnlichen Vätern und Müttern herzuleiten in der professionellen Genealogie, bedeutet das nicht geradezu ein Garantiesiegel verbürgter „Menschlichkeit"?
„Anch' io ho nemici ebraici" – „auch ich habe jüdische Feinde", diese Fehlleistung, Feinde statt Freunde, nemici statt amici zu denken, wurde produziert von einem deutschen Psychotherapeuten, dem Verfasser, während einer Gedenkzeremonie für die Rettung eines italienischen Dorfes vor „Vergeltungsschlägen" von Wehrmacht und SS im Frühjahr 1945. Mit aktuellem Ärger auf konkrete jüdische Freunde oder Bekannte hatte diese Fehlleistung nichts zu tun, es ging nicht um Gegenwärtiges, sondern um die innere Stresssituation der Teilnahme an dieser Veranstaltung. Aus innerem Zerrissensein und im Übereifer des „Gut sein Wollens" kam plötzlich dessen genaues Gegenteil an die Oberfläche des Bewusstseins. „Auch ich, ihr deutschen Soldaten und SS-Männer, sehe jüdische Feinde, genau wie ihr" – steckt das nicht in diesem Satz? „Wir und unsere jüdischen Feinde?" „Wir."
Überzogene Selbstbezichtigung? Weit entfernt. Vielmehr ist davon auszugehen, dass der Stoff zu solchen Fehlleistungen bis heute massenhaft bereit liegt auch in den Untergründen liberaler Deutscher, allesamt fern rechtsradikaler Sympathien, aber dennoch unvollständig abgelöst aus den unsichtbaren Bindungen, den unbewussten Loyalitäten mit den individuellen und kollektiven Nazi-Vorfahren. Psychotherapeuten sind da nicht ausgenommen.
Sich abzulösen bedeutet, solcher Anteile gewahr zu werden. Von daher bin ich mittlerweile eher erleichtert, wenn ich derartige Fehlleistungen in mir bemerke, also offensichtlich in meinem Wahrnehmen Abstand bekommen, Orte gefunden habe jenseits dieser Loyalitäten. Das ist ein weiter Weg. Immer noch. Und für lange Zeit.
So viel einleitend zum Ort eines deutschen Psychotherapeuten.

* * *

Räumlich gesehen, heißt der wichtigste Ort, von dem her dieser Beitrag geschrieben wird, Dachau. Dorthin bin ich 1982 mit meiner Familie über die geringe Distanz von achtzehn Kilometern gezogen, nachdem uns in München die Wohnung gekündigt worden war. Wir sagten ausdrücklich nicht Nein zu dem uns angebotenen Haus und wussten sofort, dass wir uns dann mit „dieser Vergangenheit" stärker noch als bisher befassen würden. Zentral wurde für mich die Auseinandersetzung mit meinen eigenen blinden Flecken. Vor allem bemerkte ich, wie es Schubladen in mir gab, die verhinderten, Zusammenhänge zwischen Individuellem und Gesellschaftlichem auch dann zu sehen, wenn es konkreter um die Nazizeit gehen könnte. In Dachau Überlebenden der Nazi-Verfolgung persönlich zu begegnen und mit einigen von ihnen näher bekannt zu werden, eröffnete eine neue Welt. Auch dabei bemerkte ich immer wieder meine Verleugnungstendenzen.

Das alles bedeutete eine Krise für den praktizierenden Psychotherapeuten mit langjährigen Analysen und intensiver Weiterbildung, doch führte es schon bald zu neuen Wegen, nämlich die Möglichkeiten des „Lernorts" Dachau zu nutzen, mit den Zeitzeugen, in den örtlichen Aktivitäten, im zeitgeschichtlichen Verein „Zum Beispiel Dachau", in der Verknüpfung mit meiner Arbeit als Berater und Psychotherapeut, im Verfassen von Vorträgen, Artikeln, Büchern, im Austausch mit Kolleginnen und Kollegen und im sich kontinuierlich intensivierenden Kontakt mit Menschen, die als Nachkommen von Tätern oder von Opfern psychotherapeutische Hilfe suchten.

Auch der Blick auf meine eigene Geschichte veränderte sich, auf die Familie, in die hinein ich 1946 geboren wurde und die bis ein Jahr vorher zum größeren Teil aus sogenannten Mitläufern bestanden hatte, aus Nazi-Sympathisanten also, und auf die westfälische Kleinstadt, die, wie ich erst von Dachau aus erfuhr, stolz darauf gewesen ist, prozentual die meisten Träger von goldenen Parteiabzeichen verbuchen zu können. Nach 1945 aber war dort alles ganz „normal" gewesen.[157] Solch eine in Deutschland völlig „normale" Herkunft wirft Schatten, die es erst einmal zu sehen gilt.

* * *

Einen wichtigen Platz erhielt nach einigen Jahren der Austausch mit Kolleginnen und Kollegen aus Südamerika. Das begann im Herbst 1992 mit einem Brief aus Córdoba/Argentinien und der Anfrage von Christian Lüffe, dem stellvertretenden Leiter des dortigen Goethe-Instituts, ob ich auf einer Tagung zur politischen Gewalt über meine Erfahrungen hinsichtlich der NS-Vergangenheit und ihrer psychischen Folgen berichten könne. Martin Schumacher vom Goethe-Institut in Montevideo/Uruguay schloss sich an, und so kam es im August 1993 an den beiden Orten zu öffentlichen Tagungen, für die wir deutschen Vortragenden, Hans Stoffels und ich, unter anderem die wesentliche Funktion hatten, so etwas wie einen Schutzschild zu bieten, hinter dem die eigenen Erfahrungen unter der nur kurz zurückliegenden politischen Gewalt der Militärdiktaturen in den Raum einer Öffentlichkeit hinein artikulierbar würden, deren Schlusspunktdenken massiv war.[158]

* * *

24. August 1993, Montevideo in Uruguay: Maren Ulriksen de Viñar, die wir am Vorabend zusammen mit ihrem Mann Marcelo Viñar kennen gelernt haben, beide Psychoanalytiker, zeigt uns die Stadt. Heute Abend werde ich im Goethe-Institut meinen Vortrag halten:

Anmerkungen

[157] Näheres siehe Müller-Hohagen (1988), S. 58ff

[158] Tagungsdokumentation in: Goethe-Institut Córdoba (1994)

„Politischer Terror und transgenerationelle Gewalt: Psychotherapeutische Forschungen vor dem Hintergrund von Dachau“. Fast fünfzig Jahre „danach“, wenn man von uns ausgeht, und acht Jahre nach dem Ende der Diktatur in Uruguay. Seit der kürzlich durchgeführten Volksabstimmung über das „Schlusspunktgesetz“ (punto final) ist es den Opfern der Verfolgung noch schwerer, sich zu artikulieren, sich gesehen zu fühlen. Und zugleich wird das immer dringender. Die Tagung soll dabei helfen.
Montevideo, vor wenigen Jahrzehnten Traumstadt, ist heute heruntergekommen, gezeichnet von Armut, Gewalt, Diktatur. Maren macht uns mit verschiedenen Seiten bekannt, mit dem teuren Touristenshop für handgestrickte Wollsachen ebenso wie mit Cerro, dem malerischen Aussichtshügel neben der Stadt – und dem Elendsviertel an seiner Flanke, wo sie an einem Universitätsprojekt unentgeltlich mitarbeitet.
Und dazwischen beim Autofahren an einer Stelle dicht neben der Altstadt: „Hier hatten sie Marcelo inhaftiert.“ Graue, nichtssagende Mauern.
Wir wissen bereits: Sie hatten ihn noch vor Beginn der „offiziellen“ Diktatur verhaftet, nur weil er seinen ärztlichen Pflichten auch gegenüber einem untergetauchten Regierungsgegner nachgekommen war und diesen anschließend nicht denunziert hatte. Sie haben Marcelo gefoltert. Beklommen fragen wir etwas nach. Wie es ihr damit ging. Sie hat wochenlang nichts erfahren, lief von einer Stelle zur anderen. Alarmierte ausländische Freunde und Kollegen. Es bildete sich ein internationales Komitee für seine Freilassung. Nach drei Monaten kam er zurück. Sie gingen nach Chile, in Marens Heimat. Dort der Putsch, der Terror. Sie gingen nach Argentinien. Dort dasselbe. Sie gingen zurück nach Uruguay. Und dann im letzten Moment und schweren Herzens nach Frankreich ins Exil. Für lange dreizehn Jahre schließlich.

November 1994: Im nächsten Monat werde ich wieder in Montevideo sein, erneut zu einer Tagung über politische Gewalt und ihre Folgen, diesmal veranstaltet von der Universität, der Alliance Française und dem Goethe-Institut. Meine wichtigste Vorbereitung besteht darin, mich wieder in das Buch der beiden Viñars über Folter und Exil[159] zu vertiefen, ausführlicher noch als zuvor. „Un grito entre miles“, so lautet ein Beitrag, den ich jetzt erstmals lese: Ein Schrei unter Tausenden. Das ist, in Er-Form geschrieben, Marcelos Bericht über seine Folter. Er ist schwer auszuhalten. Er geht sehr nahe. Die Grausamkeit auf der einen Seite, angefangen vom Draht, mit dem sie ihm beim nächtlichen Abholen die Hände fesseln, die Verbindung zu Maren auf der anderen.
„Als er Frau und Kinder küsste, fühlte er nichts, war völlig betäubt. Später würde er dann diesen Augenblick Tausende von Malen wieder hervorrufen, das Gefühl nacherleben, das damals so blockiert war.“ [160] „Sie tauchten ihn in eiskaltes, stinkendes Wasser bis zum Ersticken. Einmal, zweimal, zehnmal (...) Und er warf sich vor, dass er damals bei der Verhaftung noch so mit dem sich Wehren befasst war und sich nicht richtig von ihr verabschieden konnte. Ein unwillkürlicher Schrei kam aus ihm heraus – ihr Name? Oder um überhaupt noch zu merken, dass er am Leben war?“[161]
Todesangst und Verbundenheit, beides in einem Schrei. Ein Schrei unter Tausenden.

Dezember 1994, Montevideo: die Tagung, das Haus von Maren und Marcelo, die meisten Zimmer mit Schlafstellen belegt, Freunde und Kollegen aus verschiedenen Ländern, darunter Janine Altounian, noch ein Abgrund, dessen fortdauernde Gegenwärtigkeit sich auftut, der

[159] Viñar und Viñar (1993)
[160] ebda., S. 23f
[161] ebda., S. 28f

erste dieses 20. Jahrhunderts, der Genozid am armenischen Volk durch die türkische Regierung während des Ersten Weltkriegs – übrigens auch hier schon deutsche Unterstützung, General Ludendorff, der spätere Hitler-Kumpan beim Putschversuch an der Feldherrnhalle in München 1923. Die Psychoanalytikerin aus Paris, Tochter eines damals Davongekommenen, dieser gut aufgenommen in Frankreich, sie dort aufgewachsen und später sehr hilfreich für Exilierte aus Südamerika – was sagen ihre Abschiedsworte hier im fernen Montevideo, sie habe, angesichts von so viel erlebtem Miteinander der Kolleginnen und Kollegen in Uruguay, einen Schrecken vor dem isolierten Leben in Paris? Meint sie wirklich dortige Distanziertheit des gegenwärtigen Lebens? Oder verweisen diese Gefühle auf etwas, das über Jahrzehnte und Generationen zur Ermordung der Großeltern zurückreicht und worüber sie auf dieser Tagung berichtet hatte?[162]

April 1995, Dachau: Ein Brief von Hans-Georg Thönges, dem jetzigen Leiter des Goethe-Instituts in Montevideo. Eine dort lebende Holocaust-Überlebende wird bei ihnen über ihre Sicht von Deutschland und den Deutschen sprechen. Sie bittet ihn, mir die englische Fassung ihres Buches zu schicken: „A Book without a Title“. Monate später komme ich dazu, es zu lesen. Darin beschreibt sie, was sie zwischen der deutschen Besetzung Polens und der Befreiung bei Kriegsende erleben musste – Ghetto, Auschwitz, Stutthof, mörderische Fahrt über die Ostsee. Die Verbundenheit mit ihrer Familie steht im Mittelpunkt – von der nur ein einziges Mitglied außer ihr überlebt hat.
Verbundenheit ganz besonders mit ihrem jüngeren Bruder Leibusz. Er war bereits früher als die anderen vom Ghetto wegtransportiert worden. Und jetzt, völlig benommen, die Rampe, deren Bedeutung ihr noch nicht bewusst war, kurz erst hinter sich: „Mein Herz war zusammengepresst von diesen fürchterlichen Schornsteinen. Dann ... mein kleiner Bruder ... Etwas in mir riss entzwei, brach zusammen.
(...) Plötzlich merkten wir Brandgeruch. ‚Siehst du es? Dort sind die Zigeuner,' sagte sie zu mir und zeigte auf den Rauch, der in die Luft stieg.“[163]

Anfang Mai 1945: Ana Vinocur und viele andere KZ-Häftlinge auf hoher See als lebender Schutzschild für den mit Rotkreuz getarnten Waffentransporter, von alliierten Fliegern beschossen, manövrierunfähig, die Mannschaft und die SS mit den Rettungsbooten fort, dann ein Schiff, deutsche Marine, man lässt sie hinüber, aber nur die Gehfähigen, eine schwankende Planke, Ana Vinocur kann sich vor Schwäche und Krankheit nicht auf den Beinen halten, redet ihrer Freundin Maryla zu, dass diese sich allein rettet. Doch diese weigert sich:
„‚Hör zu, du gehst mir auf die Nerven mit deinem Pessimismus. Man könnte meinen, es passt dir nicht, dass du weder im Feuer noch im Wasser umgekommen bist. Warum versuchst du dir nicht vorzustellen, dass wir, mit Gottes Hilfe, alle beide gerettet werden können? Hör auf zu reden, der Deutsche beobachtet uns sowieso schon.'
Meine Freundin hielt mich senkrecht, erwürgte mich halb dabei. Sie hatte Angst, ich könnte ihr wegrutschen. Ganz langsam stiegen wir auf die Planke, die unser völlig zerstörtes Schiff mit dem anderen verband. Die Stille um uns war wie die beim Anschauen eines Horrorfilms. Alle starrten auf uns. Ich weiß nicht mehr, was in diesen Augenblicken geschah. Es erstaunt mich immer noch, wenn ich an diese Heldentat meiner Freundin denke! Sogar die Deutschen waren verblüfft, starrten auf uns, sagten keinen Ton!

[162] Näheres siehe Altounian (1990)
[163] Vinocur, S. 68

Dann waren wir außer Gefahr! Viele andere machten es uns nach, gingen allein, aber etliche hatten nicht so viel Glück, fielen ins Meer, gingen unter, einfach so. Niemand kümmerte sich um diese Unglücklichen.
Wir sahen eine Szene, die der unseren ähnlich war. Ein Mädchen versuchte seine Schwester hochzuziehen, doch umsonst. Wie viel Trauriges haben meine Augen mitbekommen! Die schwächere Schwester bat die andere, sich doch selbst zu retten, aber die war eine edle Seele und sagte: ‚Wenn eine andere es schaffte, warum nicht auch ich?' Doch ihre Kräfte reichten nicht aus. ‚Ihr seid Zeugen, dass ich meine Schwester retten wollte, aber ich kann es einfach nicht. Ich will mit ihr Seite an Seite sterben! ' Als die Schwester das hörte, schleppte sie sich an den Rand des zerstörten Schiffs und warf sich ins Meer. (...) Sie wollte, dass wenigstens ihre Schwester gerettet würde. Das war eine Szene, die wir nie vergessen würden."[164]
Dachau, 1995: Gedanken von Maren Ulriksen de Viñar: Die Tagung „Stacheldraht und heile Welt", die Jürgen Müller-Hohagen mit einer Arbeitsgruppe des Vereins „Zum Beispiel Dachau" organisiert hat, ist zu Ende. Marcelo und ich haben hier in Dachau Vorträge gehalten, er über „Gedächtnis und Zukunft" und ich zum Thema „Folgen politischer Gewalt bei Kindern und Jugendlichen in Südamerika". Wir gehen durch diese Stadt, deren Name in aller Welt so bekannt ist. Ich denke daran, wie wir vor zwei Jahren die KZ-Gedenkstätte besucht haben. Morgen werden wir erneut dort sein. Ich sehe das Lager vor mir, spüre etwas von dem Grauen. Welch ein Kontrast zu dem herrlichen Grün und den Blüten dieses Frühsommers, zu den gepflegten Häusern in dieser hübschen Kleinstadt! Ich pendle hin und her.
Wir steigen den Berg zur Altstadt hinauf. Da taucht „Cerro" in mir auf, Aussichtshügel am Rande von Montevideo, das Elendsviertel auf seinem Abhang, unser Projekt dort, die immer noch zunehmende Armut in Zeiten des Neoliberalismus.
Ich sehe Kinder vor mir, denke an Emiliano, zehn Jahre alt, der mit seinen drei kleinen Brüdern bei den Großeltern lebt, beide einfache Arbeiter. Die Mutter zog sich schon früh zurück, den Vater kennt er nur flüchtig. Erst mit vier Jahren begann er zu sprechen. In der Schule ist er nicht mitgekommen, hat das Lesen und Schreiben noch nicht gelernt. Doch am psychopädagogischen Programm unseres Hilfsprojekts der Universität nimmt er mit großem Interesse teil.
Ich denke daran, wie ich bei unserem ersten Kontakt das Spielmaterial auf dem Tisch ausbreitete. Er setzte zwei Leute auf ein Pferd. Dann waren sie beim Sonnenbaden. Davon getrennt, stellte er Soldaten und Gauchos auf, die aufeinander schossen. Dann trieben sie Vieh in einen Pferch. Leise sagte er: „Ein Bauernhof, sie hüten die Tiere." Pause. „Manchmal töten sie sie. Wenn es nichts zu essen gibt. Wenn sie Hunger haben."
„Wer sind die Leute im Liegestuhl?" „Das sind die Chefs. Sie machen nichts. Sie sind Millionäre. Sie befehlen den anderen, dass sie sich umbringen und dass sie das Vieh hüten. Und wenn die hier kein Geld zum Essen haben, dann töten sie."
„Töten aus Hunger" schien für ihn etwas Alltägliches zu sein. Es war, als würde der Zustand, „tot vor Hunger" zu sein, den er offensichtlich sehr kannte, keine andere Verarbeitungsmöglichkeit übrig lassen als genau die Umkehrung: „töten, um den Hunger zu beruhigen".
Die Großeltern prügelten ihn mit dem Gürtel. Dann würde er am liebsten alles kurz und klein schlagen. Später will er Gaucho oder Polizist werden. Und jeden prügeln oder umbringen, der ihn schlecht behandelt.
In diesen Spielphantasien zeigte er sich tief zerrissen, von frühester Zeit an gespalten. Die Achse, um die sich seine innere Welt organisiert hatte, schien der Tod zu sein. Verlassen von

[164] ebda., S. 130f

Mutter und Vater, misshandelt, von Krankheiten und Gewalt gezeichnet, hatte sich so etwas wie eine Identifikation mit dem Tod entwickelt. Das Verlangen nach dem Tod des anderen war zur Bedingung für das eigene Überleben geworden.

Heute, zehn Jahre nach dem Ende der Militärdiktatur, klafft die Gesellschaft weiter und weiter auseinander, hat die neoliberale Wirtschaftspolitik die Armut vieler Tausender von Kindern, Erwachsenen und Alten noch erhöht. Die Brutalität dieser strukturellen Gewalt, ihrer Ausschließung großer Teile der Bevölkerung ist subtiler als damals und bedeutet doch eine furchtbare Form der Entfremdung.

Emiliano ist einer davon. Seine Eltern sind zu Abfall der Gesellschaft geworden aufgrund ihrer Armut, ihrer Entwurzelung und durch das Fehlen eines sozialen Netzes. Sie haben in ihr Kind kaum etwas anderes hineingeben können als das Verlangen danach, den anderen zu töten. So geht es von Generation zu Generation, ein unausweichlich scheinendes Schicksal.

Doch Emiliano beteiligt sich mit Feuereifer an unserem Projekt. Er will lernen. Und im Kontrast zu den erschreckenden Inhalten seines Spiels kann die Offenheit, mit der er sich anvertraut, ein Hinweis sein auf noch anderes in ihm als nur die Identifikation mit dem Tod – Verbindungen, Wege, Hoffnungen, Verbundenheit?[165]

* * *

Südamerika damals, Deutschland der neunziger Jahre, Deutschland unter dem Hakenkreuz, Südamerika in Zeiten des Neoliberalismus – der Blick geht hinüber und herüber, Parallelen, Unterschiede, Erschreckendes, Terror hier, Terror dort ...

Vergleiche, sind die möglich?

Umgekehrt: Ist es möglich, nicht zu vergleichen?

Was aber geschieht dabei?

Wenn ich mich auf Schrecken aus dem Südamerika der Militärdiktaturen einließ beim Lesen von Berichten, bei Begegnungen mit Überlebenden, mit Angehörigen, in Gesprächen, und wenn sich immer wieder die Frage gebildet hatte, wie Menschen anderen so etwas antun können, nahm ich anschließend manchmal eine gewisse Beruhigung in mir wahr, die sich festmachte an einer diffusen Vorstellung, von „so etwas“ hier „bei uns in Deutschland“ himmelweit entfernt zu sein. Dann aber, wieder mehr zu Bewusstsein gekommen, erstaunte mich diese naive Empfindung, die so kontrastierte mit meinem Wissen, wie präsent die Nazizeit und deren Verbrechen im Unbewussten noch sind, wo sie durch Verschweigen, Verdrängen, Verleugnen virulenter geblieben sind, als wir üblicherweise meinen. Immer wieder hinter den Errungenschaften von Demokratie und Bürgergesellschaft das Fortdauern dieser Abgründe wahrnehmen zu müssen, war doch zur zentralen Linie meiner Forschungen über die Aus- und Weiterwirkungen der Nazizeit geworden.

Erneut hatte ich Gelegenheit, meinen Verharmlosungstendenzen zu begegnen, meiner Verleugnung, dem Isolieren von intellektuellem Wissen und persönlichem Erleben, letztlich meinen Loyalitätsbindungen an diese eigentlich so nahe Vergangenheit.

Was für Wirklichkeiten können sich zeigen, wenn solches Wegschieben – wenigstens ansatzweise – überwunden ist?

Eine der Möglichkeiten ist, dass sich im ruhigen Beratungs- oder Therapiezimmer plötzlich die Wirklichkeit der Lager zeigt.

* * *

[165] Dieser Text von Maren Ulriksen de Viñar stammt aus einem unveröffentlichten Manuskript "Itinerarios" (Wege) sowie aus brieflichen Mitteilungen; Zusammenstellung und Überarbeitung in Absprache mit der Autorin, Übersetzung durch Jürgen Müller-Hohagen.

Frau G. kam wegen erheblicher Verhaltensschwierigkeiten ihres zehnjährigen Sohnes Simon. Wir sprachen über die schulische und häusliche Situation, über medizinische Untersuchungen, die verschiedene Teilleistungsstörungen ans Licht gebracht hatten, manches erschien recht klar, doch es gab ein paar eigenartige Details. So berichtete die Mutter, dass Simon mit seinen zehn Jahren jeden Mittag, wenn er aus der Schule komme, die „Süddeutsche Zeitung“ von Anfang bis Ende gründlich durchlese. Allenfalls den Wirtschaftsteil überfliege er nur. Er brauche das nach seinen Angaben zur Entspannung. Oder ich erfuhr, dass ihn das Geiseldrama in einer weit entfernten Stadt in extreme Ängste versetzt hätte, die so weit gingen, dass er sich persönlich bedroht und verfolgt fühlte. Ihm in seiner offenkundigen Not zu helfen, sei aber generell sehr schwer, da er in der Schule wie auch im Elternhaus an seiner negativen Rolle extrem festhalte. Zum Beispiel weigere er sich häufig, im Haushalt mitzuhelfen, und spreche dann davon, man wolle ihn damit foltern.
Frau G. hatte mir während des Gesprächs ein Bild gezeigt, das Simon für sie gemalt hatte. Es sollte mir einen Eindruck seiner Kreativität vermitteln. Mit Bleistift stand am unteren Rand: „Für Mutter zu Chanukka“. Ich hatte Frau G. an dieser Stelle gefragt, sie seien also Juden, und sie bejahte. Jetzt, angesichts von Simons eigenartigen Verhaltensweisen und Ängsten, kam mir der Gedanke, ob sie auf eine Verfolgung der Familie unter den Nazis verweisen könnten. Ich schob meine eigenen Ängste beiseite und fragte Frau G. Und ich erfuhr, dass ihr Vater in Auschwitz war, darüber aber nie mit ihnen gesprochen habe. Durch Verwandte wisse sie nur, dass er Entsetzliches habe mit ansehen, erdulden und wahrscheinlich auch ausführen müssen. Sie selber habe sich schon seit längerem gefragt, ob Simons auffälliges Verhalten etwas mit diesem Familienhintergrund zu tun haben könne.
Aufgrund ihres sehr klaren Berichts hielt auch ich diesen Zusammenhang sofort für wahrscheinlich. Warum sonst sollte ein zehnjähriger Junge täglich die „Süddeutsche Zeitung“ verschlingen und zugleich sich so wenig von den Vorgängen in einer fernen Stadt distanzieren können? Natürlich mochte dabei eine größere psychische Labilität im Zusammenhang mit den Teilleistungsstörungen und ihren Folgen mitspielen, aber doch wohl nur im Sinne einer allgemein höheren Irritierbarkeit, aufgrund derer er wahrscheinlich mehr noch als seine Geschwister von dem Familienschicksal geprägt ist. Hinzu kommt, dass er als ältestes Kind zugleich auch das erste Enkelkind für diesen Großvater war und man von daher annehmen kann, dass auf ihm von Anfang an besondere Erwartungen lagen.
Simon selber habe ich nicht zu Gesicht bekommen. Als die Mutter mit ihm über die Möglichkeit von Therapie sprach, flehte er sie an, er könne einfach nicht darüber sprechen, wie es in ihm aussehe, und wenn man ihn doch irgendwohin bringe, so würde er dort nur etwas vorspielen. Die tiefe hier zum Vorschein kommende Angst davor, sich „offenbaren“ zu müssen, kann ich nur so sehen, dass sie zumindest wesentlich mit dem Verfolgungsschicksal der Familie zu tun hat. Zwanghaft auf der Durchführung einer Therapie zu bestehen, hätte ich von daher für unpassend gehalten. Vielmehr bot ich der Mutter an, dass wir weiterhin in Verbindung bleiben könnten. Jener Satz von Simon aber, er würde nur etwas vorspielen, hat sich mir tief eingeprägt, denn in bewegender Weise zeigt er, in welch schwerer innerer Situation sich dieser Junge aus der dritten Generation befand, wenn er Hilfe so sehr fürchten musste.
Auch jemandem aus der ersten Generation bin ich noch Ende der achtziger Jahre an der Erziehungsberatungsstelle begegnet. Von einer medizinisch-psychologischen Ambulanz wurde eine Sinti-Familie überwiesen, die verzweifelt war angesichts der autoaggressiven Handlungen des neunjährigen Sohnes. Im medizinischen Bericht fand sich unter all den Daten ein ungewöhnlicher Hinweis: Der Vater des Jungen sei als Kind im KZ gewesen. Auffällig ist, dass im psychologischen Bericht, wohin diese wichtige Mitteilung erst recht gehört hätte,

ein entsprechender Hinweis fehlte. Es war wohl zu nah. Und auch ich hatte Mühe, mich im Gespräch mit den Eltern wieder daran zu erinnern. Dass Eltern oder Großeltern meiner Klienten verfolgt gewesen waren, damit war ich inzwischen einigermaßen vertraut. Aber in dem Vater eines neunjährigen Kindes sogar noch jetzt jemandem zu begegnen, der selber im KZ war, war erneut eine Konfrontation mit deutscher Realität und mit eigener Verleugnung. Und zugleich war es so deutlich, wie viel die autoaggressiven Handlungen des Kindes mit dem Schicksal seines Vaters zu tun hatten. Dieser war nicht in der Lage, auch alltägliche kleinere Aggressionen seines Sohnes zu ertragen. Er brach immer dann den Kontakt zu ihm ab. Er wirkte erstaunt, als ich diese Zusammenhänge ansprach.

Die Erwachsenen in einer anderen Sinti-Familie äußerten sich ausgesprochen positiv über die gegenwärtige und vergangene Lebenssituation ihrer Familie. Es wirkte, als wären die Trotzreaktionen des vierjährigen Jungen ihr größtes Problem. Aber als ich beim Verabreden eines Termins erwähnte, dass ich einen Tagungsvortrag halten würde über Folgen der Nazi-Verfolgung, da brach es aus ihnen heraus: „Das ist gut, das ist wichtig. Davon gibt es noch so viel. Bei uns hier im Haus, da werden wir beschimpft, wir sollten erst mal Ordnung lernen, und eigentlich würde es einen neuen Hitler brauchen. Und dabei machen gerade die Leute, die uns so beschimpfen, den größten Schmutz im Haus. Schauen Sie sich doch in unserer Wohnung um, ist die nicht wirklich ordentlich?“

Wieder einmal machte ich die Erfahrung: Wenn wir Therapeuten nicht aktiv, von uns aus etwas ansprechen von den Abgründen dieses Jahrhunderts, können viele Verfolgte und ihre Nachkommen nur stumm bleiben.

Unerklärbar scheinende häusliche Verhaltensweisen wie die von Simon G., eigenartig wirkende Situationen in Beratung und Therapie können Hinweise enthalten auf traumatische Hintergründe noch über Jahrzehnte und über Generationen hinweg, und besonders auf Nazi-Verfolgung.

Folgen der Verfolgung, mit ihnen haben wir in Deutschland weit mehr zu tun im Rahmen von psychologischen Beratungsstellen und psychotherapeutischen Praxen, als wir üblicherweise annehmen. Ich habe Beispiele genannt. Typisch ist, dass die Verfolgung erst spät oder nur nebenbei oder nur aufgrund aktiver Schritte der therapeutischen Seite thematisiert wird. Sehr oft aber kann es außerordentlich wichtig sein für das Verstehen der heutigen Situation und für die angemessene Hilfestellung, über diese Hintergründe wenigstens in Ansätzen zu sprechen. Wie häufig aber wird dies von uns übersehen aufgrund eigener Verleugnung? Wie oft belegen wir solche Klienten dann mit negativen Urteilen?

Es erschien als eine missglückte Familientherapie: Frau T. und ihr achtjähriger Sohn kamen einfach nicht mehr zu den vereinbarten Terminen. Sie gaben keine Begründung, es war auch kein Konflikt zwischen uns aufgetreten, im Gegenteil, die Gespräche hatten offen gewirkt, und das Befinden des Jungen besserte sich. Frau T. war die Enkelin eines prominenten Gegners der Nazis, der von diesen ins KZ gebracht und ermordet worden war. Auch seine Frau war einige Zeit im KZ gewesen. Frau T. sagte: „Wir sind aufgewachsen mit den Berichten aus den Lagern.“

Ich vermutete darin die Gründe für den Abbruch der Therapie. Und das stimmte. Nach längerer Zeit nämlich erfuhr ich von Frau T. den Grund ihres Wegbleibens. Sie sei in unseren Gesprächen mehrfach stark bewegt gewesen, doch hätte sie sich nicht getraut, diesen Gefühlen nachzugeben. Wäre sie weiter hergekommen, so hätte sie mir „Unsinn“ erzählen, mir etwas vorspielen müssen. Das aber wollte sie nicht. Aus diesem inneren Konflikt heraus sei sie weggeblieben. Doch es gehe ihr nicht gut: „Das Leben an sich fühlt sich für mich nicht als etwas Positives an.“ Ich bot ihr Unterstützung an, hörte aber nichts mehr von ihr.

Ich halte dies für einen Therapieabbruch, bei dem es sich verbietet, ihn als „pathologisch“ zu interpretieren. Das Pathologische war die politische Gewalt: „Pathologie der Normalität“.
Diese und andere Erfahrungen aus Beratungen und Therapien mit Verfolgten und ihren Nachkommen, über die ich 1993 in Córdoba und Montevideo berichtet habe, stießen auf viel Resonanz bei den Kolleginnen und Kollegen aus Südamerika, so wie umgekehrt ihre Berichte für mich sehr wichtig wurden. Unsere Sichtweisen stimmten weitgehend überein – wobei wir uns aber stets der Unterschiede in den historischen Hintergründen bewusst waren.

* * *

Etwas anders verhielt es sich, als ich 1994 in Montevideo über psychische Folgen auf Seiten von Nachkommen der Täterseite berichtete. Im Mittelpunkt meines Vortrags stand die Therapie mit der Tochter eines Mannes, der am Vernichtungsprogramm der Nazis beteiligt gewesen war, und sie hatte dies als kleines Kind mitbekommen. Erst im vorangeschrittenen Alter, lange nach dem Tod des Vaters und auf der Grundlage vorangegangener Therapien, hatte sie sich an diese Thematik heranwagen können. Hinzu kam der erst jetzt allmählich wieder ins Bewusstsein auftauchende sexuelle Missbrauch durch diesen Vater. Beides, der Missbrauch und die Beteiligung an der Vernichtung, war eng miteinander verknüpft. Im Mittelpunkt der Therapie stand aber nicht nur deren Aufdeckung, sondern sehr wesentlich auch die Bearbeitung der massiven Loyalitätsbindung an den Vater.[166]
Um solche Loyalitätsproblematiken besser sichtbar zu machen, wollte ich den Vortrag halten. Er sollte aus psychotherapeutischer Perspektive auf die großen Gefahren für Individuen und Gesellschaft hinweisen, die sich auch nach vielen Jahren noch durch unbewusste Loyalitätsbindungen ergeben.
Bei aller Übereinstimmung auch zu diesen Punkten ging mir ein Dissens nach, der eher verstohlen und sozusagen im Schutz der sehr freundlichen und zugewandten Atmosphäre des Schlussempfangs für die Tagungsteilnehmer beim französischen Botschafter geäußert wurde. Es waren Eltern von Verschwundenen, die jetzt im kleinen Kreis ihre Verletzung mitteilen konnten, dass – bei allem Verständnis für die Leiden dieser Frau – mit einem solchen Vortrag der Täterseite solche Aufmerksamkeit zuteil wurde.
Auch wenn meine Motivation eine andere gewesen war, diese Worte ließen mich nicht los. In der Reflexion wurde mir noch deutlicher als zuvor, dass hier, also bezüglich der Täterseite, der wahrscheinlich größte Unterschied zwischen der Situation in Deutschland und in Südamerika liegt. Dabei geht es nicht nur um die Länge des zeitlichen Abstands, sondern vor allem um das Ausmaß, in dem die ganze Gesellschaft an den politischen Verbrechen beteiligt war. Für uns in Deutschland ist es außerordentlich wichtig, dass wir nicht nur in historischen und soziologischen Analysen die Seite der Täter und Tatbeteiligten beleuchten, sondern auch auf der psychologischen Ebene. Das geschieht immer noch viel zu wenig.
In Ländern wie Argentinien und Uruguay hat es zwar eine erhebliche Beteiligung an den politischen Verbrechen gegeben und auch für die Gegenwart ist die Tatsache der dortigen „Schlusspunktgesetze“ (punto final) ein Zeichen, dass große Teile der Bevölkerung selbst jetzt noch den Opfern reserviert gegenüberstehen, doch ist die Dimension eine ganz andere gewesen. Das macht Unterschiede aus, die weit über das Quantitative hinausgehen.
Mein hin und her Blicken zwischen Deutschland und Südamerika hat deshalb hier, bei der Betrachtung der Täterbezüge, eine deutliche Grenze.

* * *

[166] Näheres siehe Müller-Hohagen (1994), S. 191 - 210

Zugleich aber ist es wichtig, wenn es um psychotherapeutischen Umgang mit dem politischen Terror geht, wenigstens einen Abriss von Befunden hinsichtlich der Täterseite zu geben – aber dies nur bezogen auf die Situation in Deutschland.
Viele Täter und Tatbeteiligte haben hier weitergemacht nach 1945, weitergemacht dort, wo es gefahrlos ging, nämlich besonders im Schoß der Familie. Dies ist bis heute hinter Mauern von Tabus verborgen. Solche Täter und Täterinnen, Komplizen und Komplizinnen haben es heraus, sich durch Biederkeit, Wohlanständigkeit, Vorbildlichkeit und dergleichen nach außen und vor sich selber zu tarnen. Kinder waren ihnen ausgeliefert, wurden – erst recht, wenn sie sich zu wehren versuchten – für verrückt erklärt oder tödlich bedroht.
Auch wo Gewalt im engeren Sinne nicht angewandt wurde, können sehr wirksame Verknüpfungen der Nachgeborenen mit der NS-Vergangenheit bestehen. Zu entdecken sind hier die verschiedensten Auswirkungen von Delegationen, transgenerationellen Wiederholungszwängen, Identifikationen usw.
Die Folgen auf Seiten der Nachkommen sind im doppelten Sinne unübersehbar – und doch werden sie ständig als solche übersehen und stattdessen den Betreffenden als individuelle Pathologie zugerechnet. Es kann sich handeln um eigenartige, für den oberflächlichen Blick unverständliche Ängste oder Verhaltensweisen, es kann „agiert“ werden, Wiederholungszwänge und ständige Brüche in Beziehungen mögen rätselhaft wirken, Gewalt wird gegen sich selbst oder gegen andere ausgeübt in Formen, die sich in der ganzen Bandbreite dessen bewegen, womit wir in der psychologischen und psychotherapeutischen Arbeit zu tun bekommen. Jede Auffälligkeit – oder vielleicht erst recht auch jede Unauffälligkeit – kann in solchen Zusammenhängen angesiedelt sein.
Meine Erfahrung aus dieser Arbeit deckt sich mit Eindrücken anderer, dass es fast ausschließlich Frauen sind, die sich mit diesen Themen in Beratung und Therapie wagen. Meist haben sie schon ihr Leben lang eine enorme Last getragen – noch mit für die Männer ringsum.
Was auch immer die Gründe sein mögen, jedenfalls, wenn Männer sich an mich gewandt haben, dann standen sie fast durchwegs unter extremstem Druck, vor allem dem von Todesdrohungen, waren schwer suizidal oder befanden sich in der Psychiatrie.
Wenn der Schleier sich zu lüften beginnt, zeigen sich in besonderer Weise Störungen im Dialog, zwischen den Nachgeborenen und ihren Eltern und Großeltern wie auch zu den eigenen Kindern, Dialog zwischen Partnern, Dialog und Kommunikation mit der Umgebung und in der Gesellschaft allgemein. Immer wieder taucht dann tiefstes Verlassen- und Abgeschnittensein auf, das sich seit vielen Jahren chronifiziert hat – Sprengstoff auf individuellem wie sozialem Gebiet.
Die größte Schwierigkeit in der Arbeit mit Nachkommen des NS-Kollektivs liegt darin, dass neben dem massiven Leiden durch seelische und körperliche Misshandlung – und fatalerweise oft gerade über diese transportiert – eine tiefreichende und kaum auflösbare innere Verknüpfung mit den elterlichen NS-Tätern zustande gekommen ist. Die wenigen Menschen, die dies in Therapien oder anderswie anzugehen versucht haben, sind als Pioniere zu betrachten, als stellvertretend im Individuellen einen Weg suchend, von dem im Großen so getan wird, als bestände dazu kein Bedarf oder als hätte man ihn längst gefunden. Es ist außerordentlich schwierig, sich aus diesen Loyalitäten zu den Nazi-Vorfahren zu lösen. Man kann sich intensiv von den Eltern, Großeltern usw. abgesetzt haben, und doch bleiben Verkettungen im Unbewussten bestehen und wirken sich bestimmend im Leben der Betreffenden aus.

Aus der Perspektive dieser Nachkommen lässt sich noch mehr begreifen, wie sehr NS-Täter sich als „Opfer“ getarnt haben und welch fatale Folgen dies hat, nicht nur für ihre Kinder und Kindeskinder, sondern für die Gesellschaft allgemein.
Das Thema Schuld ist weithin tabuisiert, wenn es um die NS-Verbrechen geht. Wird es dennoch behandelt, so geschieht es voll Verzerrungen, Projektionen, Unterstellungen, Einfühlungsverweigerung gegenüber den Verfolgten und Realitätsverlust. Es scheint, dass dieser hochproblematische Umgang bzw. Nicht-Umgang bis weit in den persönlichen Bereich ausgestrahlt hat.

* * *

In der Frage nach den Folgen dieser transgenerationellen Fortwirkungen der politischen Gewalt ist zum einen, wie angesprochen, bei Vergleichen zwischen Deutschland und Südamerika Zurückhaltung geboten. Zum anderen sei aber betont, wie hilfreich und unterstützend die dort unter Psychologen und Psychotherapeuten verbreitete Berücksichtigung gesellschaftlicher Faktoren für die Untersuchung der Situation in Deutschland ist, also wenn es darum geht, über den Tellerrand der psychologischen Perspektive hinaus mögliche gesellschaftliche Aus- und Fortwirkungen zu untersuchen. Die hierzulande vorherrschende individuumzentrierte Sichtweise verhindert dies oft.
Ich habe mittlerweile aus einem breiten gesellschaftlichen Spektrum, von Sozialhilfeempfängern bis zur Oberschicht, von Intellektuellen bis zu Psychiatrieerfahrenen, genügend Einblicke erhalten, um das Ausmaß dieser Auswirkungen auch über den rein individuellen Bereich hinaus ahnen zu können. Auf jeden Fall ist das mehr, als angenommen wird. Deshalb betone ich so sehr die Rolle der Verleugnung.
In diesem schwierigen Aufklärungsprozess waren verschiedene Hinweise aus Südamerika sehr wertvoll. Besonders sind dies die dort immer wieder erhobenen Warnungen vor der Illusion, von der politischen Gewalt seien nur die „Betroffenen“ erfasst, nicht aber die gesellschaftliche Mehrheit der „Unbetroffenen“ und die Matrix der Kultur insgesamt. Auf deutsche Verhältnisse übersetzt, heißt dies unter anderem, sich nicht mit einer „Gnade der späten Geburt“ oder einer relativ harmlosen Familienherkunft zu beruhigen.[167]

* * *

Und es gilt in besonderer Weise, wenn deutsche Psychotherapeuten – d.h. in der Regel Angehörige des Kollektivs der ehemaligen Volksgenossen und ihrer Nachkommen – mit überlebenden Verfolgten oder ihren Nachkommen arbeiten. Nur die Verleugnung, dass es „so jemanden“ in der alltäglichen Beratung oder Therapie geben könne, durchbrochen zu haben, ist noch nicht alles. Hinzu kommen muss die Reflexion der eigenen familiären und persönlichen Bezüge zur Nazi-Täterseite wie auch ein kritischer Blick auf allgemeingesellschaftliche Wirkungen. Und was regelmäßig vergessen wird, ist die Beteiligung deutscher Psychologen, also der eigenen Profession, am Nazi-Reich.[168] Im0merhin war die Psychologie speziell für die Wehrmacht so wichtig, dass sie damals – 1941 – als Diplom-Studiengang eingerichtet wurde. Vor diesen Hintergründen gilt es, die eigenen Motivationen, mit Angehörigen der Verfolgtenseite zu arbeiten, kontinuierlich zu hinterfragen.
Anderenfalls kann es zum Beispiel geschehen, dass Ängste und Vorbehalte, die solche Klienten vielleicht zeigen, pathologisiert werden, anstatt sie (auch) auf ihren ganz konkreten Realitätsgehalt zu befragen, dies bezüglich der Vergangenheit wie auch der Gegenwart. So

[167] Näheres siehe Müller-Hohagen (1994, 1996)
[168] siehe Graumann

lässt sich mit dem – andererseits ja wichtigen – Konzept der Traumatisierung die Illusion aufrecht halten, die extrem belastenden Einwirkungen seien allein auf die Vergangenheit beschränkt, in der heutigen Situation komme davon nichts mehr vor. Die Ängste der Traumatisierten seien in Bezug auf die Gegenwart also unberechtigt, „irrational“, „neurotisch“. Jean Améry, Widerstandskämpfer gegen die Nazis und von ihnen ins KZ geworfen, hat schon in den sechziger und siebziger Jahren auf diese Tendenz hingewiesen. Er hat sich skeptisch zu den andererseits ja berechtigten Begriffen wie „KZ-Trauma“ oder „Überlebenden-syndrom“[169] geäußert: „Die scheinbar richtige Begriffsbestimmung wird falsch durch die Unterschlagung eines unerlässlichen Zusatzes, der da heißen müsste: (...) denn er (der Verfolgte; Zusatz M-H) erwartet mit guten Gründen jederzeit eine neue Katastrophe. (...) Ich (...) bin nicht traumatisiert, sondern stehe in voller geistiger und psychischer Entsprechung zur Realität da. Das Bewusstsein meines Katastrophen-Judeseins ist keine Ideologie. (...) Ich erlebe und erhelle in meiner Existenz eine geschichtliche Realität meiner Epoche.“[170]

Die Opfer und ihre Nachkommen haben oft besondere Befürchtungen, erneut in Abhängigkeit zu geraten, ausgeliefert zu sein und dann fallen gelassen zu werden. Diese Sorgen sind berechtigt nicht nur von der Vergangenheit her. Auch die Gegenwart ist oft sehr schwierig, immer noch oder schon wieder. Ich nenne nur ein Beispiel, nämlich Simon G.

Er, der Enkel des Auschwitz-Überlebenden, war sehr beunruhigt angesichts antisemitischer Äußerungen auf Plakaten und von Politikern anlässlich der Europawahl vom Juni 1989. Seine „deutsche“ Großmutter aber, die sich angeblich so gut damit zurechtgefunden hatte, eine jüdische Schwiegertochter zu haben, hat allen Ernstes und dann noch ausgerechnet zu ihm gesagt: Als Deutscher könne man heute wirklich nur noch die (rechtsradikale) DVU wählen! Dass so etwas nicht die völlige Ausnahme ist, hat sich in den Jahren danach erst recht gezeigt. Wenn Kurt Grünberg 1987 davon gesprochen hat, deutsche „Normalität“ erschwere die Identitätsfindung der Überlebenden und ihrer Nachkommen und lasse „die Folgen nationalsozialistischer Verfolgung in der dritten Generation erwarten“,[171] dann habe ich schon vor der deutschen Vereinigung geschrieben, dass diese Folgen bereits eingetreten sind.[172]

Wir Psychotherapeuten sind dafür da, unseren Klienten zu einem besseren Leben zu verhelfen. Das birgt die Gefahr, uns selbst für bessere Menschen und unsere Profession sozusagen für „befreites Gebiet“ zu halten. Das sind Illusionen. Auch deshalb habe ich mehrfach auf meine eigene Verleugnung verwiesen. Und es können gefährliche Illusionen sein, gefährlich für die Opfer und ihre Nachkommen, wenn sie Hilfe bei uns suchen und stattdessen zu sehr unserer Abwehr begegnen. Sich auf langjährige Erfahrungen in der Analyse der eigenen Gegenübertragungen zu verlassen, auch das kann trügerisch sein.[173]

Noch mehr als anderswo haben wir in diesem Bereich nur das Recht, in aller Vorsicht unsere Mithilfe anzubieten, aber ohne Omnipotenzgehabe, Therapie sei das „Mittel der Wahl“. Es gilt, die Gefahr nicht zu übersehen, dass wir die Opfer der Verfolgung bzw. deren Nachkommen nun noch mit „wohlmeinender“ Therapie verfolgen könnten und sie, wenn sie diese verweigern wie Dirk G. oder abbrechen wie Frau T., als unkooperativ, unzuverlässig, „therapieresistent“ abwerten und damit stigmatisieren. Gerade angesichts der von den Nazis ihren Opfern angetanen Dehumanisierung kann auch Psychotherapie – zumal in Deutschland – wohl nur mit Bescheidenheit ihre Dienste anbieten.

---

[169] siehe Niederland
[170] Améry, S. 154
[171] Grünberg, S. 505
[172] Müller-Hohagen (1989)
[173] Näheres zum Thema der Gegenübertragung im Zusammenhang mit Nazi-Hintergründen siehe Müller-Hohagen (1995)

Vielleicht wird jetzt verständlicher, warum ich die Fehlleistung über den „Terror eines deutschen Psychotherapeuten“ nicht einfach beiseite geschoben habe.

* * *

Terror, Folter, Vernichtung werden meist anderswo festgemacht, vom heutigen Deutschland aus zum Beispiel im Südamerika der Militärdiktaturen oder zeitlich „unendlich weit“ zurück im Nazi-Reich oder gar im Mittelalter. Obwohl wir regelmäßig in den Zeitungen von Folter lesen können, bleibt sie uns fern. Dann aber wirken Berichte wie die in diesem Buch verstörend, und wir möchten uns abwenden.

Doch wir leben im Lande des beispiellosen Folterns. Das liegt in Wirklichkeit keineswegs weit zurück, denn was sind da schon fünfzig oder sechzig Jahre. Und die Folgen sind noch in uns und zwischen uns. Deshalb ein paar Stimmen zu diesem Thema, Aussagen, die Relevanz haben auch für die psychologische Arbeit. Von Hermann Langbein, der im KZ Auschwitz der Leitungsgruppe des Widerstands angehörte, stammen diese Sätze: „Ich darf ein Wort eines Überlebenden von Auschwitz, Jean Améry, zitieren. Er schrieb: ‚Wir fürchteten uns nicht im Lager, dass wir sterben. Wir fürchteten uns, wie werden wir sterben.’ Es gab verschiedene Formen, zu sterben. Und die böseste Form war die der Folter, die angewandt wurde, wenn man unbotmäßig war.“[174] „Man bleibt für immer von einer Art Tätowierung gezeichnet, so wie Kafka es in ‚Die Strafkolonie’ beschrieben hat, eine Tätowierung, die in Körper und Seele eingraviert ist“, so schreibt Viñar über die Folgen der Folter.[175]

Und bei Jan Philipp Reemtsma heißt es: „Die Folter (...) ist die totale Herrschaft des Menschen über den Menschen. Die Folter ist der größte Schrecken, den der Mensch für den Menschen bereithält – nicht der Tod, der sowieso irgendwann kommt (...) Anders die Folter: Sie ist nicht ‚unvorstellbar’, auch wenn das, was real in ihr geschieht, alle Vorstellungen überbieten und immer undarstellbar sein mag. In ihr kommen die Ängste, die jeder kennt, da jeder einen Körper hat, mit all den Bildern zusammen, die eine geängstigte Menschheit für ihre conditio nur je gefunden hat.“[176]

Viñar mit Blick auf seine eigenen Erfahrungen: „Heute weiß ich, dass diese drei Monate (von Haft und Folter; Hinzufügung M-H) mein Leben und meine Wahrnehmung der Welt zutiefst verändert haben – auch wenn ich nur einem Teil des üblichen Martyriums ausgesetzt war und mein anschließender Gefängnisaufenthalt relativ kurz dauerte. Das waren Gründe, die meine Angehörigen, meine Freunde und auch mich selbst zunächst davon überzeugt sein ließen, ich hätte wohl keine schwerwiegende Traumatisierung davongetragen. Sollte dies dennoch der Fall sein, so wäre das auf meine Persönlichkeitsstruktur, auf meine psychopathologische Veranlagung zurückzuführen. Mein allgemein bekannter Beruf als Psychiater und Psychoanalytiker konnte gegebenenfalls in dieser Richtung eine Erklärung beisteuern, in den Augen der anderen und in meinen eigenen. Es fehlte nicht an Kollegen, die mich dies auf fürsorgliche Weise und voller Rücksichtnahme wissen ließen, während sich andere abschätzig oder gar verurteilend äußerten. Ich benötigte viele Jahre innerer Arbeit und psychoanalytischer Therapie, um an mir selber zu verstehen, dass diese so logisch wirkende Erklärung unzutreffend war. Heute, 23 Jahre danach, weiß ich, dass diese Zeit des Terrors, die nicht länger als drei Monate währte, mein persönliches Schicksal und das meiner Familie nachhaltig bestimmt hat – zunächst im traumatischen Wiedererleben der kurzen Zeitspanne des Martyriums und später im unaufhörlichen Versuch, etwas daraus zu machen. Heute weiß

---

[174] Langbein, S. 16
[175] Viñar, S. 124
[176] Reemtsma, S. 13

ich: Schon das Wenigste ist fürchterlich und bleibt eingebrannt für immer.“[177] Jean Améry: „Wenn man von der Tortur spricht, muss man sich hüten, den Mund voll zu nehmen. Was mir in dem unsäglichen Gewölbe von Breendonk zugefügt wurde, war bei weitem nicht die schlimmste Form der Folter. (...) Und doch wage ich, zweiundzwanzig Jahre, nachdem es geschah, auf Grund einer Erfahrung, die das ganze Maß des Möglichen keineswegs auslotete, die Behauptung: Die Tortur ist das fürchterlichste Ereignis, das ein Mensch in sich bewahren kann.“[178]

„Das Böseste, das Unvergleichliche des Nationalsozialismus war: (...) Die weitaus größte Zahl der Opfer des Nationalsozialismus wurde ermordet, nicht weil sie Feinde oder vermutliche Feinde waren, nicht weil sie irgendwie eine Machtausweitung gefährdet hätten, wenn sie in ihren Ländern Positionen hatten, die weitaus überwiegende Mehrheit der Opfer des Nationalsozialismus waren Menschen, deren einzige Schuld darin bestanden hat, dass sie auf die Welt als Kinder von Juden oder Zigeunern gekommen waren. Das ist unvergleichlich.“[179] Es geht um die Vernichtung von Menschen. Zwar mag man sich einbilden, davon unbetroffen zu sein, doch damit sitzt man einer Illusion auf.

Und es geht um mehr als „nur“ um deren physische Vernichtung, denn angezielt wird deren Zerstörung als Subjekt, und dies letztlich für alle Angehörigen der Gesellschaft. Bei Maren und Marcelo Viñar heißt es so: „Wir schlagen als Definition vor: Folter ist jedes absichtliche Vorgehen – was immer die verwendeten Methoden seien – das den Glauben und die Überzeugungen des Opfers zerstören und dieses seiner einzigartigen Identifikationsstruktur berauben soll, durch die es sich als Subjekt konstituiert.“[180] Sie zitieren Daniel Gil, der es ähnlich beschrieben hat: „Die Folter ist eine abgestuft voranschreitende, wissenschaftliche Demontage der komplexen primären Identifikation. Sie lässt den Gefolterten in Zustände extremster und nicht mehr in Worten fassbarer Ängste geraten und führt bis zur Zerstörung seines Ichs und seiner symbolischen Welt.“[181]

Maren und Marcelo Viñar fahren fort, und auch diese Worte sind bedenkenswert für deutsche Psychologen und Therapeuten, falls sie zu sehr auf das Individuum fokussieren: „Dieses Muster nun stellt einen symbolischen Bezugspunkt für alle Mitglieder der Gesellschaft dar. Jeder einzelne ist der Drohung ausgesetzt. Denn die Ausführenden der Folter handeln als Agenten einer gewalttätigen Macht, deren Absicht es ist, die Gesellschaft zu unterwerfen und zu lähmen. (...) Das soziale Netzwerk wird von dieser monströsen Logik infiltriert. Es geht bei weitem nicht nur um das, was offiziell behauptet wird, nämlich Informationen zu erhalten. Das Martyrium auch nur einer Handvoll von Opfern zeichnet die ganze Gemeinschaft, erzeugt Einschüchterung und Verängstigung, zerschneidet die mitmenschliche Verbundenheit, die sozialen Bindungen.“[182]

Letztlich geht es um die Zugehörigkeit zur Menschheit. Wie diese ihnen gegenüber total aufgekündigt war, gerade das haben Überlebende der Nazi-Vernichtung wie Hermann Langbein, Primo Levi, Robert Antelme, Jean Améry dargelegt.

* * *

[177] Viñar, S. 111
[178] Améry, S. 47f
[179] Langbein, S. 18
[180] Viñar, Maren und Marcelo (1997), S. 61
[181] ebda.
[182] ebda.

Wer Kontinuitäten der Nazi-Gewalt noch über Jahrzehnte danach wahrgenommen hat, stand möglicherweise oft allein da, so wie es dieser weit nach 1945 geborenen Frau gegangen war: „Wenn ich jetzt (...) versuche, das alles wirklich noch mal anzuschauen, aber eben nicht allein, sondern im Kontakt mit Menschen, dann bekommt alles noch einmal so eine ungeheure Dimension, da wird auf jede Situation meines Lebens noch einmal ein anderes Licht geworfen. (...) In meinem Kopf bildet sich der furchtbare Satz: Vor Auschwitz sind alle Menschen gleich, nicht mehr vor Gott, sondern vor Auschwitz. Und wenn ich die ganze Dimension dieses Satzes erfasse, dann sitze ich nur noch zitternd am Schreibtisch. (...) Wenn das stimmt, was ich sehe, dann ist die Welt in Auschwitz untergegangen, und wir tradieren den Untergang, wenn es nicht stimmt leide ich an einer Wahrnehmungsstörung, die nicht erklärbar und nicht teilbar ist und gebe mir besser den Gnadenschuss. Wenn ich frei wählen dürfte, ich würde die zweite Möglichkeit bevorzugen, aber ich weiß, dass sie nicht zutrifft."[183]
Die Autorin dieses Briefes hatte zwei Jahre in der Psychiatrie zugebracht und zehn Jahre Psychotherapie hinter sich. Unter größten Schmerzen hat sie die Zuschreibungen überwunden, verrückt zu sein, „verrückt", weil sie schon als Kind etwas von einer Komplizenschaft der ehemaligen Henker, der Vernichter gespürt hatte.
Psychologische, psychiatrische, therapeutische Hilfestellungen waren allenfalls bedingt von Wert gewesen bei ihrer Suche nach Befreiung: „Progressive Psychiater gestehen einem zu, individuelle Kindheitsverletzungen erlebt zu haben, die sich in Naziphantasien symbolisch ausdrücken. Wenn man darauf besteht, dass es keine Symbolik ist, sondern Realität, und sei es, dass man die Realität der Eltern ausdrückt, dann geht die Klappe runter."[184] „Ich könnte zahllose Geschichten erzählen, wie Psychotherapie die Auseinandersetzung blockieren kann, wie überhaupt Schuld an sich tabuisiert wird."[185]
Mit dem, was sie Ende der achtziger Jahre in ihren Briefen schrieb, sprach die ehemalige „Irre" (und heute erfolgreiche Akademikerin) eine Untergrundswelt deutscher Wirklichkeit an.

* * *

Gerade weil die politischen Gewalttäter so darauf abzielen, die Subjektivität der direkt betroffenen Menschen und darüber hinaus die der Gesamtheit zu zerstören, habe ich mir in diesem Beitrag die Freiheit genommen, subjektive Erfahrungen, eigene und die anderer, zu zitieren. Dabei hoffe ich, schiefe Beteuerungen der „Betroffenheit" einigermaßen vermieden zu haben, jedoch umgekehrt nicht der Illusion gefolgt zu sein, mich für unbetroffen zu halten. Die in diesem Buch mitgeteilte Wirklichkeit ist eine Welt der Brüche. Darüber lässt sich nicht glatt und objektiv berichten – ich jedenfalls kann es nicht, kann es erst recht nicht, wenn die Perspektiven zwischen Deutschland und Südamerika hin und her wechseln.
Der Blick nach dort, immer wieder wendete er sich zurück nach hier, ging auf den grellen Kontrast zwischen der inneren Fata morgana einer deutschen Idylle von heute und dem beispiellosen Morden und Foltern noch vor so kurzem durch dieses hoch entwickelte Land, das Land – wie Marcelo Viñar es vor der Reise nach Dachau in Gedanken genannt hatte – der „Millionäre des Terrors". An diese Worte denke ich oft, ebenso wie an die folgenden, in denen der untrennbare Zusammenhang von Subjekt und Geschichte zum Ausdruck kommt: „Jede Person ist, unabhängig davon, ob sie es weiß oder nicht und ob sie damit einverstanden ist oder nicht, Zusammenfassung und Spiegel der Geschichte ihrer Zeit und ihres Ortes. Sie lebt dies in der außerordentlichen Spannweite dessen, wozu wir Menschen fähig sind, im

[183] in Müller-Hohagen (1994), S. 174
[184] ebda., S. 170
[185] ebda., S. 171

Guten wie im Schlechten. Sie ist gewöhnlich und zugleich besonders in ihren vielfältigen Ausdrucksformen, sei es als Einzelsubjekt der Familien- oder persönlichen Geschichte oder als Staatsbürger, der ein Atom der Geschichte eines Landes oder der Welt bildet. Subjekt einer persönlichen und einer kollektiven Geschichte zu sein, dies ist eine Schnittlinie, aus der niemand entkommen kann."[186]

* * *

Die Subjektivität soll mittels der Folter vernichtet werden, so hörten wir es zuvor. Zugleich aber hieß es, dass es untrennbar davon um die Zerstörung der sozialen Bindungen und letztlich der Zugehörigkeit zur Menschheit geht, wenn gefoltert wird. Diese Dimension wird bei uns oft vernachlässigt. Beim Reflektieren dessen, worauf es die Nazis besonders abgesehen hatten, war mir die Bedeutung von Verbundenheit in neuer Weise aufgegangen. Deshalb hatte ich mein Buch „Geschichte in uns" mit einem Kapitel über „Widersprechen und Verbundenheit" enden lassen. Dabei waren auch Erfahrungen aus Südamerika einbezogen. Der Kontakt dorthin war zu einer Bestärkung in der Wahrnehmung von Verbundenheit geworden. Das Wort Verbundenheit ist problematisch, klingt antiquiert, vielleicht auf den ersten Blick betulich. Aber es steckt, wie vielleicht deutlich geworden ist, eine brisante Wirklichkeit darin. Und bisher hat sich nichts Besseres gefunden. Hier fehlen die Worte. Das dürfte kein Zufall sein, sondern verweist auf eine gesellschaftliche Ausblendung dieses Bereichs. Was nicht in Sprache ist, „ist" nicht.

Solidarität, Liebe, Bezogenheit, diese Worte passen jedenfalls nicht auf das hier Gemeinte. Mitmenschlichkeit, was heißt das, zumal in Zeiten der Globalisierung? Zwar wird Gemeinschaft vielfach beschworen, aber vorrangig mit Blick auf das Funktionieren der Gemeinwesen. Die wirklichen Nöte, Ängste, Gewalterfahrungen der Individuen, ihr Abgeschnittensein, ihre Verluste tragender Bindungen dagegen haben es schwer, sich im allgemeinen Bewusstsein abzubilden. Das Bedürfnis nach Verbundenheit ist verbreitet, aber, nicht genügend in Sprache transformiert, droht es missbraucht zu werden und in die Irre zu führen, in Sekten, politisch radikale Gruppierungen oder resignativ in eine privatistische Rückzugswelt.

Gerade Letzteres ist eine Gefahr bei Angehörigen der psychologischen und therapeutischen Berufe, im eigenen Leben und als Modell für die Klientinnen und Klienten. Deshalb ist es für uns besonders wichtig, nachzudenken über Verbundenheit und davon etwas zu leben, dies aber in einer Weise, die nicht deren systematisches Zerschneiden unter staatlich ausgeübter Gewalt, Folter, Vernichtung ausblendet, die nicht in rosarote Gemeinschaftsbeschwörung verfällt. Dafür hilft es, Berichte wie die in diesem Buch zu lesen oder zu hören. Selbst wenn es schlaflose Stunden nach sich ziehen kann.

Die Berichte geben Wirklichkeiten wieder, die uns im heutigen Deutschland mehr betreffen, als wir meinen. Das gilt für die Gewaltseite, aber, ganz versteckt noch, auch für die in ihnen anklingende Verbundenheit.

Fragile Verbundenheit, Verbundenheit in Wahrnehmung ihres Bedrohtseins, Verbundenheit im Dennoch, im Widerstehen und Widersprechen, Individualität und Subjektivität in Verbundenheit oder mit den Worten einer Buchwidmung: „en la intimidad del trabajo y amistad", in der Verbundenheit von Arbeit und Freundschaft, das sind Perspektiven, wie brüchig auch immer es um sie stehen mag.

---

[186] Viñar, S. 112

Epilog und Danksagungen

Es mag antiquiert erscheinen, aber dieses Buch ist das Ergebnis einer nationale und professionelle Grenzen überwindenden Solidarität. Das Vorhaben, das Gedächtnis von Psychologen des Cono Sur zu erkunden, um ein genaueres Verständnis für ihre Erfahrungen und Reflexionen zu erlangen, begann Ende 1997 in Deutschland und hat zur Unterstützung von Personen und Institutionen angeregt, von denen ich hier einige nennen möchte.

Das geringe Wissen um den Stellenwert der Beteiligung von Psychologinnen und Psychologen an Menschenrechtsverletzungen veranlasste den Berufsverband Deutscher Psychologinnen und Psychologen (BDP) in Kooperation mit dem Aktionsnetz der Heilberufe der deutschen Sektion von amnesty international eine Untersuchung und Reflexion der Rolle der Psychologen und Psychologinnen in totalitären Staaten in Auftrag geben zu wollen. Dieses Thema war der Anlass für ein langes Gespräch mit Frau Dr. Ulrike Heckl, Präsidiumsbeauftragte des BDP für Menschenrechtsfragen und langjährige Mitarbeiterin des ai-Aktionsnetzes der Heilberufe in einem Café in Freiburg. Nachdem wir die Untersuchung in groben Zügen geplant hatten, erklärten sich beide Organisationen zu einer finanziellen Unterstützung des Vorhabens bereit

Frau Dr. Elke Mohr und Herr Jörg Sträter des MDK (Medizinischer Dienst der Krankenkassen) in Hamburg stellten optimale Bedingungen zur Verfügung, um dem Herausgeber die Durchführung der Feldstudie in den drei Ländern zu ermöglichen. Die herzliche Gastfreundlichkeit der Familien Bleichmar-Schenquerman, Viñar-Ulrichsen und Vergara-Arribas in Buenos Aires, Montevideo und Santiago de Chile bedarf besonderer Erwähnung, da ihre Bereitschaft zu einem ungeschminkten Dialog es mir erlaubte, mit der nötigen Ungezwungenheit in das kulturelle Ambiente dieser Städte einzudringen.

Die spanische Version der Interviews erhielt Gisela Villanueva, die mit sicherem Gehör und mit einer durch lateinamerikanisch-deutsche Kulturwanderungen geschärften Wahrnehmung die wichtige Aufgabe der Transskription übernahm.

Die Übersetzung ins Deutsche war die Arbeit von Petra Wünsche, einer Psychologin mit umfassender Erfahrung in „man made disasters“ vor allem in Zentralamerika.

Dieses Buch beginnt mit einer Bemerkung über die Gefährlichkeit der Arbeit von Psychologen während der Militärdiktaturen. Man könnte nun hinzufügen, dass es auch mit Risiken behaftet ist, diese Zeiten wieder ins Gedächtnis zu rufen, wenn man aus irgendwelchen Gründen das Misstrauen der damaligen und heutigen Zerberusse weckt. So gab es auf der Reise durch die drei Länder eine Begebenheit, die es sich lohnt, in der ersten Person zu erzählen:

Ich begann meine Rundreise durch die Hauptstädte in Argentinien[187]. Eigentlich hätte ich noch zweimal in Buenos Aires zwischenlanden müssen, um meine Reise von Chile kommend nach Montevideo fortzusetzen bzw. von Montevideo zurück nach Hamburg zu fliegen. Aus als intuitiv zu bezeichnenden Gründen änderte ich absichtlich die vorgesehenen Flüge und

---

[187] Die argentinische Presse verbreitet auch heute noch eine höchst angespannte Stimmung mit fortwährender Bezugnahme auf Themen der Militärregierung.
Bei meiner Ankunft in Buenos Aires wurde auf der ersten Seite aller Zeitungen über den brutalen Mord an einem Journalisten berichtet und den daraufffolgenden Suizid des angeblichen Auftraggebers, eines sehr bekannten Geschäftsmannes (auch als Waffenhändler), der offenbar mit Mitgliedern der ehemaligen Militärregierung zu tun hatte.
Bereits gegen Ende meines Aufenthalts wurde Ex-General Videla verhaftet aufgrund einer Anklage wegen Delikten, die nicht im Amnestiegesetz berücksichtigt sind: Seiner möglichen Beteiligung an der illegalen Adoption von Kindern verschwundener Frauen während der Militärregierung.
Den Tango parodierend könnte man sagen: „In dieser bewegten und fiebrigen Welt vergeht alles, alles gerät in Vergessenheit.“ Jedoch nicht alles....

konnte wohl so vermeiden, dass die Taxifahrten zwischen beiden Flughäfen in Groß-Buenos-Aires ausgemacht werden konnten.

Auf der Rückreise nach Hamburg war ich so einer der ersten Passagiere, die in Buenos Aires das Flugzeug bestiegen. Obwohl die Maschine pünktlich angekommen war, verzögerte sich der Start nun erheblich, ohne dass das Personal Erklärungen dafür abgab. Nach über einer Stunde wurde mein Name über Lautsprecher aufgerufen. Ich sollte mich beim Flugleiter melden.

Ich meldete mich, und kurz darauf telefonierte der Steward mit dem Flughafen: Der Passagier, nach dem sie gefragt hätten, befände sich bereits im Flugzeug. Wie es schien, erhielten sie erst jetzt die Starterlaubnis. Ich fragte nach dem Grund der Verspätung. Der Stewart sagte, es sei nichts Wichtiges gewesen: Die argentinische Bundespolizei hätte nur meine Aufenthaltsort wissen wollen.

Gewöhnlich sorgt sich die argentinische Polizei wenig um mich, zumindest ist mir das bis jetzt nie passiert. Ich kann mir nur denken, dass ich diese bemühte persönliche Aufmerksamkeit dem Interview über die „Sonderbehandlung“ zu verdanken habe. Meine erste Reaktion war, ein Glas Wein auf die Gesundheit der Herren Polizisten zu trinken, die sich so sehr um meine persönliche Unversehrtheit gesorgt hatten.

Horacio Riquelme

Literatur

Actas del Tribunal Ético de la Salud contra la Impunidad (1987): Buenos Aires

AI (1982): Nicht die Erde hat sie verschluckt – Desaparecidos-Opfer politischer Verfolgung. Frankfurt/M.

AJURIAGUERRA, J. (1985): Desafférentation experimentale et clinique. Paris

ALLODI, F. [Comp.] (1977): Canadian Studies on Latin America. Toronto

ALTOUNIAN, J. (1990): „Ouvrez-moi seulement les chemins d'Arménie". Un génocide aux déserts de l'inconscient. Paris

AMATI, S. (1991): Alarma ética en Psicoanálisis. Ginebra. Manuscrito

AMÉRY, J. (1977): Jenseits von Schuld und Sühne. Bewältigungsversuche eines Überwältigten. Stuttgart

Aristoteles, Poetik. Stuttgart: Reklam 1982

ARNT, R. (1993): Die Rolle der Presse im uruguayischen Regimewechselprozess. In: K. Bodemer, M. Licio, D. Nolte (Hg.): Uruguay zwischen Tradition und Wandel. Institut für Iberoamerika-Kunde. Schriftenreihe Band 36, S. 189-214

Asociación Psicoanalítica Argentina (1986): Comisión de Investigación sobre las Consecuencias de la Represión política (comunicación preliminar). In: Rev. Chil. Psic., Vol. VIII, Nr. 2, S. 65-70

AUB, M. (1995): La gallina ciega. Barcelona. Alba Editorial

AUERBACH, E. (1986): Mimesis. La Habana

AULAGNIER, PIERA (1980): Los destinos del placer. Barcelona. Argot

AULAGNIER, PIERA (1985): La violencia de la interpretación. Buenos Aires. Amorrortu Ediciones

AZNAR, M. (1995): Max Aub en el laberinto español de 1969. In: M. Aub: La gallina ciega. Barcelona. Alba Editorial

BALINT, M. (1989): Therapeutische Aspekte der Regression. Die Theorie der Grundstörung. Reinbek bei Hamburg

BARUDY, J., VIEYTES, C. (1985): El dolor invisible de la tortura. Bruselas. Franja Ediciones

BASTÍAS, J. (1995): A propósito del Mir Chileno. In: O. D'Adamo, V. García, M. Montero (Hg.): Psicología de la acción política. Caracas. Editorial Panapo

BECKER, D. (1992): Ohne Hass keine Versöhnung. Das Trauma der Verfolgten. Freiburg. Kore

BECKER, D., CASTILLO, M. ISABEL ET AL (1989): Subjectivity and Politics: The Psychotherapy of Extreme Traumatization in Chile. In: Int. of Mental Health, Vol. 18, Nr. 12, Ed. Plenum Press

BECKER, D., CASTILLO, M. ISABEL (1993): El tratamiento psicoterapéutico de pacientes traumatizados extremos. Santiago de Chile

BECKER, D., LIRA, E. (1989): Derechos Humanos: todo es según el dolor con que se mira. Santiago de Chile. ILAS/CESOC

BECKER, D., WEINSTEIN, E. (1986): La familia frente al miedo: aspectos psicodinámicos y psicoterapéuticos. In: Revista Chilena de Psicología Vol. VIII, Nr. 1, S. 57-64, Santiago de Chile

BENEDETTI, M. (1985): La vecina orilla. In: Flores, A.: Narrativa hispanoamericana 1816-1981: tomo IV. México. Editorial siglo XXI

BERISTAIN, C., GONZÁLEZ, J.L., PÁEZ, D. (1998): Memoria Colectiva y genocidio político en Guatemala: antecedentes y efectos de los procesos de memoria colectiva. Revista de Psicología Política, 7

BETTELHEIM, B. (1943): Individual and Mass Behaviour in Extreme Situations. In: Journal of Abnormal and Social Psychology, Nr. 38, 417-452

BETTELHEIM, B. (1943): Individuelles und Massenverhalten in Extremsituationen. Nachdruck in: B.B. (1990): Erziehung zum Überleben. Zur Psychologie der Extremsituation. S. 58-95

BETTELHEIM, B. (1990): (4. Auflage), Erziehung zum Überleben. Zur Psychologie der Extremsituation Stuttgart. dtv.

BION, R. (1977): Volviendo a pensar. Buenos Aires, Argentina: Ed. Horné, SAE

BLOCHE, M. G. (1987): Uruguay Military Phisicians: Cogs in a System of State Terror Washington: American Association for the Advancement of Sciences

BONAPARTE, L (1984): Los militares en la Argentina y su método de tortura interminable. In: Testimonios sobre la represión y la tortura, Nr. 6, Buenos Aires

BOWLBY, J. (1980): Attachment and loss. Vol. 3. Loss, Sadness and Depression. London. The Hogarth Press

BOWLBY, J. (1983): Verlust, Trauer und Depression. Frankfurt. Fischer

BOZZOLO, RAQUEL (1983): Algunos aspectos de la contratransferencia en la asistencia a familiares de desaparecidos. Buenos Aires. Manuscrito

CABANILLAS, A. M., CASTEX, M. (1985): Para una psicología carcelaria. Texto de la investigación sobre «El Jóven ante la Ley » (CONICET). Buenos Aires

CADEMARORI, J . (1998): Chile: El Modelo Neoliberal. Santiago de Chile. Cesoc/Ical

CAETANO, G., RILLA, J. (1991): Breve historia de la dictadura. Montevideo

CAMPRA, ROSALBA (1987): América Latina: la identidad, la máscara. México. Editorial siglo XXI

CANDIA, L. (1986): La tortura, el torturador y la desaparición de personas. In: Territorios, Nr. .4, S. 29-32, Buenos Aires

ELIAS CANETTI, (1991): Masse und Macht. Frankfurt. Fischer

CÁNOVAS, R. (1987): Lihn, Zurita, Ictus, Radrigán: literatura chilena y experiencia autoritaria. Santiago. FLACSO

CASTILLO, M. I, PIPER, I. (1996): Jóvenes y procesos migratorios. Santiago de Chile. ILAS

CASTILLO, M. I, DOMÍNGUEZ, R., SALAMOVICH, S. (1986): Efectos psicosociales de la represión política. fasic., Tercer Simposio sobre Alternativas de la Psiquiatría en América Latina, Buenos Aires (paper)

CHODOFF, P. (1997): The Holocaust and its Effects on Survivors. Political Psychology, 18, 147-157

CMC (1984a): Posición del Colegio Médico de Chile sobre la tortura (ethische Position der chilenischen Ärztekammer zur Folter). In: Vida médica. Santiago, Juli 23-24

CMC (1984b): Reglamento interno sobre normas de detalle que regirán las instrucciones de los sumarios. (Interimsreglement über Detailsaspekte der Normen, die für die Ermittlungsverfahren gelten) Santiago de Chile

CMC (1985): Declaración de Colegio Médico de Chile sobre la participación médica en la pena de muerte. In: Vida médica, Vol. 36, Nr. 3, 75-82

CODEPU (1986/87): TORTURA, DOCUMENTO DE DENUNCIA. VOLS.V,VI Y VII, SANTIAGO DE CHILE

COHEN, J., Kinston, W. (1983): Repression Theory: A new look at the cornerstone. In: Int. J. Psycho-Anal. No. 65

COHN, N.(1998) En pos del Milenio. Madrid. Ed. Alianza

COLAT (1980): Así buscamos rehacernos. Lima. Celadec/Colat

COLAT (1981): Psicopatología de la Tortura y del Exilio.. Fundamentos

CORDERO, I. (1997): Los transterrados y España. Un exilio sin fin. Huelva: Servicio de Publicaciones de la Universidad de Huelva

DAVIDSON, J.T., FOA, E.A. (1991): Diagnostic Issues in Post-Traumatic Stress Disorder. Journal of Abnormal Psychology, 100, 346-355

DAVIDSON, L.M., BAUM, D. (1986): Implications of PostTraumatic Stress for Social Psychology. Journal of Applied Social Psychology, 6, 207-233

DE RIVAS, E. (1996): Tiempo y espacio de exilio. Archipiélago, 26/27, 125-132

DE RIVERA, J. (1992): Emotional Climate: Social Structure and Emotional Dynamics. In: K.T. Strongman (Ed): International Review of Studies on Emotion, Vol. 2, John Wiley & Sons Ltd, England

DEL POZO, J. (1992): Rebeldes, Reformistas y Revolucionarios. Santiago de Chile. Editorial Documentas

DINAMARCA, H. (1996): Bolero de Almas. Santiago de Chile: LOM ediciones

DOMINGUEZ, R. ET AL. (1994): Salud y Derechos Humanos. Una experiencia desde el sistema público de salud chileno. Santiago de Chile. Ministerio de Salud

DORFMAN, A. (1979): En familia. In: Cría ojos. México. Editorial siglo XXI

DORFMAN, A.(1984): El estado y la creación intelectual. Reflexiones sobre la experiencia chilena en la década de los setenta. In: González Casanova, P.: Cultura y creación intelectual en América Latina. México. Editorial siglo XXI

MARGUERITE DURAS (1999): Der Schmerz. München. dtv

DURKHEIM, E. (1912/1981): Die elementaren Formen des religiösen Lebens. Franfkurt/M. Suhrkamp

ECHEBURUA, E. (1992): Avances en el tratamiento psicológico de los trastornos de ansiedad. Madrid. Pirámide

ECHEVERRIA, E. (1986): Como si mi corazón tuviera una ventana rota. In: Epple, J. A. (1986): Cruzando la cordillera. El cuento chileno 1973-83. México

EDELMAN, L., KORDON, D., LAGOS, D. (1995): La impunidad. Perspectiva psicosocial y clínica. Buenos Aires. Ed. Sudamericana

EPPLE, J. A. (1986): Cruzando la cordillera. El cuento chileno 1973-83. México. Casa de Chile en México/SEP

Equipo de Salud Mental del C.E.L.S. (1988): Algunas reflexiones sobre la tortura en Buenos Aires en Derechos Humanos: todo es según el dolor con que se mira. Santiago de Chile: Ediciones Instituto Latinoamericano de Salud Mental y Derechos Humanos (ILAS) (1989)

Erklärung der Vollversammlung der Vereinten Nationen über die Folter und andere grausame Behandlungen (9. XII. 1975)

FAIRBANK, J.A., HANSEN ,D.J., FITTERLING, J. M. (1991): Pattern of appraisal and coping across different stressor condition among former prisoners of war with and without postraumatic stress disorder. Journal of Consulting and Clinical Psychology, 59, 274-281

FANON, F. (1981): Die Verdammten dieser Erde. Frankfurt. Suhrkamp

FARIÑA, J.J. (1990): El terrorismo de estado como fantasma. In: H. Riquelme (Hg.): Era de Nieblas

FARIÑA, J.J. (1992): »Psychosoziale Aspekte der Amnes(t)ie in Argentinien: drei Schritte hin zur Freisprechung von Schuld und Verantwortung. In. Riquelme, H.: Andere Wirklichkeiten - andere Zugänge. Studien zur transkulturellen Psychiatrie und Psychologie in Lateinamerika. Frankfurt

FAUNDEZ, H (1990): El lenguaje del miedo: dinámicas colectivas de la comunicación bajo el terror en Chile. In: H. Riquelme (Hg.) Era de Nieblas. Derechos humanos...

FAUNDEZ, H. (1992): Die Sprache der Furcht. Individuelle und kollektive Dynamiken der Kommunikation unter dem Terror. In: Riquelme, H.: Zeitlandschaft im Nebel. Menschenrechte...

FAUNDEZ, H., HERING, M., BALOGI, S. (1990): Vivir en pareja: y elaboración de los traumas. In: CODEPU (Ed.), Tortura: aspectos médicos, psicológico y sociales. Santiago. CODEPU

FERENCZI, S. (1932) Ohne Sympathie keine Heilung. Das klinische Tagebuch von 1932. Frankfurt. Fischer

FERNANDEZ, D.R. ET AL (1997): Hofstede's country classification 25 years later. Journal of Social Psychology, 137, 43-54

FERRO, M. (1989): Les oublis de l'histoire. Communications, 49, 57-66

FOUCAULT, M. (1977): Der Wille zum Wissen. Frankfurt. Suhrkamp

FREUD, S.: Briefe an Wilhelm Fließ 1887-1904. Frankfurt. Fischer 1986

FREUD, S. (1913): Das Motiv der Kästchenwahl. In: GW Bd. 10, 23-37

FREUD, S. (1914): Zur Einführung des Narzissmus. In: GW Bd. 10, 137-170

FREUD, S. (1926): Hemmung, Symptom und Angst. In: GW Bd. 14, 207-296

FREUD, S. (1924): Erinnern, Wiederholen, Durcharbeiten. In: GW Bd. 10, 125-136

FREUD, S. (1939): Der Mann Moses und die monotheistische Religion. In: GW Bd. 16, 101-148

FREUD, S. (1930): Das Unbehagen an der Kultur. In: GW. Bd. 14, 419-506

FRIJDA, N. (1997): Commemorating. In: J.W. Pennebaker, D. Páez, B. Rimé (Hg.) Collective Memory of Political Events. Mahwah, NJ. Lawrence Erlbaum

GALEANO, E. (1975): La canción de nosotros. México. Editorial siglo XXI

GALEANO, E. (1981): Diez errores sobre Literatura y Cultura. In: Nueva Sociedad, Nr. 56-57, San José

GALEANO, E. (1989): Nosotros decimos No. Crónicas 1963-1988. Madrid: Siglo XXI-Editores/España.

GALENDE, E. (1992): Historia y repetición. Barcelona. Paidós

GALLARDO, A. (1985): La deposición. In: Flores, A.: Narrativa hispanoamericana 1816-1981: tomo IV. México. Editorial siglo XXI

GARCIA REYNOSO, G. (1991): Trabajo del Psicoanálisis. Vol.4, No.11-12. Buenos Aires

GASTER, TH. H.(1969): Myth, Legend and Custom in the Old Testament. New York. Haspen & Row.

GIBERTI, E.(1984): Los agitadores del olvido. Revista Humor, agosto

GIBERTI, E. (1987a): Ética y Derechos Humanos: una preocupación profesional. In: Rev. Arg. Psic. Vol. XVIII, Nr. 38, S. 17-34

GIBERTI, E. (1987b): La adopción. Buenos Aires

GIBERTI, E. (1987c): Moral y mujer. In: Segundas Jornadas Nacionales de Ética. Buenos Aires, (Offset)

GIORGI, V. (1996.): Represión y olvido. Efectos psicológicos y sociales de la violencia política 2 décadas después. Ed. Roca Viva

GIORGI, V., MARTIN, A.: El silencio de lo siniestro y lo siniestro del silencio. SERSOC, 1996

Goethe-Institut Córdoba (1994): Efectos psicosociales de la represión política. Sus secuelas en Alemania, Argentina y Uruguay. Buenos Aires

GRAHAM-YOOLL, A. (1985): Retrato de un exilio. Buenos Aires

GRAUMANN, C. F. (Hg.) (1985): Psychologie im Nationalsozialismus. Berlin

GROUSSET, R.(1934-6): Histoire des Cruisades. Paris

GRÜNBERG, K. (1987): Folgen nationalsozialistischer Verfolgung bei jüdischen Nachkommen Überlebender in der Bundes-republik Deutschland. Psyche 41, S. 493-507. Stuttgart

GUARIGLIA (1986): Ideología, verdad y legitimación. Buenos Aires. Ed. Sudamericana

GUILLIGAN, C. (1982): La moral y la teoría. México. Ed. Fondo de Cultura Económica

GUINSBERG, E. (1987): Salud mental, paz y terrorismo de estado (paper)

HABERMAS, J: (1973): Legitimationsprobleme im Spätkapitalismus. Frankfurt. Suhrkamp

HAUSER, A. (1983): Soziologie der Kunst. München

HERMAN, J. (1993): Die Narben der Gewalt. Traumatische Erfahrungen verstehen und überwinden. München

HODGKINSON, P.E., STEWART, M. (1991): Coping with catastrophe. A handbook of disaster management. Londres. Routledge

HOFFMANN, E.T.A.(1985): La aventura de la noche de San Silvestre. Alianza Editorial

HOFSTEDE, G. (1991): Cultures and Organizations. Londres. McGraw Hill

HORNSTEIN, LUIS (1973): Teoría de las ideologías y psicoanálisis. Buenos Aires. Kargieman

HOROWITZ, M. (1986): Stress Response Syndrome. Northvale. N.J., Aronson

HUHLE, R. (1991): Demokratisierung mit Menschenrechtsverbrechern? Die Debatte um die Sanktion von Menschenrechtsverletzungen in den lateinamerikanischen Demokratien. In: Nolte, D. (Hg.): Lateinamerika im Umbruch? Institut für Iberoamerika-Kunde, Schriftenreihe Band 33

HUNEEUS,C. (1987): Los Chilenos y la Política. Santiago de Chile: Academia de Humanismo Cristiano

IBAÑEZ, J. (1979): El grupo de discusión: técnica y crítica. Madrid: Ed. XXI Editores

Informe de la Comisión Nacional sobre Desaparición de Personas (1984): NUNCA MAS. Buenos Aires

Informe Proyecto InterDiocesano de Recuperación de la Memoria Histórica (1998): Guatemala: Nunca Más. Vol. I, II y III. Impactos de la Violencia. Tibás, Costa Rica: LIL/Arzobispado de Guatemala

JACOBSON, D. E. (1986): Types and timing of social support. Journal of Health and Social Behavior, 27, 250-264

JANOFF-BULMAN, R. (1992): Shattered assumptions: Towards a new psychology of trauma. New York. The Free Press

JESSEN, T. (1993): Una visión sobre exilio y retorno. In: F. Montupil (Coord.) Exilio, Derechos Humanos y democracia: el exilio chileno en Europa. Bruselas/Santiago de Chile: Casa de America Latina/Serv. Gráficos Caupolican

JODELET, D. (1993): El lado moral y afectivo de la historia. Un ejemplo de la memoria de masas: el proceso de K. Barbie – „el carnicero de Lyon "–. Revista de Psicología Política, 6, 53-72

JOSEPH, B. (1985): La transferencia situacion total. International PsychoAnal. No. 66

KALFON, P., HENRÍQUEZ, P. (1999): Salvador Allende: las últimas horas. Documental de Mediterranée Film Production. Video. Madrid. Foca

KAVANAUGH, R. (1982): Psychology of Death and Dying. In: AI (1982): Nicht die Erde hat sie verschluckt – Desaparecidos-Opfer politischer Verfolgung. Frankfurt/M.

KEILSON, H. (1974): Sequentielle Traumatisierung bei Kindern. Stuttgart

KENT, V. (1971): Una experiencia penitenciaria. In: SUR, Nr. 326, Buenos Aires

KHAN, M. (1974): The privacy of the self. London. Hogart Press

KORDON, D. ET AL (1986): Efectos psicológicos de la represión política. Buenos Aires

LANGBEIN, H. (1996): Das System der nationalsozialistischen Konzentrationslager: Schlussfolgerungen für die Nachgeborenen. In: Müller-Hohagen 1996, a.a.O.

LEGENDRE, P. (1979): El amor del censor. Barcelona. Anagrama

LEVAV, I., FRIEDLANDER, Y. ET AL (1988): An epidemiologic study of mortality among bereaved parents. New England Journal of Medicine, 319, 457-461

LEWIN,Y. (1991): Las otras víctimas del golpe militar. La Epoca, Miércoles 16 de Octubre, S. 13

LIRA, C. (1986): Estante cama. In: Epple, J. A. (1986): Cruzando la cordillera. El cuento chileno 1973-83. México

LIRA, E. (1996): Programas de Salud Mental durante la Dictadura. In: Ilas (Hg.): Reparación, Derechos Humanos y Salud Mental. Santiago de Chile. ChileAmérica/Cesoc

LIRA, E. (1997): Remembering: passing back through the heart. In: J. Pennebaker, D., Páez, B. Rimé (Hg.) Collective Memory of Political Events. Mahwah, NJ. Lawrence Erlbaum

LIRA, E., CASTILLO, M. (1991): Psicología de la Amenaza Política y del Miedo. Santiago, ILAS

LIRA, E., WEINSTEIN, E., KOVALSKYS, J. (1987): Subjetividad y represión política: intervenciones terapeúticas. In: Montero, M. (Hg.): Psicología política latinoamericana. Caracas

LIRA, E., WEINSTEIN. E., SALAMOVICH, S. (1986): El miedo: un enfoque psicosocial. In: Revista Chilena de Psicología Vol. VIII, Nr. 1, S. 51-57, Santiago de Chile

LIRA, E., CASTILLO, M. I. (1991): Psicología de la amenaza política y del miedo. Chile. Ediciones Chile-América CESOC

LIRA. E., WEINSTEIN, E U.A. (1984): Psicoterapia y represión política. México. Siglo XXI.

LIWSKI, N.I. (1997): Ética médica y derechos del niño en América Latina. Ponencia al Seminario Ética Médica y Derechos Humanos en América Latina. In: Internationale Konferenz „Ethik und Medizin 1947-1997": Auftrag für die Zukunft, Freiburg (Paper)

LOMBARDI, R. (1987): Las prisiones políticas en el Uruguay, una continuación de la tortura. In: CODESEDH/CODEPU: Seminario Internacional. La tortura en América Latina. Buenos Aires. 127-133

MACI, G., FARIÑA, J.J (1983): Tesis analíticas sobre desapariciones forzosas de personas, tal como se presentan en la experiencia clínica institucional. Primer Encuentro de la Salud Mental y Derechos Humanos, Buenos Aires. September 1983 (paper)

Madres de Plaza de Mayo, Zeitschrift der, 1986 –1988. Buenos Aires

MANTARES L., G. (1987): Uruguay: Resistencia y después... Casa de las Américas, Nr. 161, La Habana

MARRA, N.(1985): Los herederos. In: Flores, A.: Narrativa hispanoamericana 1816-1981: tomo IV. México. Editorial siglo XXI

MARTÍN-BARÓ, I. (1990): La violencia política y la guerra como causa del trauma psico-social en El Salvador en: Psicología Social de la Guerra. El Salvador. UCA Editores

MARTÍN-BARO, I.(1990): Psicología Social de la Guerra. El Salvador

MARTÍNEZ, V. ET AL. (1987): Terrorismo de estado: efectos psicológicos en los niños. Buenos Aires

MARTIRENA, G. (1988): Uruguay. La tortura y los médicos. Montevideo

Materiales del Seminario Internacional Abuelas de Plaza de Mayo: Filiación – Identidad –Restitución. 15 años de lucha. Buenos Aires 11-13 de Abril 1992

MAX-BRUNSWICK, R.(1944): La fase preedípica del desarrollo de la libido. In: Revista de Psicoanálisis, Nr. 3/4, Buenos Aires

MILLER, ALICE (1981): Du sollst nicht merken. Frankfurt

MODELL, J., HAGGERTY, T. (1991): The social impact of war. Annual Review of Sociology, 17, 205-244

MÜLLER-HOHAGEN, J. (1988) Verleugnet, verdrängt, verschwiegen. Die seelischen Auswirkungen der Nazizeit. München

MÜLLER-HOHAGEN, J. (1989): Psychotherapeutische Erfahrungen bei der Behandlung von psychischen Störungen in der dritten und vierten Generation. In: Stoffels, H. (Hg.) (1994): Terrorlandschaften der Seele. Beiträge zur Theorie und Therapie von Extremtraumatisierungen, S. 155-164. Regensburg

MÜLLER-HOHAGEN, J. (1994): Geschichte in uns. Psychogramme aus dem Alltag. München

MÜLLER-HOHAGEN, J. (1995): Gegenübertragung nach 1945 - fragmentarische Annäherungen. Luzifer-Amor 8, S. 109-141

MÜLLER-HOHAGEN, J. (Hg.) (1996): Stacheldraht und heile Welt. Historisch-psychologische Studien über Normalität und politischen Terror. Tübingen

NAHUELPÁN, J. (1986): Retamales de la Hoz. In: In: Epple, J.A.: Cruzando la cordillera. El cuento chileno 1973-83. México

NIEDERLAND, WILLIAM G. (1980): Folgen der Verfolgung. Das Überlebenden-Syndrom Seelenmord. Frankfurt

UNO (9-XII-1975): Erklärung über den Schutz aller Personen vor Folter und anderer grausamer, unmenschlicher oder erniedrigender Behandlung oder Strafe. Genf. Resolution 3452 (XXX)

PADILLA, A., COMAS-DÍAZ, A. (1986): Un estado de Miedo. Psychology Today español, 3, 30-34

PÁEZ D., BASABE, N., GONZÁLEZ, J. L. (1997): Social processes and collective memory. In: Pennebaker, J. D.Páez , B. Rimé (Hg.) Collective Memory of Political Events. Mahwah, NJ. Lawrence Erlbaum

PÁEZ D., GONZÁLEZ, J.L., AGUILERA, N. (1996): Culture, représentations sociales de la personne, de la féminité/masculinité, de la hiérarchie sociale et de l'adaptation: le cas des immigrants chiliens en Espagne et en France. In. J.C.Abric (Hg.): Exclusion sociale, insertion et prevention. Saint Agne, France. Editions Erès

PÁEZ D., GONZÁLEZ, J.L., AGUILERA, N. (1997): Identidad Social y transculturación en una muestra de inmigrantes chilenos en el norte de España y el País Vasco. Bilbao. Asociación Pablo Neruda

PÁEZ, D., BASABE, N. (1993): Trauma Político y Memoria Colectiva: Freud, Halbwachs y la Psicología Política Contemporánea, Psicología Política, 6, 7-34

PÁEZ, D., ASÚN, D., GARCIA, L., IBARBIA, C., IGARTUA, J., CASTRO, J. L. (1992): Procesos Sociales de Recuerdo de Hechos Traumaticos: una investigación transcultural. Revista de Psicología Política, 7, 35-52

PATRÓN, C., ETCHEGOYGEN, C. (1989): Memoria, dolor, olvido y castigo. In: Becker, D., Lira, E. (Hg.): Derechos Humanos: todo es según el dolor con que se mira. Santiago de Chile. Ilas

PELENTO, M. L. (1991): Duelo y trastornos psicosomáticos en: Cuerpo, historia, interpretación. Varios autores. Buenos Aires. Paidós

PENNEBAKER, J., BANASIK, B. L. (1997): On the creation and maintenance of collective memories. In: Pennebaker, J., D.Páez, D., B. Rimé, B (Hg.): Collective Memory of Political Events. Mahwah, NJ. Lawrence Erlbaum

PENNEBAKER, J. (1994): El arte de confiar en los demás. Madrid. Alianza

PENNEBAKER, J. W. (1993): Creación y mantenimiento de las memorias colectivas. Revista de Psicología Política, 6, 35-52

PEREZ, P., BASIC, R., DÚRAN, T. (1998): Muerte y desaparición forzada en la Araucanía: una aproximación étnica. Santiago de Chile: Hg.: LOM Universidad Católica de Temuco

POLITZER, P. (1988): La ira de Pedro y los otros. Santiago de Chile. Planeta

POLITZER, P. (1990): Miedo en Chile. Santiago de Chile. ChileAmérica.Cesoc

PUGET, J. (1988/91): Violencia social y psicoanálisis. De lo ajeno estructurante a lo ajeno-ajenizante. In: Puget, J., Kaes, R.: Violencia de estado y psicoanálisis. Paris, 1988/Buenos Aires, 1991

PUGET, J. (1986-1988): De lo ajeno estructurante a lo ajeno-ajenizante. Buenos Aires. Manuscritos

REEMTSMA, J.PH. (Hg.): Folter. Zur Analyse eines Herrschaftsmechanismus. Hamburg. Junius

RESZCZYNSKY, K., ROJAS, P. BARCELÓ, P. (1979/1991): Tortura y resistencia en Chile. Paris und Santiago de Chile

RETTIG, R. U.A.(1991): Vol. I y II. Informe de la Comisión Nacional de la Verdad y de la Reconciliación. Santiago de Chile. Onitorrinco/La Nación

RICH, A. (1978): Sobre mentiras, secretos, silencios. Barcelona. Ed. Icaria

RIQUELME, H. (1990):Era de Nieblas. Derechos humanos, terrorismo de estado y salud psicosocial en América Latina. Caracas. Nueva Sociedad

RIQUELME, H. (1992a): Zeitlandschaft im Nebel. Menschenrechte, Staatsterrorismus und psychosoziale Gesundheit in Südamerika. 2. Auflage. Frankfurt/M. Vervuert

RIQUELME, H. [Hrsg](1992b): Andere Wirklichkeiten - andere Zugänge. Studien zur transkulturellen Psychiatrie und Psychologie in Lateinamerika. Frankfurt/M. Vervuert

RIQUELME, H. [editor] (1994) Era in Twilight. Psychocultural Situation under state terrorism in Latin America. Bilbao. Instituto Horizonte

RIQUELME, H. (1995a): Entre la obediencia y la oposición. los médicos y la ética profesional bajo la dictadura militar. Caracas: Editorial Nueva

RIQUELME, H. (1995b): Médicos protagonistas. Entrevistas narrativas sobre las condiciones de vida y de ética profesional bajo la dictadura militar. Montevideo. Ediciones de la banda oriental

RIQUELME, H. (1998): Medizinische Ethik in Krisenzeiten. Ärzte zwischen Gehorsam und Auflehnung unter der Militärdiktatur in Südamerika. Baden-Baden. Nomos

RIQUELME, H. (2000/2001): Berufsethik in Krisenzeiten. Ärzte und Psychologen unter der Militärdiktatur in Südamerika. In: Zeitschrift für Politische Psychologie, Jg. 8, 2000, Nr. 4/ Jg. 9, 2001, Nr. 1, 361-380

RIQUELME, H.(1987): Lateinamerikaner in Europa. Entwurzelungserfahrung und Prozeß der psychokulturellen Identität. In: Zeitschrift für Sozialpsychologie und Gruppendynamik XII, 3/4: 4-26. Latinoamericanos en Europa. Experiencia de desarraigo y proceso de identidad psicocultural. In: Acta psiquiat. psicol.América Latina. Nr. 33: 281-295

RIVAS, F. S. (1990): Traición a Hipócrates. Médicos en el aparato represivo de la dictadura, Santiago, S. 128

RIVAS, F .S. (1987): Doctors, torturers penalised by their professional body in a country where torture is practised. In: Danish medical bulletin. Vol. 34, Nr. 4: 191

ROBALLO, A.(1987): Inmediatamente después. In: Casa de las Américas Nr.161, La Habana

RODRIGUEZ NEBOT, J. (1995): En la frontera . Montevideo. Ed. Multiplicidades

RODRÍGUEZ, E. (1987): El intruso. In: Casa de las Américas Nr. 161, La Habana

RODRÍGUEZ, M. (1990): Ya nunca me verás como me vieras. Santiago de Chile: Ornitorrinco

ROJAS, J.(pseudónimo) (1986): Tripulantes de la niebla. In: Epple, J. A.: Cruzando la cordillera. El cuento chileno 1973-83. México

ROJAS, P. (1990): Terapia al torturado. Reflexión de una práctica humana. In: CODEPU (Comité de Defensa de los Derechos del Pueblo): Tortura: Aspectos médicos, psicológicos y sociales. Prevención y tratamiento (Bajo el cuidado de Sergio Pesutic). Santiago de Chile

ROJAS, P. ET AL. (1989): Amedrentamiento Colectivo. In: CODEPU (Hg.): Persona, Estado y Poder: estudios sobre Salud Mental. Chile 1971-1984. Santiago de Chile. Codepu

ROSENCOF, M., FERNÁNDEZ H., E. (1987-88): Memorias del calabozo: 3 tomos

ROSENCOF, M., FERNÁNDEZ H., E. (1990): Wie Efeu an der Mauer. Erinnerungen aus den Kerkern der Diktatur. Hamburg. Verlag Libertäre Assoziation

ROSSET, C.L.(1984): Le réel et son double. Ed. Gallimard

ROUQUIÉ, A. (1984): El estado militar en América Latina. México: Editorial siglo XXI

RUBONIS, A.V., BICKMAN, L. (1991): Psychological impairment in the wake of disaster: the disaster psychopathology relationship. Psychological Bulletin, 109, 384-399

RUDERMAN, M. (1992): El horror internalizado de la dictadura en los psicoterapeutas en Argentina. Ponencia al VI.Simposio „Cultura y situación psicosocial en América Latina". Hamburg. (paper)

Die Verinnerlichung des Grauens bei Psychotherapeuten (Übersetzung in diesem Band)

RUDERMAN, M. (1987): Acerca de la realidad. Acerca de la clínica psicoanalítica. Buenos Aires. Manuscrito

SAMOJEDNY, C. (1986): Psicología y dialéctica del represor y el reprimido. Experiencias en la unidad carcelaria 6 Rawson. Buenos Aires. Roblanco

SCHERZER, A. (1997): ¿Quién cura a quién? Montevideo. Ediciones Multiplicidades

SHIRER, W.L. (1990): Aufstieg und Fall des Dritten Reiches. Köln

SILVER, R.C., WORTMAN, C., CROFTON, C. (1990): The role of coping insupport provision: the self-presentational dilemma of victims of life crises. In: B.R. Sarason, I.G. Sarason y G.R. Pierce (Hg.): Social Support: and Interactional View. New York: Wiley & Sons

SKÁRMETA, A. (1981): Una generación en el camino. In: Nueva Sociedad, Nr. 56-57, San José

SKÁRMETA, A. (1982): Der Aufsatz. Berlín-DDR

SMITH, P.B., BOND, M.H. (1999): Social Psychology across cultures. London. Prentice Hall

SOLKOFF, N. (1992): The Holocaust: survivors and their children. In: M. Basoglu (Hg.): Torture and its consequences. Cambridge. Cambridge University Press

SOLOMON, Z.D. (1990): Does the war end when the shooting stops? Journal of Applied Social Psychology, 20, 1733-1745

STEINGLASS, P., GERRITY, E. (1990): Natural Disasters and Post-Traumatic Stress Disorder: Short-term versus Long-Term Recovery in Two Disaster-Afeccted Communities. Journal of Applied Social Psychology, 20, 1746-1765

STOVER, E. (1987): The open secret: Torture and the medical profession in Chile. Washington: American Association for the Advancement of Science/AAAS

SZICHMAN, M.(1985): El día de muertos. In: Flores, A.: Narrativa hispanoamericana 1816-1981: tomo IV. México. Editorial siglo XXI

TIMMERMAN, J. (1987): Chile. El galope muerto. Santiago. Pehuén Editores

TORRES, M., R. (1987): La problemática específica de los niños desaparecidos. In: Asamblea Permanente por los derechos Humanos: La Desaparición. Crimen contra la Humanidad. Buenos Aires (137-148)

ULLOA, F. (1986): Efectos psicológicos de la represión. In: Territorios, Nr. 2: 8-10, Buenos Aires

ULLOA, F. (1990): Cátedra Psicología, Ética y Derechos Humanos. Clases: 20.7.90/ 9.11.90. Buenos Aires: Fac. de Psicología Universidad de Buenos Aires. Manuscritos

VALDÉS, E. (1986): El resto es nada. In: Epple, J. A. (1986): Cruzando la cordillera. El cuento chileno 1973-83. México

VAN GEUNS, H.A (comp.)(1987): The concept of organized violence. In: Ministry of Welfare, Health and Culture Affairs (edit.): Health Hazard of Organized Violence. La Haya

VASQUEZ, A. (1996): El fin del exilio: La segunda generación y sus proyectos de retorno. In: F. Montupil (Coord.) Exilio, Derechos Humanos y democracia: El exilio chileno en Europa. Bruselas/Santiago de Chile: Casa de América Latina/Serv. Gráficos Caupolican

VASQUEZ, A. Y ARAUJO, A.M. (1990): La maldición de Ulises. Repercusiones Psicológicas del exilio. Santiago de Chile. Sudamericana

VERGARA, J. (1990): La cultura de la violencia en Chile. In: Nueva Sociedad, Nr. 105, S. 178 ff.

VIDAL, H. (1982): Dar la vida por la vida: la Agrupación Chilena de Familiares de Detenidos Desaparecidos (Ensayo de antropología simbólica). Minneápolis, Minnesota

VIGOTSKI, L.S.(1972): Psicología del arte. Barcelona.

VILLENA, M.A. (1997): Dorfman defiende una literatura que incluya a los grandes interrogantes morales de hoy. El País, 25 de Marzo de 1997, 29

VIÑAR, M. (1989): Violence sociale et realité en psychoanalyse. In: Puget, J. , Kaes, R. u.a. Violence d´etat et psychoanalyse. Paris

VIÑAR, MARCELO (1996): Gedächtnis und Zukunft. Über den Einfluss des politischen Terrors auf das kollektive und das individuelle Bewusstsein. In: Müller-Hohagen (1996)

VIÑAR, M. U. M. (1993): Fracturas de memoria. Crónicas para una memoria por venir. Montevideo.

VIÑAR, M. U. M. (1997): Folter – Attacke auf das Menschsein. In: Wirtgen, W. (Hg.): Trauma – Wahrnehmen des Unsagbaren, S. 59-74. Heidelberg

VINOCUR, A. (1972): A book without a title. New York

WAGNER-PACIFICI, R., SCHWARTZ, B. (1991): The Vietnam veterans memorial: commemorating a difficult past. American Journal of Sociology, 97, 376-420

WATSON, P. (1978): War on the Mind. The Military Uses and Abuses of Psychology. New York

WEISS, R. S., RICHARDS, T. A. (1997): A scale for predicting quality of recovery following the death of a partner. Journal of Personality and Social Psychology, 72, 885-891

WESCHSLER, L. (1991): A Miracle, a Universe. Settling Accounts with Torturers. New York

WINNICOTT, D.W. (1973): Vom Spiel zur Kreativität. Stuttgart. Klett

WINNICOTT, D.W. (1974): Reifungsprozess und fördernde Umwelt. München. Kindler

WMA [World Medical Association](1975): Erklärung von Tokio über die Teilnahme von Ärzten an der Folter. England

WIRTZ, U. (1989): Seelenmord. Inzest und Therapie. Zürich

WORDEN, J.W. (1991): Grief Counselling and Grief Therapy. Londres: Tavistock/Routledge

WORTMAN, C., SILVER, R.C (1989): The Myths of Coping with loss. Journal of Consulting and Clinical Psychology, 57, 344-357

YÁÑEZ, B., J.P. (1983): Antenor Flores. Das Leben eines chilenischen Arbeiters erzählt im Exil. Osnabrück. Lamuv Verlag.

Die Autoren dieses Bandes

CASTILLO, María Isabel: Psychologin und Psychotherapeutin, Master in Sozialpsychologie der UNAM/Mexiko. Berufliche Tätigkeit in Mexiko und Chile. Autorin vieler Arbeiten zum Thema Menschenrechte und Psychotherapie. Gründungsmitglied von ILAS (Lateinamerikanisches Institut für psychische Gesundheit und Menschenrechte). Dozentin an der Universität Diego Portales in Santiago, Chile.

ESPINOLA, Mercedes: Psychologin und Psychotherapeutin. Z.Z. publizistische Tätigkeit in Montevideo/Uruguay

GIBERTI, Eva: Psychoanalytikerin. Umfangreiche Forschungs- und Publikationsarbeiten zu verschiedenen Themen der Menschenrechte (Kinderadoption, Berufsethik, Amnestiegesetze) und zu deren Folgewirkungen in der argentinischen Gesellschaft aus psychoanalytischer und sozial-psychologischer Perspektive. Ko-Direktorin des Master in Wissenschaften der Familie an der Nationalen Universität Gral. San Martin in Buenos Aires, Argentinien

GIL, Daniel: Dr. med. Psychoanalytiker. Intensive Forschungs- und Publikationstätigkeit zu den Themen Narzissmus und primäre Identifikation sowie über kulturelle und psychische Determinanten von Terror und Folter. Arbeitet als Psychoanalytiker in Montevideo, Uruguay

GIORGI, Víctor: Psychologe. Forschungs- und Therapiearbeiten zu den psychischen Folgen der Menschenrechtsverletzungen in Uruguay. Professor für Gesundheitspsychologie am psychologischen Institut der National Universität in Montevideo, Uruguay

GISSI, Jorge: Dr. phil. Psychologe. Forschungsrichtung: kulturelle Identität in Chile und Lateinamerika; Publikationen über sozialpsychologische Folgen der Armut in Südamerika. Professor für Sozialpsychologie an der Katholischen Universität Chile

MÜLLER-HOHAGEN, Jürgen: Dr. phil. Psychologe und Psychoanalytiker. Psychotherapeutisch tätig in Dachau und München. Forschungs- und Publikationsschwerpunkt: transgenerationelle Folgen des Holocaust, insbesondere in Deutschland

PAEZ, Darío: Dr. phil. Forschungs- und Publikationstätigkeit über kollektives Gedächtnis, soziale Repräsentationen, Emotionen. Hochschuldozent für Sozialpsychologie an der Universität des Baskischen Landes

RIQUELME, Horacio: Dr. med. Dr. phil. Forschungs- und Publikationstätigkeit zu Themen der ärztlichen Ethik, soziokulturellen Identität, Menschenrechte, Migration, transkulturellen Psychiatrie. Assoc. Professor für Sozialpsychiatrie an der Universität Hamburg, Hochschuldozent für Sozialtherapie am Institut für Sozialpädagogik der Technischen Universität Berlin.

RUDERMAN, Matilde: Psychologin und Psychoanalytikerin. An der Universität von Buenos Aires ist sie tätig als Lehrbeauftragte für Psychotherapie und soziale Integration von Opfern nach Menschenrechtsverletzungen

